.

시네마토피아

사회가 묻고 영화가 답하다

사회가 묻고
영화가 답하다

시네마토피아

강유정
비평집

민음사

영화로 세상을 읽는다는 것

이야기에는 삶을 견인하는 힘이 있다. 이야기는 사람이 만든다. 우리가 허구, 픽션 혹은 소설이라 부르는 것들, 사람이 만든 서사가 곧 이야기이다. 사람의 생각은 말과 글을 통해 전할 수밖에 없다. 표정과 행동으로 정서나 감정은 전달할 수 있지만 생각을 공유할 수는 없다. 근대가 이미지의 시대에서 활자, 문자, 인쇄의 시대로의 이동이었다면 이는 곧 정서 공동체에서 사유의 공동체로 바뀌어 간 인류의 역사이기도 하다.

나는 서사를 신봉한다. 그런데, 여기서 말하는 서사란 단지 허구로 꾸며진 이야기만 지칭하는 게 아니다. 사람의 일대기에도 서사가 있고, 단순 기록물에도 서사가 있고, 신문이나 방송 뉴스, 심지어 20초짜리 광고에도 서사는 있다. 즉, 시간이 흐르고 그 가운데 변화가 있다면 서사는 생성될 수밖에 없다. 그런 점에서, 말과 글로 이뤄진 세계는 모두 허구며 서사다. 내가 문학평론가로 시작해서 영화 평론가로, 최근엔 미디어 비평가로까지 활동할 수 있었던 원동력도 서사에 있다. 나는 인간이 만들어 낸 모든 이야기에는 나름의 질서가 있고, 그 질서로 만들어진 모든 것은 읽어 낼 수 있다고 본다.

결국, 인간이 만들어 낸 이야기를 읽는 것은 인간을 읽는 행위이다. 고대 희곡을 일컫는 드라마의 어원은 희랍어로 '행동하다'라는 뜻을 가진 '드란'(dran)이다. 행동을 하는 순간 이야기는 진전된다. 움직이지 않아도 시간이 흘러 변화하지만 행동이 그 변화를 가속화한다.

만약, AI 로봇을 프로그래밍한다면 그것은 로봇의 행동에 대한 알고리즘을 조직하는 것일 테다. 인간 행위의 알고리즘에 있어 가장 중요한 것 역시 이진법이다. 즉, 하느냐 마느냐의 선택이 곧 행위를 결정한다. 우리의 삶이란 그런 선택의 연속이다.

이 선택은 개인 단위에서 일어나기도 하지만 흥미롭게도 집단 속에서 형성되고 발전되는 경우도 있다. 어떤 집단의 특정한 성향을 파악하는 일은 집단 서사의 분석일 확률이 높다. 그것은 민족성을 반영하는 민족 서사이기도 하고, 종교와 연루된 종교 서사이기도 하며 때론 공동체의 특정한 체험과 관련되어 있는 트라우마 서사이기도 하다.

집단 서사는 집단의 이데올로기와 무의식, 관습과 오래 묵은 인습을 모두 담고 있다. 기득권일수록, 아주 오랫동안 권력을 잡은 집단일수록 자기 서사가 강한 이유이기도 하다. 재벌, 언론, 검찰, 정치인 등의 소위 기득권은 나름 공고한 서사 구조를 가지고 있다. 그 서사는 매우 이질적이며 때론 폭력적이고 불공정하다. 해당 집단에 속한 사람은 감지하지 못하지만 한 발만 비껴 떨어져 있어도 금세 알게 되는 전형적 서사이기도 하다.

즉, 서사를 읽고, 분석하는 것은 세상을 뜨겁게 읽고, 들여다보는 일이기도 하다. 문학을 읽는 일과 저널리즘을 읽는 일 그리고 영화를 읽는 일이 크게 다르지 않다. 사람이 만들어 낸 이야기이기에 결국 사람이 만든 것을 글과 언어, 이미지로 전달하는 일이기에. 인문학이란 특정 철학에 대한 공부가 아니라 세상의 서사를 이해하는 기본적인 틀, 메타 서사를 배우는 일이다. 이 책이 정치·사회적 문제에서 시작해, 사람에 대한 가장 깊은 이야기인 인문학으로 마무리되는 이유이기도 하다. 인문학은 우리가 살아가는 세상 그리고 우리 자신을 이해하기 위한 가장 고급하고 신뢰할 만한 주석이다.

처음엔 나라는 사람을 이해하고 싶어 문학을 읽고 공부하기 시작해도, 나중엔 '너'를 그리고 세계를 이해하고 싶어 더 깊게, 넓게, 자주, 많이 읽게 된다. 도리스 레싱의 말처럼 사랑은 용서가 아니라 이해이기 때문이다. 자주 비관적이고 혹독하게 냉소적이었지만 세상의 이야기를 분석하고 읽기 위해 애쓰는 것은 본질적으론 사랑의 호소다.

『시네마토피아 — 사회가 묻고 영화가 답하다』는 지금까지 출간되었던 나의 그 어떤 책보다 세상에 깊이 손을 내밀고 있는 비평집이다. 열정적이지만 최대한 거리를 두고, 흔들리지 않기 위해 애썼던 시기들의 흔적이 고스란히 담겨 있다. KBS 「저널리즘 토크쇼 J」에서 2년간 고정 패널을 하는 동안 여러 번 들었던 질문, '영화 평론가, 문학평론가가 어쩌다 저널리즘 비평을 하게 되었나요?'라는 질문에 대한 긴 대답이기도 하다.

사람들은 내게 영화를 물었지만 그건 곧 한국 사회에 대한 질문이었다. 저널리즘의 표면에 기사와 보도가 있다면, 나의 작업은 그 이면의 서브 텍스트와 콘텍스트를 읽어 내는 일이다. 세상 읽기는 문학 읽기와 다르지 않다. 진짜 우리가 보아야 할 것은 표면이 아니라 이면 그리고 행간과 맥락이며 결국 집단 서사가 감추고 싶어 하는 불편한 진실이다.

하루 종일 끊임없이 쏟아지는 뉴스 가운데서 가짜와 진짜를 구분하려면 단단한 독법을 가져야 할 것이다. 스스로 나만의 독법을 마련하는 일, 거기에 하나의 예문이 되면 족하다 싶다.

여러 권의 책을 내면서 출판의 설렘도 줄고, 기대나 우려에도 좀 덤덤해졌다. 그런데 열정적인 편집자를 만나 세상을 또 배웠다. 나의 말과 글, 행간까지 정념으로 읽고 또 읽어 준 김지현 편집자에게 고마움을 전하고 싶다.

　최근 몇 년간 다양하고 많은 분들의 응원과 걱정, 격려와 우려를 한꺼번에 받았다. 그 시간이 가르쳐 준 것은 어떤 태도였다. 그 격동을 무던히 지켜봐 준 가족에게도 고맙다.

　세상을 읽기 위해선 글을 읽어야 한다. 이 우매한 고집이 세상을 연민할 수 있는 힘이 되기를 바란다.
　나의 꿈보다 당신의 아픔이 먼저인 세상,
　그런 세상이기를 바라본다.

2021년 12월
강유정

차례

다시 쓰는, 여성 서사

3부   영화의 태도

삶이 묻고 영화가 답하다

1부

사회의 거울

[영화와 저널리즘]

파수꾼의 윤리

사각지대(死角地帶)라는 말이 있다. 인간의 눈에는 시계(視界), 한계가 있어서, 존재해도 보지 못하는 영역이 있다. 우리는 보이지 않으면 존재하지 않는다 여기곤 한다. 수많은 진실들도 그렇다. 드러나지 않은 게 아니라 눈에 띄지 않은 경우가 더 많다. 아니 고개를 돌리지 않은 것이다. 거기에 아주 오랫동안 있었지만, 눈은 보던 것만 보고 보지 않았던 것은 놓친다.

주목을 뜻하는 '스포트라이트'는 그런 점에서 사각지대와 정반대 의미에 가깝다. 연극에서 스포트라이트는 관객이 주목해야 할 부분을 지정해 준다. 주목을 받게 하는 것, 사각지대에 빛을 쏘아 세상에 드러내는 것, 그것이 바로 스포트라이트의 역할이다. 그리고 그게 바로 저널리즘, 언론의 기본적인 역할이다. 이상적인 언론의 역할은 "사회정의 구현을 위한 파수꾼"이다. 파수꾼, 그러니까 정의를 구하고 사수하는 게 바로 언론의 존재 이유다.

제88회 아카데미 시상식에서 작품상과 각본상을 수상한 영화 「스포트라이트」(2016)는 이상적인 언론의 모습을 보여 준다. 언론과 언론인은 영화가 사랑하는 소재 중 하나다. 갈등의 장소에 언론이 함께하기 때문이다. 캄보디아 크메르루주 대학살을 다룬 영화 「킬링 필드」(1985)에도 기자가 등장하고, 「그린 존」(2010)에서 이라크전의 실상을 알리는 마지막 출구도 언론이다. 많은 영화의 결론에서 언론의 등장은 해결과 동의어다.

한국에도 이처럼 언론의 영웅담을 그린 영화들이 여러 편 있다. 「모비딕」(2011), 「제보자」(2014), 「열정같은소리하고있네」(2015)와 같은 작품들이 그렇다. 그런데 이런 영화들에서 '기자'는 수많은 취업 준비생들이 꿈꾸는 그럴듯한 직업으로만 그려진다. 그러니까 진짜 언론의 속내와 구조, 어려움을 보여 준다기보다 사람들이 피상적으로 기대하는 언론인의 모습이나 기자들 스스로 보였으면 하는 이상적인 모습으로 재현되는 것이다. 영화의 마지막에서 그들은 언제나 은닉된 정의를 이끌어 내고, 진실을 밝혀낸다. 정의의 사도가 따로 없다.

물론 우리 사회에도 세상의 정의를 지켜 내고 또 이끌어 가는 언론인들이 적으나마 존재하고 있다. 그러나 이러한 언론인을 영화화할 때, 즉 허구화할 때면 너무나 천편일률적으로 영웅적 모습만 그린다. 머리가 떡이 진 채 사무실에서 밤을 새운 모습이라든가 당혹스러운 취재 가운데 취재원에게 곤란을 당하는 등의 일은 예사다. 기자가 아니라 '기자 같은' 사람들, 언론이 아니라 '언론처럼' 보일 만한 클리셰들이 잔뜩 등장하는 것이다.

「스포트라이트」의 기자들은 다르다. 우선, 시간을 들인다. 집중 취재반이기에 철저히 자료를 조사하고, 취재원을 확보하고, 짐작이 확신이 될 때까지 검증하고 또 검증한다. 언론의 영웅담을 단순히 스케치하는 게 아니라 언론이 사실을 규명하기 위해선 얼마나 철저해야 하며 또 밝혀진 진실이 어떤 부수적 문제를 일으키는지까지 고민한다.

늘 외부의 악당들과 싸우는 한국 언론 소재 영화들과 달리, 「스포트라이트」의 기자와 언론사가 가장 처음 싸우는 대상은 바로 자기 자신이다. 기사에 대한 욕심으로 혹시나 거짓된 자료를 모으거나 실수를 하지 않을까 스스로를 단속하고, 의심하고, 검열하는 것이다.

대개의 한국 언론 영화에서 언론은 선하고 부패한 세력은 늘 밖에 있었다면, 「스포트라이트」에선 스스로가 가장 조심해야 할 적, 가장 우려스러운 유혹이다. 결코 기사는 쉽게 쓰이지 않는다.

외압 없는 자발적 검열은 실로 경이로운 풍경이다. 그리고 이것이야말로 언론이 권력이 아닌 파수꾼이 되는 시작이다. 언론이 가장 두려워해야 하는 것은 타자가 아니라 바로 자기 자신이어야 한다. 내가 쓸 기사가 어떤 결과를 가져올지 그것을 먼저 걱정해야 한다. 기자의 글은 잘 쓰면 공기지만 잘못 쓰면 흉기가 되기 때문이다.

취재원과 대화를 나누는 《보스턴 글로브》 기자들의 모습은 무례할 정도다. 「스포트라이트」 속 기자는 에둘러 진실을 얻으려 하지 않고, 진실을 말해야 할 당위를 설명하고 상대를 설득한다. 한국의 르포 프로그램에 등장하는 비밀 녹취나 다리만 나오는 스파이 숏과 같은 도둑 촬영은 없다. 진실을 알리기 위해서는 진실한 취재가 중요하다는 것, 저널리즘의 기본 원칙을 다시금 확인시켜 준다.

기자들이 회사원, 직장인 심지어 '기레기'라고까지 멸시받는다면, 그것은 엘리트주의로 감춰져 있던 기자 세계의 속내가 드러났기 때문일 테다. 그리고 무엇보다 저널리즘의 기본 원칙인 사실의 추구를 어쩌면 기자 스스로 저버렸음을 언론 소비자들에게 들켰기 때문일지도 모르겠다.

「스포트라이트」의 줄거리는 간단하다. 《보스턴 글로브》의 집중 취재반이 30여 년간 자행돼 온 가톨릭 사제들의 미성년자 성폭행 사건을 밝혀내는 것이다. 잘못을 저지른 사제들이 벌을 받고, 생존자들에게 정의의 몫을 돌려준다는 게 결론이지만, 그렇다고 이런 문제들이 완전히 발본색원되었다고 보기는 어렵다. 그 사실은 영화도, 영화 속 언론인들도 잘 알고 있다.

하지만 이 영화가 중요하게 다루는 것은 누가 죄인인가 밝혀내는 것 자체가 아니라 하나의 범죄란 여러 사람, 여러 층위가 복합적으로 만들어 낸, 구조적 침묵의 결과물이라는 사실이다. 모두가 보고 싶은 방향만을 보고 보아야 할 쪽으로 고개를 돌리지 않을 때, 사각지대는 우범지대가 될 수밖에 없다.

「스포트라이트」에서 가장 감동적인 부분도 바로 여기다. 30년도 넘은 범죄의 한 부분에 '내'가 있다는 것. 그것을 깨닫고, 자인하는 과정 말이다. 가톨릭 사제들과 그들을 묵인한 신도들만의 문제가 아니라 그들을 도와준 변호사, 시끄러운 일들을 덮고자 했던 지역사회의 사람들 모두 공범이다.

본분을 다해서가 아니라 본분을 다하지 못했다는 자인에서 영화 「스포트라이트」의 윤리가 발생한다. 윤리란 그런 것이다. 만약 잘못과 실수가 있었다면 그것을 인정하고 다시 본분으로 돌아가는 것, 잘못을 덮기 위해 더 큰 위장막을 설치하는 것이 아니라 그대로 드러내는 것 말이다. 그게 진짜 정의의 시작이다. (2016)

언론이 잃은 것

　제17회를 맞은 전주국제영화제에 머물렀다. 영화제의 낮과 밤은 일상을 보내는 서울의 낮과 밤과는 다르다. 평소 평일 낮이라면 강의실에 있거나 언론 시사회 현장에 있겠지만, 영화제에서는 다르다. 낮에는 주로 한국에서 개봉하기 힘들 것으로 예측되는 영화들을 본다. 밤이면 여기저기서 사람들과 만난다. 일상의 시간표가 느슨해지고, 거의 고행에 가까운 영화제 시간표가 새롭게 재구성된다.

　올해엔 한국 영화만 열다섯 편을 보게 되었다. 모두 보고 난 첫인상은 바로 이 열다섯 편이 한국의 민낯이라는 사실이다. 영화는 크게 두 가지로 구분된다. 하나는 극영화고 다른 하나는 다큐멘터리, 즉 사실적인 기록영화다. 다큐멘터리영화가 모두 여덟 편이다. 열다섯 편 중 여덟 편이니 절반을 넘는다. 이것 하나만으로도 상징적이다.

　지금 한국 사회에는 상상적 허구가 아니라 카메라를 직접 들이대서 보여 줘야 할 현실들이 더 많다. 상상력을 관통해 하나의 다른 세계를 만드는 것보다 지금, 여기에 존재하는 그 현실 중에 놓치지 말아야 할 것이 더 많은 것이다.

　여기서 조금 더 들여다보자. 극영화의 대부분은 20대를 비롯한 젊은이들의 삶을 그리고 있다. 그런데 하나같이 고달프다. 거의 모든 극영화에 등장하는 단어 중 하나가 '학자금 대출'이다. 영화의 분위기가 밝으면 어차피 갚아야 할 빚이니 씩씩하게 갚아 나가는 주인공이 등장하고, 어둡다면 그 대출이 덫이 되어 더 나쁜 현실과 주인공이 손을 잡는다. 취직은 힘들고, 꿈을 이루기는 더 어렵다. 꿈을 이루고 싶다고 말하면 사람들은 철없는 녀석이라 비웃는다. 이런 분위기 속에서, 꿈을 절대 입 밖에 내지 않는다. 꿈은 상상으로나 관객에게 '겨우' 전달된다. 강퍅한 현실 앞에서 젊음은 하나둘씩 부서져 나가고, 어쩌다 세상의 온기와 접촉한다면 그나마도 환상 속이다.

반면 다큐멘터리의 문법은 좀 다르다. 영화제에서 화제를 끌고 있는 두 편의 다큐멘터리가 있다. 하나는 해고된 언론인들의 이야기를 다룬 「7년-그들이 없는 언론」이고 다른 하나는 「자백」이다. 두 작품엔 흥미로운 교차점이 있는데, 「자백」의 감독인 최승호가 「7년-그들이 없는 언론」에도 등장한다는 것이다. 「자백」을 만든 최승호 역시 해직 언론인이기 때문이다.

「7년-그들이 없는 언론」은 왜 기자가 기레기로 불리게 되었는지를 추적해 가는 작품이다. 방송 매체의 기자들이 어쩌다 진실보다 가십에 이끌려 다니게 되었는지를 기자들의 해직 과정과 겹쳐 보여 준다. 한편, 「자백」은 최승호 감독이 몸담았던 「PD수첩」의 극장판이라고 볼 수 있다. 간첩 혐의로 기소된 공무원의 이야기를 따라가다 보면 우리가 검사와 국정원이 설계한 세상에서 한 발 내딛기도 어렵다는 것을 공포스럽게 깨닫게 된다. 최승호는 견고한 거짓의 울타리를 사실의 힘이라는 정공법으로 무너뜨려 간다.

새삼 느끼는 것이기도 하지만, 이 두 작품은 우리 사회의 언론이 건강했다면 굳이 극장까지 오지 않았어도 됐을 작품이다. 언론에서 해야 할 일을 영화가 하고 있다. 언론이 다뤄야 할 일을 언론이 다루지 않는다. 기자가 미세 먼지와 고등어의 연관성을 찾고, PC방 두꺼비집을 내려서 게임의 폭력성을 입증하려 한다. 진짜 기자, 취재, 언론은 없고, 그 부재를 영화가 메꿔 준다. 기사가 허구 같고, 오히려 영화가 사실을 추구한다.

비단 한국에서만 있는 일은 아닌 듯싶다. 2013년 부산국제영화제에서 상영된 탄 핀핀 감독의 「싱가포르에게, 사랑을 담아(To Singapore, With Love)」는 세계 유수의 국제영화제에서 수상을 하고 상영되었지만, 막상 싱가포르 현지에서는 상영할 수 없었다. 터키의 상황도 유사하다. 이스탄불국제영화제에서 선보인 게릴라군에 대한 다큐멘터리 때문에 터키에서 개최되는 많은 영화제들이 몸살을 앓고 있다. 영화제에서 우리가 만나는 현실과 실제 현실이 이렇듯 무척 다르다.

그렇다면 영화관에서는 어떤 영화가 개봉하고 있을까? 세계를 위험에서 구해 주는 슈퍼히어로 영화들이 대부분의 상영관에서 활약 중이다. 냉동 상태에서 깨어난 영웅, 스스로를 죽음으로부터 구원할 기술을 가진 갑부가 세상을 구하느라 여념이 없다.

상영관 속의 그 어떤 세계에도 학자금 대출이나 진실 왜곡, 문서 위조 같은 말이 등장하지 않는다. 지금, 여기, 우리의 세계에서는 이러한 일들 때문에 괴로워하는 사람들이 있는데도 말이다.

상상도 현실에서 태어난다. 환상도 현실을 넘어서기 위해 존재한다. 지금, 영화적 상상력의 최전선인 영화제에서는 상상을 붙드는 현실, 환상도 넘어서기 힘든 현실들이 고스란히 얼굴을 내밀고 있다. 대한민국의 맨얼굴이 이렇게 영화제에 있다.

우리가 가상의 나라에 파견된 군인의 활약에 흥분하고 있을 때 그리고 전 세계를 구해 주는 영웅들의 활약을 구매하고 있을 때에도 그렇게 대한민국의 맨얼굴은 수척해져 간다. 진실은 불편하고, 맨얼굴은 흠집투성이다. 꾸미지 않은 진실, 불편한 맨얼굴을 들여다볼 필요가 있다. (2016)

손가락과 달 사이, 패배의 크레바스

사람들은 신문에 난 일을 믿는다. 신문은 육하원칙에 따라 사실을 싣고 전달한다고. 적어도 저널리즘 교과서나 사전은 그렇게 말해 준다. 그러나 우리 삶 속의 언론은 그렇지 못하다. 사실보다 추론이 앞서고 분석이 억측으로 메꿔진다. 프레임이 먼저 세워지고 사실이 거기에 채워진다. 사실이라서 신문에 실리는 게 아니라 언론이 다루니까 사실이 되어 버린다. 문제는 언론이 욕망을 가질 때다. 욕망을 가진 언론은 권력을 탐한다. 권력을 탐하는 언론은 괴물이 된다. 이 끝없는 욕망의 기계는 그래서 현실을 창조한다. 필요한 현실을.

그런 의미에서 영화 「트루스」(2015)는 사뭇 다르다. 영화가 시작되고 30분 동안 우리가 알고 있었던 언론 영화의 기승전결이 모두 발생한다. 이런 식이다. 의심스러운 사태가 발견된다. 언론이 나선다. 베테랑 수사관과 전문가가 모인 드림 팀이 속전속결로 문제의 핵심에 접근한다. 드디어 대중에게 공개되고, 중요한 사실이 드러난다. 세상이 들썩인다. 언론인들은 승리를 자축하며 서로의 노고를 치하한다.

이렇듯 조금은 뻔한, 언론 영화의 관습적 서사가 30분쯤에서 끝나 버린다. 그렇다면 러닝타임 123분 중 나머지 100분가량은 도대체 어떤 이야기로 채워질까? 의외로 「트루스」가 초점을 맞추고 있는 곳은 언론의 승리가 아니라 그 패배다. 언론이 당당히 세상과 맞서는 내용이 아니라 세파에 밀려 작아지고 마는 이야기인 셈이다.

영화 「트루스」는 '래더 게이트'라고 불리는 실화를 바탕으로 하고 있다. CBS의 간판 보도 프로그램 「60분」을 연출하는 프로듀서 메리 메이프스는 조지 W. 부시 대통령의 군복무 태만을 고발하는 방송을 기획한다. 군복무 태만이 무슨 문제일까 싶지만 부시가 주 방위군에 입대했던 시절은 베트남 전쟁기다. 이는 곧 부시가 베트남 파병을 피하려 일부러 주 방위군에 입대하고는 그나마도 제대로 훈련을 이수하지 않았다는 의혹으로 번진다.

게다가 이는 부시 정부의 중동 파병 문제와도 무관하지 않다. 때마침 부시 대통령의 재선 캠페인 중이었다. 미군을 전쟁터에 보내려는 대통령의 베트남전 기피와 군복무 태만의 과거는 말하자면 엄청나게 중대한 문제였다.

이상하리만치 잘 맞춰지던 퍼즐은 '폰트'와 '서체'라는 의외의 복명을 만나 그 신빙성에 타격을 입고 만다. 언론사가 증거로 제시한 서류가 마이크로소프트의 워드 프로그램으로 위조되었다고 한 블로거가 주장하고 나선 것이다. 그때부터 서류의 '글자 폭', '어깨글자', '행바꿈 위치' 등이 더 중요해진다.

상황이 이렇게 되자 함께 진실을 밝혀 가자던 회사는 꼬리 자르기를 시작한다. 사태를 책임질 사람을 하나 찍어 잡도리하고, 개인의 실수일 뿐 회사와는 무관한 일이라며 손을 뗀다. 결국 그들이 밝히려던 진실은 묻히고 선정적이며 쇄말적인 진위 논쟁만 가열된다. 달은 사라지고 가리키는 손가락만 남는다. 진실은 손가락과 달 사이 어딘가로 사라지고 만 셈이다.

취재팀에도 잘못이 전혀 없다고 말할 수는 없다. 영화에서도 묘사되어 있다시피, 충실히 사실을 검증한 후 보도를 한 게 아니라 방송 시간에 내용을 꿰맞춰 내보냈기 때문이다. 시사 보도 프로그램은 대중적으로 인기가 없고 시청률이 낮아 광고가 부족하니, 원하는 시간에 방송될 수 없다.

베테랑 시사 앵커 댄 래더는 이렇게 말한다. "처음엔 이브닝 뉴스가 돈을 벌어야 했고, 모닝 쇼는 더 벌어야 했으며 이젠 리얼리티 출연자가 출연하는 게 시청률이 제일 높다."라고 말이다. 뉴스는 원래 공익과 진실을 보도하는 거였는데, 이젠 뉴스도 돈이 되어야 한다. 최근엔 뉴스에 대한 뉴스(reporting on reporting)가 일반적이다. 아무도 목숨을 걸고 취재하려 하지 않고, 시간을 들여 조사하려 하지 않는다.

처음의 예상과 달리 「트루스」는 언론의 영웅담이 아니라 무너지는 이야기며 시시하게 패배하는 이야기다. 메리 메이프스는 해고되고 댄 래더는 사과 방송을 남기고 앵커 자리를 떠난다. 그런데 어쩐지 「트루스」에서 일어나는 일들이 비단 미국의 그곳에서만 일어나는 일로 보이지는 않는다. 언론이 해야 할 가장 큰일이 수익 창출이라는 점에서 말이다.

영화의 제목이기도 한, '진실'을 밝히는 것 그것은 언론의 의무이자 권리며 한편 우리처럼 평범한 일반인들에게 매우 큰 위안이기도 하다. 내부 감사를 받던 메이프스는 자신이 진짜 하고 싶었던 게 무엇인지엔 관심도 없느냐며 항변한다.

불행히도 비슷한 일들은 자꾸 반복된다. 오죽하면 이젠 대중이 언론을 믿지 않고 거꾸로 읽어 내려 할까? '이번엔 또 무슨 일을 덮으려 하는 것일까?' 연예계 사건 사고가 터지면 사람들은 먼저 이런 의심을 한다. 달을 가리켜야 하는데, 세상은 자꾸 손가락과 달 사이에서 실종된다. 그 구멍 사이로 얼굴을 내미는 거짓이 있다. (2016)

미국 그리고 영화의 자정 능력

특정 지명이 산업을 대표할 때가 있다. 미국 캘리포니아주에 그런 곳이 두 군데 있는데 하나는 실리콘밸리, 다른 하나는 할리우드다. 실리콘밸리가 IT 산업 등 최첨단 하이테크 산업을 상징한다면 할리우드는 영화다. 영화가 할리우드고, 할리우드가 영화다.

미국이 역사가 짧은 나라라지만 그 역사성을 아카이브로 잘 보존하고 있는 나라 역시 미국이다. 미국이 세계 최고의 영화 강국이 된 것도 같은 맥락에 있다. 자본과 기술이 뛰어나기도 하지만 미국은 영화를 통해 역사를 기억한다. 상업적 작품도 많지만 기록적 가치를 넘어 역사와 철학을 담은 작품도 많다. 미국이 곧 영화고 영화가 미국인 측면이 있다.

2020년 아카데미 후보 중 많은 작품은 아마도 넷플릭스 작품으로 채워질 것이다. 코로나19 사태 때문이기도 하지만 아카데미는 점진적으로 새로운 플랫폼인 넷플릭스에 이미 문을 개방하고 있었다. 2020년 12월 넷플릭스에서 개봉한 「트라이얼 오브 더 시카고 7」(이하 「트라이얼」), 「힐빌리의 노래」, 「맹크」는 여러모로 할리우드가 왜 영화의 대명사인지를 수긍하게 해 준다.

「트라이얼」은 1968년 닉슨 대통령 당선 이후 시카고에서 있었던 정치재판에 관한 이야기고, 「힐빌리의 노래」는 '러스트 벨트' 지역의, 대개 트럼프 지지층과 맞물리는 미국 중하위층 백인 가정의 이야기를 다룬다.

두 이야기 모두 실화를 소재로 했는데, 「트라이얼」은 검찰이 정치적 목적을 갖고 기소했을 때, 또 사법부가 이 세력에 동조했을 때 어떤 일이 일어나는지를 선명히 보여 준다. 흑인 차별, 권위주의, 공산주의 혐오와 같은 다양한 이야기들은 미국의 가치가 어떻게 만들어졌는지 영화적으로 재현한다.

「힐빌리의 노래」는 지금도 아메리칸드림이 가능하다고 말하는 매우 보수적 영화다. 약물중독 어머니 밑에서 예일대 로스쿨까지 가는 데 성공한 주인공에겐 졸업 자체가 아득하다. 미국의 교육은 '유리 바닥'으로 표현될 만큼 계층적 대물림이 심각하다. 영화의 주인공은 아무리 접시를 닦아도 로스쿨 학비를 댈 수 없다고 한탄한다. 좋은 인턴 자리는 이미 부모의 인맥으로 선점돼 있다. 정치학자 로버트 D. 퍼트넘이 말했듯 사는 곳이 곧 지위가 된 '계급 아파르트헤이트' 세상에서, 주인공이 약물중독 어머니에게 발목 잡혀 쓰러지지 않고 일상을 유지하는 것 자체가 대단한 미션이 된다. 삶 자체가 긴장의 연속인 것이다.

「맹크」는 1930~1940년대 할리우드 스튜디오 시스템의 정점에서 일했던 시나리오 작가 허먼 L. 맹키위츠에 대한 이야기다. 그는 오슨 웰스와 함께 「시민 케인」의 시나리오 작업을 했다. 「시민 케인」의 주인공 '찰스 포스터 케인'은 당시 언론 재벌로 군림하던 윌리엄 랜돌프 허스트였다. 아무도 말한 적 없지만 누가 봐도 케인은 허스트였다. 살아 있는 권력이었던 만큼 시나리오를 영화화하는 데 그리고 상영하는 데 상당한 압력이 행사되었다.

영화 「시민 케인」(1941)에서 케인은 "내겐 사람들이 뭘 생각할지에 대해 결정할 권한이 있소."라고 부르짖는다. 케인은 프레임을 만들고 퍼뜨리면 현실이 된다고 믿었고, 실제로도 그렇게 되었다. 케인뿐 아니라 실존 인물 허스트 역시 마찬가지였다. 옐로저널리즘이라는 말을 탄생시킨 장본인 역시 윌리엄 랜돌프 허스트다.

주목해야 할 점은 당시 금권으로나 정치력으로나 최고 정점에 있었던 권력자를 영화로 비판하고 저격할 수 있었던 영화의 용기다. 1930년대 할리우드 스튜디오 시스템은 수많은 문제를 낳기도 했지만 당대 가장 큰 권력에 대한 비판도 선명히 남겼다.

맹크와 오슨 웰스는 언론이 가진 힘을 알고 있었다. 뉴스가 만들어 내는 연출된 감정들이나 가짜 정보들이 현실을 바꿀 수 있다는 것도 알고 있었다. 미국엔 트럼프식의 거짓 선동을 따르는 대중도 있지만 그런 거짓과 맞서는 언론과 그것을 재현하는 영화적 용기도 있다. 이 혼동 속에서도 미국이 나름 유지되고 있다면 바로 이 오래된 자정 능력 덕분이 아닐까 싶다. (2020)

현실 정치의 그림자

왕이 없는 세상의 '왕'

안데르센의 동화 『벌거벗은 임금님』은 흥미로운 동화다. 왕이 벌거벗은 채 자신의 왕국 한가운데를 행진한다. 나쁜 사람의 눈에는 옷이 보이지 않고, 착한 사람에게는 보인다지만 옷은 애초에 없다. 사람들이 다 옷이 보이는 것처럼 굴 때 다만 한 아이만 그 부재를 외친다. 한 아이만이 진실을 말한 것이다. "임금님은 벌거숭이."

그제야 진실은 세상에 던져진다. 왕의 행진이 무너지고, 백성은 그의 말이 아니라 실체를 보게 된다. 벌거벗은 남자를 왕으로 만들었던 그 보이지 않는 권위의 커튼이 열어 젖혀진 것이다. 왕의 말은 실행력이다. 때로 그 실행력은 거짓도 진실인 것처럼 바꾼다. 그러나 진실은 오래지 않아 드러날 수밖에 없다.

철학자 조르조 아감벤은 동화 『벌거벗은 임금님』의 정치적 역학 관계에 대해 고고학적 논의를 한 적이 있다. 벌거벗음과 가장 멋진 옷 사이에 일종의 관료제가 있다고 말이다. 말하자면 착한 사람에게만 보인다는 식의 말을 만들어 낸 재단사가 곧 관료다.

군주제 왕이 누리는 권위의 핵심은 바로 '척'에 있다. 재단사가 잘 알고 있었던 것은 바로 그 군주제의 역학 관계다. 왕에게는 보이는 '척'하는 백성이 필요하고, 이 '척'이 제도화될 때쯤 군주제는 클라이맥스를 맞이하며 급격히 쇠퇴했다.

박근혜 정부를 돌이켜 보았을 때 가장 많이 떠오르는 이미지가 바로 이 '척'이다. 형광등을 백 개 켠 듯 눈부신 사람인 척, 도무지 한 마디도 알아들을 수 없는 문장이지만 알아듣는 척, 외교 순방의 내용은 없지만 의상만은 그럴듯하다는 척. 그런 척들이 모이고 쌓여, 벌거벗은 왕의 행진이 묵인된 것이다.

박근혜는 대한제국의 왕으로 군림하고자 했고 박근혜 정부의 관료제는 적극적으로 재단사 역할을 자임해 왔다. "나쁜 사람 눈에는 보이지 않는다." 좋은 사람, 나쁜 사람으로 '공무원'을 구분하던 그 잣대의 문제점은 우선 '나쁘다, 좋다'를 자기 맘대로 결정하는 기준 없는 추상성이라는 것이다. 하지만 무엇보다 더 심각한 건 나쁘거나 좋다고 말하는 그 대상이 벌거벗은 임금님의 옷처럼 실체가 없다는 사실이다.

흥미롭게도 유독 우리 문화에는 절대 권력을 '왕'이라고 부르는 관습이 널리 퍼져 있다. 대학생들이 엠티나 수련회에 가면 의당 하는 '왕 게임'만 해도 그렇다. 누군가 왕이 되면 하고 싶은 대로 힘을 전횡한다. 당하는 사람이 우스꽝스러워질수록 놀이는 즐거워진다. 최근 뉴스에 거의 상투어처럼 등장하는 '킹메이커'라는 용어도 그렇다. 대통령이 '왕'처럼 군 바람에 발생한 어마어마한 정치 공백을 목격하면서도 또 다른 대통령을 '왕'이라 연호하며 기다린다.

2011년 제작되어 2012년 한국에서 개봉한 영화 「킹메이커」는 미국의 대통령 선거 과정을 다루고 있다. 대통령을 만드는 사람, 그리고 그 대통령 만들기의 음험한 정치적 야망과 협잡, 거래, 전복의 장면들을 담아낸 영화가 바로 「킹메이커」다. 이 영화의 원제목은 'The Ides of March'이고 3월 15일이라고 직역된다. 정말 재미있는 것은 이 원제의 함의다.

Ides는 윌리엄 셰익스피어의 비극 『줄리어스 시저』(1599)에 등장하는 어구다. 고대 로마공화정 말기 예언가가 로마의 절대 권력가인 시저에게 다가와 '3월의 가장 높은 날, 3월 15일을 조심하라.'고 경고한다. 하지만 시저는 이 경고를 대수롭지 않게 여겼고, 결국 가장 가까운 사람 중 하나였던 브루투스의 칼에 죽는다. 그러니까 영화 「킹메이커」의 원제 '3월 15일'은 최고의 권력자가 최측근에 의해 좌절되는 기가 막힌 현실을 가리키는 용어다. 자신의 비밀과 비리를 가장 잘 알고 있는 최측근이야말로 최고 권력을 꿈꾸는 자에게는 가장 위험 요소다. 그러니 '3월 15일'이라는 원제는 문학적이기도 하지만 정치의 속내를 꿰뚫는 제목이기도 했다.

이 제목이 「킹메이커」로 바뀌었다. 국내 관객에게 셰익스피어도 시저도 어려우니, 게다가 외국 문학 중에서도 고전이니 어려워서 그랬다 치자. 그런데 왜 하필 "킹메이커"인가? 「킹메이커」라는 제목은 우리 문화권 내에서 최고 권력자란 곧 왕이라는 집단적 무의식을 고스란히 반영한다.

2017년 첫 흥행작의 제목도 「더 킹」이다. 영화 「더 킹」의 주인공들은 우리 시대의 최고 권력자일 게 분명하다. 아니나 다를까 영화 속 최고 권력자는 바로 검사다. 아니 대개의 평범하고 선량한 검사 말고 1퍼센트의 권력 지향적 검사들이 주인공이다. 그 1퍼센트의 검사들은 '왕'이 되려고 검사가 되었다고 고백한다. 최고 권력을 맘대로 휘두르고, 그 맨 꼭대기 위에서 군림하기 위해 검사가 된다. 그리고 스스럼없이 자신을 가리켜 '왕'이라고 부른다.

「더 킹」의 인물들은 허구지만 실제 검찰을 거쳤던 사람들의 면면을 생각해 보면, 말이 곧 법이 되고, 그것을 마음대로 실행했다는 점에서 그들이 왕처럼 군림해 온 것을 부정하긴 어렵다. 그래서 더 씁쓸하다.

통치하지 않고 군림하는 왕이야말로 이미 군주제와 함께 역사가 쓸어 버렸던 악재이자 잔재이다. 그런데 아직도 우리는 왕이 있는 것처럼 군다. 왕을 바꾸는 게 아니라 왕을 없애야 하고, 소년처럼 진실을 말해 판을 흔들어야 한다.

이제 왕은 안 된다. 벌거벗은 왕이 아니라 그 어떤 왕이라도 돌아와서는 안 된다. 쉽게 왕이라는 호명을 허락해선 안 된다. 과거로 사라진 것에는 그만한 이유가 있다. 그러니 이제 호명의 각성이 있어야 하지 않을까? 언어는 문화이자 반영이다. 킹메이커도, 킹도 없는 게 마땅한 세상이 와야 할 것이다. (2017)

최소 인간 실격에 대하여

"불행한 자들에게 연민의 정을, 그러나 행복한 자들에게는 관용을."* 빅토르 위고의 소설 『레 미제라블』(1862)의 마지막 장, '마지막 어둠, 마지막 새벽'의 첫 구절이다. 이런 문장도 있다. 운수 좋은 이들이 자행하는, 불운한 이들에 대한 착취를 말하는 빅토르 위고의 다른 소설 『웃는 남자』(1869)는 그런 이들에 대한 소설이다. 이 두 문장은 어쩌면 하나의 짝일지도 모르겠다. 행복한 자들은 불행한 자들에게 연민을 느껴야 하지만 오히려 불운한 이들을 착취한다.

빅토르 위고는 우리가 살아가며 누리는 행복이 '운수'라는 것을 알고 있었다. 은수저를 물고 태어나는 것은 그저 운수 덕택이지 그 사람이 누려야 마땅한 권리와는 거리가 멀다. 가난하고, 몸이 불편한 것도 운수의 문제다. 그러니 운수가 좋은 사람들은 운수가 나쁜 사람들을 연민해야 한다. 그건 최소 인간의 조건이다.

하지만 현실은 다르다. 운수가 좋은 사람들이 불운한 이들을 더 괴롭힌다. 연민하지 않고, 관용을 베풀지도 않는다. 영화로 더 잘 알려진 『레 미제라블』의 주제는 사실 연민과 관용에 있다. 이웃에 대한 연민이야말로 혁명의 시작이다. 빅토르 위고가 말하는 혁명은 이웃의 발견에서 시작된다.

---

* 빅토르 위고, 정기수 옮김, 『레 미제라블』(민음사, 2012).

우리는 『레 미제라블』의 제목이 의미하는 '비참한 사람'을 장발장이라고 생각한다. 하지만 장발장은 생각만큼 비참한 사람이 아니다. 자베르에게 쫓기며 불안과 공포 속에 살아가긴 하지만 적어도 그에게는 따뜻한 먹을거리와 안락한 집, 안정적인 직장이 있었다. 무엇보다 자신을 용서해 준 미리엘 주교처럼 관대한 사람도 만났다. 고집불통 원칙주의자인 자베르만 만난 게 아니라 은촛대를 훔친 걸 눈감아 주는, 그런 연민을 가진 사람도 만난 것이다. 덕분에 그는 가장 비참한 사람이 될 불행에서 비켜났다. 운수가 좋은 편인 셈이다.

그렇다면 가장 비참한 사람은 누구일까? 그건 아마 코제트의 어머니 팡틴이었을 터다. 팡틴이 지키고 싶었던 것은 단 하나, 딸아이 코제트다. 그러나 무자비한 세상이 어머니의 그 모성을 짓밟는다. 장발장은 팡틴을 미처 발견하지 못했음을 후회하지만 너무 늦었다. 그래서 장발장은 속죄의 의미로 팡틴의 딸 코제트를 불한당들로부터 구해 내고 그녀를 딸로 키운다.

『웃는 남자』에는 콤프라치코스라는 범죄 집단이 등장한다. 빅토르 위고는 이들을 가리켜 '인간적 추태의 일부'라고 표현하는데, 그도 그럴 것이 콤프라치코스는 '어린아이를 사고파는 사람들'이다. 그렇게 '구매'한 아이들은 도대체 어디에 쓰였을까? 콤프라치코스는 아이들을 사서 왕을 위한 살아 있는 장난감으로 만들었다. 희한하게 생길수록 재밌는 장난감이 되어 높은 가격으로 거래되었다. 점점 더 극단적인 기형을 선호하게 되니 급기야 기형을 만드는 전문 기술이 생긴다. 아이의 얼굴을 훼손했고, 정형외과적 지식을 동원해 뼈를 망가뜨린다. 아동 인신매매, 아동 학대, 불법 의료 행위를 한 범죄 집단, 그게 바로 콤프라치코스다. 『웃는 남자』에 등장하는 입이 찢어진 남자, 콤프라치코스에게 입이 찢긴 아이가 '조커'의 원형이 된 이유이기도 하다. 하지만 당시 콤프라치코스는 불법이 아니었다. 심지어 사람들은 기이한 외모를 가진 아이를 애완견처럼 데리고 다니며 자신의 부와 능력을 자랑했다.

이런 시대에 만약 장발장이 거리에 버려진 코제트를 돌보지 않았다면 코제트는 어떻게 되었을까? 어떤 의미에서 콤프라치코스가 괴물로 만든 아이들은 장발장의 눈에 띄지 못한 수많은 '코제트'들이다. 돌이켜 보면 빅토르 위고가 말하는 혁명은 매우 작은 데서 시작된다. 이웃의 버려진 아이를 모른 채 내버려 두지 않고 거두는 것, 비록 그의 가난과 고통이 나로 인해 비롯된 것은 아닐지언정 나와 무관한 것이 아님을 깨닫고 속죄하는 것, 그것이 바로 혁명의 씨앗이다. 내가 누리는 행운이 누군가 갖지 못한 행복의 일부라는 점을 받아들이는 것, 그것이 인간의 조건이라는 것이다. "네가 행복 속에서 겪고 있는 모든 것을, 그분은 불행 속에서 겪으셨다."라는 장발장의 말처럼, 누군가 행복하게 겪는 많은 일들을 누군가는 불행 속에서 겪는다. 초경을 맞아 부모님께 선물을 받는 소녀도 있지만 그 사실조차 숨긴 채 운동화 깔창을 찾는 소녀도 있다. 아이를 낳아 행복의 눈물을 흘리는 부모도 있지만 너무나 막막해서 우는 부모도 있다.

장발장은 괴로워하며 이렇게 말한다. "나도 모르는 사이에 나 때문에 그토록 불행해진 여자! 팡틴."이라고 말이다. 나도 모르는 사이에 나 때문에 불행해진 사람, 우리는 그 가능성에 늘 미안한 마음을 가지고 있어야만 한다. 그것이 바로 인간으로서 이웃을 대하는 최소한의 조건이다.

"민중은 개, 돼지로 취급하면 된다."라는 교육부 관료 나향욱의 발언을 용서해서는 안 되는 이유도 여기에 있다. 지하철 안전문을 고치다 세상을 떠난 열아홉 살 청년을 향해, "그게 어떻게 내 자식처럼 생각되나, 그렇게 말하는 건 위선이다."라고 말하는 것도 인간 실격이다.

사람이라면, 최소 인간이라면 적어도 "나도 모르는 사이에 나 때문에 불행해진" 사람에게 미안한 마음을 가져야 한다. 내가 누리는 운수를 갖지 못한 사람들에 대해 고민해야만 한다. 그게 사람의 도리이며 최소 인간의 기준이다. 나향욱은 정책기획관 자격이 없는 게 아니라 인간의 기준에 미달한 최소 인간 실격이다. (2016)

자연인 박근혜

공교롭게도, 최근 극장에서 '사람의 본질'이라는 말을 두 번이나 들었다. 사람의 본질이라, 그 얼마나 무겁고도 귀한 말이던가? 첫 번째는 할리우드 슈퍼히어로 블록버스터 「로건」(2017)이다. 놀라운 능력을 가진 소녀를 쫓던 악당들은 소녀와 로건의 행적을 알아내기 위해 로건의 동료 칼리반을 괴롭힌다. 칼리반은 태어날 때부터 멜라닌 색소를 갖지 못한, 그래서 태양을 견딜 수 없는 엑스맨이다. 2029년을 배경으로 하고 있는 이 영화에서 칼리반은 과거에 울버린 로건을 괴롭혔던 적이었다. 그런 칼리반에게 햇빛을 쪼이며 악당들이 제안한다. "사람의 본질은 그렇게 쉽게 변하지 않잖아? 그렇지?"라고 말이다. 악당은 칼리반에게 로건에 대한 적의가 남아 있으리라 본다. 그리고 지금은 선의를 가진 척하지만 결국 칼리반의 깊은 내면 속 본성에는 악당의 기질이 있으리라고 여긴 것이다. 말하자면 적들은 칼리반의 악한 본성을 꺼내기 위해 그를 괴롭힌다.

또 다른 영화는 「사일런스」(2016)다. 17세기 천주교의 불모지인 일본에 두 명의 신부가 파견된다. 먼저 파견되었으나 이미 배교했다는 소문만 남긴 채 사라진 페레이라 신부를 찾기 위해서다. 페레이라 신부는 파견을 자원하는 두 신부에게 신을 알려 준 은인이기도 하다. 스승이자 동료, 멘토인 페레이라를 구하기 위해 두 사람은 일본으로 향한다. 천주교도에게 당시 일본행은 위험한 도박이었다. 17세기 일본은 천주교의 무덤이었다. 아주 오랫동안 다신교적 전통을 지켜 온 일본의 지역 번주들은 하나님을 믿는 자들을 색출해 고문하고 참형으로 금지했다. 게다가 그 고문이나 형벌이라는 게 참으로 끈질기고 집요하다. 작은 구멍이 뚫린 바가지에 100도에 육박하는 온천물을 담아 아주 천천히, 여러 번 맨몸에 뿌린다든가, 사람을 거꾸로 매달아 구멍에 얼굴만 처박는데, 그것도 빨리 죽어서는 안 되니 피가 통할 수 있는 작은 상처를 만들어 숨통만 트여 주는 방식이다. 이러한 고문은 과시적 공포와 전시효과까지 가지고 있다. 번주들은 신부들에게 거래를 제안한다. 배교하면 너를 따르던 수많은 신도들은 살려 주겠다고 말이다.

두 신부의 기대와 달리 페레이라 신부는 이미 제안을 수긍한 후 일본식 이름을 받아 일본인 아내와 일본인처럼 살아가던 중이었다. 하지만 젊은 신부들은 제안에 응할 수 없다. 그때 배교자 페레이라가 이런 말을 한다. "산과 강은 움직일 수 있지만 사람의 본질은 움직일 수 없다." 과연 배교자가 말하는 사람의 본질이란 무엇이란 말인가? 유카타를 입고 조리를 신는다고 해서 그가 일본인이 되는 게 아니듯이, 사람의 본질이란 외형으로 바뀌지 않는다는 것일까?

『에밀』(1762)을 쓴 프랑스의 사상가 장 자크 루소는 사람의 본질이 어질다고 믿었다. 심지어 『에밀』의 첫 구절에 "조물주는 모든 것을 선하게 창조했으나, 인간의 손길이 닿으면서 모든 것은 타락하게 된다."*라고 쓸 정도였다. 그는 올바른 교육이야말로 인간의 본성을 아름답게 가꿔 나가는 핵심이라고 주장한다. 여기서 눈길을 끄는 것 중 하나는 루소가 '자연인'이라고 부른 개념이다. '자연인은 전적으로 자

---

* 장 자크 루소, 박호성 옮김, 『에밀』(책세상, 2003).

기 자신을 위하여 존재'하는 사람이다. 루소는 자연 상태를 높이 샀지만 자연인에 대해서는 그렇게 생각하지 않은 듯싶다. 오히려 자연인은 제멋대로인 이기주의자의 모습에 가까운데, "자기 자신 혹은 자신의 동료하고만 관계를 맺고 있는 독립적인 실체"를 자연인이라고 지칭한다.

탄핵 후 청와대에서 삼성동으로 거처를 옮긴 박근혜 전 대통령을 부르는 호칭 중 하나가 바로 '자연인'이다. 나는 처음엔 왜 박근혜를 전 대통령이나 시민으로 부르지 않고 자연인으로 호명할까 의아했다. 하지만 루소의 『에밀』 가운데 하나의 실마리가 있다. 자연인의 반대편에 놓인 말인 '사회인'이다. 사회인이란 훌륭한 사회제도를 통해 인간의 본성을 최대한 변형시키고, 상대적인 존재가 되어 자아를 사회 속에 융합시킬 수 있는 인간을 뜻한다. 말하자면 자연인은 사회화가 덜된 그리고 사회제도를 통한 교육을 제대로 받지 못해, 아무렇게나 쑥쑥 자란 자연물과 다르지 않다. 제멋대로, 하고 싶은 대로 하는 인간 유형. 자기 자신 혹은 자신의 동료하고만 관계를 맺는 그런 인간 유형. 그런 유형을 이미 루소가 '자연인'이라고 불렀던 것이다.

어떤 점에서는 왜 박근혜가 타인의 고통에도 무감하고, 자신의 잘못에도 무관심한지 '자연인'이라는 용어는 많은 부분을 설명해 주는 듯싶다. 애초에 자연인에게는 남이 없다. 사회도 없고 더더군다나 법이나 제도도 없다.

훌륭한 자아는 훌륭한 사회제도 안에서 태어난다. 즉 우리가 힘겹게 동의한 제도 가운데서 본성을 최대한 변형시키고, 상대적인 존재로 거듭나야 훌륭한 자아와 만나고 사회인이 될 수 있다. 그의 머리를 다듬던 미용사가 탄핵 후에도 늘 오전 9시면 삼성동으로 출근했다.

본성이든 습관이든 사람은 바뀌기 힘든가 보다. 그러나 바뀌기 힘들다고 바꾸지 않는다면 그게 우리가 말하는 가치 있는 인간이며 삶일 수 있을까? '인간의 본질'은 바뀌지 않는다기보다 정말 바꾸기 힘든 것일지도 모르겠다. (2017)

'딸 바보'와 그 딸의 금기

옛이야기 가운데서 아버지가 등장하는 경우는 무척 드물다. 이솝 우화, 안데르센 동화, 샤를 페로의 동화를 뒤져 보면 아버지는 새 아내 그러니까 계모를 집안에 들이는 계기로 활용되거나 혹은 부재중일 때가 대부분이다. 옛이야기에서 중요한 인물은 계모든 친모든 '어머니'지 '아버지'는 아니다. 프로이트도 이를 간파해, 어머니와의 애착 관계에서 비롯된 오이디푸스콤플렉스에서도 아버지는 매개일 뿐 애정의 최종 지점은 아니다. 그런데 흥미롭게도 그중에 아버지가 전면에 등장하는 이야기가 있다. 2017년 실사 영화로 변신한 「미녀와 야수」다.

『미녀와 야수』는 아버지와 딸이 등장하는 매우 희유한 동화다. 아버지가 재혼을 하지 않은 데다가 딸과 아버지 사이가 유독 좋다. 아동심리학자 브루노 베텔하임은 이를 주목했다. 그는 프로이트의 이론을 바탕으로 아버지와의 애착 관계가 지나친 여아의 성장 드라마로 『미녀와 야수』를 읽었다. 즉, 아버지와의 불필요한 애착을 끊어 내지 않는 이상 그 어떤 남자도 왕자가 될 수 없다. 남자는 털이 북슬북슬하고, 난폭하고 야만적인 야수에 불과하다. 야수가 교만해서 저주에 걸린 게 아니라 모든 소녀에게 남자는 야수에 불과하다. 벨이 야수를 사랑해야만 야수가 왕자로 되돌아오는 이유도 여기에 있다고 보았다. 여자가 마음을 바꿔 사랑할 때, 남자는 야수가 아닌 왕자가 될 수 있다는 것이다.

가만 생각해 보면, 유독 아버지와 딸이 등장하는 옛이야기에선 아버지가 종종 딸의 앞길을 가로막곤 했다. 우리 옛이야기인 『심청전』이 대표적이라고 할 수 있다. 심청의 아버지 심 봉사는 눈을 뜰 수 있다는 말에 무턱대고 아무 대책 없이 공양미 300석을 약속한다. 그 때문에 심청은 몸을 팔아 인당수에 빠지고 만다. 말이 효녀지 아버지 때문에 결국 인신매매에 희생된 딸이라는 사실은 부인하기 어렵다. 부모는 자식을 위해서라면 심장도, 눈도 바칠 수 있다고 말하곤 한다. 그런데 어째 심 봉사는 자기 눈을 위해 자식을 바친다.

농담처럼 과장한 이야기이긴 하지만, 한국의 근대문학을 살펴보다 보면 이렇듯 자식을 키워 송아지 팔듯 노름빚을 대신해 혹은 미두로 인한 손해를 대신해 넘기는 경우를 심심찮게 볼 수 있다.

채만식의 소설 『탁류』(1937)에 보면 명님이라는 한 소녀가 등장한다. 가난한 부모는 명님이가 얼른 자라 이차성징을 겪고 여자다운 태를 갖기만 기다린다. 명님이가 키워 준 값을 해야, 그나마 먹고살 돈이 생기기 때문이다. 명님이도 그런 스스로의 운명을 그저 팔자려니 여긴다. 주인공이라고 할 수 있을 초봉이의 형편도 다르지 않다. 초봉의 아버지 정 주사는 미두로 손해를 보자, 부잣집 외아들로 소문난 태수가 호색한인 걸 알면서도 초봉이를 시집보낸다. 딸, 초봉의 삶은 아버지의 이 실수로 인해 영영 얽히고 만다.

딸에 대한 애착을 가진 아버지를 일컬어 '딸 바보'라고들 한다. 물론 요즘에야 딸을 한밑천 재산으로 보고 키우는 아버지는 거의 없을 터이다. 그래서인지 어쩌면 요즘에는 『탁류』나 『심청전』 같은 이야기보다는 『미녀와 야수』가 훨씬 그럴듯하게 들린다. 딸의 앞길을 막는다는 의미가 딸을 거래 대상으로 취급해서가 아니라 너무 사랑하다

보니 되려 망치는 쪽이 많아졌다는 의미다. 사랑이 장애물이 되는 일은 비단 아버지와 딸 사이만은 아닐 것이다. 우리는 숱한 영화와 이야기 가운데서 어머니와의 애착을 끊지 못해 끝내 세상과 불화한 인물들을 여럿 만난 적 있다. 영화 「사이코」(1960)의 주인공 노먼 베이츠가 아마 대표적인 예시일 것이다. 부모와 자식은 어쩌면 애정을 붙이는 것만큼이나 떼는 게 중요한 사이일지도 모르겠다.

아무리 딸이라고 해도 아버지 대신 감옥에 갇힌다거나 아버지가 한 약속을 지키기 위해 죽음을 선택해서는 안 된다. 벨이 아버지 대신 스스로 감옥에 갇히고 죽음을 불사하는 것은 효가 아니라 미성숙한 실수에 가깝다. 미성숙하기 때문에 사랑하는 존재를 두고 아버지를 구하러 되돌아가고 만다. 그리고 그렇게 오락가락하는 동안 사랑하는 야수는 위험에 처하게 한다.

물론 이런 방식의 동화 해석은 많은 이들에 의해 비판받고 부정되고는 했다. 브루노 베텔하임이 분석한 모든 동화는 성적 각성의 격동을 표현한 메타포가 된다. 프로이트가 성장의 모든 단계를 성적인 것과 연관시켰듯이 말이다. 흥미롭긴 하지만 그렇다고 모든 동화가 성적인 성장을 은유한 이야기는 아닐 것이다.

분명한 건 모든 어른이 되는 과정에는 라이오스가 필요하다는 사실이다. 사랑하는 아버지는 언젠가는 부정되어야 한다. 이미 세상에 존재하지 않는 아버지의 그림자가 대한민국 사회를 5년간 뒤덮었다. 박정희는 벌써 30년도 더 전에 세상을 떴지만 우리 사회가 그 아버지의 그림자를 불러들였다.

이미 세상을 떠난 아버지의 탈을 쓰고, 아버지 행색을 하는 것은 어머니의 시체를 안고 살아가는 「사이코」의 공포 영화적 상황과 다르지 않다. 세상을 떠난 어머니, 아버지를 땅에 묻어야 새로운 이야기가 시작될 수 있다. 사랑과 애착을 구분하는 것, 딸을 둔 모든 바보들이 알아야 할 문제이기도 하지만 여전히 아버지의 그늘에 머무는 덜 자란 딸도 알아야 한다. 상징적인 아버지들, 과거, 역사, 적폐의 문제도 마찬가지다. (2017)

뒤늦게 깨닫는 '빈집의 사랑'

영화 「건축학개론」(2012)의 서연과 승민은 빈집에서 첫 데이트를 한다. 데이트인 줄 모르고 하는 데이트다. 자신이 사는 동네를 탐색하라는 과제를 하다가 같은 동네 정릉에 사는 두 사람이 우연히 만났고, 정릉 토박이인 승민이 제주도가 고향인 서연에게 이곳저곳 안내를 해 주었으니 말이다.

서연의 마음을 단번에 끈 곳은 바로 동네의 빈집, 버려진 집이다. 승민은 주인이 없는 곳이라 들어가기 망설이지만 서연은 "뭐 어때?"라며 성큼성큼 걸어 들어간다. 두 사람의 성격과 닮은 장면이다. 서연은 그렇게 요란하게 빈집의 문을 열고 들어가, 죽어 있는 시계의 태엽을 감아 살려 준다. 승민은 주인 없는 물건에 손을 댔다고 겁내지만, 서연은 또 한 번, "뭐 어때 죽은 거 살려 준 건데."라고 말한다. 그때, 승민의 마음속 첫사랑의 시계도 자신이 모르는 사이 움직이기 시작한다. 마치 죽어 있던 시계가 움직이기 시작한 것처럼.

그런데 흥미로운 것은 둘이 그렇게 쓸모없는 공간, 말하자면 등기도 되지 않고, 사람이 살 수 없는 곳만 골라 가며 데이트를 한다는 사실이다. 다음 만남에서 두 사람은 개포동의 아파트 옥상에 올라가 서울을 내려다보며 전람회의 「기억의 습작」을 나눠 듣는다. 풍광이 너무나 아름답지만, 옥상은 추억을 쌓되 거주할 수는 없는 곳이다. 그들은 오래되고 버려진 역사에 가서 철길을 걷고 미래를 이야기하고, 마침내 첫 키스를 나눈다. 그나마도 서연이 잠들었는지, 잠든 척했는지 모를 그런 순간에 벌어진 첫 입맞춤이다.

두 사람의 기억은 불균형하다. 두 사람이 나눈 미래에 대한 이야기도 누군가에겐 너무 소중하지만 누군가에겐 그저 가벼운 이야깃거리에 불과하다.

두 사람이 데이트를 나누는 공간들은 쓸모가 없지만 그래서 더 아름다운 공간이다. 어쩌면 추억의 아름다움은 쓸모와 반비례하는 것일지도 모르겠다. 영화 속에서는 이처럼 은밀한 기억을 나누는 장소는 대개 무쓸모하다. 경제적으로 봐서도 가치가 없고 등기하거나 서류로 만들 수 없는 빈 곳이 많은 것이다.

강동원 주연의 「가려진 시간」(2016)에 주요 테마로 등장하는 공간도 그렇다. 두 아이들이 서로의 상처받은 마음을 보듬고, 비밀을 공유하던 집 역시 이곳저곳이 부서진, 버려진 집이다. 그렇게 소중한 것들은 등기되지 않는, 경제적 가치가 없는 것으로 묘사된다. 아니, 어쩌면 정말 귀중한 기억들은 그렇게 버려진 곳에 가만히 보관되고 쌓이는 것일지도 모르겠다. 기형도의 시 「빈집」의 한 구절처럼 가엾은 내 사랑이 빈집에 갇히는 것이다.

영화 「노무현입니다」(2017)를 보고 난 첫 느낌은 바로, 그렇게 잊혀져 있던 첫사랑을 다시 만난 기분이었다. 첫사랑은 어쩌면 실패하게 될 운명적 예감일지도 모른다. 성큼성큼 발소리를 내며 걸어 들어온 서연의 다가옴이 사랑의 시작인 줄 모르고 하루를 보낸 승민처럼, 어쩌면 노무현 시대를 지났던 우리들도 그렇게 그게 사랑인 줄 모르고 지나친 것일지도 모른다.

「노무현입니다」는 다큐멘터리 영화다. 하지만 상당히 편파적이고 주관적이다. 다큐멘터리의 편파성과 주관성은 모순이며 역설이다. 그러나 「노무현입니다」에서만큼은 그 편파성이 꽤나 설득력이 있다. 말했다시피 이 영화는 사랑인 줄 모르고 지나쳐 버린 누군가가 시간이 흘러 뒤늦게 그것이 사랑이었음을 깨닫는 사후적 고백이다. 다큐멘터리 형식을 빌린 사랑 이야기인 셈이다. 사랑하는 사람에 대한 기억은 편파적일 수밖에 없다. 마치 버려진 역에서의 입맞춤에 대한 기억이 두 사람에게 서로 다르듯이, 사랑의 기억은 사람에 따라 다르다.

「노무현입니다」는 노무현이라는 사람의 정치적 공과나 사법적 진위를 가리는 작품이라기보다 인간 노무현에 대한 기억의 재구성이다. 어쩌면 살아남았기에 매일 조금씩 변할 수밖에 없는 남아 있는 자들의 회상이자 뒤늦은 고백이다.

노무현을 회상하는 이들은 그를 추억하며 눈물을 글썽인다. 그러지 않는 인터뷰이가 드물다. 그걸 두고 과장이나 연출이라고 말할 수가 없다. 정면을 마주하는 그 정직한 촬영 방식은 관객에게 감정의 결을 직접적으로 전달해 준다. 한 명 한 명의 기억과 고백, 술회가 모여 노무현이라는 개인, 정치인에 대해 갖고 있는 집단적 채무 의식이 어떤 감정으로 집결된다. 관객들이 마주하는 것은 과거의 어떤 사실이 아니라 잊고 있던 어떤 감정이다. 그는 기억할 만한 사람이었고, 기억될 만한 인간이었으며, 여전히 기억 속에 남아 있는 인물이다.

그리고 그건 뜨겁게 사랑했던 과거 나와의 만남이기도 하다. 노무현을 통해 열정을 태웠던 나와 다시 마주하는 것이다.

첫사랑부터 완숙한 사람이 어디 있으랴. 누구나 첫사랑엔 서툴고, 또 실수투성이다. 첫사랑엔 그렇게 해도 될 줄 알고, 쓸데없는 고집도 피우고, 해서는 안 될 말도 내뱉곤 한다. 시간이 흘러 삶을 알고 난 후, 그 첫사랑이 불가역적이며 일회적이었다는 것을 알고 나서야 그 '빈집'의 가치를 격하게 깨닫는다.

돌이킬 수 없는 사랑에 대한 그리움은 "새 희망의 정수배기"에 들이부어야 마땅하다. 한용운의 시 「님의 침묵」처럼 말이다. 너무 쉽게 믿음을 버리지 않고, 너무 아프게 사람을 흔들지 않고, 한 사람에 대한 열정을 너무 냉정하게 미움으로 바꾸지 않고, 그렇게 조금은 시간을 두고 바라보는 것. 그게 바로 두 번째 사랑에 필요한 태도가 아닐까? (2017)

'을'들의 망명지

제인 오스틴의 소설 『오만과 편견』(1813)에는 사소하지만 꽤 재미있는 장면이 하나 등장한다. 빙리의 저택에 방문한 언니 제인이 그만 병에 걸려 며칠 더 머물게 되었다. 적극적인 동생 리지는 언니의 상태를 확인하기 위해 빙리의 저택에 가려 한다. 가난한 리지의 집에는 여분의 마차가 없다. 하지만 언니가 걱정된 리지는 걸어서라도 가기로 마음먹는다. 울타리를 뛰어넘고 웅덩이를 건너, 흙투성이 길을 5킬로미터나 걸어 빙리의 저택에 도착한다.

당연히 엉망이다. 양말도 더러워지고 얼굴도 붉게 달아올랐다. 그런 모습으로 조찬실에 들어가자, 빙리의 여동생이 그녀를 '경멸하는' 눈빛으로 째려본다.

또 이런 장면도 있다. 손필드 저택에 그와의 결혼을 염두에 둔 잉그램 모녀가 찾아온다. 미혼의 제인 에어가 손필드에 머무는 것을 성가시게 여긴 두 모녀는 가정교사를 험담하기 시작한다. 모든 가정교사들은 밉상이고 주책바가지들이며 마귀처럼 음란하다고 말이다. 제인에게 은근히 곁눈질하는 것도 잊지 않는다. 그리고 이렇게 낙인찍는다. "저 여자의 얼굴에는 그 부류의 인간의 결점이 빼놓지 않고 쓰여 있어요."* 1847년 출간된 샬럿 브론테의 소설 『제인 에어』의 한

---

* 샬럿 브론테, 유종호 옮김, 『제인 에어』(민음사, 2004).

구절이다.

리지의 젖은 드레스를 경멸하는 빙리 자매, 제인을 험담하는 잉그램 모녀, 그들은 말하자면 19세기의 '갑'이다. 그녀들은 많은 상속 지분을 가진 고귀한 신분의 여성들이었다. 부유했고 안전했으며 평생 일을 할 필요가 없었다. 아니 '일'이라는 것을 생각해 본 적도 없을 것이다. 예쁘게 자라나 젠트리 신분의 남성과 결혼해 상속 지분을 평생 쓰면서 살아가는 것, 그것이 바로 그녀들의 삶이자 미래였다. 반면, 우리의 주인공인 리지나 제인은 '을' 중에서도 을이다. 딸 부잣집 가난뱅이거나 고아였으니 말이다.

만약 역사책이었다면 제인이나 리지는 기록될 가능성이 없다. 심지어 '갑'에 속해 혜택받은 여성들조차도 자신의 이름을 남기지 못하는 마당에, 빈곤하고 힘도 없는 '을' 여성들이 역사에 남을 턱이 없기 때문이다. 하지만 문학이 있기에 그녀들은 자신의 자취를 남길 수 있었다. 제인과 리지를 멸시했던 그녀들, 당시 이데올로기적 혜택을 받은 그녀들은 문학 속에서만큼은 아주 작은 비중의 역할로 축소된다. 심지어 생각 없는 철부지나 무례한 사람으로 비난받는다. 역사에서는 그들이 승자였을지 몰라도 문학에서만큼은 패자가 주인공이 된다. 즉, 문학은 역사가 패자라고 호명한 자들을 불러내 그들을 주인공의 자리에 앉히고, 실패의 역설을 들려준다. 문학에는 실패자의 자리가 있다. 약자의 목소리를 빼앗는 갑의 권력이 문학에서만큼은 사라지는 것이다.

역사, 아니 엄밀히 말해 역사의 기록은 공정하지 않다. 지금 우리 사회에서 일어나고 있는 일들만 봐도 알 수 있다. 하나의 관점이 정답이라고 주장하는 목소리에는 이면이나 다양성에 대한 공포가 자리 잡고 있다. 통제가 답이라고 보는 이들에게 역사란 승자의 몫이다. 승자는 단수다. 그러니 다양한 목소리를 담는다는 것 자체가 권력에 대한 모독이며 월권이다. 하지만 문학만큼은 예외적인 치외법권 지역이 될 수 있다. 여기서 말하는 문학은 곧 예술의 자유다. 즉 예술에서만큼은 역사나 기록이 거부하는 다양한 상상력을 담을 수 있다. 그 어떤 권력자도 예술의 게토에 권력의 깃발을 꽂으려 해서는 안 된다. 예술에서는 빙리의 여동생들이 비판받이 마땅하고 잉그램 모녀의 잔인한 무지가 비난받아야 한다. 그게 바로 예술의 정의며 문학의 도리다.

그런데 점점 두려워진다. 현실의 '갑'에 예술이 종속당한 역사가 반복될 것 같아서 말이다. 영화 「암살」(2015)에서 조승우가 맡은 김원봉은 그저 카메오에 불과했지만 이야기 전반에 탄력을 준다. 역설적이게도 공식 캐스팅이라고 할 수 없는, 그 김원봉으로부터 지령은 시작되고 행동은 전개된다. 그것이 역사적 사실이라는 점이 허구에 힘을 실어 준다. 이야기는 이렇듯 매력적인 활동가에 의해 추진된다. 가속도를 얻을 수 있는 것이다. 하지만 국정 역사 교과서 등으로 역사에 대해 단 하나의 관점을 요구받는다는 것은 즉, 김원봉이 선인이거나 혹은 악인이어야만 한다는 것을 뜻한다. 적어도 「암살」을 관람한 관객에게 김원봉은 선인이다. 왜냐하면 그는 조국을 지키고자 했으며 임시정부의 존재를 테러로 알리고자 했고, 조국의 새로운 재건을 꿈꿨기 때문이다. 하지만 반공 이데올로기나 국가보안법 관점에서 월북한 자는 모두 공산주의자니 그는 악이다. 만약 이 관점이 토론의 대상이 아닌 교과서적 사실로 박제된다면 그는 그저 악인이 될 뿐이다. 교과서에 월북한 자는 모두 공산주의자라고, 그러니 대한민국의 주적이다, 라고 써 둔다면 우리는 그 옛날처럼 백석이나 이태준을 읽을 수 없고, 「암살」도 볼 수 없게 될지 모른다.

이런 걱정도 앞선다. 비록 현실에선 개미처럼 작고, 나약한 서민이지만 영화에서만큼은 조태오 정도의 거물급 재벌 3세를 혼쭐낼 수 있었다. 하지만 대한민국의 경제를 일군 산업역군을 호도한다며 갑의 논리가 허구의 영역까지 넘보기 시작하면 어떻게 될까? 교과서가 끝이 아니라 시작이라면 어떻게 되는 것일까? 그렇다면 획일성의 끝은 어디일까? 어쩌면 단 하나의 언어만 유통되는 세상, 누군가가 그것을 바라고 있는 것은 아닐지 걱정되고 우려스럽다. (2015)

냉정한 리더와 공감의 지도자

「역린」(2014)의 흥행이 만만치 않다. 시사회 이후 언론의 뭇매를 맞았던 것에 비하면 의외다. 중요한 것은 언론이 지적한 영화적 단점들이 오히려 흥행의 추동력이 되었다는 사실이다. 늘어지는 스토리, 무게중심이 분산된 배역들, 지나치게 감정적인 인물들. 이런 평가들에 따르자면 「역린」은 지루하고, 산만하고, 감정 과다인 작품이 된다.

하지만 단점은 장점이 되기도 한다. 거꾸로 말하면, 「역린」은 사소한 인물들까지 보듬는 공감형 사극이다. 이는 영화 「광해, 왕이 된 남자」(2012)를 향한 대중적 호응을 떠오르게 한다. 「광해, 왕이 된 남자」에 그려진 '광해'는 왕후의 웃음을 위해 노력하는 소박한 광대였다. 웃음으로 권력을 살 생각도 없었다. 다만, 아름다운 여인의 환한 미소를 바라는 것, 그 소박한 모습이 곧 관객들이 바라는 따뜻한 군주의 요건이었다.

「역린」에 그려진 정조는 지금까지 보아 왔던 그 어떤 정조보다 감상적이다. 정조뿐만이 아니다. 「역린」에 등장하는 주요 인물들은 여러 번 눈물을 흘린다. 그 눈물은 대개 사람들 간의 관계에서 비롯된다. 상책과 정조가 나누는 세 번의 문답 장면이 그렇다. 정조는 뼈아픈 질타를 던지며 노여워하지 않는다. 그는 상책과의 추억을 되짚으며 눈물을 흘린다. 문답으로 확인하는 내용도 둘만의 공감대다. 정조는 상책의 고통을 함께 느끼기에 흐느껴 운다. 상책의 눈물도 마찬가지다. 그들의 눈물은 곧 공감의 눈물이다. 공감을 뜻하는 영단어 sympathy는 어원상 '함께'를 뜻하는 sym과 '고통'을 뜻하는 pathos로 이루어져 있다. 공감이란 어원부터 고통과 연관되어 있다. 고통을 나누지 못하는 공감은 진짜 공감이 아니라는 의미다. 인간의 상상력이 지닌 가장 놀라운 힘은 타인의 고통에 대한 공감이다. 그리고 그게 우리가 말하는 인간성의 핵심이다. 내가 아픈 만큼 상대도 아플 거라 짐작하는 것. 이 근본적인 역지사지가 바로 공감의 출발이다. 우리는 군주가 냉정해야 한다고 말하지만 공감 없는 초연함은 무감각과 다르지 않다. 공감은 말로 표현되지 않는다. 진정한 공감은 결국 느껴진다. 이런 「역린」의 메시지는 『중용』 23장으로 압축된다. 작은 일도 무시하지 않고 최선을 다하면 결국 그 정성이 세상을 변하게 할 수 있다. 정성과 최선, 그것이 곧 리더의 자질이다.

『조선왕조실록』을 보면 자책하는 군주를 여럿 만날 수 있다. 1400년 10월 한 달 동안 연일 우박과 우레가 내리치고 급기야 12월 22일에는 수창궁에 화재가 발생했다. 당시 군주였던 정종은 "나의 허물이 이런 지경에 이르렀으니 통렬히 나 자신을 책망한다."라고 자책 교서를 발표했다. 그로부터 27년 후 가뭄이 들자 세종 역시 자신을 꾸짖는 교서를 내렸다. "이는 모두 과인의 부덕함에서 비롯된 것이니, 내가 반성하며 스스로 자책하기를 그만둘 수가 없다." 자책 교지는 공감의 표현이다. 사람들이 원하는 지도자는 나라를 이롭게 하는 자가 아니다. 맹자의 말처럼 위아래가 모두 이로움만을 추구하게 되면 나라는 위태롭게 될 수밖에 없다. 지금껏 우리는 이로움만 추구하는 시대를 살아왔다. 이롭기만 하면 그것이 덕이자 선이 되는 시대는 지났다. 책임보다 먼저여야 하는 것이 바로 공감이다. 공감에서 출발한 책임은 그 결과도 다를 수밖에 없다. 남의 일은 없고 모두 내 일이기 때문이다.

「역린」 속의 정조는 굴욕에 치를 떨며 작은 전각에서 쪽잠을 청한다. 그는 고통이란 것이 무엇인지 알고 있을 뿐만 아니라 그것을 표현하고 울 줄도 안다. 「역린」의 악역들이 모두 공감의 능력이 떨어지는 인물이라는 점도 주목해야 한다. 정순왕후는 아비 잃은 정조의 상처나 남편의 죽음을 지켜볼 수 밖에 없었던 혜경궁의 고통에 전혀 공감하지 못한다. 뒤주에 갇힌 사도세자가 물을 청할 때 보란 듯이 음식을 삼켰다는 구순복이라는 악역도 마찬가지다. 그들은 모두 타인의 고통을 이해하지 못한다.

2014년 관객들이 원하는 리더의 모습은 충분히 울고, 충분히 감정을 보여 주는 공감의 지도자다. 얼음처럼 차갑고 냉정한 리더가 아니라 공감하는 리더, 표정을 숨기는 초연함이 아니라 함께 슬퍼하고 굴욕에 몸을 떠는 정서적 리더. 공감하기 때문에 자책할 수밖에 없는 지도자, 우리에게 필요한 것은 바로 그런 공감의 파트너다. (2014)

영화에서나 가능한 일

　사람들은 믿을 수 없는 사건들을 만날 때, 소설 같은 일이라고 말하곤 한다. 이때 '소설'은 현실에서 일어나기 힘든 거짓말처럼 놀라운 일을 의미한다. 가령 이런 이야기 말이다. 갓 스무 살이 된 한 남자가 모함을 받아 11년간 수감 생활을 한다. 절치부심 끝에 그는 탈옥하고 자신을 범죄자로 만들었던 사람들에게 복수한다. 알렉상드르 뒤마의 소설 『몬테크리스토 백작』(1845)의 줄거리다.

　억울한 일이 있거나 거대한 음모의 희생자가 되었을 때 사람들은 복수를 꿈꾼다. 하지만 복수란 생각보다 쉽지 않다. 복수한다는 것은 손과 발이 모두 묶인 상태, 즉 패배로부터의 탈피에서 시작된다. 하지만 일단 음모에 빨려 들면 힘을 잃게 된다. 『몬테크리스토 백작』이 짜릿한 모험 서사로 각색되어 오랫동안 사랑받은 이유도 여기에 있다. 그건 우리의 삶 속에서 거의 볼 수 없는 환상적 사건이기 때문이다.

　복수는 매혹적인 서사다. 복수에는 치밀한 계획과 참을성이 필요하다. 권력과 재력, 즉 현실적 힘을 갖춰야만 복수심은 현실이 될 수 있다. 1845년 당시 대중적으로 가장 파급력이 큰 서사 장르가 소설이었다면 현재 그 몫은 영상 서사가 맡고 있다. 영화는 대중이 바라지만 실현되기 어려운 것들을 눈앞에 보여 준다. 복수 역시 그중 하나다. 개인과 개인 사이의 복수를 다루는 경우도 있지만 때로 그 복수가 좀 더 사회적인 사건일 때도 있다. 「에너미 오브 스테이트」(1998)의 결말이 주는 짜릿함도 여기서 비롯된다. 정부 기관의 감청, 감시 대상이 되었던 변호사가 기가 막힌 방법으로 위기를 모면하고 부패한 국가 기관의 음모를 만천하에 알린다. 부패한 권력이 응징되고 선의의 피해자가 승리하는 것이다.

마피아와 국가안보국 직원들이 서로에게 총을 쏴 대던 모습은 영화의 명장면으로 기억된다. 그건 말하자면, 카타르시스다. 정치 사회적 문제에 무관했던 평범한 중산층 시민이 국가권력의 엄청난 음모에 맞서 스스로를 지켜 내고 비리까지 밝혀냈으니 말이다. 이런 장면들은 범죄물이나 액션 서사에도 종종 등장한다. 궁지에 몰린 주인공을 압박하던 세력이 자기 꾀에 넘어가 온 천하에 그 잘못을 자백한다. 「기술자들」(2014)이나 「내가 살인범이다」(2012)와 같은 영화에서 복수는 늘 성공으로 귀결된다. 기업이나 정부와 같이 좀 더 공고한 세력과의 싸움에서 승리하는 경우도 많다. 환경 기업의 두 얼굴을 고스란히 드러낸 「마이클 클레이튼」(2007)의 재판 장면이나 기자들의 양심이 정의를 지켜 낸 「모비딕」(2011) 같은 경우가 그 예시다. 영화 속에선 위기에 몰렸던 평범한 시민들이 마침내 정의를 지켜 내고, 부패한 권력에 패배를 안긴다. 사필귀정이 실현되는 것이다.

영화 속 부패한 권력은 쏟아지는 플래시 세례 가운데서 뭇매를 맞으며 사라진다. 부패 사실이 언론에 밝혀지는 순간 영화 속 운명은 추락뿐이다. 비밀문서가 발각되고, 밀고자가 제보하며 부패의 게임은 그렇게 끝난다. 부패는 사라지고, 정의가 승리하며, 세상은 조금 더 나은 방향으로 움직인다. 적어도 영화 속에서는 말이다. 이런 경우도 있다. 중요한 정보를 남긴 채 누군가 자살한다. 영화가 진행되는 내내 그 정보를 은폐하려는 자들이 진실의 세력을 위협하지만 마침내 진실은 밝혀지고, 권력층은 패가망신한다. 그렇게 정의는 실현된다. 적어도 영화 속에서는 말이다.

자수성가한 굴지의 기업인이 리스트를 남기고 목숨을 버렸다. 이른바 '성완종 리스트'에는 최고위 권력층 실세의 이름과 거액의 돈이 쓰여 있었다. 영화처럼 고위 관계자들이 언론에 등장해, 일벌백계와 엄정한 수사를 다짐한다. 영화에서 자주 보았던 바로 그 장면, 부패한 음모가 발각되고 정의와 진실이 찾아오리라 기대하는 그 순간이 또 한 번 현실에서 발생한 것이다. 영화에서는 발각 이후의 수순이 급물살을 타고 진행된다. 「용의자」(2013)나 「신세계」(2013)나 「부당거래」(2010)에서처럼, 진실은 툭 터져 나온다. 하지만 엄청난 폭발력을 지닌 뇌관이라던 리스트는 4·29 재보선을 지나며 힘을 잃어 갔다. 영화에서라면 이미 일벌백계가 끝났어야만 한다. 그런데 가만 보니, 영화에서조차 깡패나 조직폭력배처럼 학연이 부족한 권력들이 가장 먼저 처단되었다. 꼬리만 잘려 나가고 몸통은 사라졌던 것이다. 어떤 식으로든 '배우'를 기용한다는 설정도 떠오른다.

'배우'나 '깡패'에게는 전광석화처럼 적용되는 심판의 칼날이 권력층에겐 무디게 닿는다. 역시 현실과 영화는 다르다. 소설 속 암굴왕은 복수에 성공하지만 현실의 암굴왕은 탈옥조차 하지 못한다. 현실에 부재하는 정의가 영화에서나 실현된다면, 그건 그저 판타지에 불과하다. (2015)

자기 단속 사회의 역습

누군가가 콜레라가 마을들을 황폐화시키고 있다고 말했다. 우르비노 박사는 한시도 망원경에서 눈을 떼지 않으면서 아주 특별한 종류의 콜레라임에 틀림없다고 답한다. 시체들의 목덜미에 하나같이 확인 사살한 총구멍이 나 있다고 말이다. 가브리엘 가르시아 마르케스의 소설 『콜레라 시대의 사랑』(1985)의 한 장면이다.

수전 손택의 『은유로서의 질병』(1974)은 질병이 사회적 코드가 된 사태를 보여 준다. 가령 후천성면역결핍증(에이즈)은 성적 문란을 암시한다. 결핵이 파리한 얼굴의 근대적 지식인의 병으로 여겨졌던 것처럼 말이다. 그리고 보면 결핵은 「라 트라비아타」(1853)의 비올레타, 「물랑루즈」(2001)의 샤틴이 걸렸던 병이기도 하다. 치명적으로 아름다운 여성이 걸리는 낭만적인 난치병, 그게 바로 결핵이다. 한편 영화 속에 등장하는 암은 대개 '암'이라는 이름을 숨기고 있다. 영화 속 암으로 뇌종양, 백혈병이 자주 등장하는 이유다. 그 아픔이 직접적으로 연상되는 대장암이나 피부암 등은 영화적 은유로 선택되지 않는다. 항암 치료의 고통은 구토와 비니 모자로 암시될 뿐 진짜 통증은 스크린 너머로 지워진다. 영화 속의 '암'은 단지 연인의 영원한 사랑을 훼방 놓는 장애물일 뿐이다.

질병이 은유가 될 수 있다는 것은 그것을 대하는 사람들이 질병에 익숙해졌다는 것을 의미한다. 낯선 것은 사회적 은유가 될 수 없다. 유통되는 은유란 자동화된 반응과 관습적 연상 작용의 결과이기 때문이다. 그래서 우리에게는 '콜레라'나 '페스트'와 같은 전염병은 은유의 언어가 되지 못한다. 적어도 우리에게 이 전염병은 아주 오래전에 극복된, 전근대적 전염병이기 때문이다.

『콜레라 시대의 사랑』의 우르비노 박사에게 콜레라는 관찰 대상이다. 그에게 콜레라는 강가에 집단적으로 거주하는 하층민에게서나 발생하는 질병이다. 그래서 그는 망원경 너머로 그 공포를 바라볼 뿐이다. 『콜레라 시대의 사랑』은 1900년대 남미를 배경으로 하고 있다. 서머싯 몸의 소설 『인생의 베일』(1925)의 주요한 소재도 바로 콜레라인데 1920년대 홍콩과 메이탄푸를 배경으로 삼고 있다. 두 작품은 모두 영화화되었고, 여기서 콜레라는 전쟁 서사의 '전쟁'처럼 치명적 전제라기보다 매개로 등장한다. 사랑의 영원성과 뒤늦은 후회를 이어 주는 은유적 배경으로 유행병(epidemic)이 등장하는 셈이다.

유행성 질병이 창궐하던 시대에도 사랑은 있고, 삶은 이어졌다. 하지만 여기서 눈여겨봐야 할 것은 마르케스가 작품을 쓰던 시절과 콜레라 시대는 시간적 거리가 있었고, 서머싯 몸은 남부 프랑스에서 30여 년 전의 중국 여행을 떠올리며 머나먼 메이탄푸의 콜레라를 그려 냈다는 점이다. 말하자면, 질병에 대한 은유는 시간적 혹은 공간적 거리를 필요로 하는 것이다.

2013년에 개봉했던 한국 영화 「감기」나 2012년 「연가시」에 등장했던 전염병은 그런 의미에서 현실이라기보다는 있음직한 판타지에 가까웠다. 영화 속의 접촉성 전염병이나 수인성 전염병은 그래도 아직은 우리나라가 전염병 청정 국가로 여겨졌을 때 가능했던 상상이다. 「월드 워 Z」(2013)에서 좀비 바이러스의 근원지가 평택으로 설정되었음에도 대한민국의 관객들이 거리낌 없이 영화를 즐겼던 이유도 여기에 있다.

당시만 하더라도 전염병을 좀비와 같은 완전한 허구의 대상과 동일시할 수 있을 만큼, 우리에겐 거리감과 여유가 있었다. 즐겨도 좋을 위험. 외계인이 지구를 침공하고, 로봇이 인간을 공격하듯이 바이러스에 대한 공포도 상상 속에선 즐거운 위험이었던 셈이다. 은유로서의 질병, 상상의 놀이로서의 질병. 여기에는 안전한 사회적, 위생적 보호망에 대한 기대가 녹아 있다. 하지만 우리는 지금 그 기대가 완전히 배반된 현실에 놓여 있다. 배반의 현실 속에서 다시금 확인하게 되는 것은 영화 속에서 보았던 그 치욕스러운 개연성들이다. 자신의 입지를 먼저 생각하는 정치인, 부재하는 컨트롤 타워, 무능한 행정부와 같은 영화 속 위기 상황들을 실제로 체험하고 있는 것이다. 안전한 상상의 놀이였던 영화적 풍경은 이 체험 가운데서 묵시록적 예언으로 전도된다. 상상에 그칠 것이라고 생각했던 위험이 눈앞에 펼쳐지고 있다. 질병보다 더 무서운 것은 무모한 비밀주의와 무능한 통제라는 것도 새삼 깨닫게 된다.

『전염병의 문화사』(1996)를 쓴 아노 카렌은 이미 꽤 오래전부터 새로운 전염병의 도래를 경고해 왔다. 어느새 사람들은 미생물이 아니라 자신들의 부주의만이 생명을 위협한다고 자만했다. 음주, 흡연, 안전벨트 미착용이 콜레라나 페스트의 자리를 대신한 것이다. 우리는 우리 자신의 건강에 스스로의 무절제가 가장 위험하다며 자신을 단속해 왔다. 웰빙과 웰다잉, 건강한 노후와 다이어트를 위해 체지방과 싸우고 유기농 식품을 찾는 동안 어쩌면 우리는 보이지 않는 질병의 진화를 외면하고 있었던 것일지도 모른다.

호환, 마마보다 음란 비디오가 더 무섭다고 교육받았던 지가 엊그제지만, 2015년 우리는 메르스라는 낯선 질병 앞에서 어쩔 줄 모르고 있다. 병원 내 감염인지, 4차 감염이 끝인지, 이번 주가 고비인지, 그 고비가 다음 주로 이어질지 모르는 상황 속에서 공포는 일상이 되어 간다. 박근혜 정부는 무능과 무지를 지우고 다시 한번 자기 단속을 강조한다. 불충분한 정보를 갖고, 보이지 않는 적과 싸우는 우리에게 당분간 상상으로서의 위험은 없을 듯하다. 어서 시간적, 공간적 거리 너머 은유로서의 질병이 되기를 바랄 뿐이다. (2015)

두 개의 밀실, 두 번의 밤

'밀실'(密室), 외부인이 출입할 수 없도록 한 비밀스러운 방이다. 최근 한국 영화에 두 번의 밀실, 두 개의 밤이 등장한다. 하나는 「밀정」(2016)의 밀실이다. 상해의 임시정부에 머무는, 도망자 신세와 다를 바 없는 의열단장 정채산이 밀실에서 조선총독부 경부 이정출을 만난다. 밀실을 가득 채운 된장찌개 냄새가 일본어를 쓰고 일본 제국 경찰의 옷을 입고 살아가는 조선인 이정출의 생래적 미각을 자극한다. 말보다 훨씬 더 강렬한 감각적 설득을 시도 중인 것이다. 비밀의 방은 비밀의 밤으로 이어져 정채산은 이정출과 함께 밤낚시를 가고, 밀실을 벗어난 밤은 확장된 비밀의 공간이 되어 준다. 당신과 내가 친구가 될 수 있다면 밀실을 벗어나도 그곳은 비밀의 공간이 될 수 있다. 비밀은 공간이 유지해 주는 게 아니라 믿음이 유지해 주는 것이니까.

또 하나의 밀실은 영화 「아수라」(2016)에 등장한다. 장례식장에 모인 아(我)와 피아(彼我)가 있다. 장례식장은 원래 열린 곳이다. 그들은 비밀스러운 협상을 위해 열린 곳을 닫아 밀실로 만든다. 그리고 그들 나름의 비밀을 만들고자 한다. 어쩌면 그 비밀은 우리가 거래라고 부르는 것일 수도 있고 협잡이라 말할 수 있는 것이기도 하다. 여하튼 그들은 열린 공간을 닫아 밀실을 만들어 뭔가 일을 꾸민다.

그런데 만약 이 밀실이 애초에 불법적인 목적으로, 그러니까 부도덕하고 부정한 것을 위해 만들어진 공간이라면 어떨까? 그도 그럴 게 어떤 밀실은 의를 논하는 공간이기도 하지만 대개의 밀실은 불의를 위해 급조된다. 영화 「아수라」에서는 그 밀실에서 제목 그대로 아수라가 펼쳐진다. 피와 살이 튀고, 칼과 총이 난무한다. 정치가의 편에서는 거대한 밑그림이 되고 검찰 편에서는 중요한 첩보가 되는 그 공간에서 법이나 믿음, 정의는 모두 사라진다. 아무것도 없는 밀실이기에 명분은 살아남은 자의 몫이 되고 만다. 살아남는 사람이 마음대로 밀실의 비밀을 조작하는 것이다.

2016년 9월 28일부터 김영란법이 효력을 발휘했다. 김영란법은 나름 열린 세상에서 밀실을 차려 두고 서로 뜻이 맞는 척 거래를 하려는 사람들을 대상으로 하고 있다. 밥을 먹고 친교를 나누는 척, 그러니까 믿음과 마음을 나누는 척했지만 사실 권리와 돈을 주고받으며 이익을 나누던 사람들을 솎아 내는 작업의 시작인 것이다. 그런데 영화 「아수라」를 보고 있노라면 어떤 점에서 우리 영화의 관객들이 보는 세상은 이미 법 너머에 있는 듯싶다. 즉, 법을 만들 때엔 힘을 가진 법이 정말 나쁜 사람들을 법의 테두리 안에 넣어야 하는데, 어쩐지 진짜 나쁜 사람들은 이미 법을 우습게 알고 법 위에서 법을 조롱하고 있는 것이다.

「아수라」에서 부패할 뿐만 아니라 잔인무도한 안남시장은 법을 무효화하고 자신의 말을 법으로 만들기 위해 자신만의 밀실을 만든다. 그 밀실 안에서 흐르는 시간은 불법이 아니라 아예 무법의 시간이다. 법의 테두리 안에 있는 사람들이 그러면 안 된다고 말려도 보지만 이미 법을 넘어서 본 악인은 그런 경고를 무시한다. 밀실을 만들 수 있다면 그까짓 법 따위는 아무것도 아니라는 듯, 더 오만방자하게 힘을 휘두른다.

류승완 감독의 「베테랑」(2015)은 재벌이 만든 밀실의 폭력을 그리고 「도가니」(2011)는 장애인 학교 교장실과 교무실이라는 밀실의 폭력, 「내부자들」(2015)은 권력을 나눠 가진 자들이 누추한 욕망을 '깨벗고' 드러내던 요정의 밀실 이야기다. 밀실을 가진 사람들은 나름의 치외법권 왕궁을 차리고 나름의 법을 집행하며 그 힘을 폭력으로 행사한다.

김영란법이 정말 노려야 할 대상은 바로 이렇듯 밀실을 차리는 사람들이어야 한다. 그들이 또 다른 밀실을 만들어 법을 우습게 알고, 법이 있으나 손댈 수 없는 밀실로 도망가게 놔둬서는 안 될 것이다. 물론 때론 큰 대의가 밀실에서 시작되는 일도 있다. 그러나 우리는 너무도 수없이, 밀실에서 피어난 검은 욕망과 왜곡된 힘을 보아 오지 않았던가? 검사와 변호사가 주고받은 고급 승용차와 명품 가방이 개인의 감정인 사랑이라는 밀실로 숨어들 수 없는 세상, 밀실을 차리기만 하면 그 밖에서 누구도 진입하지 못하는 그런 세상이어서는 안 될 것이다.

법을 넘어서 비웃는 사람들까지 제대로 법을 존중하게 만들 수 있는 세상, 그런 세상이 바로 공정한 투명 사회일 테다. (2016)

그러므로 눈을 더 부릅떠야 한다

보르헤스의 소설집 『알레프』에는 미로로 내기를 하는 두 왕이 나온다. 하나는 바빌로니아의 왕이고 다른 한 명은 아랍의 왕이다.

바빌로니아의 왕은 미로를 만들어 놓고 아랍의 왕을 가둔다. 아랍의 왕은 늦도록 모멸감 속에서 미로를 헤매다 겨우 빠져나온다. 출구를 찾은 아랍의 왕은 이번엔 자신이 만든 미로에 바빌로니아 왕을 가둔다. 그런데 그가 만든 미로는 아무 길도, 벽도, 지도도 없는, 모래뿐인 사막이었다. 사막 한가운데, 바빌로니아 왕은 굶주림과 갈증에 시달리다 죽는다.

정말 두려운 미로는 장벽 없는 현실이다. 바빌로니아의 왕은 건축과 설계의 귀재였다. 말하자면 바빌로니아의 왕의 미로는 인간의 지혜가 만들어 낸 인공물들을 의미한다. 법, 질서, 영화, 미술, 음악, 문학 그 모든 것이 그러니까 인간이 만들어 낸 그 모든 것이 여기에 속할 것이다. 아랍의 왕은 밀칠 문들도, 내달아야 할 하염없는 복도들도, 앞길을 막을 벽들도 없는 미로를 보여 준다. 벽이 없는 미로는 우리의 삶 자체다. 법에는 논리 혹은 모순이 있고, 영화나 음악, 미술에는 처음 혹은 시작이 있다면 마지막과 끝이 있다. 인간이 만든 것은 그러니까 인생보다 쉽다. 그래서 우리는 음악이나 미술을 즐기고 영화나 소설 보기를 좋아하며 또 그걸 통해 인생을 조금씩 학습한다. 아무리 독하고, 부조리한 예술이라고 해도 세상보다 독하고 부조리

할 리는 없다. 세상은 언제나 더 독하다.

좋은 예술가들은 예언가처럼 세상의 앞날을 내다보고는 한다. 삶의 이치를 꼼꼼히 읽어 내다 보면, 일종의 직관이라 부르는 지혜가 생겨나기 때문이다. 박민규가 썼던 「눈먼 자들의 국가」를 다시 읽고 가장 먼저 떠오른 생각이 바로 이것이다. 좋은 예술가들은 핵심을 짚는구나. 박민규가 「눈먼 자들의 국가」에서 썼던 내용은 이미 일어났던 일의 해석이 아니라 앞으로 일어날 일의 예언이었다는 사실 말이다. 가령 그는 "청와대는 텔레비전 뉴스를 보고 사고 소식을 처음 접했다고 했다. 안전행정부 상황실도 국정원도 YTN 뉴스를 보고 사고를 알았다고 했다. 같은 시각 나는 세탁소에 맡긴 옷을 찾으러 갔다가 뉴스를 보았는데, 말인즉슨 나와 세탁소 김 씨와 김 씨의 부인인 안 씨와 정부가 동급이란 얘기였다."*라고 쓴다. 맞다. 박민규는 냉소적 반어로 말했지만 이 문장은 반어가 아니라 직설법으로 읽어야 했다. 정부는 나와 세탁소 김 씨와 김 씨의 부인인 안 씨와 동급이었다. 아니 오히려 그보다 못했다. 누군가의 지시와 검열 없이는 한 발짝도 움직일 수 없었으니까.

이런 말도 있다. "유병언의 시신에 관해서는……, 성인의 입장에서 달리 할 말이 없다. (……) 제사상에 오른 돼지머리를 보는 듯도 했고, 굿판이란 게 이런 건가 생각도 들었다."** 놀랍다. 이 글은 세월호 사고가 일어난 2014년 가을에 발표되었고 책으로 묶였다. 그러니까 적어도 그때까지만 하더라도 '굿'이나 '제사상'이라는 말이 대한민국 시사 뉴스를 차지하리라고는 아무도 예상치 못했다. 박민규가 말한 비

---

* 김애란 외 11인, 「눈먼 자들의 국가」, 『눈먼 자들의 국가』(문학동네, 2014).
** 같은 책.

유적 의미에서의 제물과 제사상, 굿은 돌이켜 보니 분석이자 통찰이었다. 예술가들의 그럴듯한 통찰은 소위 우주적 차원의 예언이 아니다. 사기꾼은 우주의 힘을 빌릴지 몰라도 예술가들은 삶의 이면을 들여다보고, 말의 뒤태를 보고, 괄호 속에 감춰 둔 것을 들춘다. 그런 것을 연습하고, 학습하는 게 인문학이고 그런 사람들이 바로 작가며 예술가다. 그러니 이쯤에서 우리가 비현실이기에 더 흥미롭게 보아 왔던 인공물들을 다시 한번 봐야 할 것이다.

영화 「내부자들」의 상상력 일부가 난폭하고 저열했다고 여겼지만 현실은 더 저열하고 난폭하다는 게 드러났다. 「아수라」의 과장법이 심하다고 했지만 지금 세상보다는 단정하다. 적어도 거기엔 시장, 검찰, 경찰이라는 공인들이 생각도 하고 행동도 하니까. 적어도 「아수라」의 수뇌부를 어떤 민간인 한 분이 장악하고 계신 건 아니었으니 말이다.

말이 안 된다고 여겼던 일들이 이제야 선명하게 이해가 된다. 이런 상황이었다면 비상식이나 무논리는 너무 당연한 현상이었다. 수많은 사고들이 우연이 아니라 필연이었다. 국정농단이라는 말도 사치스럽다. 그냥 우린 정부의 부재를 견뎌 왔던 것이다.

그러니 우리가 눈을 떠야 한다. 지금 이곳의 선장은 이름만 선장이지 제대로 된 역할과 권한을 갖지 못한 선장이다. 그때처럼 국가는 국민을 구조할 생각이 없다. 아니, 능력이 없다는 게 더 옳다. 누군가는 지금도 선내 방송으로 "가만히 있으라."를 외칠지도 모른다. 하지만 가만히 있어서는 안 된다. 개연성도 핍진성도 소용없는 일이 바로 2014년 대한민국에서 일어났다. 소설 창작 시간이라면 단번에 낙제를 받을 어불성설의 일들이 '현실'로 드러나는 지금, 그럼에도 불구하고 우리는 눈을 떠야 한다. 다시 한번 박민규의 말을 인용하자면, "공

공의 적이 공공일 때 그 공공을 심판할 수 있는 건 누구냐."*라고 물어야 한다. (2016)

두 번째 삶, 선택

살면서 한 번도 실패하지 않으면 좋으련만 그럴 수는 없다. 작든 크든 인생은 이런저런 실패를 거치기 마련이다. 하지만 어떤 실패는 삶의 방향 자체를 바꿔 놓는 경우가 있다. 지리멸렬했지만 평범했던 삶이 나락으로 떨어질 수도 있고, 화려했던 삶에서 환호가 사라지기도 한다. 여기 몇몇의 인물들이 인생의 전환점을 노리고 있다. 실패를 극복할 기회를 노리고 있는 것이다.

영화 「로스트 인 더스트」(2016)의 원제는 'Hell or High Water'다. 한국어로 번역하자면, '하늘이 무너지고 땅이 솟아도' 정도인데, 영화에 등장하는 두 인물이 바로 딱 이런 상황에 처해 있다. 하늘이 무너지고, 땅이 솟는 것 같은 절망 앞에 서 있는 것이다.

영화는 두 형제가 벌이는 은행 강도를 소재로 삼고 있다. 그런데 그 은행 강도 짓이라는 게 우리가 생각하는 것과 좀 다르다. 「우리에게 내일은 없다」(1967)에서 보았던 퇴폐적 낭만성이나, 「내일을 향해 쏴라」(1969)와 같은 장쾌한 판타지가 없는 것이다. 우선 범행 대상이 되는 은행이 그렇다. 시골 한 귀퉁이의 은행은 꼴을 갖추고 있기는 하나 큰 규모의 현금인출기와 별반 차이가 없다. 심지어 CCTV조차 무늬만 카메라일 뿐 녹화가 되지 않는다. 말하자면 이미 은행으로서의 기능을 상실한 것이다. 무늬만 은행인 그곳에서 강도들은 10달러, 20달러짜리 푼돈을 훔친다. 강도라는 말이 무색할 정도다. 그런데 영화를 보다 보면, 이런 풍경이 영화적 미장센이 아니라 사실주의적 재현임을 알 수 있다.

서브프라임 모기지 사태 무렵의 미국 서부, 모기지론과 담보대출이 예외 없이 휩쓸고 간 그곳엔 '금융'이나 '신용'이라고 부를 만한 것이 남아 있지 않다. 즉 현대의 금융 개념으로 보자면 훑어 먹을 만큼 다 훑어 먹어서 별 재미가 없는 공간이 된 것이다. 그렇나면 그렇게 저당 잡히고 담보 잡혔던 부동산들은 다 어떻게 되었을까? 예상하다시피 은행이 모두 합법적으로 강탈해 갔다. 석유가 매장된 어마어마한 크기의 땅들, 수백 마리 소가 있는 농장들이 고작 갚지 못한 몇 백, 몇 천의 빚 대신에 넘어간다. 평생 가난하게 살아온 카우보이들은 힘겹게 지켜 왔던 땅까지 다 뺏기고 만다. 그러니 이제 그들이 은행에서 할 수 있는 일이라고는, 헛간의 먼지를 뒤져 찾아낸 동전들을 바꾸는 것 정도다. 담보가 없는 시민에게 은행은 고작 환전소에 불과하다.

그래서 두 형제는 은행이 갚으라고 윽박지르는 돈을 은행에서 훔쳐 되갚을 계획을 세운다. 사실 이자까지 따지자면 은행이 빌려준 돈은 이미 다 갚았다. 그들은 두 번째 인생을 계획하고 있다. 형제 중 동생 토비는 적어도 내 자식에게만큼은 지긋지긋한 가난을 물려주고 싶지 않다고 말한다. 그렇다. 사실 그가 선택한 두 번째 인생은 자신의 여생이 아니라 자식을 통한 두 번째 삶이다.

영화 「스플릿」(2016)에도 인생의 전환점을 찾는 한 남자가 등장한다. 1990년대 볼링 스타였던 윤철종은 교통사고로 다리를 다친 후 낙오자처럼 살아가고 있다. 가짜 휘발유를 팔고, 거의 알코올중독자처럼 내내 술을 마시며, 국가대표 출신의 솜씨로 사기 볼링이나 치면서 연명하고 있는 것이다. 사실 그가 나락에 빠진 것은 우연한 사고라기보다는 선택 때문이라 보는 게 옳다. 영화는 그가 다리를 다친 이유를 끝까지 숨기는데, 알고 보면 그 이유라는 게 내기 볼링이었음이 밝혀지기 때문이다. 선악이 분명한 대중 영화의 문법상, 철종의 잘못된 선택보다는 철종의 반대편에 놓인 악인 두꺼비가 더 강조된다. 프로 선수가 유혹에 흔들리는 것보다 그를 유혹한 사람이 더 나쁘다고 말한다. 하지만 결국 모든 선택은 자신의 몫이다. 철종은 두꺼비 때문에 인생의 추락을 경험한 게 아니라 자신의 잘못된 선택으로 추락한 것이다.

우리는 타인의 불행에 대해 지나치게 운명적으로 판단하려 할 때가 있다. 18대 대통령 박근혜가 당선될 수 있었던 저력 중 하나도 바로 불행한 운명에 대한 동정과 연민이었다. 불쌍한 대통령, 불행한 여성이라는 꼬리표가 박근혜에게는 도움이 되었다. 하지만 만약 그녀의 아버지 박정희 대통령이 5년만 통치를 하고, 정권을 합법적으로 이양했다면 어땠을까? 과연 그랬어도 박정희 대통령 부부가 총탄에 목숨을 잃고, 소녀 박근혜가 고아가 되었을까? 더 나쁜 사람 때문에 선량한 사람이 실수하는 게 아니다. 행동은 이미 선택의 결과다. 그렇다면 정말 중요한 것은 두 번째 선택이다. 결국 자기 자신에게서 원인을 찾는 것, 즉 책임을 지기 위해서 우선 스스로를 돌아봐야 한다.
(2016)

정치와 사업의 민낯

내가 도저히 할 수 없는 것, 하면 정치와 사업이 떠오른다. 아무나 정치를 할 수는 없다. 해서도 안 된다. 사업은 누구나 하기 어렵다. 시작이야 할 수 있을지 모르지만 실패할 확률이 더 높으니 말이다. 그런데 이런 말도 있다. "정말 정치를 하면 좋을 사람들은 정치할 엄두도 안 낸다. 오히려 정치를 해서는 안 될 사람들이 정치판 근처에 얼씬거린다." 그래서인지 어떤 사람을 평가할 때, '정치적'이라는 말은 칭찬이라기보다 비판에 가깝다. '수완이 좋다.'라는 말도 융통성 있다는 의미이기도 하지만 철두철미하게 손익을 따진다는 의미를 내포한다.

여기 두 명의 성공한 남자가 있다. 한 사람은 정치적으로 성공한 사람이고 다른 한 사람은 사업으로 성공한 사람이다.

영화 「특별시민」(2017)은 3선을 노리는 서울시장 변종구에 대한 이야기다. 재선에 도전하는 변종구의 최종 목표는 사실 재선이 아니다. 그는 시장실 창문 너머 보이는 청와대를 보며, 푸른 기와가 오늘따라 더 아름다워 보인다고 욕심을 드러낸다. 어느새 사람들 사이에 공공연한 공식으로 여겨지는 '서울시장은 곧 대선 입문'이라는 말을 그 역시 마음에 두고 있기 때문이다. 그런데 서울시장 선거 과정에서 이러저러한 악재가 자꾸 발생한다. 자연재해도 있고, 스스로 자초한 인재도 있고, 또 해서는 안 될 심각한 실수도 하고 만다. 중요한 것은 사건의 발생이 아니라 처리다. 변종구는 이러한 악재들을 매우 '정치적인 선택'으로 해결해 나간다. 영화 속에 그려진 그 정치적 선택들은 부도덕한 판단과 비인간적이고 비윤리적인 행동으로 구체화된다. 그는 재선을 위해 가족을 버리고, 친구를 버리고, 동료를 버리고 마침내 최소한의 도덕과 윤리도 버린다. 시장 재선을 위해 그에게는 해선 안 될 일이 없다.

변종구가 보여 주는 모습은 지금 우리가 합의하고 있는 정치인에 대한 일반적인 세평에 가깝다. 유권자들에게 정치인은 썩은 입 냄새를 풍기는 거짓말쟁이다. 아니 그보다도 못하다. 정치인은 선거에서 이기기 위해서라면 그 어떤 범죄라도 저지를 수 있는 파렴치한이며 몰염치배로 여겨진다. 시민들은 정치인들이 좋은 사람일 것이라는 기대를 아예 하지 않는다.

「특별시민」에 그려진 정치판은 흥미롭게도 영화 「파운더」(2016)에 그려진 사업의 세계와 닮았다. 「파운더」는 누구나 한 번쯤은 맛봤을, 세계적인 프랜차이즈 기업 '맥도날드' 사주에 대한 이야기다. 햄버거 '맥도날드'는 진짜 맥도널드에 의해 발명되고 개발되었다. 하지만 기업 맥도날드의 사장은 맥도널드가 아니라 레이 크록이다.

나이 쉰이 되도록 방문판매원으로 살아가던 레이 크록은 어느 시골 궁벽진 곳에 문을 연 맥도날드 햄버거 가게를 보고 단박에 그 가치를 알아본다. 그는 거의 사정하다시피 애원해 맥도날드 프랜차이즈화를 시작하고, 이내 미국 내 굴지의 기업으로 성장시킨다.

이렇게만 이야기하면, 「파운더」는 레이 크록이라는 인물의 아름다운 아메리칸드림 성공기처럼 보인다. 하지만 속내를 들여다보면 그렇게 간단치 않다. 레이 크록은 말하자면 맥도널드 가족에게서 맥도날드를 뺏은 인물이다. 일례로, 지금 맥도널드 가문은 맥도널드 프랜차이즈로부터 단 1퍼센트의 이익도 받지 못하고 있다. 구두계약으로 지불을 약속했기 때문이다. 알다시피 서류로 남지 않은 계약은 아무 효력이 없다. 믿음, 신의, 고집으로 시작된 맥도날드는 이제 전 세계적 부동산 기업의 이름으로 남아 있다. 레이 크록은 성공하자마자 맥도 널드 가족을 버리고, 자신의 조강지처와도 이혼했지만 그럼에도 불구하고 승승장구하고 있다. 배은망덕이 그의 성공 노하우다.

「특별시민」의 변종구와 「파운더」의 레이 크록은 성공한 악당이다. 성공이라는 게 정치적 승리, 이익의 창출에 있다면 그들은 분명 성공했다고 말할 수 있다. 하지만 어쩐지 그 성공이라는 게 무척이나 씁쓸하다. 영화 속에 출세한 사람들은 남을 믿지 않고, 남의 선한 구석을 파고들어 그 안에 자기 승리의 씨앗을 심는 자들로 그려진다. 모든 것이 다 연기고 계산이다. 갱스터 영화나 누아르 영화에서 보았던 조직 폭력배의 세계보다 훨씬 정교하고, 세심하며 그래서 더 공포스럽다. 조폭보다 정치가 더 폭력적이고 야수보다 사업가가 더 잔인하다.

모든 정치인이나 사업가가 영화 속 악당처럼 비열하고, 비윤리적이라고 생각하고 싶지는 않다. 2017년 5월, 촛불이 마련한 장미 대선을 앞두고 선거전이 한창이다. 각 캠프의 속사정이 정말 영화와 같을지는 모르겠다. 그래도 적어도 정치를 하는 이유와 명분, 정치의 중심엔 사람이, 유권자가 있었으면 좋겠다. 아무리 순진한 바람이라고 할지언정 그런 게 없다면, 정치와 사업이라는 게 세상에 존재해야 할 이유가 없다. 지난 대선의 문구였지만, 모든 일엔 사람이 먼저다. 그걸 잊지 않는 선거, 그래서 사람이 우선이 되는 정치였으면 한다. (2017)

자유주의자들의 귀환을 기다리며

김지운 감독은 영화 「인랑」(2018)에 대한 인터뷰 중 이런 말을 했다. "어쩌면 자유주의자들이 가장 대접을 못 받는 시대"라고 말이다. 김지운 감독은 SNS와 같은 개인 미디어에 '개인'의 말보다는 당위의 말들, 해야 할 말들이 더 많은 현상을 두고 이런 말을 했다. "그런 말을 할 것 같지 않은 사람들이 그런 말을 했다."라며 조금 얼버무렸지만 여기에 함축된 "그런"이 무엇인지는 충분히 짐작할 만하다.

지난 몇 년의 영화계를 보면 김지운 감독의 말이 틀리지 않음을 알 수 있다. 「택시운전사」(2017), 「1987」(2017), 「강철비」(2017), 「밀정」 등등의 작품을 보자면, 대개 이념과 역사 같은 큰 주제를 다룬 작품이 대세를 이루고 있다. 여기엔 '자유주의자'가 끼어들 틈이 없다. 조국의 해방을 논하고 민주주의를 갈급하는 상황에서 개인과 자유라니. 이건 너무 소아적이며 이기적인 단어처럼 보인다.

지난 10년이 그랬다. 개인을 내세우기엔 지나치게 세상이 엄혹했고, 자유라는 말은 엉터리 보수에 의해 더럽게 오염되었다. 그래서 '나'보다는 '우리'에 목소리를 실었고, 일탈보다는 노선을 택했다. 1990년대 이후 문학과 영화에 르네상스를 가져왔던 수많은 개인들이 모습을 바꾸고 목소리를 달리했다. 모더니스트, 염세주의자, 탐미주의자는 이러한 변화 속에서 모습을 감추거나 스스로 달라졌다. 어쨌거나 수많은 개인주의자, 자유주의자 들이 숨거나 사라졌던 것이다.

김지운 감독이 자유주의자들의 대접을 논했다는 건 그런 의미에서 상징적이다. 김지운 감독의 영화들, 이를테면 「커밍 아웃」(2000)이나 「달콤한 인생」(2005)과 같은 영화는 자유주의자가 아니라면 탄생시키지 못했을 이야기들이니까. 여고생의 성적 정체성 찾기를 에로틱하게 녹여 낸 「커밍 아웃」의 정념도, 「달콤한 인생」의 모욕감이나 마음이라는 모호한 감성도, 집단이나 단체의 이념으로는 결코 설명하거나 납득할 수 없는, 아이러니한 개인의 비밀 지대다. 공개적으로 드러내긴 어렵지만 분명히 존재하는 인간의 모순, 그런 게 문제를 일으키는 공간이 바로 개인의 내면이니 말이다.

2018년 여름 성수기에 개봉한 영화들을 보면, 어쩌면 이 이념의 시대가 이제 다른 국면으로 접어들어야 할 때가 된 것은 아닌가라는 생각이 들곤 한다. 김지운 감독의 「인랑」과 윤종빈 감독의 「공작」은 모두 남북 관계를 소재로 만든 작품이다. 가장 큰 차이가 있다면, 「인랑」이 가까운 미래, 남북 관계가 호전된 통일 직전을 다루고 있다면 「공작」은 역사상 처음으로 야당 출신 대통령을 갖게 된 그래서 실제로 남북 관계가 호전되기 직전인 1997년 무렵을 다루고 있다는 점이다. 이러한 영화들은 공통적으로 이 관계 호전을 영화적 갈등의 씨앗으로 제시한다. 남북 관계 호전, 통일과 같은 역사적 변화를 대개의 사람들은 반기지만 모두가 그렇지는 않다. 누군가는 남과 북의 갈등과 분단 상태가 영원하기를 바란다. 「인랑」에선 한반도를 둘러싼 열강들이 그렇고, 「강철비」에서는 북한의 강경파들이 그러하며 「공작」에서는 이권에 눈이 먼 정치 모리배들이 갈등의 지속을 원한다. 통일과 화해 분위기를 거절하는 이러한 자들은 영화적 악의 축이 되어 그것을 갈망하는 주인공과 대결한다. 영화적 허구로나 가능한 화해 무드, 이 가설 아래서 영화적 이야기가 설계된 것이다.

우리는 이미 2018년 4월 남과 북의 정상이 손을 맞잡고 군사분계선을 넘나드는 장면을 목격했다. 「인랑」을 보면서, 남북 화해 무드가 우리, 남한에 엄청난 혼란을 가져왔다는 설정이 어색하게 느껴지는 이유도 여기에 있다. 이미 판문점에서의 정상회담과 선언이 있은 후, 심지어 미국 대통령과 김정은이 만난 이후 마주치는 영화적 설정이라는 게 어쩐지 영 실감이 떨어지는 것이다.

우리는 영화 속에서 아직 경험하지 못한 일들, 간절히 바라는 일들이 실현되기를 바란다. 시각적으로 완벽하게 재현된 이미지들이 우리의 판타지를 실현하고, 욕망을 해소해 주는 것이다. 아직 오지 않은 미래를 영화로 엿보는 것이다. 적어도 영화는 완전한 시각적 착각을 불러일으켜 주니 말이다.

물론 누구도 짐작하지 못하는 사이, 급속도로 전개된 회담이었고 화해 무드였지만, 우리는 텔레비전을 통해 상상과 허구를 앞지르는 현실을 이미 목격했다. 설마 싶어 영화로 상상했던 일이 사실이 되고, 배우가 연기했던 장면을 실제 남북 정상이 텔레비전 카메라 앞에서 실연했다. 성큼 역사가 큰 걸음을 내디디고, 환상보다 먼저 현실이 다가왔다. 늘 외계인이 공격했던 월드 트레이드 센터를 실제 비행기가 공격하는 것을 본 체험과 정반대의 의미로 놀랍고 충격적이었다. 상상만 했던 일이 실제로 일어났으니 말이다. 한동안 긴장된 남북 관계나 '악의 축' 김정은, 북한 핵 등은 영화에서 중요한 소재로 환영받았다. 이 갈등을 소재로 한 수많은 시나리오가 영화계에 흡수된 것도 이러한 긴장의 여파라고 할 수 있다.

그런데 언제나 그렇듯 현실은 허구보다 세다. 아직은 많은 사람들이 이념과 정치, 올바름과 정의와 같은 큰 단어들에 집중하고 있다. 세상엔 여전히 실현되어야 할 정의들이 남아 있다.

하지만 어쩌면 김지운 감독의 말처럼 이제 다시 자유주의자들의 꿈을 들여다볼 때가 아닌가 싶다. 큰 단어들로는 놓칠 수밖에 없는 미묘하고도 섬세한 개인의 감정, 이야기, 분노, 고통, 행복, 기쁨, 그런 것들 말이다. 작은 감정의 그물망으로 놓치지 말아야 하는 작지만 세상에 존재하는 이야기들, 자유주의자들이 돌아온다면 그런 이야기들을 돌려줘야 할 것이다. 대열에서 낙오된 혹은 이탈한 영혼에 대한 이야기들 말이다. 다시, 자유주의자들의 섬세한 감성이 조심히 펴질 수 있기를 기대해 본다. (2018)

시간의 무게

또, 다시, 4월이다. 2014년 4월 이후, 슈퍼히어로가 등장하는 영화를 보기가 불편하다. 배가 침몰한다. 어린 학생들이, 한 학년이 전부 타고 있는 배가 침몰하고 있다. 슈퍼맨이 있다면 바로 그런 순간에 등장해야 한다. 한 손으로 거뜬히 배를 바로 세우고, 고인 물을 빼낼 뿐만 아니라 이미 바다에 빠진 아이들을 구했을 것이다. 그날 이후, 슈퍼히어로물이란 너무 순진한 장르라는 것을 알게 되었다. 슈퍼히어로가 등장하는 영화는 우리가 살아가는 현실에 슈퍼히어로가 없다는 것을 증명한다. 슈퍼히어로는 부재의 언어, 알리바이다.

시간은 흐른다. 미래로만 흐른다. 시간의 흐름은 일방향이며 비가역적이다. 영화는 시간의 예술이다. 플래시백으로 흐름을 바꾸기도 하고, 비약적으로 시간을 건너뛰기도 한다. 심지어 아예 다른 시공간이 연결되기도 한다. 시간의 축 위를 미끄러지기도 하고, 시간의 제약을 아예 넘어서 버리기도 한다. 워낙 많은 작품들이 나오다 보니 장르 명도 있다. 이렇듯 시간의 불가역성을 넘는 상상력을 타임 리프나 타임 슬립이라고 불러 왔다. 「엣지 오브 투모로우」(2014), 「시간을 달리는 소녀」(2007), 「어바웃 타임」(2013) 등 수많은 영화들이 떠오른다. 그만큼 영화가 오래도록 사랑해 온 서사적 소재다. 최근 한국 영화의 서사에 유독 시공간을 초월하는 이야기가 자주 등장한다. 우연 같지만은 않다. 세월호 이후 모든 것이 상징으로, 비유로 읽힌다. 특히 시간을 돌이켜 소중한 생명을 살리고 잘못된 일을 바로잡는 이야기가 많아지는 건 우연이 아니다. 드라마 「시그널」(2016)이 그 대표적인 예시다.

이미 지나간 과거와 현재의 시간이 초월적인 힘으로 연결된다. 그 연결을 통해 과거가 바뀌고, 미래도 바뀐다. 죽었던 사람들이 살아나고, 살아야 할 사람이 죽기도 한다. 물론 불가능한 일이다. 우리가 살아가고 있는 현실의 시공간을 휘어 과거와 맞닿게 할 방법은 없다. 그렇기 때문에 서사는, 더 강력히 그 휘어짐을 상상한다. 불가능하기 때문에 더 간절하다.

영화 「인터스텔라」(2014) 속 아버지는 지극한 사랑으로 딸과 딸의 딸들, 후손을 구한다. 아버지는 미래를 구한다. 「인터스텔라」 속에 그려진 웜홀 너머 다차원 우주 공간은 간절한 바람이 투영된 소망의 공간이기도 하다. 과거의 딸에게 간절히 신호를 보내고, 그 신호가 생명을 구원한다. 만일 「인터스텔라」가 지적 즐거움 이상의 어떤 감동을 준다면 그건 바로 그 끈질긴 사랑의 신호 때문일 것이다.

곽재용 감독의 「시간이탈자」(2016)는 제목 그대로 시간의 축에서 이탈한 사람의 이야기를 다루고 있다. 1983년의 남자와 2015년의 남자는 꿈을 통해 상대의 시간대를 경험한다. 1983년의 남자가 바라보는 여자를 2015년의 남자가 꿈속에서 보고, 2015년의 남자가 보는 사건 파일을 1983년의 남자가 꿈에서 보는 식이다. 이렇게 과거와 현재가 '꿈'을 매개로 이어짐으로써 두 남자는 혹여나 잃을 수도 있는 생명을 구하고자 한다. 「시간이탈자」의 가장 밑바닥에 놓여 있는 정서, 서사적 추동력은 로맨스다. 사랑하는 여자가 있고, 그녀를 위험으로부터 구하기 위해 노력하는 것이 영화의 뼈대다. 그러나 주인공은 사랑하는 여자만을 구하려는 게 아니다. 그들은 인지상정의 마음으로 위험에 빠진 사람들을 돕고 구하고 싶어 한다. 가령 이런 장면 말이다.

둘 중 한 사람이 강당에 화재가 난 것을 본다. 축제를 준비하는 고교생들을 강당에 가둔 채 누군가가 방화를 한 것이다. 연기가 퍼지자 아이들은 문을 향해 달려간다. 방화범에 의해 이미 문은 잠겨 있다. 아이들은 어떻게든 살려고 창살 밖으로 손을 내민다. 체육복, 교복을 입은 아이들의 팔목이 창살 틈으로 수없이 뻗어 나온다.

순간, 오랫동안 나를, 그들을, 우리를 괴롭게 했던 4월의 참상이 떠올랐다면 그건 지나치게 예민하거나 강박적인 것일까?

손현주가 주연을 맡은 영화 「더 폰」(2015)에서는 살해당한 아내에게서 전화가 온다. 원인을 알 수 없는 기이한 현상으로 1년 전 그녀의 시간과 1년 후 그의 시간이 연결된 것이다. 그는 아내를 살리기 위해 할 수 있는 모든 일을 다 한다. 포기하지 않는다. 다쳐도, 위험해도, 심지어 목숨에 위협을 느껴도 포기하지 않는다. 그는 그녀를 사랑한다. 돌이킨 시간 속에서 그가 하고 싶고, 해야 하는 일은 단 하나다. 바로 그녀를 살리는 것. 「시그널」에도 그런 대사가 나왔던 듯싶다. "절대 포기하지 마세요. 과거는 바꿀 수 있습니다."

하지만 언제나 시간은 하나의 방향으로만 흐른다. 시간의 무게는 알 수가 없고 자꾸만 깊이 가라앉는다. 영화는 시간을 접고, 휘고, 되돌아가고, 뛰어넘지만 현실의 시간은 무참히 흘러가 버린다. 시간, 삶은 일회적이고 죽음은 필연적이다. 그런데 여기서 한 가지 잊지 말아야 할 사실이 있다. 시간의 그 방향성 때문에 영화 속에서도 과거를 바꾸면 현재가 달라진다. 과거에 일어난 사고와 사건 들은 현재의 삶을 변화시킨다. 과거의 사건은 일종의 시그널이기에 분명 사건 이전과 이후는 달라야만 한다. 적어도 영화 속에선 사건 이후 세상이 달라지지 않았던가? 어떻게 그토록 엄청난 대형 참사 이후에 아무것도 달라지지 않을 수 있을까?

돌이킬 수 없는 일이라면, 안타깝게도 과거와 꿈을 주고받을 수 없다면, 적어도 사고 이후 현재만큼은 달라졌어야만 한다. 하지만 참사로부터 2년의 시간이 지난 2016년 지금, 과연 달라졌을까? 얼마나 달라진 것일까? 텔레비전 드라마 속에서 장기 미제 사건들은 모두 제자리를 찾아갔다. 하지만 지금의 단기 미제가 미래의 장기 미제 사건이 되는 것 아닐까? 왜 참사를 겪고도 다른 세상을 만나지 못하나?

시간을 돌이켜 없었던 일로 만들 수 없다면, 지금 우리 사회는 그때와 많이 달라져 있어야 마땅하다. 아이언맨, 슈퍼히어로, 타임 슬립은 영화에만 있다. 현실엔 변화가 필요하다. 변화를 확인해야만 한다. (2016)

상처의 공동체, 재난의 커뮤니티

　클린트 이스트우드 감독의 「설리: 허드슨강의 기적」(2016, 이하 「설리」)에 대한 사람들의 마음이 예사롭지 않다. 마음이라고 표현한 것은 이 영화가 대단한 흥행을 기록하거나 화제를 몰고 올 만한 블록버스터는 아니기 때문이다. 어떤 점에서 이 영화는 애당초 그런 화제나 흥행에는 별 관심이 없다는 듯 자못 의연하게 군다. 심지어 영화의 소재가 2009년 미국에서 실제로 일어난 비행기 추락 사고였음에도 말이다. 「설리」는 대개의 상업 영화들이 재난을 대하는 관습에서 멀찌감치 떨어져 있다. 사고가 나는 장면을 줌업하거나 반복하는 식의 영화적 기법에 집중하는 게 아니라 최대한 담백하게 전달한다. 사고를 거의 고스란히 재연하는 느낌이 들 정도다. 이는 다른 말로, 「설리」에서 하고 싶었던 이야기가 재난의 스펙터클이 아니라는 뜻이기도 하다.

　한국 관객들의 마음은 그래서 더 움직였다. 비행기가 강에 추락했다. 눈 깜박할 사이에 비행기 내부로 물이 차오른다. 때는 1월, 수온은 영하 20도 이하였다. 기장이 탈출하라고 말하자마자 승무원들은 단호하게 탈출 경로를 일러 준다. 기장은 가라앉는 비행기 끝부분까지 확인하고 나서 마지막으로 탈출한다. 그러나 구명정에 탄 사람들은 일부, 대부분의 사람들은 가라앉는 비행기의 날개 부분에 서 있다. 제2의 구조가 없다면 얼음만큼 차가운 강물에 빠질 게 자명하다. 그런데, 그 순간 수많은 배와 헬기가 도착한다. 24분이었다, 그들 모두가 생존하는 데 걸린 시간이. 비행기가 추락하고 구조되기까지 겨우 '24분'이 걸렸다.

우리는 이 24분을 보며 4월 봄, 침몰하는 배를 무력하게 바라봐야 했던 시간들을 떠올린다. 24분. 우리는 몇 시간 동안 아무것도 하지 못한 채 배가 기울고 가라앉는 것까지 보고야 말았다. 누구도 세월호를 떠올리라고 말한 적 없지만, 심지어 클린트 이스트우드가 세월호를 염두에 두었을 리 만무하지만 우리는 세월호를 떠올린다. 그게 우리의 집단 트라우마가 됐고, 우리 공동체의 중심 정서가 됐기 때문이다.

『희망난민』(2010)을 쓴 일본의 사회학자 후루이치 노리토시는 현대 일본 사회를 '커뮤니티 사회'라고 불렀다. 가난과 외로움에 시달리는 일본의 청년 세대가 커뮤니티에서 소속감과 승인감을 회복하는 것이다. 우리 사회의 흐름은 일본의 과거 20년사를 따라간다고 한다. 그럴 듯하면서도 다르다. 세월호 사건은 그런 점에서 이 유사한 그래프 곡선을 완전히 훼절시킨 일이 아닐까 싶다.

어떤 점에서 우리는 세월호 커뮤니티에 살고 있다. 우리들 역시 과거 거품경제가 꺼진 일본처럼 황금시대의 끝을 목도하고 있다. 아니 이미 목도했다. 영화 「국제시장」(2014) 세대가 가졌던 공통의 목표나 가치관 같은 것은 이미 사라진 지 오래다.

흙수저, 헬조선과 같은 신조어가 우리를 대표하는 이 사회는 신분이나 가문이 운명을 좌우하던 전근대사회보다 더 암울하다. 왜냐하면 우리는 이미 시험이나 경쟁이 기회였던 시절을 경험했기 때문이다. 하지만 이젠 경쟁만 있을 뿐 기회가 없다. 지금 우리는 여기보다 더 좋은 곳이 있다, 현재의 나를 참으면 더 나은 나를 만날 수 있다는 자기 계발식 '희망'과 결별하느라 몸살을 앓고 있다. 아니 그 '희망'이 재고 처리된, 값싼 도매 상품이었음을 깨닫고 있다. 여기보다 더 좋은 곳이 없고, 더 나은 나를 만날 수 없다면 그건 내 탓이 아니라 애당초 사회의 구조 때문이다. 좋은 학교를 가도 훌륭한 회사에 갈 보장이 없다. 좋은 회사에 입사했다고 멋진 인생을 산다는 확증도 없다. 알고 있던 선후 관계가 무너졌다. 그런 걸 희망이라 부르며 현재의 나를 참고, '가만히 있어라.' '참아라.' 하는 확성기 소리를 견디며, 더 나은 다음을 기다릴 수는 없다. 확성기의 목소리를 더 이상 들어서는 안 되는 것이다.

영화 「설리」의 마지막 부분을 다시 보자. 비행기가 회항할 가능성, 고가의 비행기를 최대한 보존할 수 있었을 가능성을 두고 교통안전위원회는 기장인 설리를 힐난한다. 질문에 설리는 이렇게 대답한다. '155는 숫자가 아니라 사람이다.'

어쩌면 여기에 건전한 보수주의자인 클린트 이스트우드식 휴머니즘의 본질이 있을 것이다. 언젠가부터 우리는 사람을 숫자로 환원해 왔다. 누군가의 아버지, 딸, 아내, 애인이 아니라 155명 중 하나, 이런 식으로 말이다. 만약 보수주의가 근본적 가치를 고수하는 태도라면 그 가치는 휴먼, 인간이어야 한다. 경제적 이득이나 손실과 같은 숫자로 수렴되는 어떤 것이 아니라 숫자로 다 담을 수 없는 절대적 존재, 인간 말이다.

「설리」를 보며 우리 사회의 정서적 커뮤니티를 생각할 수밖에 없었던 이유도 여기에 있다. 지금 우리 사회에 가장 많은 것이 희생자이고 가장 적은 것이 바로 휴머니즘이다. 사람을 숫자가 아닌 사람으로 보는 휴머니즘이 있다면 세상은 조금 달라질 수 있을 것이다. 재난의 커뮤니티에서 인간주의를 길어 내는 것, 인간주의가 실종된 현재의 정치가 우리를 심란하게 하는 이유다. (2016)

고통의 공간을 배우는 시간

셰익스피어의 희곡 『존 왕』(1596)에는 어린 아들을 잃은 콘스탄스라는 여인이 등장한다. 콘스탄스는, 슬픔은 떠나간 아이의 빈방을 채우고, 아이의 침대에 눕고, '나'와 함께 서성거리고, 아이의 귀여운 표정을 짓고, 아이가 하던 말을 흉내 내고, 아이의 사랑스럽던 몸 구석구석을 떠올리게 하고, 아이의 모습으로 주인 잃은 아이의 옷을 걸친다며 읊조린다. 아이의 죽음은 공간을 채운다. 고통은 그렇게 공간에 남는다.

셰익스피어는 1596년 아들 햄넷을 잃었다. 햄넷은 열한 살이었다. 그런 점에서, 콘스탄스의 독백은 셰익스피어의 고백처럼 들린다. 아이를 잃은 어머니의 고통은 아이의 방을 채운다. 아이가 남긴 모든 것, 아이를 떠올리게 하는 모든 것이 다 고통의 원인이 된다. 환각 속에서, 상상 속에서, 아이가 없는 방 안에서, 아이는 여전히 웃고 떠들고 천진했으리라. 사라진 건 아이의 몸일 뿐, 기억은 더 또렷해질 테니.

슬픔은 고통을 가져온다. 그리고 고통은 공간을 채운다. 콘스탄스 아들의 방처럼, 셰익스피어 아들의 방처럼, 함께한 공간이 이내 슬픔으로 가득 찬다. 그렇게 가득 찬 슬픔이 고통이 된다. 슬픔을 뜻하는 영어 'grief'는 중세 영어 'gref'에서 왔다고 한다. 'gref'는 '무겁다'는 의미다. 슬픔은 그러니까, 무거운 것이다. 한국어에서도 슬픔은 무거움에 비유되곤 한다. 미켈란젤로의 조각상 「피에타」는 성모마리아가 십자가에서 내린 그리스도를 안고 있는 모습이다. 마리아는 시신이 아닌 아들의 죽음이라는 고통의 무게를 안고 있는 것이다. 수많은 영화 속에서 사랑하는 이의 주검을 붙들고 오열하는 이들을 보아 왔다. 주검을 드는 것, 그건 어쩌면 고통의 무게에 대한 표현이 아니었을까? 문제는 슬픔의 무게가 저마다 다르다는 것이다. 심지어 고통이야 어떨까? 고통 역시 주관적이나. 소설가 김애란의 표현처럼 고통은 단수다.

영화「생일」(2018)은 그런 의미에서 고통의 무게에 대한 영화다. 부부가 아이를 잃는다. 해외 구류 중이었던 아버지는 공교롭게도 아이를 잃는 그 순간 부재중이었다. 아이의 죽음을 홀로 감내했던 엄마는 완전히 다른 사람이 되어 있다. 예전과 다를 바 없는 얼굴로 돌아온 남편이 이해할 수 없을 정도로 그녀는 달라져 있다. 부모인 두 사람이 느끼는 슬픔과 고통도 서로 다르다.

「생일」은 2014년 4월 16일 세월호 참사로 아이를 잃은 한 가정의 이야기다. 「생일」이 눈길을 끄는 것은 아이의 죽음이라는 고통을 한 가정 안에서 보고 있다는 점이다. 그들의 고통을 밖이 아니라 안에서 들여다보는 것이다. 그리고 「생일」은 그럼에도 불구하고 지속되는 삶을 보여 준다. 슬픔의 무게를 견디고 그것을 삶의 어깨에 짊어지고 가는 것에 대한 어려움과 고민도 담고 있다.

처음엔 같이 힘들어하던 사람들도 사고가 전염이라도 되는 듯이 냉랭해져 간다. 우리의 슬픔이었던 것이 점차 그들의 슬픔, 한 사람의 고통으로 줄어든다. 하지만 엄마의 고통은 여전히 아들의 방을 가득 채운다.

엄마인 순남은 어떻게 이런 고통을 지고 살아야 하는지 이제껏 배운 적이 없다. 고통을 견디며 살아가는 방법을 막상 누구도, 한 번도 가르쳐 준 적이 없는 것이다. 영화 속에서 아이의 엄마 순남은 자꾸 눕는다. 소파에, 마루에 깔아 둔 이불에 기대어 눕는다. 똑바로 서 있거나 앉아 있기에 그녀의 어깨를 짓누르는 고통의 무게가 너무 크기 때문이다. 기대야만 그 무게를 견딜 수 있다.

사소한 기억으로 가득 찬 일상이 더 힘들다. 가족의 죽음, 아들의 부재는 일상 곳곳에서 발견된다. 아이가 살아 있을 땐, 인지되지도 않던 것들이 아들이 사라지자 감지되고 인식된다. 아이가 사라진 공간을 채우는 것, 그게 바로 슬픔이며 고통이다. 영화 속 아들의 물건이 고스란히 남아 있는 방은 그러므로 슬픔의 방이며 고통의 방이다. 순남은 그 방에 가서 새로 사 온 아이의 옷을 옷걸이에 새롭게 걸어 주고, 이불도 뽀송하게 빨아 주며 하루의 일과를 나누기도 한다. 순간순간 오작동하는 현관 센서 등이 엄마에게는 영혼으로나마 귀환할 아이의 소중한 신호다. 순남은 그렇게 아이를 붙잡는 게 아니라 처음 겪는 고통을 배워 가는 중이다.

살아 있다는 것은 시끄러운 것이다. 조용히 기대어 누워 있던 순남이 일어나 딸에게 화를 내고, 남편을 몰아칠 때 오히려 순남은 살아 있는 인물로 다가온다. 덜 걱정이 된다.

영화 「래빗 홀」(2011)에는 "사고는 전염되지 않아요."라는 대사가 나온다. 영화 「생일」은 관객에게 사고의 위험을 경고하거나 슬픔을 전염하려는 작품이 아니다. 함께 기억하자는 것일 뿐.

고통을 생각하고, 고통을 짊어지고도 살아가는 삶에 대해 생각해 보자는 것. 슬픔 속에서도 살아가는 삶을 격려하기 위해서라도 잊지 말아야 하는 것을 이야기하고 싶은 것일 테다. (2019)

2부

사람의 자리

[아이, 청춘 그리고 노년]

「우아한 거짓말」의 아픈 거울

'단톡'. 단체 카톡의 줄임말이다. 일본 아이치현의 도시 가리야에 서는 저녁 9시 이후 휴대전화 사용이 금지된다. 휴대전화 사용 금지의 대상은 바로 어린이들이다. 단톡과 휴대전화라는 두 개의 명사 사이에는 어떤 연관이 있을까? 단체 카톡방에 초청하지 않기, 이것이 바로 요즘 아이들이 서로를 왕따시키는 방법이다. 휴대전화를 뺏어서라도 왕따를 줄이고 싶은 마음, 일본의 규제법엔 어른들의 조바심이 묻어난다.

"눈치채면 안 되니까, 언니라고 부르자." 왕따의 대상을 앞에 두고 나머지 아이들끼리 키득거린다. 눈치를 챈 아이가 성급히 주변을 둘러보지만, 영악한 주모자는 "언니, 언니 이야기야."라며 뻔한 거짓말을 한다. 순간 그곳은 작은 역할극의 무대가 된다. 주동자가 있고 적극적 공모자가 있으며 이도 저도 편들지 않는 중립적 인간과 아예 무관심한 유형도 있다. 주인공은 바로 왕따의 대상, 아이는 자신이 따돌림을 당하고 있다는 걸 눈치채지만 도리가 없다. 2013년 우리 영화 「우아한 거짓말」의 한 장면이다.

영화라니 다행이다 싶다. 하지만 이미 현실은 더 멀리 가 있다. 잡는 순간 손에서 빠져나가는 활어처럼 아이들만의 폭력적 세계는 어른의 짐작을 늘 초과한다. 아이를 키우는 부모라면 더 섬뜩한 심정일 테다. 적어도 내 아이만은 저 다수의 역할 중 하나이기를 이기적으로 바랄지도 모르겠다.

돌이켜 보면, 왕따는 최근의 문제만은 아니다. 지금의 기성세대들도 어린 시절 알게 모르게 특정한 급우를 외면하곤 했다. 지독한 가난의 흔적을 묻히고 다닌다거나 약간의 장애가 있는 친구들이 여기에 속하곤 했다. 차이점은 과거엔 누구도 '왕따'와 같은 자극적 호명을 붙이지 않았다는 점이다.

이름을 붙이는 것과 그냥 두는 것 사이에는 큰 차이가 있다. 알튀세르의 말처럼 호명은 그 자체로 정치적 힘을 가지고 있다. 어떤 존재에 이름을 붙이는 순간, 그 이름은 일종의 주술이 된다. 왕따라는 호명도 그렇다. 아이들의 고백에 따르자면 왕따는 마치 돌림병처럼 반을 휩쓴다고 한다. 왕따라는 호명의 덫에 걸리지 않기 위해 그 여린 사회가 진통을 겪는다. 수건돌리기처럼 돌고 도는 왕따라는 호명은 유령처럼 들러붙을 대상을 탐색한다. 나 대신 누군가가 왕따라고 불려야만 안심할 수 있는 사회. 그래서 아이들은 부지런히 가해자의 그림자 뒤에 숨는다. 눈에 띄면 안 되니 말이다.

우리 사회는 학교에서 일어나는 이 복잡다단한 관계를 학교 폭력이라는 두리뭉실한 이름에 가둬 두고 있다. 가장 큰 문제는 아이들이 체감하고 있는 폭력의 수위를 결과론적으로 짐작할 수밖에 없다는 점이다.

지금껏 영화로 다뤄진 학교 폭력 소재들만 봐도 그렇다. 「6월의 일기」(2005)나 「응징자」(2013) 같은 작품에서 학교 폭력은 가해자와 피해자의 이분법으로 나뉘어 있다. 이분법은 관계의 전도로 해소된다. 과거의 피해자가 현재의 가해자가 되어 복수를 하면 되는 것이다.

복수야말로 가장 감각적인 해결이겠지만 무력한 자기 위안이기도 하다. 게다가 이 복수는 뒤늦게 피해의 결과를 떠안게 된 부모들의 몫으로 그려진다는 걸 주목해야 한다. 아이가 당한 폭력을 부모가 되갚아 주는 것, 그것은 아주 유아적인 판타지다. 그리고 이야말로 공적인 문제를 사적인 범주 안에서 해결하는 미봉책이다.

또 다른 문제는 대개 이러한 논의들이 어른들 사이에서만 공유된다는 점이다. 「우아한 거짓말」을 교원이나 부모님 대상으로 시사하는 경우도 여기에 속한다. 왕따와 학교 폭력을 다루는 영화를 보면서 어른들은 새삼 아이들의 현실을 알게 되고 그 고통도 통감하게 된다. 하지만 정작 이런 영화를 보고, 느껴야 할 주체는 바로 학교 폭력의 한가운데에 서 있는 아이들이어야만 한다. 냉정하게 말해, 어른이 해결해 줄 수 있는 것은 아무것도 없다.

물론 모르는 것도 죄다. 아이들이 어떤 방식으로 서로에게 폭력을 가하고 상처를 입는지 알아야만 한다. 아이들의 고통을 너무 늦게 안 후 아파한다고 해서 그 죄가 사라지는 것은 아니다. 「우아한 거짓말」이 기존의 학교 폭력 영화에서 한 걸음 나아간 부분이 있다면 그것은 바로 '우리'가 무력하다는 것을 자인한 것이다. 언니, 엄마가 폭력의 대상이 된 동생과 딸에게 해 줄 수 있는 것은 없다. 우리는 그 아픈 결과를 무겁게 가져가야 할 뿐이다.

어렵지만 우리가 해야 할 일은 근본적 전회다. 사태를 해결하는 해결사가 아니라 그 구조를 파악하는 예견과 예방이 필요하다. CCTV를 달고 감시한다고 해서 아이들 사이의 폭력적 게임이 멈추는 것은 아니다. 학교 폭력은 아이들이 느끼는 불안의 징후다. 과연 무엇이 이토록 아이들을 불안하게 만든 것일까?

불안을 이기기 위한 강박적 게임은 아이들만 하고 있는 것일까? 성급히 타자를 호명함으로써 냉큼 다수의 틈에 속하고 싶은 마음은 어른들도 마찬가지다. 소수의 이름에 외면하고픈 것들을 가둬 두는 어른들 역시 피로한 게임에 빠져 있는지도 모른다. 어떻게든 아이들을 계도함으로써 어른들은 슬쩍 반성의 주체에서 거리를 둔다. 하지만 아이들은 가르치고 계도할 대상이 아니다. 아이들은 우리의 아픈 거울이다. (2014)

미로와 생존

윌리엄 골딩의 1954년작 『파리대왕』은 인간의 본성 깊숙한 모순을 드러낸 작품이다. 고립된 아이들은 이상적 해결보다는 엄포와 소문에 휩쓸린다. 나약해진 인간은 비열한 폭력으로 두려움을 모면하고자 한다. 1, 2차 세계대전을 겪었던 지성인들에게 골딩의 『파리대왕』은 곧 당시의 자화상이었다.

반세기가 지나 『파리대왕』이 다시 언급되고 있다. 북미권에서 인기를 얻은 『헝거게임』(2008), 『다이버전트』(2011)와 같은 베스트셀러들 때문이다. 주요 등장인물들이 10대라는 점도 흥미롭다. 독자층 역시 10대들이 대부분인데, 『해리포터』(1997)와 함께 유소년기를 보낸 10대들이 다음 읽을거리로 선택한 것으로 분석된다. 『해리포터』 시리즈처럼 이 소설들 역시 10대들에게 얻은 인기를 토대로 속속 영화화되고 있다. 이러한 소설 원작 영화들은 하나같이 생존 서사를 바탕으로 하고 있다. 『파리대왕』이 환기되는 이유도 여기에 있다. 영 어덜트 베스트셀러들은 하나같이 고립과 생존을 모티프로 한다. 「메이즈 러너」(2014)도 그렇다.

한 달에 한 명씩 엘리베이터 속 상자에 갇혀 소년이 '배달'된다. 자신의 이름 외에 아무것도 기억하지 못하는 소년들은 자신들의 주거지를 '글레이드'라고 부르며 지낸다. 글레이드는 미로로 둘러싸여 있다. 정해진 시간에 문이 열리면 러너들이 미로를 탐색하고 돌아온다.

탈출은 사실상 포기한 지 오래다. '그리버'라고 불리는 괴물이 미로에 숨어 있기 때문이다. 새로운 소년 토마스가 규칙을 어기고, 출구를 찾기 시작하면서 이야기는 시작된다. 말하자면 「메이즈 러너」는 감금된 소년들이 출구를 찾는 모험담이다.

그런데 정작 소년들의 모험보다 미로가 눈에 띈다. 영화 곳곳에 암시되어 있듯이 미로는 누군가에 의해 만들어진 인공 조형물이다. 만들어진 것이라면 만든 사람의 인간성이 의심될 만큼 미로는 폭력적으로 설계되어 있다. 미로 바깥을 어슬렁거리는 그리버는 생존 학습 도구라기에 너무 잔인하다. 미로에선 탐구하다가 실패하면 목숨을 잃는다. 벌점이나 나머지 공부 정도가 아닌 것이다. 학습의 성취는 생존이고 벌칙이 죽음이다. 시행착오를 기반으로 하는 실패의 반복이 학습이라면 여기에선 학습이 불가능하다. 실패하면 죽다 보니 두 번은 없다. 아이들은 이유도 모른 채, 목숨을 걸고 탈출을 감행해야 한다.

주목해야 할 점은 이러한 무차별적인 생존 학습 서사에 10대 독자, 관객 들이 공감하고 있다는 사실이다. 『헝거게임』이나 『다이버전트』도 생존 게임 서사라는 점에서 거의 다를 바 없다. 어른이 잔혹한 게임 공간을 만들어 내고 아이들은 목숨을 건 채 그곳을 이겨 내야 한다. 그런데 아무도 게임에 의심을 품지 않는다. 이유도 모른 채 아이들은 죽어 나간다. 목숨을 건 생존경쟁에서 적자만이 그들의 동료가 되며 최종 생존자는 영웅이 된다. 이 무시무시한 허구적 세계에 10대 독자들은 환호한다. 회를 거듭할수록 게임은 더욱 잔인해지고 목숨은 더 쉽게 달아난다. 왜 이런 생존 게임을 해야 하는가라는 질문보다 살아남는 게 우선이다. 그렇게 살아남은 사람은 더 열렬한 환호를 받는다.

아이들을 던져 놓고 무조건 살아남는 게 성취라고 말하는 영화 속 공간은 안타깝게도 우리에게 낯설지 않다. 입시와 취업 경쟁 속에서 살인적 스펙 쌓기에 시달리는 우리의 현실은 칼과 괴물만 없을 뿐이지 똑같다 싶은 것이다. 그런데 더 안타까운 것은 그들이나 우리나 도대체 미로는 누가 만들었고, 왜 생존해야 하느냐 묻지 않는다는 것이다. 푸코식으로 말하자면 '에피스테메', 구조 자체를 질문하지 못한 채 무조건 좋은 대학에 들어가고, 무조건 대기업에 취업하려고만 한다. 왜, 어떻게라며 묻고 머뭇거리는 순간, 괴물이 다가와 목숨을 빼앗는다. 질문을 던지지 않을수록 미로를 만든 사람에게는 득이 된다. 질문만큼 위험한 교란 도구가 없으니 말이다.

빼앗기는 것보다 빼앗길 가능성이 더 무섭다. 질문할 시간에 일단 뛰어야 한다. 나만 아니면 된다, 누가 죽든 간에. 한 번 실패하면 기회는 없다. 생존하기 위해선 경주마처럼 옆눈을 가리고 출구만을 향해 뛰어야 한다. 왜 뛰어야 하는지, 무엇이 나를 채찍질하는지 물을 겨를이 없다. 공포는 맹목적 질주의 연료가 된다.

영화 「메이즈 러너」에서 미로를 만든 음모자들은 이렇게 속삭인다. '우리는 옳은 일을 하고 있는 거야.' 주술처럼 반복되는 이 이야기는 오히려 거꾸로 들린다. '옳은 일이라고 강조해야 할 만큼, 사실 이 일은 옳지 않아.'라고 말이다. 대개 그렇듯 대의명분이란 부정한 악의의 역설적 고백에 불과하다.

적어도 20세기의 파리대왕은 우연한 사고 때문에 발견된 인간 본성 가운데의 '악'이었다. 하지만 21세기의 파리대왕은 누군가 만들어 놓은 미로 때문에 희생된다. 미로를 만들어 누군가 이익을 본다. 과연 누가 만든 미로고, 누가 미로 속에 아이들을 밀어 넣고, 누가 공포를 연료로 질주하고 있는가? 질문이 절실하다. (2014)

현실의 아이와 영화적 환상 가운데서

이주란의 소설 「한 사람을 위한 마음」*에는 한 가족이 등장한다. 초등학생인 손녀의 입장에서 보자면 외할머니, 이모 그리고 자기 자신, 송이로 구성되어 있다. 우리가 흔히 '광고'에서 보는 가족의 형태와는 다르다. 만약 광고 속 가족 모델을 평균, 정상, 평범이라 여긴다면 이 가족은 여러모로 달라 보인다. 하지만 그 삶의 내부를 들여다보면, 오히려 대개의 가족에게 결핍된 것들이 송이의 가족에는 가득 차 있음을 알 수 있다.

이를테면 이모 지영은 조카 송이를 방과 후 학교에 데리러 갈 때, 보호자 서명란에 '이모'라고 적지 않고 이름 '조지영'을 쓴다. 매일 적는 그 서명란에 관계가 아니라 이름을 쓰는 순간, 많은 것들이 달라진다. 이모가 데리러 오는 아이가 아니라 조지영 씨가 데리러 오는 아이로 기록되니 말이다. 특히 아이와 할머니의 태도가 듬직하다. 이모가 자신의 언니인 송이 엄마의 기일에 "나만 엄마가 있어서 미안해."라고 말하자 아이는 "괜찮아. 할머니도 엄마 없잖아."라고 대답해 준다. 소설의 화자인 지영은 친구 P가 반포에 신접살림을 차렸다며 자랑을 해도 무덤덤하고, 너를 위해 기도한다며 매일 귀찮게 해도 무심히 넘긴다. 이 소박한 삶은 사실 만만치 않은 내공으로 유지되고 있다. 아무

---

* 이주란, 『한 사람을 위한 마음』(문학동네, 2019).

108

나 만만히 따라할 수 없는 이유다.

2019년 11월 화제작이었던 영화 두 편에 '아이'가 등장했다. 한 편은 배우 이영애의 14년 만의 복귀작으로 주목을 끌었던 「나를 찾아줘」이고 다른 한 편은 「부산행」의 당돌하고도 똘똘한 소녀 김수안이 주연으로 등장해 나문희와 호흡을 맞춘 「감쪽같은 그녀」다. 한 편은 아이의 실종을 다루고 다른 한 편은 고아가 된 아이 둘과 할머니의 동거를 그리고 있다. 두 편 모두 아이가 등장하는데, 시선은 완전히 다르다. 「나를 찾아줘」가 범죄 스릴러이고 「감쪽같은 그녀」가 가족 멜로드라마이기 때문만은 아닐 듯싶다.

「나를 찾아줘」의 세계는 냉혹하지만 현실적이다. 아이가 실종되면 어떻게 될까? 우리는 막연히 아이가 보육원에 맡겨지고 그러다 애타게 찾는 부모와 재회하게 되겠거니 짐작해 버린다. 그편이 마음이 편하기 때문이다. 하지만 영화 「나를 찾아줘」에 그려진 실종 아동들의 세계는 다르다. 납치인지 실종인지 불분명한 상황에서 사라진 아이들은 외진 곳에 갇혀 강제 노동에 시달린다. 위생도 엉망이고, 최소한의 의료적 대처도 이뤄지지 않는다. 이런 마당에 학교를 비롯한 교육은 아예 불가능하다. 실종 아동 전단을 보고 장난 전화를 걸거나 협박 전화로 돈이나 갈취하는 사람들도 등장한다. 냉정하지만 이 또한 현실의 재현일 테다. 영화 「나를 찾아줘」는 아이 혼자 길을 잃었을 때, 아무도 그 아이를 보호해 주지 않는, 예비적 범죄 의지로 가득 찬 사회를 보여 준다. 이런 세계관 안에서 아이의 실종은 범죄적 공간으로의 무방비한 추락과 다를 바 없다. 이 이기적인 세상에서 아이는 경제적 가치 그 이상도 그 이하도 아닌 것처럼 묘사된다.

한편 「감쪽같은 그녀」에 그려진 공주와 진주의 세계는 연민과 공감, 배려와 헌신으로 가득 차 있다. 어느 날 갑자기 당신의 손녀라며 아이를 등에 업고 찾아온 공주. 할머니는 네가 누군지 확인해 보자는 말도 없이 두 아이를 덜컥 받아 준다. 형편이 좋지 않은 할머니는 침침한 눈으로 수를 놓아 노점 판매해서 어렵사리 아이들을 돌본다. 열두 살 초등학생 공주가 진주를 돌보는 것도 어른과 진배없다. 사회복지사도 이 가족을 성심성의껏 돌보고, 이웃이 동생 젖동냥도 해 주고, 학교 친구들도 적극적으로 도와준다. 심지어 선량하고 올바른 의사 부부가 아픈 동생의 치료비도 대 주고, 미래도 맡아 준다. 세상에, 진주와 공주에게는 '현실적'인 문제라고는 없다. 먹고, 자고, 입는 게 문제가 아니라 오직 할머니가 아픈 것만이 문제가 될 뿐이다. 동생이 입양돼 못 보는 게 문제지 다른 생계 문제는 모두 해결되었으니 말이다.

현실은 「감쪽같은 그녀」처럼 낭만적이지도 「나를 찾아줘」처럼 혹독하기만 하지도 않다. 그런데 어쩐지 더 위험해 보이는 곳은 「나를 찾아줘」가 아니라 이상적 선의와 아름다움으로 가득 찬 「감쪽같은 그녀」의 허구적 복지 천국이다. 특히 유복한 개인이 나서 개인의 불행을 해결해 주는 방식은 문제적이다.

빅토르 위고의 소설 『레 미제라블』에서 코제트는 어머니를 잃고, 고아가 된 상황에서 여인숙 부부에 의해 인신매매가 될 뻔한다. 장발장은 팡틴에게 속죄하는 마음으로 코제트를 입양해 딸로 키워 낸다. 마리우스와 사랑의 결실도 맺는다.

빅토르 위고는 한 사람의 선의가 매우 중요하다고 말하지만 그것이 곧 세상의 모순과 어려움을 해결하는 방법이라고는 말하지 않는다. 개인의 선의가 구조적 문제를 해결할 수는 없기 때문이다. 굳이 혁명을 언급한 이유도 여기에 있다. 개인의 선의에 대한 믿음을 바탕으로 한 구조적·법적인 변화, 그게 바로 혁명이다.

한 아이를 키우는 데에는 비단 가족의 노력만 필요한 게 아니다.

아버지, 어머니로 구성된 전통적 가족 모델을 이야기하는 게 아니다. 정신분석학자들의 말대로 아버지처럼, 어머니처럼 돌봐주는 사람들이 있다면 그게 곧 아버지고 어머니다. 이주란 소설 속 삼대처럼 말이다. 그러나 이 따뜻함도 최소한의 먹고사는 문제가 해결된 다음에 가능하다. 현실의 아이는 환상만으로는 키울 수 없다. (2019)

그 시절, 우리가 모르는 소녀

나도 한때 소녀였다. 아름다웠던 시절을 그리워하는 상투어가 아니라 여물지 않은 상처와 혼돈으로 힘들었던 때가 있었다는 고백이다. 소녀라는 이름이 들어간 대중가요, 드라마, 영화 들은 대개 그 아름다움을 칭송한다. 혁오가 리메이크한 이문세의 노래 속 소녀도, 대만의 청춘 영화 「그 시절, 우리가 좋아했던 소녀」(2012)의 소녀도 그렇다. 이런 가사와 제목 속 소녀들은 하얀색 블라우스에 생머리를 곱게 빗은 채 눈을 떨구고 있을 것만 같다. 친구들과 속닥속닥 귓속말을 나누고, 하얗고 맑은 무릎 위에 고운 시집을 올려놓은 채 까르르 햇살이 부서지듯 웃는, 그런 소녀 말이다.

하지만 소녀 시절만큼 힘든 시기가 또 있을까? 우리는 어린 시절의 삶을 삶 그 자체가 아니라 일종의 모의 학습이나 훈련으로 취급하곤 한다. 유년기 혹은 아동기 등으로 나뉘는 성장 발달 과정으로 접근할 때는 더욱 그렇다. 그러나 내가 열두 살일 때, 그때 난 삶을 학습하는 게 아니라 이미 살고 있었다. 누구나 그랬을 것이다. 그때 만약 아프고 힘들었다면 그건 연습이 아니라 실전이었기 때문이다. 열두 살의 고통보다 서른두 살의 고통이 더 크다고 말할 수 있는 사람은 과연 누구일까? 그건 아마 단기 기억상실에 빠진 어른이거나 자신의 고통만이 제일 크다고 말하는 이기주의자들일 터다. 열두 살에는 열두 살 나름의 고통과 고민, 상처가 있다.

윤가은 감독의 장편 데뷔작 「우리들」(2015)은 잊을 수 없는, 어떤 고통을 보여 준다. 그런데 고통스러워하는 인물들이 열한 살의 소녀들이다. 소년들은 대부분 서로에게 주먹을 날려 상처를 입힌다. 「우리들」의 여섯 살 아이 윤도 친구와 자꾸 싸우느라 늘 얼굴 어딘가에 연고를 바르고 밴드를 붙인다. 눈에 보이는 상처와 고통을 주는 것이다. 그런데 소녀들은 좀 다르다. 소녀들은 말과 눈빛으로 상대에게 기억의 아픔을 심어 준다. 오정희의 소설 「동경」(1982)에 등장하는 구절처럼 칼빛처럼 독한 기억이란 이렇듯 말로 새겨진 상처가 아닐까? 말로 새긴 상처는 아무리 지우려 해도 흉이 남는다.

중요한 것은 그렇게 서로에게 상처를 남기는 친구가 가장 친한 친구였을 확률이 높다는 사실이다. 엄마나 아버지가 우리 아이의 가장 친한 친구로 여기고 있는 바로 그 친구가 가장 잊기 힘든 상처를 주는 것이다.

『아이들의 숨겨진 삶』(2001)이라는 책에서 마이클 톰슨은 모든 아이들이 관계에 대한 욕망에 시달린다고 말한 바 있다. 관계에 대한 욕망이란 무엇일까? 그것은 바로 친구들, 또래 집단에게 괜찮은 녀석, 멋진 친구, 그럴듯하고 믿음직한 사람이라는 신뢰를 얻는 것일 게다. 이 욕망은 어른들에게 괜찮은 사람으로 인정받는 욕구보다도 훨씬 강렬하다.

영화 「우리들」은 그런 점에서 아이들의 언어와 시각에서 그 세계를 보여 주는 작품이다. 여름방학 동안 두 아이는 그저 서로만 바라보며 우정을 쌓아 간다. 처음 만나 가까워지는 두 여자아이는 서로의 환경이나 조건에 관심이 없다. 굳이 따지자면 선은 형편이 넉넉지 않고 지아는 부모님이 이혼을 했고 아버지가 재혼을 했다. 하지만 이런 사실들이 문제가 되지 않는다. 방학 동안은 그러니까 학교에 가지 않는 동안엔 서로의 비밀이 소중한 공동 자산처럼 지켜진다. 하지만 방학은 짧다. 여름, 과실이 익어 가고 싱그러운 푸른빛이 여물었던 계절이 지나면서 아이들은 학교라는 사회로 돌아간다.

학교에 가면 다른 친구들과 섞이면서 아이들은 전학 온 아이, 부잣집 아이, 공부 잘하는 아이 혹은 휴대전화도 없는 아이 등으로 나뉜다. 선물로 주었던 비싼 색연필은 가난한 아이에겐 어울리지 않는 학용품이 되고, 돈을 주고 산 매니큐어 색에 비해 봉숭아 물은 초라해 보인다. 『소녀들의 심리학』(2002)을 쓴 레이철 시먼스의 말처럼 그렇다고 이렇게 속닥거리는 여자아이들이 악당은 아니다. 그것은 다만 소녀들이 경유하는 멀미 나는 성장의 일부일 뿐이다. 모든 여자아이들은 자라면서 가해자, 방관자, 피해자의 역할 중 하나를 하게 된다. 각각의 가슴속에 아픈 기억 하나쯤은 다 갖고 있는 셈이다. 결국 소녀들, 아이들이 가장 두려워하는 것은 혼자 남는 것이다. 아이들은 친구가 단 하나만 있어도 된다. 둘이면 두렵거나 외롭지 않다. 어떤 희생을 치르고라도 갖고 싶은 것은 완벽한 친구가 아니라 단 한 명의 소중한 친구, 단짝이다.

누구나 다 아동기를 지나지만 아동을 모르듯이 소녀 시절을 지났다고 해서 소녀를 이해할 수는 없다. 모른다는 것은 부끄러운 게 아니라 고백해야 할 문제다. 우리는 아이들을, 소녀를 잘 모른다라고 말이다. 윤가은 감독의 「우리들」을 보며 다시금 알게 된 것도 바로 이 점이다. 우린 아직 소녀들을 잘 모른다는 것.

하지만 한 가지만은 분명히 알 듯싶다. 모든 아이들은 다 제 나름의 고통을 안고 커 나가고 있다는 점 말이다. 힘겹게 성장하고 있는, 모든 아이들, 소년 소녀에게 격려를 보낸다. (2016)

한낮의 아이는 우리의 아이

물 반 곡물 반, 죽을 먹고 난 소년이 배식 당번을 찾아가 부탁한다. "조금 더 먹어도 될까요?" 배식 당번은 눈이 두 배나 커져서 부리나케 구빈원장을 찾아간다. 턱이 젖을 정도로 기름진 식사를 하던 원장은 "장래 교수형감"이라며 소년을 매질한다. 그것도 모자라 5파운드에 사내아이를 팔아넘긴다. 1837~1839년작 찰스 디킨스의 소설 『올리버 트위스트』의 한 장면이다. 영화로도 여러 차례 만들어진 『올리버 트위스트』에는 다종다양한 아동 학대가 등장한다.

산업혁명 시기 19세기 유럽 소설을 읽다 보면 올리버와 같은 학대 아동을 자주 만나게 된다. 몸집이 작은 아이들이 굴뚝 청소를 하다 질식사하는 건 노동 효용률을 높이다 생긴 실수 정도로 통용됐다. 빅토르 위고의 소설 『레 미제라블』의 코제트가 위탁 가정에서 양육비를 갈취당한 채 노동하는 것이나, 샬럿 브론테의 소설 『제인 에어』(1847)의 제인이 붉은 방에 갇히는 것 역시 명명백백한 학대다.

19세기 유럽 소설에 등장하는 아동 학대에는 이중적 차원이 존재한다. 하나가 가족, 가정 내에서의 학대라면 다른 하나는 바로 구빈원이나 기숙학교와 같은 공적 기관과 교육기관에서 발생하는 학대다. 올리버의 구빈원이나 제인의 기숙학교에서 '정의'를 가르친다는 명분으로 거듭되는 체벌이나 투옥, 매질 같은 것 말이다.

『제인 에어』의 제인이 외숙모댁에서 겪는 학대는 계부나 계모에게 아이가 학대받는 경우와 닮아 있다. 20세기 초까지의 문학이나 영화를 살펴보면, 아동 학대는 마치 혈육이 아닌 가족 사이에서 만성적으로 발생하는 사건처럼 묘사되는 경우가 많다. 영화 「장화, 홍련」의 모태가 된 전설처럼, 계부나 계모니까 학대를 한다는 식으로 말이다.

작가 오정희의 소설 「옛우물」(1994)에도 우물에 빠져 죽은 '정옥'이라는 소녀가 등장하는데, 정옥이 역시 계모에게 계속 설움을 당하다 목숨을 잃은 것으로 그려진다. 안타깝게도 많은 소설과 영화, 드라마에서 계모나 계부의 학대가 당연한 듯이 재현되었다.

아동과 어른의 구분이 없던 시절 대개 교육은 길거리에서 이뤄졌다. 아이들은 스스럼없이 어른들과 농담하고, 금지될 것 없이 같이 먹고 마시면서 그렇게 성장하곤 했다. 그런 아이들에게 가르쳐야 할 것과 금지할 것을 나누기 시작한 것이 바로 아동의 탄생이다. 1973년 필리프 아리에스가 『아동의 탄생』에서 말했듯이, 우리가 보호해야할 대상으로서 보는 '아동'은 사회적 필요에 의해 발명되었다.

그러나 한편, 아동에 대한 규율은 급속히 사랑의 매라는 이름의 훈계, 폭력으로 변질되었다. 최근 우리 사회에선 거의 사라지다시피했지만 고작 10여 년 전만 하더라도 학교와 매는 떼 놓을 수 없는 관계였다. 학교에서 매를 맞고 오면 부모님은 으레 자식을 혼냈다. 매는 결국 학교를 군대 비슷한 위계적 사회로 만들었고, 사실상 전근대 시절 최하층 신분의 사람들에게나 통용되던 매질과 유사한 투옥, 체벌이 허용됐다. 놀랍게도 얼마 전까지만 해도 말이다.

이제 더 이상 학교에서의 체벌이 당연하게 여겨지지 않는다. 우리의 무의식 속에 새겨진 계부, 계모의 학대도 더 이상 자연스럽지 않다. 그리고 이는 친부모의 학대 역시 더 이상 사생활 영역이 아니라는 것을 의미한다. 친부모의 학대야말로 아주 오래된 비밀이다. 오죽하면, 구전동화 속 계모가 사실은 친모라고 하지 않나?

아동 학대 사건이 발생할 때마다 사회는 대경실색한다. 하지만 어느새 복잡다단한 세상일에 밀려 아동 학대 문제는 다시 사생활의 영역으로 괄호가 쳐진다. 사생활 존중이 좀처럼 어려운 나라임에도 불구하고 자녀 양육만큼은 가정 내부의 사생활로 취급된다. 하지만 이는 까다로운 문제를 철저히 '가족과 가정' 내부의 몫으로 미룬 것에 불과하다. 그건 무관심이자 포기일 뿐이다.

칸영화제 최연소 남우주연상의 기록을 가진 영화 「아무도 모른다」(2005)에는 트렁크에 담겨 이동하는 아이가 등장한다. 자기밖에 모르는 엄마는 아이가 넷이면 집을 구하기 힘드니 작은 아이들을 트렁크에 넣고 이사를 다닌 것이다. 그것도 잠시, 유일한 양육자인 엄마는 이내 아이들을 방임한 채, 집을 비우고 떠나 버린다. 그렇게 옆집에 사는지도 몰랐던 아이는 죽어서도 죽었는지 모르게 세상에서 지워진다. 영화 속 아이들은 한낮의 거리를 헤매지만, 아무도 그 존재를 모른다. 아무도 모르는 사이 아이들이 자꾸만 다친다.

아동이 역사적 발명품이라면 아동 학대 역시 역사적 개념이다. 개인의 책임이나 부모의 자질에만 맡길 수 없는 문제인 셈이다. 영화와 문학은 증언이 될 수는 있지만 해결책은 될 수 없다. 해결에는 훨씬 더 실효성 있는 강제력이 필요하다.

19세기 유럽 문학 속 아동 학대가 고아들에 대한 사회적 육아의 문제를 공론화했다면 우리는 지금 가족 내에서 아동의 자리와 학대 문제를 사회적으로 고민해야만 한다. 한낮의 아이도 우리의 아이기 때문이다. (2020)

촉법소년과 미래

2015년 6월 일본, 책 한 권이 온 사회를 발칵 뒤집었다. 『절가(絶歌)』라는 책이 출간되었기 때문이다. 지은이는 1997년 6월 엽기적인 살인 행각으로 체포된 연쇄살인범. 세 명의 초등학생에게 치명적 상해를 입히고 생명을 앗고 심지어 신체를 훼손하기도 했던 살인범이 고작 8년 복역하고 세상에 돌아왔다. 이유는 단 하나였다. 범죄자가 14세, 촉법소년이기 때문이다. 소년이기 때문에 범죄자는 소년 A로 보호되었다. 범죄 행각에 도취되었던 소년은 출소 후, 자신이 저질렀던 살인의 추억을 과시하듯 책을 냈다. 그게 『절가』다. 피해자들의 상처가 아물지도 않았는데, 촉법소년이란 이유로 그는 짧은 형기를 마치고 자신의 범죄를 자랑거리 삼아 상품화하고 그것을 판매해 돈을 벌려 한 것이다.

우리 사회에도 점차 뜨거워지는 논의 중 하나가 바로 촉법소년에 대한 양형 기준 문제다. 소년들의 범죄는 날로 가혹해지고, 그 피해자는 안타깝게도 대개 또래의 다른 소년·소녀들이다. 피해를 극복하기 쉽지 않고 가해자들은 심지어 스스로 법망이 허술하다는 것을 알고 이용하기도 한다. 사람들은 양형 기준을 높여야 한다고 분노하지만, 쉽지만은 않다. 그 아이는 범죄자이기도 하지만 어리기 때문이다.

영화화되기도 했던 미나토 가나에의 소설 『고백』(2007)은 그런 점에서 미성년 범죄자를 보호하는 일본의 소년법에 대해 전면적으로 질문하는 작품이다. 사실 이 질문은 인간은 선하게 태어나는 것인가 아니면 악하게 태어나 도덕으로 교화되는 것인가라는 근본적인 의문과도 통한다. 아이들은 대부분 선하게 태어나지만 몇몇은 절대적 악의를 갖고 태어난 듯싶다. 유치원에 다니는 어린아이를 물에 빠뜨리고 죽어 가는 과정을 즐겁게 바라보고 웃는, 소설 속 소년처럼 말이다.

인천에서 발생한 초등학생 살해 사건은 여러모로 일본의 사건을 떠올리게 한다. 지나치게 잔혹한 수법도 그렇지만 거의 죄책감이 느껴지지 않는 이후의 행태들을 봐도 그렇다. 인터넷에서 '엽기'나 '살인'을 검색해 봤다거나 신체 일부를 가지고 다녔다는 이야기를 보자면 놀라움을 넘어서 마음 어딘가가 날카롭게 아파진다. 우리와 감정 구조를 공유하는 같은 인간이라 말하기에, 불편감이 엄습하는 것이다.

엽기적인 범죄는 언제나 있었다. 비단 지금 여기에서만 발생하는 사건은 아니다. 하지만 소년범이라는 점에서, 미성년 범죄자라는 점에서는 이 엽기적 범죄의 사회적 충격은 만만치 않다.

많은 영화들에서 살인을 다룰 때, 살인의 목적은 분명하다. 영화에서만큼은 범죄의 원인이 꽤나 선명하게 드러난다. 프로파일링이라 불리는 작업도 유사하다. 이러이러한 성장 배경을 가진 사람, 이러이러한 트라우마를 가진 사람, 이러이러한 학창 시절을 보낸 사람이 범죄자가 될 확률이 높다는 것을 밝혀낸다. 이 과정을 통해 불특정 다수의 사람들, 즉 범죄의 피해자가 될지도 모른다는 불안감을 가지고 살아가는 평범한 사람들은 범죄를 이해하고 피하려 한다. 하지만 엄밀히 말해 프로파일링은 인과관계라기보다는 선후 관계만 밝혀 줄 뿐이다. 인과관계라고 여기면 마음이 더 편안해지긴 하지만 그렇다고 그와 유사한 성장 환경이나 트라우마가 범죄의 필연적 원인이라 하긴 어렵다. 인과관계라 믿는 거지 사실 우리도 알고 있다. 세상엔 프로파일링 될 수 없는 범죄가 훨씬 더 많다는 것을.

이해할 수 없는 범죄가 많아졌다는 것은 그만큼 논리적으로 세상을 설명하거나 이해할 수 없다는 것이기도 하다. 영화 「노인을 위한 나라는 없다」(2008)에는 늘 용의자보다 한 발짝 늦게 도착하는 나이 든 보안관이 등장한다. 그는 적어도 자신의 아버지가 보안관이던 시절엔, 이해하지 못할 범죄는 없었다고 말한다. 하지만 그가 쫓는 범죄자들, 가령 안톤 시거와 같은 인물은 도무지 왜 살인을 저지르는지 이해하기 힘들다. 늙은 보안관은 할 수 있는 게 아무것도 없다. 다만 늘 한발 늦게 도착해 뒷수습을 하는 것 말고는 말이다.

한편 이런 시각도 있다. 소설을 원작으로 한 영화 「보이 A」(2007)에는 초등학교 시절 미취학 아동을 살해한 혐의로 복역한 후 훌쩍 성인이 되어 세상과 만난 소년 A가 등장한다. 그런 엽기적인 범죄를 저질렀다고 보기엔 소년 A는 너무나 맑고 순진한 얼굴을 하고 있다. 무균실에서 갑자기 풀려난 것처럼 세상에 다치는 그를 보고 있자면 저 아이가 끔찍한 살인을 저질렀던 아이가 맞나 싶다. 어쩌면 그건 단지 아이였기에 저지른 실수가 아니었을까 아이를 불쌍히 여기게도 된다. 「핵소 고지」(2016), 「사일런스」(2016)와 같은 영화에서 순결하고도 진중한 눈빛을 보여 주었던 앤드루 가필드는 그 눈빛으로 소년의 순진성을 설득하는 데 성공한다. 10대를 고스란히 감옥에서 보낸 소년에겐 세상에 대한 면역이 없다. 「쇼생크 탈출」(1995)의 레드가 세상 밖을 더 지독한 감옥이라 여기며 잠시 극단적 선택을 고민하는 것처럼, 감옥보다 세상은 더 독하고 위험하다.

결국 질문은 되돌아갈 수밖에 없다. 인간은 선하게 태어난 것인가 악하게 태어난 것인가. 아니 어쩌면 질문이 좀 바뀌어야 할지도 모르겠다. 인간의 내면 깊이 남아 있는 선의를 믿을 것인가 아니면 그러지 않을 것인가에 대한 질문 말이다. 아무리 잔혹한 실수를 하더라도 아이에게는 기회를 줘야 할까?

안타깝게도 세상은 점점 더 이해 불가능해지고 잔혹해진다. 인간의 공감 능력으로 처리하기 어려운 엽기적 사태들이 넘쳐 난다. 이런 세상에서 과연 우리는 어떤 마음의 자세를 가지고 살아야 할까. 아마도 그건 제도와 행정을 통한 합리적 해결에 기댄 마음의 자세여야 할 것이다. 불안이 더 익숙한 세상, 부모의 자리에서 미안한 일들이 너무 많은 세상이다. (2017)

소녀, 여름 그리고 1994년

아이들은 눌러도 자란다. 사카구치 안고가 어떤 글에서 한 말이라고 한다. 아이들을 볼 때마다 이 구절이 떠오른다. 시간은 흐르고 아이는 자란다. 자란다, 그 얼마나 싱싱한 단어인가? 다 자라고 나면 하루하루가 죽음이다. 생장점이 다 닳고 나면 그 이후의 시간은 늙어가는 것이다. 클 수 있다는 것, 그래서 아이는 대단하다. 하루도 같은 하루가 없고, 알든 모르든 매일 조금씩 자라나고 있으니 말이다.

윤가은 감독은 이런 아이들의 성장을 잘 보는 감독이다. 잘 보는 것, 정말이지 잘 만들기 위해서 꼭 필요한 미덕이다. 윤가은 감독은 지금까지 거듭 아이들이 주인공인 영화들을 만들곤 했는데, 모두 여름이 배경이다.

곰곰 생각해 보면 여름인 게 우연만은 아닐 듯싶다. 모두 여름방학 동안의 이야기인데, 학교에 다니면서 대개 비슷한 경험을 하는 것과 달리 방학 동안엔 아이들이 나름 개별적인 체험을 할 수밖에 없다. 물과 햇빛만 있으면 쑥쑥 자라는 식물들처럼 학교와 집 바깥의 공간에서 열기와 물기로 아이들은 쑥쑥 자란다. 즐길 수도 있다. 폭력과 학대에 시달리는 아이들의 서사적 시공간이 겨울인 것도 무관하지 않으리라.

아이들은 집 밖에서 더 많이 큰다. 윤가은 감독의 단편인 「콩나물」(2013)에서 아이는 인생 최초의 콩나물 심부름을 떠난다. 가는 동안 사람들을 만나고, 길을 물어 가며 찾고, 집으로 되돌아오기까지, 어느 하나 만만한 게 없다. 2019년 여름 선보인 「우리집」에서 아이는 콩나물 심부름보다는 좀 더 먼 곳을 다녀온다. 이사 가지 않고 '우리집'에 살고 싶은 아이와, 매일 싸워서 꼭 이혼할 것만 같은 위기의 '우리집'을 지키고 싶은 아이, 두 아이가 '우리집'을 지키기 위해 길을 떠난다.

공교롭게도 비슷한 시기, 2019년 여름 개봉했던 김보라 감독의 영화 「벌새」에도 소녀들이 나온다. 주인공 소녀 은희는 조금 더 큰 나이 열다섯 살, 중2 소녀다. 은희의 하루도 비슷하다. 집에서 시작해, 학교와 학원을 거쳐 다시 집으로 돌아온다. 거의 매일이 똑같다.

은희의 성장 역시 대개 집 밖에서 이뤄진다. 몰래 남자 친구와 입도 맞춰 보고, 콜라텍에 가 보기도 하고, 문방구에서 물건을 훔치기도 한다. 단짝 친구와 동네를 쏘다니며, 선생님이나 부모님, 늘 자신을 만만히 여기는 오빠의 험담을 하며 시간을 보낸다. 그래도 중2쯤 되니, 가끔은 정말 마음을 알아주는 어른을 만나기도 하고, 부모님의 잔소리가 싫지만 견뎌야 한다는 것도 안다.

「벌새」에 등장하는 중2 소녀는, 대치동에서 사는 아주 평범한 중산층 가정, 1남 2녀 중 막내다. 영화에서 보이는 소녀의 삶은 하나도 특별할 게 없다. 남자 친구와 입맞춤한다거나 문방구에서 물건 훔치는 일 정도야 그 나이에 한 번쯤 해 보는, 그런 사소한 일탈이니 말이다. 그런데 이 소녀가 갑자기 훌쩍 성장하게 되는 일이 생기는데, 그제야 갑자기 영화가 시작하던 순간, 현재의 중2 소녀 은희가 아니라 1994년에 중2였던 소녀의 이야기였음이 환기된다. 1994년, 그해 우리를 강타했던 사건, 성수대교 사건이 소녀의 삶에 침범하기 때문이다.

그렇다. 1994년엔 성수대교 사건이 있었다. 어떤 소녀가 '뽀리까기'도 하고 '입맞춤'도 하고, 학원 '땡땡이'도 치던 바로 그 1994년에, 배정을 멀리 받아 다리를 건너 학교에 가던 여고생들도 있었고, 대학생들도 있었을 테고, 어제까지 학원에서 아이들을 가르쳤던 선생님도 있었다. 그들은 누군가의 딸, 오빠, 동생, 부모였을 것이다.

쑥쑥 자라 은희는 마흔이 되었겠지만, 누군가는 영원히 1994년에 머물고 있다. 그런데 우리는 이제 다 자라 하루하루 늙어 간다.

비슷한 시기에 개봉한 영화 「유열의 음악앨범」도 1994년을 소환한다. 이야기는 「유열의 음악앨범」이 첫 방송을 타던 1994년 10월 1일에 시작된다. 1975년생, 갓 스물이 된 두 사람이 우연히 만나 안타깝게 엇갈리고, 애타게 그리워하다 마침내 사랑하게 된다.

정지우 감독은 특유의 미장센을 통해 빛나는 청춘과 연애를 낭만적 회고록으로 제공한다. 「유열의 음악앨범」이 시작하던 날 만난 두 사람. 그런데 두 사람의 연애담에는 성수대교 붕괴도 삼풍백화점 사고도 등장하지 않는다. 그냥 두 남녀의 안타까운 엇갈림과 애절한 그리움, 그리고 애처로운 순진함이 그려질 뿐이다.

왜 시간이 지나면 지독한 사건들은 침전되고 순한 부유물만 말갛게 떠오르는 것일까? 기억의 재구성 속에서 1990년대의 두 연인은 너무도 순수하고 순결하게 묘사된다. 「벌새」의 중2 소녀가 동년배 남학생과 입술도 부비고, 혀도 넣어 보는 1994년인데, 이상하리만치 「유열의 음악앨범」 속 스무 살들은 착하다 못해 거의 청교도적이리만치 순진하다.

그래서인지 이 두 사람의 공간에는 성수대교나 삼풍백화점 같은 현실의 커다란 흉터가 등장할 틈이 없다. 두 사람만의 은밀하고 순결한 기억으로 채워진다. 현실의 흉터는 IMF로 잠깐 얼굴을 내밀 뿐이다.

기억이란 어쩌면 무척 허술한 것일지도 모르겠다. 당대 유행했던 감성적 발라드들로 가득 찬 공간엔 정치·사회의 기록이 거의 없다. 소문자로 쓰인 작은 기억들로 당대를 추억하고 싶었기 때문일 것이다. 사실 그게 어쩌면 로맨스라는 판타지의 공간일 테니까. 하지만 어쩌면 이는 사소하고 순결한 기억으로만 과거를 추억하고 싶은 욕망의 반영은 아닐까? 선택적 왜곡으로 재구성된 해마의 이기심, 아름다운 것만 남기고 괴로운 것은 지우는 이기적 기억회로.

완전히 다른 질감의 1994년을 만나는 것은 꽤나 흥미로우면서도 멀미 나는 일이다. 추억도 살아남은 소녀들의 몫이니 말이다. (2019)

연애도 사치라 하오

청춘 영화라 부를 만한 장르가 있다. 10대 후반에서 20대 초반 사이의 젊은이들이 주인공으로 등장하고, 또래가 겪을 만한 고민을 한다. 불안정한 미래, 사랑, 연애, 가족 때문에 고민하고 우리가 흔히 자아 정체성이라 부르는 문제로 몸살을 앓기도 한다. 한국의 대표적인 청춘 영화라면 「바보들의 행진」(1975)이나 「고래 사냥」(1984)처럼 대학생들의 이야기나 한동안 시리즈로 제작되었던 고교생 얄개 이야기를 들 수 있겠다.

청춘은 시대적인 개념이다. 이승현, 이규형, 전영록 등 청춘스타도 시대별로 나뉜다. 청춘 영화들만 쭉 늘어놓고 보더라도, 청춘의 의미가 얼마나 달라져 왔는지 알 수 있다. 가령 1970년대 대학생 이야기인 「바보들의 행진」에서 대학생 병태는 가위를 들고 서 있는 군인을 피해 도망가고, 여자 친구 영자는 미니스커트 단속반을 피해 다닌다. 연애를 하는 병태의 가장 큰 고민 중 하나는 바로 키스. 더 깊은 육체관계는 거의 다뤄지지 않았다.

일본 근대문학의 효시로 일컬어지는 나쓰메 소세키의 소설 『마음』(1914)에도 20대 초반, 대학을 다니는 젊은이가 등장한다. 그는 거의 무성애자처럼 성적인 문제에는 관심이 없다. 그가 존경하는 '선생님'은 결혼한 유부남이지만 그 역시 무성애자와 다를 바 없어 보인다. 선생님은 한 여자를 두고 친구와 마음의 경쟁을 한 것에 죄책감을 갖고 살아간다. 21세기의 관점에서 보자면, 그건 죄책감의 이유라기도 어렵지만 『마음』의 주인공은 몸을 축내 가면서 아파한다.

우리 세대의 청춘들은 잉여로 불린다. 포기한 항목을 셀 손가락이 부족하다는 의미로 N포 세대로 불리기까지 한다. 우리 시대 청춘이 포기한 것 중 하나가 연애다. 연애를 포기하다 보니, 결혼은 연달아 포기될 수밖에 없다. 최근 들어 관객에게 주목을 받은 청춘 영화들은 이렇듯 잉여가 되어 버린 청춘의 자화상을 그리고 있다. 그런데 이런 맥락 가운데서 청춘의 발랄함을 보여 주며 역설적 관심을 받은 작품이 있다. 바로 이병헌 감독의 「스물」(2015)이다.

「스물」에 등장하는 인물들은 경제난이나 전망 부재와 같은 어려움을 겪기는 하지만 이는 주변적 고민에 불과하다. 「스물」의 주인공들이 겪는 가장 격심한 갈등은 바로 섹스다. 아름다운 여자 선배를 보고 마구 성적 흥분을 느끼는 대학 신입생, 어떻게든 여자를 유혹해 성적으로 정복하고자 하는 바람둥이 등으로 구성된 스무 살 청춘들에게 가장 중요한 문제는 바로 섹스다. 이러한 관점은 영화 「위대한 소원」(2016)에서도 발견된다. 「위대한 소원」은 루게릭병에 걸려 살아갈 날이 얼마 남지 않은 친구의 마지막 소원을 위해 고군분투하는 이야기다. 불치병, 요절, 마지막과 같은 단어들이 주는 슬픔과 달리 영화는 시종일관 발랄하고 웃기다. 그 이유는 죽음을 앞둔 친구의 소원 때문이다. 고환은 죽기 전에 '어른이 되고 싶다.'고 말한다. 여기서 말하는 '어른'은 섹스를 하고 싶다는 것의 완곡한 표현이다.

세상에, 죽기 전에 꼭 하고 싶은 게 섹스라니. 어이가 없지만 주인공이 스무 살도 되지 않은 고교생임을 생각해 보면 또 그렇게 이해되지 않을 것도 없다. 요절과 성의 결합은 사실 새로운 것은 아니다. 수많은 청춘 영화와 멜로드라마 속에서 어린 연인들은 때 이른 죽음으로 괴로워하고 슬퍼했다. 곽재용 감독의 「클래식」(2003)이나 「비 오는 날의 수채화」(1989)만 봐도 그렇다. 문제는 21세기의 청춘이 원하는 게 눈물겨운 사랑보다 섹스 그 자체라는 것이다. 영화 속 주인공 고환은 죽기 전에 사랑을 해 보고 싶은 게 아니라 한 번이라도 여자와 섹스를 하고 싶어 한다. 이 관계는 말 그대로 일회적이다.

사랑이 인간의 욕망이라면 섹스는 욕구에 속한다. 사랑이라는 게 인간의 마음과 심리가 복잡하게 연루되는 심오한 정신 작용의 일부라면 섹스는 밥 먹고 잠자는 것처럼, 결핍이 되면 채우고 싶고 채우고 나면 당분간 떠오르지 않는 생물학적 욕구의 일부다. 사랑이 지속적인 관계 속에서 발생한다면 성은 일회적 교환도 가능하다. 성적 교류는 사랑보다 덜 집중해도 되고, 마음을 적게 투자해도 된다. 섹스에는 시간과 자아를 꼭 투자할 필요가 없다. 「스물」과 「위대한 소원」을 보자면 청춘의 소망이 사랑에서 섹스로 축소된 현실이 보인다. 좋고 나쁨의 문제라기보다 감정적 교류 자체를 매우 비싼 사치품으로 여긴다는 것이다.

사랑은 너무 많은 것을 요구한다. 섹스는 욕구의 문제이니 쉽게 포기하기도 어렵고 또 그만큼 대단한 집중을 요구하지도 않는다. 하지만 인간은 섹스를 욕구에서 욕망으로 변화시킨 거의 유일한 종이기도 하다. 사랑은 인간의 권리이자 고유한 능력이기도 한 것이다.

섹스에 매진하는 최근의 청춘 영화들은 감정의 교류로서의 사랑이 값비싼 사치품이 된 청춘의 아픈 자화상이기도 하다. 「고래 사냥」식의 반항이나 「젊은 날의 초상」의 방황은 2016년의 청년에겐 배부른 투정에 불과하다. 방황도 반항도 사치일 수밖에 없는 우리 세대 청춘이 정말 팍팍하다. 아리스토텔레스의 말처럼 경제적인 요구는 사람을 노예나 동물과 같은 수준에 놓을 수도 있는 것이다. 이에, 연애도 사치라 하오. (2016)

N포 세대의 로맨스

한 온라인 취업 포털 사이트에서 '5포 세대'들이 성별에 따라 어떤 순위로 무엇을 포기하는가를 조사한 적 있다. 남자들은 결혼을 가장 많이 포기했고, 여자들은 출산을 가장 많이 포기했다. 남자 2위는 연애, 여자 2위는 결혼. 이후 내 집 마련, 연애, 인간관계 등이 이어졌는데, 가만 보면 다섯 가지 중 무려 네 가지가 '사랑'과 관련이 있다. 연애가 가장 기본적이라면 사실 그 연애의 사회적 결실 중 하나가 결혼이고, 출산 역시 필수는 아니지만 결혼의 결실 중 하나이니 말이다. 내집 마련이 결혼의 조건 중 하나라는 것을 돌이켜 보자면, 결국 5포 세대가 포기한 것은 바로 로맨스라는 생각이 든다. 하물며 N포 세대라니, 이제 연애는 무리고 결혼은 사치인 시대가 되어 버린 셈이다.

2017년 부산국제영화제 비전 부문에는 모두 열한 개의 한국 영화가 상영되었다. 공교롭게도 이 중 많은 작품들이 20대 젊은이들의 거주 문제, '집' 문제를 이야기하고 있었다. 그중 「소공녀」라는 작품에는 웃기고도 슬픈 장면 하나가 등장한다. 단칸방에 살던 여자 주인공이 애인과 이야기를 나누다 문득 사랑을 나눈 지 너무 오래되었음을 깨닫는다. 허겁지겁 옷을 벗는 연인들, 그런데 방 안인 것 치고 너무 많은 옷을 껴입고 있다. 대략 열 겹에 가까운 옷을 하나둘씩 벗다 보니 둘의 몸에는 오소소 닭살이 돋고, 급기야 몸을 덜덜 떠는 지경이 되고 만다. 그들은 다시 한두 겹씩 옷을 껴입으며, "우리 그냥 봄 되면

하자."라고 사랑을 미룬다. 난방비를 아끼려다 보니 너무 춥고, 너무 추우니 성욕이 싹 사라진다. 그런데 그나마 있던 춥고 좁은 방도 포기해야 할 상황까지 내몰린다. 그녀는 가방 하나에 삶을 정리하고 이곳저곳 떠돌기로 결심한다. 「소공녀」의 영어 제목은 'Microhabitat'이다. 아주 작은, 최소한의 방, 그 방도 허락되지 않은 젊음의 형편을 좀 더 직접적으로 보여 준다.

같은 부문의 영화 「이월(February)」의 형편은 좀 더 가혹하다. 밀린 월세에 보증금까지 모두 써 버린 민경은 공사장 주변의 컨테이너 박스에서 겨우 삶을 연명해 간다. 이월, 남은 추위가 뼛속까지 시려 오는 그 겨울에 민경은 다만 먹고 잘 곳을 찾기 위해 매춘도 마다하지 않는다. 매춘과 로맨스 사이는 그 얼마나 먼가. 그럼에도 불구하고, 민경은 그 간극에서라도 잠깐의 여유와 쉼을 얻는다. '그나마'라는 부사가 필요하지만 말이다.

그러고 보면, 최근 한국에서 가장 보기 힘든 장르가 바로 로맨스다. 로맨스 영화의 황금기가 1980년대 그리고 1990년대 초기였음을 생각해 보면 경제적 호황과 로맨스의 부흥이 전혀 무관하다고 보기도 어렵다. 「귀여운 여인」(1990)과 같은 비현실적인 신데렐라 스토리부터 「시애틀의 잠 못 이루는 밤」(1993)과 같은 일상적 로맨스까지, 「결혼 이야기」(1992)에서 시작된 한국형 로맨틱 코미디 열풍이 「광식이 동생 광태」(2005)와 같은 다층적 로맨스로 이어지기까지 만남과 연애, 사랑과 결혼은 영화의 매우 중요한 소재 중 하나였다.

최근 영화의 제작 환경으로 따져 보면 「광식이 동생 광태」와 같은 영화들이 과연 제작될 수 있을까 의문이 든다. 관객들은 이런 소소한 마음의 풍경이나 연애의 뒷모습보다는 「신세계」나 「범죄도시」(2017)처럼 잔혹한 세상에서 더 동질감을 느끼는 듯하다. 연애가 사치인 세상, 영화 속 연애나 결혼을 보고 대리 만족할 수준을 넘어서 삶이 더 팍팍해졌기 때문이다.

로맨스 영화의 품귀 현상은 비단 우리나라에서만 일어나는 일은 아니다. 로맨틱 코미디나 로맨스 영화를 강의할 때면 예시로 들 최근 영화가 빈곤해졌음을 느낀다. 워킹 타이틀사가 시도했던 조금 다른 로맨스 영화의 계보들도 2010년 이후엔 주춤하다. 어쩌면 「라라랜드」(2016)처럼 결국엔 새드 엔딩이 되는 사랑 이야기나 「건축학개론」(2012)처럼 마침내 마음에 묻어 둬야 하는 첫사랑 이야기가 지금, 2010년대의 청춘에게는 훨씬 더 사실적으로 다가올지도 모르겠다. 먹고사는 문제가 시급한 상황에 로맨스라니.

알랭 드 보통은 그의 책 『불안』(2004)에서 우리의 에고나 자아상은 바람이 새는 풍선과 같아, 늘 외부의 사랑이라는 헬륨을 집어넣어 주어야 하고, 무시라는 아주 작은 바늘에도 취약하기 짝이 없다고 썼다.

바람이 새는 풍선처럼 그렇게 허약한 우리에게 사랑은 격려고, 무시를 견딜 수 있게 하는 힘이기도 하다. 연애와 사랑만큼 '나'라는 사람의 가치 있음과 필요함을 주관적인 확신으로 굳게 하는 체험이 또 있을까? 나를 사랑하고 믿어 주는 단 한 사람만으로, 얼마나 우리는 큰 격려와 힘을 얻게 되던가? 결국 우리가 포기하고 사는 것은 이런 사랑과 그로 인한 따스한 체온이다. 혐오와 분노라는 단어가 더 익숙해진 데에는 사랑의 부재와 결핍의 영향이 크다. 사랑 없이 스스로의 가치를 확신하기엔 우린 너무 허약한 동물이기 때문이다. (2017)

엑시트·타짜…… 그리고 '청춘'

　김기영 감독, 윤여정 주연의 1972년 영화 「충녀」에는 수미상관의 대사가 하나 있다. 영화의 첫 장면 학급에서 고급 시계 도난 의혹이 있고, 이를 해결하는 과정에서 담임선생님은 "청춘이란 무엇이냐, 그것은 바로 기성세대에 도전하는 용기!"라고 웅변한다. 급우들에게 시계를 훔쳤다는 혐의를 받았던, 아니 '취미로' 그것을 실제 훔쳤던 주인공 명자는 담임교사의 호명에 벌떡 일어나 다시 외친다. "청춘, 그것은 기성세대에 도전하는 젊음의 용기!"라고 말이다. 이 대사는 영화의 마지막 장면에 한 번 더 반복된다. 부유한 유부남의 정부였던 명자는 남자를 남편으로 삼고자 했으나 이내 실패하고, 살해하기에 이른다. 경찰에 체포되기 직전, 명자는 이층집 난간에 서서 돌연 "청춘, 그것은 기성세대에 도전하는 용기!"라고 외치며 자해하고 몸을 던진다.

　김기영 감독 영화 특유의 난해하고도 그로테스크한 이미지를 괄호에 넣어 둔다고 하더라도, 이 대사는 엉뚱하면서도 상징적이다. 과연 명자가 도전하고 싶었던 기성세대는 무엇이며, 어찌 그 용기는 자살로 실현될 수밖에 없었을까? 군부독재, 산업화, 혼돈의 1970년대를 떠올리지 않으려야 않을 수 없다.

　2019년 추석 성수기 영화관은 조금 싱거운 결과를 남겼다. 대단한 흥행작도 없었고, 화제작이나 눈길을 끄는 작품도 없었다. 흥미로운 것 중 하나는 여름 성수기 영화였던 「엑시트」가 여전히 박스 오피스 상위권에 남아 추석 영화들과 나란히 경쟁했다는 사실이다. 그중 「엑시트」와 「타짜: 원 아이드 잭」의 주인공은 공교롭게도 모두 취업 준비생이다. 영화 장르의 차이를 고려한다 해도, 주인공의 현재 상황이나 형편의 유사성에 비해 세상을 대하는 태도는 무척 대조적이다.

「엑시트」의 주인공 용남은 집안의 구박덩어리다. 말이 취준생이지 거듭 고배를 마신 그는 잠정적 백수다. 대학 시절 동아리에서 익힌 클라이밍은 그런 점에서 취업엔 아무짝에도 쓸모없는 무소용 스펙에 불과하다. 심지어 동네 놀이터에서 철봉에 매달려 클라이밍 실력을 보여 주자 동네 꼬마 녀석들은 철봉에서 떨어져 죽은 여자 친구 때문에 미친 거라고 놀린다. 조카도 그런 그를 외면한다. 유머 코드이긴 했지만 백주에 놀이터나 배회하는 성인 남자에 대한 통념을 비튼 웃음이었다. 하지만 영화 「엑시트」는 이 무소용의 취미가 결국 용남을 살려 주고 구원이 되는 반전을 통해 웃음과 위로를 선사한다. 심지어 용남은 자기 혼자만 사는 게 아니라, 타인을 구해 준다. 각자도생의 취업 경쟁에서는 아무 쓸모도 없던, 이력서에 한 줄 적기도 어려웠던 잔재주지만 오히려 그것이 그가 세상에 도움을 주고 소중한 생명을 구하는 수단이 되어 준다.

금수저, 은수저, 흙수저로 따지면 용남은 흙수저에 가까워 보인다. 대개 평범한 가정은 거의 흙수저에 가까우니 말이다. 하지만 세상을 구하는 데 있어서 그런 계층이나 계급은 문제가 되지 않는다. 무소용한 취미의 힘, 「엑시트」는 이를 통해 관객에게 웃음과 감동을 준다.

「타짜: 원 아이드 잭」의 주인공 도일출은 공시생, 공무원 시험 준비생이다. 말이 공시생이지 실상 카드 도박장 근처를 얼씬거리면서 점차 도박에 빠져드니, 도박꾼이라고 부르는 게 더 맞을 듯싶다. 그런데 그런 그가 도박이 중독이 아니라 어쩔 수 없는 선택이었다고 말한다. 흙수저, 금수저로 나뉘어서 출발선부터 다른 게임을 하는데, 오히려 똑같이 카드 일곱 장 나눠 들고 덤비는 도박이 더 공정한 게임이라고 말이다.

오락성 짙은 상업 영화로서의 한계이기도 하겠지만 일출의 이 내 레이션은 무척 위험한 자가당착을 품고 있다. 영화에서 도박이나 사기와 같은 범죄가 등장해서는 안 된다는 고리타분한 이야기가 아니다. 도박이나 사기를 다루는 하이스트 무비는 오히려 철저히 범죄의 세계와 현실을 격리한다. 「오션스」(2002) 시리즈가 월스트리트 시위나 서브프라임 모기지 사태를 언급하지 않는 이유고, 최동훈 감독의 「타짜」(2006)가 철저히 화투, 도박의 세계에 몰입해 오히려 그 안에 세상살이의 아이러니와 척박함을 담아 낸 이유다.

범죄를 오락 영화로 만들 때 범죄를 세상 탓으로 돌려서는 안 된다. 게다가 일곱 장 들고 하는 게임이 훨씬 더 공정하다니, 이는 상대적 격차에 시달리느니 아예 불법과 폭력의 야만적 세계가 더 공평하다는 궤변에 가깝다. 아무리 사회가 불공정하다 해도 범죄의 세계와 일상의 세계는 같은 규칙으로 운용되는 일원적 공간이 아니다. 전편에 비해 사회 비판의 메시지를 많이 담았으나 어설픈 해피 엔딩만 남긴 것 역시 이와 무관하지 않다.

더욱더 곤란한 것은, 공무원이 되는 게 어마어마한 영화적 판타지이자 보상으로 묘사되는 형편이다. 상시 구조 조정의 공포를 피하고, 고용 안정성이 보장되는 직업으로서 공무원에 많은 청춘이 매달리는 것은 분명 우리의 현실이다. 하지만 오락 영화 중에서도 도박 영화의 영화적 보상이 「타짜」 1편처럼 거액의 돈과 생존도 아니고 고작 공무원 시험 합격이라니. 영화가, 이야기가, 허구가 모두 공무원이 되려는 사회에 대한 반성적 질문은 하지 않고, 관객들이 원하는 것을 주겠다는 식으로 결론 맺는 것은 부적절하다.

게다가 도일출은 흙수저도 아니다. 도박꾼들의 세계에서 짝귀 도성길의 아들 도일출이라는 사실은 도박계의 보증서 역할, 금수저 인증서 역할을 해 준다. 공무원 되는 데야 무의미하지만 도박계에선 짝귀 아들이란 사실 자체가 정통성을 보장한다. 덧보태 아무것도 남긴 것 없다고 원망했던 아버지가 어마어마한 유산도 남겼다. 물질적 보상 측면에서도 그는 명실상부한 금수저가 된다. 「타짜」 1편처럼 그가 직접 따거나 번 게 아니라 아버지가 몰래 숨겨 둔 돈을 유산으로 물려받은 것이다. 도박계의 신화적 금수저가 사실 도일출이다. 영화 속 인물들은 도일출을 볼 때마다, 도성길, 짝귀 아들임을 확인하곤 그의 목숨을 구해 주고 기회도 준다.

영화가 사회에 대한 발언을 하는 것은 좋다. 하지만 사회적 모순을 그저 이용하는 것은 위험하다. 「타짜」의 청춘보다 「엑시트」의 청춘이 더 설득력 있었던 이유다. (2019)

나의 템포에 따르라

이야기의 역사에서 아버지와 자식의 대결은 무척 중요한 주제다. 부패한 아버지, 무능한 아버지, 타락한 아버지와 자식의 대결. 그건 세대 갈등 혹은 세대 충돌의 핵심이기도 하다. 많은 어머니 서사들이 '모성'에서 출발하는 것과 또 대조적이다. 프로이트가 발명한 오이디푸스콤플렉스 서사는 인류사에 있어 가장 흥행에 성공한 스테디셀러임에 분명하다.

미국 영화사에서도 '아버지'는 무척 논쟁적인 소재다. 1970년대 「오멘」(1976)이나 「엑소시스트」(1973) 같은 공포 영화들의 등장은 기성 영화계를 불편하게 했다. 악마에 씐 귀여운 아이들이 아버지, 어머니를 손쉽게 젖히고 죽이고 처단했으니 말이다. 많은 영화학자들은 이를 두고 비트 세대나 히피 문화와 같은 당시 젊은이들에 대한 기성세대의 공포감이라고 분석했다. 미국 영화사에서 아버지는 무의식 차원까지 침투해 있는 것이다.

2015년 아카데미 시상식 후보작에 오른 두 작품 「폭스캐처」와 「위플래쉬」의 중심 서사도 바로 부자 갈등이다. 이 두 감독의 작품은 '아버지'를 무척 대조적으로 다루고 있다. 영화를 만든 두 감독의 나이도 대조적이다. 「폭스캐처」의 감독 베넷 밀러는 1966년생이다. 「머니볼」(2011)이나 「카포티」(2006) 같은 전작으로 이미 비평적 성과를 얻기도 했다. 반면 「위플래쉬」의 감독 데이미언 셔젤은 1985년생이다.「위플래쉬」는 데이미언 셔젤의 장편 데뷔작이다. 말 그대로 슈퍼 루키, 할리우드의 신생아인 셈이다.

「폭스캐처」는 레슬링 국가대표였던 마크, 데이브 슐츠 형제와 그들을 후원하던 존 듀폰의 비극을 다루고 있다. 존 듀폰은 금메달리스트 마크 슐츠의 물질적, 정신적 멘토가 되어 다가올 1988년 서울 올림픽의 후광이 되고자 했다. 부자의 후원과 엘리트 스포츠 선수의 훈훈한 이야기일 것 같지만 예상외로 결말은 존 듀폰의 살인으로 끝난다. 존 듀폰이 마크 슐츠의 형 데이브 슐츠를 총으로 쏴 죽인 것이다.

그렇다면 이 이야기의 주인공은 누구일까. 아카데미 시상식 주연상 후보에 오른 주인공은 피해자인 마크가 아니라 가해자인 존 듀폰이다. 멘토가 되고 싶었으나 살인자가 된 사나이. 영화는 상징적 아버지가 되고 싶었으나 범죄자가 된 존 듀폰의 정신 구조를 탐구한다. 탐구의 결과, 아버지로부터 내내 인정받지 못했던 불안이 그 원인으로 제시된다.

반면「위플래쉬」의 주인공은 아버지가 아닌 아들 역할, 멘토가 아닌 멘티인 스무 살 앤드루다. 앤드루의 음악학교에는 전설적 선생이자 멘토인 플래처가 이끄는 재즈 팀이 있다. 학생들은 누구나 그의 눈에 띄길 바란다. 하지만 플래처는 악명 높다. 그의 악명은 "나의 템포"라는 대사로 압축된다. 연주를 지휘하던 그는 누군가를 지목하며 '나의 템포'와 맞지 않는다고 슬그머니 지적한다. 내 템포보다 늦다, 빠르다를 반복하며 결국 지목당한 사람을 패닉에 빠뜨리고, 바보, 멍청이, 저능아와 같은 비난으로 몰고 간다. 도대체 그놈의 템포가 무엇인가? 사실 플래처 말고는 아무도 모른다. 그건 수학 공식 같은 게 아니기 때문에 객관적으로 설명할 수도 없다. 하지만 그는 지휘자고, 팀의 리더이자 선생님이기 때문에 단원들은 어떻게든 그 망할 '템포'를 찾아 따라가야만 한다. 답은 그만 알고 있다. 결론도 그만 알고 있다.

「위플래쉬」에 그려진 플래처의 모습은 바로 존 듀폰이 꿈꾼 아버지, 즉 지도자상이다. 내가 뭐라고 말하면 그 말에 전적으로 따르는 아들들. 그들은 제한적 세계 안에서 절대적 힘의 주체로 군림한다. 존 듀폰이 돈으로 군림하고자 했다면 플래처는 명성으로 억압한다. 중요한 것은 그들이 가진 '그것'이 젊은이들에겐 반드시 필요하다는 사실이다. 레슬링 선수가 올림픽에 나가려면 물질적 지원이 필수적이고, 뉴욕 최고의 재즈 아티스트가 되기 위해선 플래처의 인정이 필요하다.

영화 속 아버지의 군림은 우리가 말하는 '갑'의 횡포와 꼭 닮았다. 재즈 아티스트가 되고 싶은 이들에게 플래처의 멋대로 템포는 곧 갑질이다. '나의 템포에 맞춰라.' 사실 이것이야말로 갑질의 본질이다. 도대체 '당신의 템포'란 무엇인가. 비행기를 멈추게 한 재벌 3세의 속내는 '나의 템포', 곧 내 기분에 맞추지 않았다는 비틀린 분노 아니었던가. 갑이란 '나의 템포'를 보편적 세계의 리듬으로 만들려는 사람이고 을은 끊임없이 자신의 템포를 누르고 더 큰 힘을 가진 자들의 템포에 맞추는 사람들이다. 문제는 이 '나의 템포'라는 게 너무 주관적이란 사실이다. 무엇보다 그 템포를 가진 사람은 실질적으로 나를 없앨 힘도 가지고 있다. 존 듀폰의 '나의 템포'는 끝끝내 살해로 귀결되고, 플래처의 '나의 템포' 역시 폭력으로 현실화된다. 이 '나의 템포'는 디자이너들 사이에서는 열정 페이로, 대기업에서는 비정규직 인턴 사원으로, 자기 계발서에서는 도전으로 변형된다. 그들만의 템포를 만들어두고, 이건 내 템포보다 느리다, 이건 내 템포보다 빠르다며 정신없이 채찍을 휘두른다.

재즈 연주곡인 '위플래쉬'의 원뜻은 채찍질이다. 채찍질처럼 질주하는 영화 「위플래쉬」에서 주목해야 할 부분은 젊은 감독의 마지막 일갈이다. 플래처의 채찍질에 이리저리 휘둘리던 앤드루는 마지막에 오히려 플래처의 템포를 무시하고 "내 템포"에 맞추라고 자기 템포로 공격한다. 연주를 망치면 앤드루는 가능성을 잃지만 플래처는 지금껏 쌓아 둔 명성을 잃는다. 과연 누가 더 많은 것을 잃게 될까. 앤드루는 플래처의 권위 의식을 역이용해 자신의 템포를 주된 리듬으로 만들어 낸다. 역시나 잃을 게 많은 플래처는 연주를 망치지 않기 위해 앤드루의 템포를 눈치 보며 맞춰 간다.

젊은 감독이 아카데미의 템포에 끼어들 수 있었던 것도 이런 자기 템포 덕분 아닐까. 아버지들의 템포에 전전긍긍하는 것이 아니라 나의 템포에 아버지들을 끌고 오는 것. 그것이 비록 영화가 제공한 서사적 환상에 불과할지라도 그게 바로 영화가, 젊음이, 새로운 발상과 리듬이 기존의 패러다임을 부술 수 있는 힘이 된다.

그 승리야말로 젊은이들의 쾌감이다. 아이는 아버지의 템포를 빼앗아 자기 것으로 바꿔야 성장할 수 있다. 그들의 템포를 강요하는 것, 그것은 우리를 영원히 '아이'에 묶어 두고 싶은 갑의 소망일지도 모른다. (2015)

상상적 허구, 상품이 된 노년

노년은 어떤 시기일까? 2014년 개봉한 몇 편의 영화들은 공교
롭게도 모두 노인 남성을 주인공으로 삼고 있다. 「창문 넘어 도망친
100세 노인」, 「그레이트 뷰티」 그리고 「리스본행 야간열차」의 주인공
들이 그렇다. 나이순으로 따진다면, 아직 교수직을 퇴직하지 않은 「리
스본행 야간열차」의 주인공 그레고리우스가 가장 젊을 듯싶다. 그다
음은 65세 생일을 맞는 「그레이트 뷰티」의 젭이다. 「창문 넘어 도망친
100세 노인」 알란이 최고 연장자다.

노인이 주인공이라고는 하지만 생각과는 다른 여정이 그려진다.
매일 다람쥐 쳇바퀴 돌듯 학교와 집을 오가던 그레고리우스는 난생
처음 일탈을 감행한다. 다른 사람이 예매해 둔 표를 들고 수업 중에
돌연 리스본행 열차를 타고 떠났으니 말이다. 책 한 권의 비밀을 찾아
그레고리우스는 처음으로 서지학을 벗어나게 된다. 독재와 혁명의 흔
적을 생생한 증언으로 재구성하는 과정은 학자로서의 두 번째 삶과
닮아 있다. 진짜 삶이 주는 감동을 통해 고고학과 서지학의 한계를
넘어서는 것이다.

「그레이트 뷰티」의 주인공은 좀 더 낭만적인 질문을 던진다. 과연
인생의 아름다움이란 무엇일까, 라고 말이다. 그는 첫사랑의 기억과
부재 근처를 맴돌며 인생의 궁극적 아름다움을 찾는다. 알란의 인생
이 가장 드라마틱하다. 1905년 스웨덴 시골에서 태어난 알란은 근대

사의 주요한 순간과 장소에서 무척 중대한 일들을 해낸다. 프랑코, 스탈린, 김일성을 만나는 알란의 여정은 근대사의 주요 지점들과 정확히 겹친다.

치매 같은 기억 질환이나 퇴행성 질환에 시달리는 노년, 우리가 대중문화 속에서 보아 왔던 노년의 이미지는 부정적인 것들이 대개였다. 그런데 최근 개봉하고 있는 영화들은 노년의 부정성의 정반대편에 있다. 65세가 된 유명 작가는 여전히 젊은 여성과 섹스를 하고, 친구들과 지적인 대화를 나눈다. 심지어 100세 노인은 어마어마한 돈이 든 가방을 챙겨 들고 방해되는 조직폭력배들까지 처리해 나간다. 우리가 우려하고 두려워하는 노년과 세 영화가 그려 내는 노년의 세계는 완전히 다르다.

영화 속 노년대로라면 늙는 것도 나쁘지 않다. 그레고리우스처럼, 하마터면 몰랐을 인생의 참맛을 알게 되는 노년이라면 말이다. 스위스에서 태어난 그레고리우스는 풍문 속 포르투갈의 격동기를 생생한 증언으로 간접 체험한다. 「그레이트 뷰티」의 젭처럼 상위 1퍼센트의 경제적 지위와 지적 수준 1퍼센트 안에 드는 친구들이 있는 미래라면, 노년은 기다려지는 미래다. 어느 날 문득 50억 원 정도의 돈을 횡재하는 100세라면, 그건 장기 적금 만기일보다 더 반가울 테다.

그런데 가만 들여다보면 영화 속에 그려진 노년은 현실이라기보다는 상상된 노년에 더 가깝다. 그 노인들은 상상의 공동체 속 인물들이다. 100세를 산 알란은 사건과 이야기로 가득 찬 한 세기를 보낸 역사의 산증인이다. 그는 창문을 넘을 만큼 건강한 무릎을 100세가 되도록 유지하고 있다. 정신의 온전함은 말할 것도 없다. 65세가 된 젭에게도 건강이나 경제적 문제는 없다. 교수인 그레고리우스 역시 마찬가지다. 기차표를 발견하고 불현듯 떠날 수 있었던 것은 적어도 그가 매일 복용해야 하는 약을 끼고 살지 않기 때문이다. 낯선 곳에 가서도 당황하지 않을 지력과 체력이 있기 때문이다.

상상된 노년의 실체는 이야기의 주체인 원작자나 감독의 나이에서 더 분명해진다. 「창문 넘어 도망친 100세 노인」을 쓴 원작자 요나스 요나손은 마흔일곱 살이 되던 해 동명의 소설을 써서 세계적인 베스트셀러 작가가 되었다. 영화화한 감독 플렉스 할그렌은 작가와 비슷한 1967년생이다. 「그레이트 뷰티」의 감독 파올로 소렌티노는 1970년생이다. 영화 속 주인공보다 스무 살이 어린 그는 45세의 나이에 65세를 그려 내고 있다. 이야기 속 주인공들은 육체적으로 경제적으로 편안한 위치에서 다만 정신적 공허와 결핍만을 호소한다. 복지로 이름난 스위스, 스웨덴 출신의 작가, 이탈리아 출신의 감독이라는 점도 우연만은 아닐 듯싶다.

작가와 감독의 생물학적 나이가 상상적 허구로서의 노년을 증명하지는 않는다. 다만 상상적 허구로 그려 낸 그 노년이 지나치게 투명하다는 점을 말하고 싶을 뿐이다. 알랭 바디우가 『사랑 예찬』(2009)에서 인용했던 광고를 은유적으로 차용해 보자면 "괴로움 없이 늙기, 참 쉬워요."쯤 돼 보인다. 투명한 노년엔 질병도, 가난도, 외로움도 없다. 그래서 그들은 일탈과 쾌락, 삶의 진정함만을 문제 삼는다. 영화 속에서 노년은 투명하고 완만하게 묘사된다. 그들의 노년엔 형이상학적 괴로움만 있다. 여유가 선사하는, 모두가 바라는 우아한 노년일 테다.

즐거움이 결락된 채 고통만 남은 노년도 일면적이다. 하지만 이질적인 요소를 모두 빼 버린 노년도 인공적이긴 마찬가지다. 노년이야말로 허락하고 싶지 않던 부정성과 함께해야만 하는 시기다. 뒤늦게 범칙금 통지서를 받듯 젊음을 빌미로 외면했던 것들을 마주해야 되는 것도 노년기다. 감춰 두었던 근원적 균열과 두려움, 즉 우리는 언젠가 죽게 되리라는 것, 변형되고 소멸되리라는 사실을 마주하게 되는 시기, 그때가 바로 노년기다. 부정성을 없앤 투명하고 밝은 노년기는 매력적인 상품이다. 하지만 상상적 허구는 달콤한 환상에 불과하다. 부정성과 투명성이 함께하는 노년, 두렵지만 우리는 두 가지 모두를 보아야 한다. (2014)

두 아버지

　성석제의 소설 『투명인간』(2014)은 베이비 부머 세대로 태어난 김만수의 일대기를 그리고 있다. 세상을 등지고 두메산골 농부로서의 삶을 선택한 아버지, 집안의 기대를 한 몸에 받는 뛰어난 형 덕분에 만수는 어린 시절부터 꿀머슴 차남으로 성장한다. 하지만 공부만 하던 형이 큰돈을 벌겠다며 나선 베트남전에서 주검으로 돌아오자, 차남 만수는 실질적 가장이 된다. 서울 변두리로 이사 와 성실함 하나만으로 고군분투하며 자리를 잡지만 50줄을 넘어선 가장을 세상은 가만두지 않는다. 마포대교 위에서 그는 마침내 '투명인간'이 되고 만다.

　윤제균 감독의 「국제시장」(2014)의 주인공 덕수는 얼핏 보면 만수와 비슷해 보인다. 농담이지만, 이름조차 덕수, 만수, 한 글자 차이 아닌가? 베이비 부머 세대의 표본으로 만수가 선택되었다면, 유년기에 한국전쟁을 겪었던, 이전 출생자들의 표본이 바로 '덕수'다. 1950년 흥남철수 때 여동생을 잡고, 끌고, 업고 피란선에 올랐던 인물이니 아마 대략 1930년대생일 확률이 높다.

　소설 『투명인간』이나 영화 「국제시장」이나 대한민국의 격동기, 1960~1980년대를 몸뚱이 하나로 살아 내야 했던 이 시대 아버지 이야기라는 공통점을 가지고 있다. 차이점이 있다면, 『투명인간』의 만수가 차남이었던 것에 비해 「국제시장」의 덕수가 장남이라는 것이다. 그 시절엔 장남과 차남의 차이는 하늘과 땅 차이였다. 소설가 이기호의 말처럼 우리의 삶에서 차남의 역사와 장남의 역사는 무릇 다르게 기억되고 기록될 수밖에 없다. 편모슬하의 장남은 아버지의 대체였다.

장남 덕수와 그의 가족들은 피란선을 타고 내려와 부산 국제시장에서 터를 잡고 있던 고모의 가게 '꽃분이네'에 거처를 마련한다. 잃어버린 여동생이나 소식이 불분명한 아버지를 찾는 일보다 더 급한 것은 남아 있는 자들의 생계다. 어머니는 큰아들 덕수를 불러 앉혀 놓고, 네가 이 집안의 장남이며 가장이라는 것을 상기시킨다.

장남 덕수는 지금이라면 초등학생에 불과한 10대 시절부터 생계를 돌본다. '슈샤인 보이'로 구두를 닦고, 뭇매를 견디며 사수한 초콜릿을 동생들의 입에 넣어 준다. 산골에서 태어나고 자란 만수가 서울 근교로 이사 온 뒤 삭막한 인심에 시달리는 것과 달리 부산에 피란 온 덕수는 좋은 친구를 만나 텃세도 면한다. 텃세보다는 인심과 온정이 어린 가장을 돌본다.

이후 덕수의 삶은 1970~1980년대 한국 현대사의 중요 장면을 경유한다. 1960년대 1차 파독된 광부들 사이에 끼어 광산에 가고, 1970년대 베트남전에서 상사 직원으로 근무한다. 그리고 1980년대, 월남한 피란민으로서 이산가족 찾기의 주인공이 되어 헤어진 가족을 찾아 나선다.

덕수를 움직이는 삶의 동력은 '장남'이라는 호명의 무게와 '생계'라는 경제적 압박이다. 그는 어린 가장으로서 돈을 벌기 위해 자신의 학업을 포기한 채 독일에 가고, 자신의 꿈을 버리고 베트남으로 향한다. 그리고 그가 그렇게 목숨 걸고 벌어 온 돈으로 차남은 서울대학교를 졸업하고 막내 여동생은 결혼을 한다.

덕수가 살아온 60여 년간의 삶은 고도성장기 한국 사회의 축소판이다. 전쟁의 폐허에서 시작된 소년 가장의 삶이 희생과 도전을 거듭

해 끝내 한 가정을 지켜 낸 이야기. 그게 바로 「국제시장」이다. 1950년 흥남철수에서 시작된 이야기는 2014년 부산 남포동 국제시장에서 끝난다. 두 시간여의 러닝타임이 짧은 것은 아니지만 64년의 시간을 담기에 충분하다고 말할 수는 없다.

흥남철수, 독일, 베트남, 이산가족 찾기라는 네 가지 큰 서사적 매듭 위에서 그 사이의 다른 이야기들은 모두 괄호에 넣어진다. 가난한 피란 가족의 장남으로서 '가계'를 세워 나가는 경제 이야기가 전경화될 뿐 다른 이야기들은 이면에 남겨진다. 아니, 다루지 않는다고 말하는 편이 옳다. 「국제시장」에서 중요한 것은 '아버지 세대의 희생'이며 그 희생을 딛고 일어선 현재, 대한민국이 누리고 있는 경제적 윤택함이다.

영화 속에서 아버지 덕수는 "이 고생을 우리 자식이 아닌 우리가 겪는다는 게 얼마나 다행한 일이고."라고 말한다. 1966년 덕수가 독일에서의 계약 기간이 끝나고 한국에 돌아온 후 곧 아버지가 되었으니 그 자식 세대는 우리가 '386세대'라고 부르는 1967년생쯤 될 것이다. 결국 1967년 이후 태어난 우리는 폐허 위에서 목숨을 걸고 돈을 벌어 부의 기반을 창출해 준 '아버지'에게 따뜻한 감사와 뜨거운 눈물로 보답해야 한다고 말하고 있는 것이다.

「국제시장」이 세대에 따라 다른 평가를 받는 이유도 여기에 있다. 감사해야 할 사람이 마음도 먹기 전에 감사를 요구한다. 다 우리 덕분이라며 '꼰대' 노릇을 하는 것이다. 생계와 생존을 돌보느라 정치가 뒤로 가고, 민주주의가 숨죽여야 했던 사실은 그냥 덮어 둔다. 민주주의를 세웠다는 자긍심을 가진 386세대에게 어떻게든 생존한 아버지의 젠체가 통할 리 없다. 「국제시장」은 그렇게 세대 간 넘을 수 없는 간극을 확인시켜 준 영화이기도 하다.

그런데 여기서 눈에 띄는 것은 영화와 소설의 마지막 부분이다.

소설 『투명인간』에서 주인공 만수는 경영난에 처한 회사의 경영권 보호를 위해 싸우다 어마어마한 손해배상금을 물게 된다. 하루 스무 시간의 아르바이트를 전전해도 20퍼센트 복리 이자를 당해 낼 수는 없다. 아내의 투병, 자살을 선택한 조카. 쉰이 넘은 그에게 남은 것은 아무것도 없다.

그렇게 고생을 했으면 뭔가를 남겨야 할 텐데, 종일 쇠꼴을 먹였던 1960년대 개운리 만수의 삶보다 나아진 거라고는 하나도 없다. 아니, 더 나빠졌을 것이다. 우리가 마지막으로 보게 되는 만수는 '자살 대교'라는 오명을 가진 마포대교 위에 서 있다. 국제시장에서 일생을 보낸 덕수의 끝과 다른 것이다.

덕수에게는 이를테면, 노후가 있다. '알박이'라고 비난받는 가게 '꽃분이네'도, 치매도 암에도 걸리지 않고 건강한 아내도, 그리고 자기 명의로 된 집도 있다. 무엇보다 그의 주변엔 사람 온기를 채워 주는 자식, 손자들이 가득하다. 덕수도 만수도 모두 '우리의 아버지'라는데, 어떻게 된 것인지 그 아버지들의 뒷모습은 너무도 다르다. '아버지'가 다른 건지 '우리'가 다른 건지, 생각해 볼 문제다. (2014)

불평등과 침묵

한국보건사회연구원, 한국노동연구원 등은 우리나라의 노인 빈곤율이 경제협력개발기구(OECD) 회원국 중 가장 높다고 발표했다. 2011년 기준으로 볼 때 우리나라 65세 이상 노인의 빈곤율은 48.6퍼센트로 OECD 회원국 평균 12.4퍼센트보다 약 4배 높은 수준이다. OECD가 세상의 기준이라고 보기는 어렵지만 적어도 그 범주 안에서 우리나라 노인은 가장 가난한 노인들이라고 말할 수밖에 없다.

그런데 여기서 조금 더 살펴볼 만한 이야기들이 있다. 가령 플로리다의 팜비치에 살고 있는 주민들은 '백만장자'라는 별명으로도 부족한 부자들이다. 이 배타적인 부촌의 실질 거주민들은 평균 80세 이상의 노인들이다. 그럼에도 팜비치 주변에는 공동묘지도 없고, 장례식장이나 병원도 없다. 부유한 노인들의 마음속엔 죽음이나 질병이 없는 것이다.

사회학자 지그문트 바우만은 이러한 현상을 가리켜 '건강 불평등'이라고 지칭한다. 부유한 사람들은 심장 수술과 같은 심각한 수술 이후에도 생존율이 높지만 가난한 사람들의 생존율은 비교도 할 수 없을 만큼 낮다. 부와 가난이 건강에 영향을 미치는 것이다.

한국 노인 빈곤율이 최고라는 통계에서 빠진 것도 바로 이 부분이다. 노인이라는 추상적 집단의 빈곤율보다 더 심각한 것은 노인이라는 집단 안에서의 빈부 격차일 테다. 부유한 노인과 가난한 노인,

어쩌면 지표는 이 심각한 문제를 괄호에 넣은 채 노인의 일자리 증대라는 교과서적 대답만 도출하고 있는지도 모른다.

영화 「장수상회」(2015)와 「화장」(2015)에서 빠져 있는 것도 바로 '돈'이다. 두 작품 모두 노년과 병, 죽음이라는 주제를 다루고 있다. 「장수상회」에 등장하는 두 노인은 모두 육체적으로 건강하지 못하다. 하지만 경제적인 어려움은 없다. 자신 명의의 집과 가게를 가지고 있을 만큼 제법 단단한 경제적 기반을 가지고 있다. 오히려 「장수상회」 속 노인 김성칠은 지역 재개발 이권의 핵심으로 대접받는다. 그의 인감 하나가 지역 경제의 미래를 좌지우지할 수 있으니 말이다.

「화장」의 주인공이 겪는 심리적 갈등은 수컷, 남성의 존재론적 고민으로 구체화된다. 10억 원짜리 집과 별장, 굴지의 화장품 기업 임원으로 일하는 오 상무에게 아내의 병과 죽음은 오로지 존재론적인 고통일 뿐이다. 아내의 암이 재발하고, 4년간 투병 생활 끝에 사망했지만 그를 괴롭히는 것은 아내, 여자의 손길이 멀어진 옷차림과 남성으로서의 쇠잔함이다. 장례식 비용을 치러야 한다는 사위의 말에 지갑에서 신용카드를 꺼내 건네주고는 그는 다시 자신만의 갈등의 세계로 침잠한다. 적어도 그에게 병과 죽음은 '돈'과 무관한 철학적 사건인 셈이다.

물론 모든 영화가 노년의 경제적 어려움을 다룰 필요는 없다. 각각의 영화들이 들여다보고 있는 죽음과 노년, 가족의 문제는 다 그럴듯한 개연성이 있다. 하지만 모든 영화가 노년의 경제적 어려움을 외면한다면 문제가 있다. 한국 영화만 보자면 한국 노인들에게는 병이나 죽음에 대해 존재론적, 본질적 고민만 있는 것처럼 보인다.

그런 점에서 「국제시장」의 덕수나 「장수상회」의 성칠은 노인들이 꿈꾸는 판타지에 가까워 보인다. 자신의 집과 가게가 있어 떳떳하게 자식들 앞에 나설 수 있고, "내"가 너희들에게 해 준 게 얼마인데, 라며 당당하게 소리도 지를 수 있다. 자식들은 마음에서 우러난 진심의 효도를 바친다. 아내도, 자식도 모두 다 그를 존경하고, 사랑하니 비록 늙고, 병들었다고 해도 보람 있는 노년이라고 할 수 있다. 하지만 과연 우리 사회에 이 정도 누리고 사는 노년이 얼마나 될까? 늙고 병드는 물리적 변화만이 노인들을 괴롭히는 현실적 문제일까? 영화 속에 그려진 것처럼 젊은이들은 노인들의 희생에 공감하고 존경을 바칠 수 있을까? 아니, 왜 꼭 그렇게만 그려져야 하는 것일까?

언제나 가장 심각한 문제는 침묵에 가려져 있곤 하다. 소설가 토마스 만은 그의 소설 『마의 산』(1924)에서 이렇게 말했다. "시대가 공허한 침묵으로 일관한다면 좀 더 솔직한 인간은 그로 인해 모종의 마비 상태에 빠질 수밖에 없다."* 그리고 보니, 세상엔 온통 침묵뿐이다. (2015)

---

* 토마스 만, 홍성광 옮김, 『마의 산』(을유문화사, 2008).

나이 듦의 자리

신라의 어느 사내 진땀 흘리며

계집과 수풀에서 그 짓 하고 있다가

떨어지는 홍시에 마음이 쏠려

또그르르 그만 그리로 굴러가 버리듯

나도 이젠 고로초롬만 살았으면 싶어라.

쏘내기 속 청송 방울

약으로 보고 있다가

어쩌면 고로초롬은 될 법도 해라.*

환갑을 맞았던 1915년생 시인 서정주는 1975년 『질마재 신화』를 출간한다. 이 시집에는 유독 회갑(回甲)이라는 표현이 자주 등장한다. 「회갑동일(回甲冬日)」이라는 작품에서 시인은 "가고파 갈 곳도 없는 회갑(回甲) 해 겨울날은/ 내 어릴 적 안아 주던 할머니 품 그리워/ 쉬운 해 전 세상 뜬 할머니 친정 마을에 들다"라고 노래한다.

그중 「우중유제」는 특히 이제는 회갑, 살 만큼 살았으니 세상사에 아등바등 않고 넉넉히 살다 이 세상을 떠나겠다는, 어른 특유의 여유와 지혜가 돋보이는 작품이다. 회갑이면 그러니까 예순 살쯤 먹게 되

---

* 서정주, 「우중유제(雨中有題)」, 『질마재 신화』(1975).

면, 그저 떨어지는 홍시에 마음에 쏠려 또그르르 굴러가듯, "고로초롬만 살"아도 괜찮은 것이기 때문이다.

하지만 막상 서정주의 이런 여유는 가짜였던 듯싶다. 그는 이후 더 왕성한 활동을 보였고, 유력한 거장으로서 지위를 누렸고, 사회·정치적 발언에서도 빠지지 않았다. 몇몇은 하지 않았으면 더 나았을 법한 발언도 있다. 세계 여행기를 비롯한 몇 편의 시집을 더 내고 2000년 여든다섯의 나이로 그는 세상을 떠났다. "고로초롬만 살"겠다 했지만 20여 년을 더 이 풍진 세상의 먼지 속에 머물다 떠난 것이다.

말이 쉽지, 고로초롬만, 그렇게만 사는 게 쉽지가 않다. 나이를 먹어 이제 세상의 순리를 알게 되었으니, 욕심을 버리고 훌훌 초연의 세계로 떠날 것 같은데 되려 더 어렵나 보다. 조선왕조에는 기로소(耆老所)라는 기관이 있었다. 나이가 들어 은퇴한 벼슬아치들의 친목 기구였는데, 문과 출신 정이품 이상으로 나이 일흔 이상인 사람만 들어갈 수 있었다. 말하자면 세상에 나아가 이름을 얻고 장수의 복까지 타고난 사람들만이 기로소에 들 수 있었던 것이다. 역사학자 전우용의 말처럼 여기에 입소하는 것을 두고 하늘로부터 아낌없는 복을 받았다 여겼을 만하다.

'고희'는 「인생칠십고래희(人生七十古來稀)」라는 당나라 시인 두보의 「곡강시」에서 유래한 말인데, 글자 그대로 풀이하면 드물게 오래 산 사람을 의미한다. 일흔을 '고희연'으로 축하한 까닭은 단순히 오래 살아서가 아니라 그만큼 건강히 오래 살기가 힘들었기 때문이다. 조선 시대 평균 수명이 고작 35세였다고 하니 일흔은 얼마나 희귀했을까?

1982년 이마무라 쇼헤이 감독이 만든 영화 「나라야마 부시코(楢山節考)」는 어느 산골 마을의 기로(棄老) 전설을 소재로 삼고 있다.

이 작품은 후카자와 시치로가 쓴 동명의 소설을 원작으로 하고 있다. 1956년 전후 일본에 소개된 이 작품은 야성적이면서도 대담한 분위기로 큰 반향을 불러일으켰다. 모던하고 자폐적인 사소설이 주류를 형성했던 일본 문학계에 『나라야마 부시코』는 매우 예외적이었다. "이런 소설의 출현을 위해 50년을 기다려 왔다."라고 말할 정도였다.

「나라야마 부시코」는 가야 할 때를 아는 노인의 아름다움으로 요약된다. 먹을 것이 귀하던 시절, 마을에서는 노인이 오래 사는 것을 죄악으로 여겼다. 심지어 증손자를 볼 때까지 살아 있다면 그 노인은 쥐새끼를 낳았다며 아이들에게 놀림을 받았다. 올해 예순아홉이 된 오린은 아직 빠진 이가 하나도 없는 것을 부끄럽게 여겨, 부싯돌로 때리고 절구에 내리찧어 마침내 두 개를 부러뜨린다. 그러고서는 너무나 기쁜 나머지 이가 빠져 졸참나무산에 갈 때가 되었다며 춤을 추며 온 동네를 다닌다.

오린은 졸참나무산에 가지 않으려고 아들의 지게에 매달리는 옆집 노인을 보며 혀를 찬다. 아들, 손주 다 결혼시키고 증손까지 볼 판인데, 여자들이 둘이나 되는 집에 노인이 남아 할 일이라곤 귀한 곡식을 축내는 것 말고는 없기 때문이다. 그래서 오린은 졸참나무산에 가는 것을 기쁘게 기다리며 하루빨리 그날이 오라며 성대한 잔칫상도 마련해 둔다. 할머니 덕분에 귀하고 맛있는 음식을 먹으며 기뻐할 자식들을 생각하니 오린은 그저 싱글벙글이다.

우리의 예상과 달리, 「나라야마 부시코」에 그려진 기로 풍습은 노인을 갖다 버리는 패륜의 야만이 아니다. 먹을 것이 너무도 부족하고 귀하던 시절, 영생은 나의 유전자 복제물을 가지고 태어날 아이를 통해 이루어진다는 믿음이다. 터진 열매가 흘린 씨앗이 새로이 꽃을 피우듯, 미래는 아이들의 몫이다. 건강한 아이를 낳고, 또 그 아이가 아이를 낳으면, '나'는 그 유전자 속에서 영원을 누린다. 할 일을 다 한 것이다. 그렇기에 졸참나무산으로 가는 오린은 행복하고 기쁘다.

'노인은 늙지 않는다.', '프랑스 여자는 늙지 않는다.', '자네 늙어 봤나, 나는 젊어 봤네.'와 같은 노년 마케팅이 한창이다. 과거엔 가족 이데올로기가 강제했던 노인 공경을 최근엔 노인 스스로 요구한다. 체불된 임금 요구하듯, 넣어 둔 적금 찾듯 그러면서 자신들이 젊었을 때 가졌던 것들은 채 놓으려 하지 않는다. 가진 건 쥔 채, 이젠 사회적 어른이라며 공경도 요구한다.

졸참나무산에 간다는 것이 반드시 죽음만 의미하는 게 아니다. 젊은 시절 가지고 있었던 것, 생계를 유지하고 일하느라 내가 가졌던 것, 그런 것들을 다음 세대들에게 넘겨 주는 것, 그래서 이제 홀연히 무대에서 떠나는 것, 그것이 현대적 의미의 졸참나무산은 아닐까? 만약 그렇게 홀홀 털고 무대를 떠난다면 모두가 다 존경하고 그 뜻을 기리지 않을까?

철학도, 소설도, 영화도, 드라마도 늙음을 분석하고, 추적하고, 위로하고, 찬양한다. 누구나 늙는다. 늙는 것은 분명한 결말이다. 누구나 늙는다. 중요한 것은 늙음의 자리다. 늙는 것은 사회적 맥락 가운데에 있다. 과연 우리에게 늙음은 무엇일까? 늙음을 소비하는 문화가 아니라 그것을 정말 사유하는 문화가 필요하다. (2016)

노장의 품격, 거장의 인문학

2015년에 본 영화 중 가장 기억에 남는 작품이라면 「매드맥스」, 「마션」 그리고 「인턴」을 빼놓을 수 없다. 공교롭게도 이 세 작품의 감독은 모두 노장이다. 평균 연령을 내 보면 70세, 「매드맥스」를 연출한 조지 밀러 감독은 만 70세고 「인턴」을 연출한 낸시 마이어스는 만 66세다. 「마션」을 연출한 리들리 스콧은 무려 만 77세다.

정말 놀라운 것은 단순히 이들의 연령이 70세 정도 된다는 게 아니다. 70세가 넘었음에도 불구하고 그들의 생각이 여전히 유연하다는 것이다. 한편 젊은이라면 도저히 갖추기 어려운 삶의 혜안을 가졌다. 이 세 영화, 세 명의 연출자는 지금 우리 사회에 필요한 노장의 품격과 거장의 지혜를 보여 준다. 우리 사회에는 존경할 노장이나 지혜로운 거장이 드물기 때문이다.

1977년 「결투자들」로 데뷔한 리들리 스콧은 끊임없이 영화를 연출하고 기획, 제작해 왔다. 「에이리언」(1979)은 SF 호러에서 빼놓을 수 없는 참조 사항이며 「델마와 루이스」(1993) 역시 페미니즘과 로드무비를 말할 때 반드시 언급해야만 하는 작품이다. 「글래디에이터」(2000)나 「블레이드 러너」(1982)는 또 어떤가? 말하자면 리들리 스콧은 영화 인생 전반이 모두 다 전성기다. 그는 신인 시절부터 중견에 이르러 노년에 이르기까지 언제나 중심에 서 있었다. 그는 거장이거나 노장이기 이전에 늘 현역이었다.

이는 조지 밀러나 낸시 마이어스 감독도 다르지 않다. 조지 밀러의 영화 세계는 「매드맥스」의 독특한 이종 결합적 상상력부터 「로렌조 오일」(1992)이나 「해피 피트」(2006)에 이르기까지 무척 다양하고 폭넓다. 컴퓨터그래픽이나 3D를 혐오한다는 낸시 마이어스는 드라마 장르의 귀재다. 게다가 그는 여성이다. 여성 영화감독으로 데뷔하는 것조차 쉽지 않은 한국의 영화 환경에서 보자면 환갑은 물론 은퇴 연령도 지난 할머니 낸시 마이어스가 앤 해서웨이 같은 대형 배우를 기용해 상업 영화를 만든다는 것 자체가 기적으로 여겨진다. 어쩌면 이것이야말로 바로 할리우드가 지독한 자본주의 가운데서도 버텨 내는 체력의 근간이 아닐까 싶기도 하다.

그런데 정말 주목해야 할 것은 평균 연령 70세가 연출을 맡았다는 물리적 사실이 아니라 그들이 만들어 낸 영화의 깊이와 힘이다. 조지 밀러의 「매드맥스」는 여태껏 보아 왔던 그 어떤 영화들보다 급진적이며 진보적이다. 기성세대라고 부르기 미안할 만큼 「매드맥스」에 구현된 조지 밀러의 시선은 정치적 균형을 추구하고 있다. 「매드맥스」의 주인공 퓨리오사의 캐릭터만 해도 그렇다. 새로운 삶의 터전을 향해 나아가는 여전사 퓨리오사에 집중된 힘은 곧 조지 밀러가 세상을 바라보는 시선, 경험과 기대의 반영이다.

「인턴」의 주인공, 실버 인턴 벤의 모습이 눈길을 끄는 이유도 여기에 있다. 40여 년간의 직장 생활을 마치고 은퇴자로 살아가고 있던 벤은 갓 서른이 넘은 여사장의 인턴으로 일하게 된다. 나이 든 세대의 경험과 젊은 여사장의 성공이라는 뻔한 구도 속에서 낸시 마이어스는 주의 깊게 새겨 볼 만한 노년의 유형을 제안한다. 그것은 바로 귀는 열고 입은 닫은 노인이다. 비록 경험이 풍부하고, 지혜가 많지만 일흔 살 벤은 함부로 충고하거나 제안하지 않는다. 다만 그는 자신에게 상대가 도움을 청하는 순간을 놓치지 않고 적절한 조언을 해 준다. 신사가 언제나 주머니 속에 손수건을 지니듯이, 벤에게 충고란 간섭이 아니라 배려다. 「인턴」에 그려진 70세 노인의 모습은 거리의 젊은이들에게 고함을 치는 「국제시장」이나 「장수상회」의 노인과는 다르다. 벤은 젊은이들의 줄넘기에 뛰어들기 위해 자신의 숨을 고르고 박자를 조율한다. 나이가 든 만큼 참을성이 있다는 것, 낸시 마이어스는 노년의 지혜란 고집이 아니라 적절한 배려라고 말한다.

노장의 솜씨가 거장의 인문학이 되는 순간은 「마션」에서도 발견할 수 있다. 지구를 떠나 화성 탐사에 나선 마크 와트니, 그는 화성에 도착한 지 6일 만에 화성에 홀로 남겨진다. 고장 난 우주복을 입고 화성의 사막 한가운데서 깨어난 마크는 매우 탁월한 재능으로 하루하루의 삶을 이어 간다. 그 탁월한 재능은 바로 긍정성, 삶에 대한 부드러운 수긍과 탄력적인 낙관이다. 정체불명의 괴물보다 동승한 동료들이 더 무서웠던 「에이리언」과는 달리 「마션」의 세계는 따뜻한 인간애와 유머로 가득하다. 주인공 마크는 절대로 좌절하거나 포기하지 않는다. 그리고 루이스를 비롯한 동료들 역시 마크를 포기하지 않는다. 마크는 매일 로버를 타고 사막으로 나가 지평선을 바라보고 돌아온다. 이유는 단 하나다. 그저 할 수 있기 때문이다.(Just because I can.) 할 수 있는 것을 최대한의 노력으로 해내는 것. 리들리 스콧이 말하는 낙천적 인생의 핵심이다.

「매드맥스」, 「인턴」, 「마션」의 저류에 흐르는 하나의 공통점이 있다면 그것은 바로 인간, 인간 자체에 대한 믿음이자 애정이다. 비록 혹독한 환경일지언정, 나이를 먹고 지쳤을지언정, 홀로 남겨졌을지언정 인간은 인간을 믿음으로써만 버티고 구원받을 수 있다.

존경은 나이의 대가가 아니다. 거장 역시 세월로만 만들어진 것이 아니다. 늘 새롭게 스스로의 가치를 입증하는 자, 그가 바로 노장이자 거장이 아닐까? 노장이 품격을 갖출 때 거장은 그 자체로 존경받는 인문학일 수 있다. (2015)

역사와 갑을 상대성

자연주의 재고

철학자들은 이념을 생산하고 시인은 시를, 성직자는 경전을, 교수는 개론서를 생산하듯이 범죄자는 범죄를 생산한다. 만일 우리가 마지막에 언급한 생산 부문과 사회 전체 사이의 연관성을 조금 더 면밀히 살펴본다면, 우리는 우리가 안고 있는 수많은 편견을 없앨 수 있을 것이다. 범죄자는 범죄를 생산할 뿐만 아니라 형법을 생산하며, 이와 더불어 형법을 가르치는 교수와 이 교수가 자신의 강의를 상품으로 만들어 일반 시장에 필연적으로 내놓을 법학 개론을 생산한다. 게다가 범죄자는 경찰, 재판관, 사형집행인, 배심원 등을 생산한다.*

카를 마르크스는 그의 저서 『잉여가치론』(1862)에서 생산에 대한 흥미로운 생각을 보여 준다. 사회를 구성하는 제반 구조를 모두 생산으로 재구성한 그는 철학자를 이념 생산자, 성직자는 경전 생산자로 고쳐 부른다. 여기서 가장 주목을 끄는 것은 범죄자를 중요한 생산자 중 하나로 보았다는 점이다. 그는 범죄자가 형법, 형법을 가르치는 교수, 법학 개론, 경찰, 재판관, 사형집행인, 배심원을 생산해 낸다고 말한다. 거꾸로 말해, 범죄자가 없다면 경찰, 재판관, 사형집행인과 같은 생산구조 혹은 직업이 없어지게 된다는 것이다.

---

* 에르네스트 만델, 이동연 옮김, 『즐거운 살인』(이후, 2001)에서 재인용.

이 역설적인 사고방식 속에서 우리는, 범죄가 결과일 뿐만 아니라 동력이라는 사실을 보게 된다. 미국 영화사 중 큰 맥을 차지하는 갱스터 영화만 봐도 그렇다. 갱스터 영화는 당시 조직화된 지하경제와 범죄에서 탄생한 영화 장르였다. 당시 범죄 영화의 주요 소재는 세계대전 이후 북미 대륙에 넘쳐흘렀던 돈이다. 총, 밀주, 마약 밀매를 다루던 범죄 영화는 점점 합법화된 기업으로 탈바꿈했던 검은돈의 흐름에 따라 갱스터 영화로 발전했다. 우리 식으로 말하자면, 류승완 감독의 「부당거래」(2010)나 윤종빈 감독의 「범죄와의 전쟁: 나쁜 놈들 전성시대」(2012)쯤을 들 수 있다.

범죄는 필수 불가결한 인간 조건이다. 오죽하면 인류가 고작 넷이었을 때도, 그중 하나는 범죄자였을까? 존속살해범, 카인 말이다. 범죄 없는 세상이 이상적일 것이라고 여겨지지만 엄밀히 말해 범죄 없는 세상은 세균 없는 공기처럼 불가능하다. 약간의 균이 면역을 키워 개체를 건강하게 만들듯, 범죄는 잉여 노동력을 해소하기도 한다. 청년 실업 인력이 IS와 같은 급진적 범죄 조직으로 흡수되는 것만 봐도 그렇다. 범죄가 옳다는 게 아니라 범죄가 사회경제적 모순의 곪아 터진 거울이라는 의미다.

범죄는 개인의 트라우마나 이상 성격에서만 발생하는 것이 아니다. 식물이 커 가는 데 적당한 온도와 습도가 요구되듯이 범죄의 탄생에도 환경이 필요하다. 「살인의 추억」(2003)의 1980년대 대한민국이 그랬고, 「제보자」(2014)의 2005년이 그랬다. 환경과 개인의 상호작용 속에서 범죄가 탄생한다. 따라서 범죄는 사회의 변화를 보여 주는 중요한 참조 사항이 된다.

데이비드 핀처의 「나를 찾아줘」(2014)가 눈길을 끄는 까닭도 여기에 있다. 영화는 결혼 5주년 기념일 아침에 사라진 아내를 찾는 스릴러 구조를 취하고 있다. 광고의 주인공들처럼 낭만적이고 환상적인 결혼 생활을 유지하던 두 남녀에게 균열이 찾아온다. 문제는 그 균열의 첫 시작점이 바로 2008년 서브프라임 모기지 사태였다는 것이다.

여주인공 에이미에게는 집과 신탁이 있었고, 에이미와 닉의 안정적 중산층 결혼 생활은 바로 이 두 가지에 기대고 있었다. 하지만 에이미의 부모가 파산함에 따라, 그녀의 부모가 모기지로 산 집은 차압 위기에 놓인다. 실의에 빠진 부모님은 '어메이징 에이미와 변동이자 모기지'라는 책이라도 써야 할 판이라고 자조하며, 딸에게 도움을 요청한다.

모기지론, 파산에 덧보태 두 부부는 잘나가던 잡지 저널리스트라는 직업도 잃는다. 불황의 여파로 실업자가 되고 만 것이다. 실직과 빚, 결국 두 사람은 뉴요커라는 세련된 별칭을 버리고 미주리로 돌아간다. 그리고 그때부터 끔찍한 권태가 시작된다. 아름답고 세련된 부부를 연기하던 그들이 막장 치정극의 주인공이 된 이야기, 그 플롯의 한가운데에 바로 2008년 미국의 경제 위기가 있다.

뉴욕에 살던 시절 부부는 쿨한 아내와 세련된 남편 역할로 이상적 부부를 연기한다. 문제는 이상적 부부의 가면이 꽤 비싸다는 것이다. 가면의 비용을 댈 능력을 잃자 부부는 본모습을 드러낸다. 가면 놀이가 옳은 것은 아니지만 결혼 생활에 약간의 연기가 필요하다는 것은 자명하다. 무엇보다 이상적 결혼 생활에는 적정한 수준의 돈이 필수적이다. 인정하고 싶진 않지만, 결혼과 가정의 안정성을 위협하는 최고의 적은 바로 돈이다. 영화 「기생충」의 대사처럼 돈이 곧 삶의 주름을 펴 주는 다리미다.

19세기 프랑스의 소설가 에밀 졸라는 자연주의의 창시자로 알려져 있다. 자연주의는 『테레즈 라캥』(1867)이라는 소설을 변호하는 과정에서 발생했다. 에밀 졸라는 어떤 환경 속에 인간이 던져졌을 때 그 인간이 어떻게 변하는지에 관심을 가졌다. 그는 인간의 본성이란 불변의 것이 아니라고 보았다. 오히려 환경 속에서 인간은 얼마든지 달라지고 바뀔 수 있다고 믿었다. 그는 인물들을 난폭한 환경에 던져 두고 그들의 행동을 면밀히 기록하고자 했다. 그것이 에밀 졸라가 기획했던 자연주의다.

멋진 이미지를 연기하던 여자가 끔찍한 범죄 기획자가 되고, 평범한 남편을 연기하던 남자가 부도덕한 패륜아가 된다면 그것은 환경의 문제일까, 본성의 문제일까? 저금리의 빚으로 키워 낸 행복이 파멸의 씨앗이 되는 역설 속에서, 에밀 졸라의 자연주의가 다시 생각나는 요즈음이다. (2014)

속죄 없는 가해자

2015년 개봉한 최동훈 감독의 「암살」은 개봉한 지 나흘이 지나지 않아 300만 이상의 관객이 찾았다. 「암살」은 최동훈 감독의 작품 가운데서 좀 독특한 위치에 놓인다. 대개 최동훈 영화의 주인공은 사리사욕을 최고로 치는 개인주의자, 무정부주의자 들이다. 「암살」로 치자면 상하이 시절의 하와이 피스톨이 바로 최동훈 영화의 전형적 주인공이라고 할 수 있다. 그런데 이번엔 사리사욕의 반대편 사람들을 주인공으로 내세웠다. 조국의 독립을 위해 나 하나의 목숨 따위는 초개와 같이 버리는 인물들, 그런 인물들이 주인공이기 때문이다.

「암살」의 인물들은 윤리로 나뉜다. 적극적으로 항일하는 인물, 뼛속까지 항일하는 안옥윤이나 황덕삼 같은 인물이 가장 윗길이다. 그에 비해 속사포는 항일하기는 하되 개인의 이익도 챙기려는 현실주의자이니 급이 좀 낮다. 안옥윤의 정반대 편에는 지독한 이기주의자인 친일 강인국이 있다. 그는 사리사욕의 감춰진 민낯을 보여 주는데, 강인국의 사리사욕에는 가족도 혈육도 들어가지 않는다. 오로지 자기 자신, 혈혈단신을 위한 욕심뿐이다.

안옥윤이나 황덕삼, 강인국은 영화적으로 보자면 평면적인 인물이다. 이 평면적 인물 곁에 두 명의 입체적 인물이 등장하는데, 바로 이들이 꽤나 눈길을 끈다. 한 명은 자유분방한 무정부주의자에서 심정적 애국주의자로 바뀌는 하와이 피스톨이다. 그는 비분강개로 항일에 나섰다 극심한 자기부정에 빠진 인물로 그려진다. 자유주의자였던 그는 결국 안옥윤의 조력자로 바뀐다. 이 곁에 항일에서 부왜(附倭)로, 그리고 마침내 친일로 변절하는 인물 염석진이 있다. 그는 「암살」에서 가장 입체적이면서 한편 가장 드라마틱한 변신을 보여 주는 인물이다.

「암살」의 주제는 초지일관 영웅적인 항일 인사나 파렴치한 평면적 친일파보다 변하는 두 인물의 행보에 놓여 있다. 하와이 피스톨이나 염석진은 모두 다 매우 사적인 이유로 마음과 행로를 바꾼다. 차이점이라면 하와이 피스톨을 변하게 한 게 타인에 대한 연민이었다면 염석진을 변하게 한 것은 스스로에 대한 연민이었다는 사실이다. 인간은 바로 이 두 가지 마음에서 변할 수 있다. 아픔을 느끼되 타인과 공감하느냐 아니면 오로지 자신만 생각하느냐에 따라 파렴치한과 윤리적 인간이 나뉜다.

인간으로서의 최소 윤리는 타인의 고통에 대한 연민이다. 타인과의 공감 능력을 잃고 오로지 자기 자신만의 고통을 바라볼 때, 인간은 최소한의 윤리를 잃고 인간 이하의 나락으로 떨어지게 된다. 타인의 고통을 모르고 자신만 아픈 사람들, 그런 사람들은 쉽사리 남을 버리고 배신하고 자신만의 길을 찾아 나선다. 이 이기심은 일제강점기에는 친일로, 독재 정권 아래에서는 친정권으로 변형된다. 윤리가 없으니 자기부정도 없고 죄책감도 없다. 더 큰 이익, 그것만이 자신을 고통으로부터 구원할 유일한 수단이 될 뿐이다.

이러한 파렴치한은 류승완 감독의 「베테랑」에도 등장한다. 이름만 대면 알 법한 재벌가의 막내아들 조태오는 도무지 타인의 고통을 모른다. 영화에서 가장 폭력적인 장면은 감독이 공들여 연출한 액션 장면이 아니라 조태오가 남들의 고통을 실실 웃으며 바라보는 바로 그 장면이다. 조태오는 밀린 임금을 받으러 온 노동자에게 글러브를 던져 주고는 맞는 만큼, 때리는 만큼 돈을 주겠다며 비웃는다. 더 세게 달려들라면서 운동선수 출신 경호원의 발목을 비튼다. 그가 진짜 즐거워하는 장면은 경호원이 고통에 몸부림칠 때다.

「베테랑」의 조태오는 '돈'이 최고의 가치가 되는 초고도자본주의 사회의 결과물이다. 순종 교배한 애완견이 시독한 유전병을 안고 태어나듯 조태오는 순종 교배된 자본주의가 만들어 낸 기형적 산물이다. 점점 더 많은 돈을 갖고, 점점 더 많은 힘을 갖지만 아무도 그를 제어할 수 없다. '돈'이라면 거의 모두 가능하기에, 이 웃자란 덧가지는 점점 더 커지기만 한다. 재벌 조태오는 피처럼 자기 돈을 아까워하면서 정당한 노동의 대가를 지불하는 건 아까워한다.

시기적으로 한 세기인 100년쯤이나 멀리 떨어져 있음에도 불구하고 두 영화의 지독한 악인들은 공교롭게도 같은 대의명분을 주장한다. 20세기 초 친일파 강인국은 이 모든 게 우리 민족을 위한 자신의 노력이라 읍소하고, 21세기 재벌 2세 조태오는 우리 그룹이 이 나라의 경제에 얼마나 많은 기여를 했는지 돌아보라고 큰소리친다.

타인의 고통을 모르고 자신만 아는 사람들이 우리나라를 세우고, 우리 경제를 일으켰다며 소리친다. 역설적으로 우리나라를 세우고 우리 경제를 지탱하는 사람들은 어쩌면 타인의 고통을 모르는 사람이었던 것은 아닐까?

강인국이나 조태오는 영화가 만들어 낸 악인치고는 너무나 사실적이다. 기시감도 짙다. 남의 목숨은 초개처럼 여기고 자기 돈은 숭앙하는 자들. 물론 영화 속에서 친일파는 처단되고 오만한 재벌 2세는 무너진다. 하지만 이 통쾌한 사필귀정은 영화의 마지막 엔딩 약 5분간에만 유효한 것이 아닐까 싶다. 그 5분의 판타지만으로 그들의 잘

못, 그들의 무자비한 이기주의가 심판받을 수 있는 것일까?

간혹 영국이나 독일의 문학과 영화에서 부러운 부분 중 하나는 바로 가해자의 속죄 서사가 발달해 있다는 것이다. 이언 매큐언 원작의 영화 「어톤먼트」(2007)나 베른하르트 슐링크 원작의 영화 「더 리더: 책 읽어주는 남자」(2008)의 주인공은 자의로 혹은 미필적고의로 타인의 삶을 망가뜨린 가해자들이다. 그들은 비록 당시엔 그것이 얼마나 이기적인 행동인지 몰랐으나 돌이켜 보니 너무도 잔인한 일이었음을 깨닫고, 늦었지만 잘못을 고백하고 속죄를 청한다. 진정한 인과 응보는 피해자의 판타지가 아니라 가해자의 속죄일 것이다. 가해자들은 여전히 타인의 고통을 모른 채, 여전히 세속적 권력의 주인공으로 지낸다. 속죄마저도 판타지인 세상이 아프다. (2015)

혐오와 정의, 만족의 두 얼굴

최근 우리 사회를 뜨겁게 달구는 용어 중 하나가 혐오다. 어색하지만 혐오의 최상급 신조어도 등장했는데, 이미 우리가 일상적으로 사용하는 극혐이라는 단어다. 극혐은 2014년 국립국어원 신어로 선정되었는데, 아주 싫어하거나 미워하는 것으로 해석된다. 동사로는 '극혐오하다'로 기재되었다.

극혐은 마음의 상태를 가리키는 형용사가 아니라 동사다. 싫어하는 마음이 움직이는 것, 그게 바로 우리 사회 '극혐'의 얼굴이다. 싫어하는 데 그친다면 극혐은 일종의 개인적 취향에 멈출 수도 있다. 개미를 싫어하는 마음이 있을 수 있고, 아버지를 마음속으로 미워할 수도 있다. 문제적인 것은 혐오가 이미 우리 사회에서 동사로 움직이고 있다는 점이다. 여성 혐오 발언만 해도 그렇다. 발언의 주체가 되었던 유명인들은 여론의 뭇매를 맞았지만 익명의 목소리들은 달랐다. 심지어 어떤 목소리들은 혐오의 대상들에게 그럴 만한 마땅한 부분이 있다고 주장하기도 했다. 게다가 이 목소리가 소수도 아니다. 지금 우리 사회에서 혐오 발언은 일정 정도 용감한 자기주장이나 정의감으로 통용되기도 한다.

혐오라는 표현이 전면에 등장하는 영화로 가장 인상적인 것은 바로 나카시마 테츠야 감독의 「혐오스런 마츠코의 일생」(2006)이다. 여교사로 시작된 마츠코의 삶은 윤락녀, 행려병자로 이어져 고독사로

마무리 지어진다. 삶의 세목이나 죽음의 양상으로만 보자면야 마츠코의 삶에서 혐오스럽지 않은 부분을 찾기는 힘들다. 그런데 정작 마츠코의 삶을 수식하는 '혐오'는 단순한 단어가 아니라 무척이나 반어적이다. 그녀는 비록 세상의 혐오를 받았으나 무척이나 뜨겁게 세상을 사랑한 사람이다. 열렬히 사랑할수록 증오만 되돌려 준 세상, 그래서 마츠코의 일생을 수식하는 혐오는 역설이자 반어가 된다. 겉보기에 그녀의 삶은 혐오스럽지만 무척이나 안쓰럽다. 그런 점에서 이 혐오는 사랑의 역설처럼 보인다.

우리가 생각하는 혐오의 의미와 좀 더 가까운 작품은 뱅상 카셀이 출연한 마티외 카소비츠 감독의 영화 「증오」(1995)일 것이다. 혐오의 실체는 주인공들에서 드러난다. 유태계 빈츠, 아랍계 사이드 그리고 흑인 위베르. 유태계, 아랍계, 흑인. 이 세 기표는 프랑스를 비롯한 유럽의 오래된 혐오 대상이다. 그렇다면 혐오의 주체는 누구일까? 그들은 바로 유럽의 주류들, 즉 인종적으로 계급적으로 소수가 아닌 백인, 중간계급 이상의 유럽인일 것이다.

사회에서 적대적 혐오 관계인 사람들이 영화 속에서는 종종 놀라운 우정과 사랑을 나누는 것으로 묘사된다. 현실에서의 차별과 혐오가 심할수록 영화 속 결합은 더욱 감동적이며 드라마틱하다. 우리나라에서도 흥행에 성공한 「언터처블: 1%의 우정」(2011)은 흑인 하층민과 상위 1퍼센트 상류 계층이 나누는 우정을 그리고 있다. 실화라는 보증서도 빠지지 않는다. 「웰컴, 삼바」(2014)에선 불법체류자와 프랑스 국적의 백인 여성이 사랑을 나눈다. 영화의 소재가 되는 이유는 간단하다. 현실에서는 거의 없는 환상이니까. 현실의 세계에서는 우정이나 사랑보다는 혐오와 차별이라는 언어가 오히려 더 어울리니까 말이다. 특이하고 희유하니까 영화화되는 것이다.

혐오는 비단 프랑스만의 문제는 아니어서 영국에선 훨씬 더 복잡한 양상으로 전개된다. 인종이나 종교와 같이 눈에 띄는 요소뿐만 아니라 경제적 계급에 의해 혐오가 만연해 있기 때문이다. 공공의 적이 된 영국의 혐오 대상은 바로 '차브'(chav)다. 지저분한 공공 주택단지에서 태어나 직업을 갖지 않고 약물에 중독된 채 10대에 무책임한 엄마가 되는 무절제하고 방탕한 하층민들, 평생 식료품점 계산원이나 비정규직, 계약직으로 살아야 하는 최하위 노동계급, 그들을 부르는 명칭이 바로 차브다. 그런데 차브 역시도 영국 드라마와 영화에서는 주인공으로 등장한다. 「킹스맨: 시크릿 에이전트」(2015)의 에그시는 차브임에도 불구하고 경쟁을 뚫고 최상류층 엘리트 계급 사회에 진출하는 데 성공한다. 심지어 북유럽의 공주와 하룻밤까지 획득하지 않던가? 「미 비포 유」(2016)의 주인공 역시 차브 여성인데 소설에서만큼은 상위 1퍼센트 남성과 정신적 교감을 나누는 데 거리낌이 없다.

그러나 실제로는 비난의 대상, 혐오의 대상이 되는 일정한 계층이나 그룹이 마치 그런 대우를 받아 마땅한 대상으로 사회적으로 합의되곤 한다는 것이다. 영국에서 차브는 '한심한 낙오자'고 프랑스에서 아프리카계 불법체류자는 자국민을 위협하는 '경제적 암흑 물질'이다. 누구도 노동계급의 붕괴와 차브의 등장을 설명해 주지 않고 난민이 될 수밖에 없는 상황엔 관심이 없다.

여기서 다시 우리 사회의 혐오 문제를 돌아보자. 과연 우리는 어떤 식의 논리로 혐오를 정당화하고 있는 것일까? 남자 친구에게 수백만 원 명품 백을 요구하는 여자, 결혼 자금으로는 고작 몇 천만 원을 모아 놓고는 강남 아파트를 요구하는 여자, 운전도 못 하면서 백화점에 자가용을 가지고 나오는 여자, 자기 외모는 생각지도 않고 남자 친구 키는 180센티미터 이상을 원하는 여자, 자기 연봉은 고작 이천만 원 언저리면서 남자친구 연봉은 오천만 원 이상이기를 바라는 여자. 그런 여자들, 과연 그녀들을 멸칭으로 부르며 비난하는 논리의 정당성은 무엇일까?

혐오는 약자를 향한 폭력이다. 잘못된 과녁을 향한 원한인 셈이다. 원한은 대상을 찾는다. 하지만 혐오는 분노의 표출이지 정의의 수단이 아니다. 애정이 추상적인 것이라면 사랑은 구체적이다. 애정하지 말고 사랑해야 한다. 마찬가지다. 증오는 정확한 고유명사를 가진, 구체적 잘못을 지닌 자를 향한 실제적 미움이다. 그러니 비겁하게 혐오하지 말고 증오해야 한다. 슬픔도 힘이 되듯이 증오는 부당한 현실을 공략할 힘이 될 수 있다. 사랑의 반의어로서, 증오야말로 동사가 되어야 한다. (2015)

왜 '재난'이 자꾸 먹히는 걸까

또 재난이다. 천만 관객 이상을 동원한 작품이 나왔는데, 또 재난 영화다. 열세 편의 천만 한국 영화 중 「괴물」(2006), 「해운대」(2009), 「부산행」(2016) 세 편이 재난을 다루고 있다. 「설국열차」(2013)처럼 천만에 달하지 못한 작품들까지 더하면 훨씬 더 비중이 높다. 재난은 왜 '장사'가 될까?

생각을 좀 바꿔 보자. 재난이 장사가 된다는 것은 그만큼 관객들이 공감한다는 걸 보여 준다. 관객들이 재난이라는 상황과 괴로움에 공감하는 것이다. 심지어 세 영화들에서 다루는 재난은 현실이 아니라 가상이다. 한강에 서식하는 괴물이 서울을 혼란에 빠뜨리고, 아직은 없었던 쓰나미가 해운대를 덮친다. 심지어 「부산행」은 좀비다. 아예 환상에 가깝다.

그럼에도 불구하고 우리가 이 영화들 가운데서 보는 것은 환상이 아니라 현실이다. 프랑코 베라르디 비포의 말처럼 환상은 집단적 상상력의 결과물이다. 그렇다면 재난 서사들은 우리의 집단적 상상력의 결집이라고 할 수 있다. 상상된 재앙은 실제의 삶, 정치적 선택들 그리고 채 발화되지 못한 개인의 말들이 혼합된 결과물이다. 한국 관객들은 희망이나 이념보다는 절망이나 재난의 상상에 더 공감하고 있는 것이다.

이른바 '국뽕' 논란이 생기는 이유도 여기에 있다. 무기 배치를 두고 국력이니 안보니 말하고들 있지만 사실 대중은 우리 정부가 자주적인 판단을 내리기 어렵다는 사실을 이미 잘 알고 있다. 위안부 할머니들 문제만 해도 그렇다. 원리·원칙을 따르며 옳은 주장을 하는 모습이라기보다는 이러지도 저러지도 못하면서 애먼 결론에 닿는 모습에 국뽕은 커녕 자괴감마저 든다. 그러니 '우리나라'가 영웅적으로 묘사되는 국뽕이 통할 리가 없다. 순진한 호응을 바라기엔 현실이 너무 어지럽다. 결국 사람들은 어설픈 희망이나 공익광고, 자가발전식 자긍심보다는 종말이나 파국, 재난에 공감한다. 「부산행」은 좀비들이 날뛰어서 신나는 영화가 아니라 부산행 KTX 열차 속 재난이 우리의 현실과 너무 닮아서 기억에 남는 작품이다. '대전역에서 내려라.', '어디는 안전하다.'와 같은 정보들은 오히려 거꾸로 읽는 편이 낫다. '가만히 있으라.'는 세월호 메시지의 반복이다. 유일하게 믿을 수 있는 사람은 가족이다. 아버지 석우가 딸아이 수안을 지키고 남편 상화가 임신부 아내 성경을 지키는 수밖에 없다.

그렇다면 재난이란 무엇인가? 재난이란 국가가 관리해야 할 중요한 위기다. 우리가 '재난 및 안전관리 기본법'을 갖추고 있는 이유도 여기에 있다. 재난은 가족이 나서서 내 아들, 내 아내, 내 딸을 구하는 개인적 불행이 아니라 국가가 마스터플랜을 짜고 해내야 하는 사명이다. 하지만 언제나 우리 영화에서 재난의 극복은 가족의 몫이다. 국가가 개인을 포기할 수는 있을지 몰라도 가족은 쉽게 가족을 포기하지 않기 때문이다. 영화 「터널」(2016)에도 이런 재난이 등장한다. 붕괴된 터널 안에 한 사람이 산 채 고립돼 있고, 그를 끝까지 구하느냐 마느냐를 둘러싼 사회적 논쟁이 「터널」의 핵심 서사다.

적어도 재난만큼은 개인의 몫이어서는 안 된다. 아버지가 희생해서 딸을 구하고 남편이 헌신해 아내를 구하는 것은 그저 영화적 상상이었으면 좋겠다. 시스템과 체계가 재난에서 사람을 구해 내는 첫째 조건이니 말이다.

'기도하는 자'를 뜻하는 라틴어 프레카리우스(precárĭous)는 이 세속의 지옥으로부터 구원받기를 신에게 기도하는 인간을 의미한다. 기도는 우리가 살고 있는 이 세상이 지옥임을 이미 알고 있는 자들의 구원 행위다. 그러니 기도가 아니라 요구를 해야 한다. "기도하는 그 손을 자르라."라는 파울 첼란의 시구는 막연한 소원에 머무는 자들에 대한 강렬한 경고다. 과연 우리는 살아서 지옥을 체험하는 자인가 아니면 지옥에서 벗어난 삶을 찾는 자들인가? 재난의 값을, 지금의 위정자에게 물어 마땅하다. (2016)

친일, 작품과 사람 사이

마쓰이 히데오!
그대는 우리의 카미카제 특별공격대원
귀국대원

귀국대원의 푸른 영혼은
살아서 벌써 우리에게로 왔느니
우리 숨 쉬는 이 나라의 하늘 위에
조용히 조용히 돌아왔느니

우리의 동포들이 밤과 낮으로 정성껏 만들어 보낸 비행기 한 채에
그대 몸을 실어 날았다 내리는 곳
소리 있이 벌이는 고흔 꽃처럼
오히려 기쁜 몸짓 하며 내리는 곳
쪼각쪼각 부서지는 산더미 같은 미국 군함!*

잘 썼다. 서정주답게, 20세기 한국의 절창 시인답게 참 잘 썼다. 마
쓰이 히데오, 그는 자살 특공대원으로 산산이 부서졌다. 박근형 연출

---

* 서정주, 「마쓰이 오장 송가(松井 伍長 頌歌)」, 《매일신보》(1944).

가의 연극 「모든 군인은 불쌍하다」(2016)에도 마쓰이 히데오가 등장한다. 서정주가 시 속에서 출정을 독려했던 그 젊은이, 오장 마쓰이 히데오 말이다.

시인이 비행기 관에 태워 보낸 그 젊은이를 박근형 연출가가 지상 위, 무대 위로 데리고 왔다. 그는 "제가 죽으면 저와 우리 가족은 영원히 일본인이 되고 아무도 우리 가족을 손가락질하지 못할 것"이라며 가슴 아픈 희망을 안고 죽어 간다. 조센징이라는 멸칭이 너무나도 듣기 싫었던 재일 한국인 마쓰이 히데오 말이다.

서정주의 친일 행적은 그의 빼어난 작품들과 함께 갑론을박의 대상이 되곤 했다. 참 역설적이게도 박근형 연출가는 지난 정권 내내 블랙리스트라는 이름으로 금지 아닌 금지, 억압 아닌 억압을 당했다. 70년 전 명백하게 친일 절창을 써 내려갔던 서정주는 지금도 작품을 근거로 옹호받는다. 친일을 별것 아닌 일로, 그러니까 작품과 개인의 행적은 별개라고 말하는 이들이 있는데, 박근형 연출가를 블랙리스트로 구분해 억압한 장관은 무죄로 풀려났다.

영화 「군함도」(2017)가 예상치 못한 논란의 중심에 섰다. 한국인과 일본인의 대결로 흐를 줄 알았던 영화의 주요 서사 속에 피수탈자 한국인과 그들을 이중으로 수탈했던 친일파 지도자의 대결로 간 점 때문이다. 명령을 내리는 일본인보다 채찍을 휘두르고 임금을 갈취하는 조선인 지도자가 오히려 더 지독해 보인다.

영화의 초입부, 주인공이기도 한 강옥이 공연을 하고 있는 경성 반도호텔에서 한 여성이 참전을 독려하고 있다. 얼핏 보기에도 그녀는 당시 경성을 주름잡는 권력이나 명성을 가진 인물로 보인다. 서정주처럼, 최정희처럼, 노천명처럼. 아마 그렇게 그녀도 자신의 실력으로 조선인들을 독려하고 있으리라.

지하련의 소설 「도정」(1946)에는 "덴노우 헤이까가 고 — 상을 했어요."라며 우는 소년이 등장한다. "덴노우 헤이까"는 천황이다. 그러니까 한국어로 번역하면 "천황 폐하가 항복을 했어요." 정도가 된다. 소년은 왜 울고 있을까? 그토록 기다리던 일본의 패망인데, 소년은 "징 와가 신민 또 도모니(짐이 우리 신민과 함께)"라는 천황의 목소리가 너무 슬퍼서 "덴노 헤이까가 참 불쌍해요."라며 운다. 기뻐서가 아니라 슬퍼서 우는 것이다. 1935년 일제강점기에 태어난 소년, 한 번도 일제 강점이 아닌 곳에서 살아 보지 못한 소년에게는 일본의 패망이 슬프다. 순간, 소설의 주인공이자 지식인인 석재는 당혹감을 느낀다. 그리고 자신도 해방의 기쁨을 실감하지 못하자 혹시 자신이 타락한 것은 아닌가 자책한다. 우리에게는 1945년 8월 15일이 준비된 광복일처럼 느껴지지만 당시를 살았을 사람들에게는 갑작스러운 일이었을 것이다. 오전까지는 일황 천하였는데 갑자기 항복을 했단다. 변했다고는 하지만 세상은 아직 그대로인 듯하니, 어지러울 게 분명하다. 소설 「도정」은 대개의 평범한 시민들이 어리둥절해하는 동안 재빠르게 변절한 기회주의자들을 그리고 있다. 그중 가장 먼저 처세를 바꾼 게 바로 친일 조력자들이다. 그들은 금세 낯빛을 바꾸고 지도층 인사로 올라선다. 주인공 석재는 당원 가입서에 스스로를 "소부르주아"라고 쓴다. 차마 자기 스스로를 미화할 수 없었기에.

소설을 썼던 지하련은 남편과 함께 월북했다. 그리고 그곳에서 죽었다. 정확한 사인이나 사망 시기는 밝혀지지도 않았다. 1988년 납·월북 작가 해금 조치 전까지는 우리 문학사 어디에서도 발견할 수 없던 이름이다. 지하련이 읽힌 지는 고작 20년 안팎이다. 아직도 우리에게 그 시절은 다 밝혀지지 않은 어둠의 시기다.

우리는 일제강점기 35년의 시기를 그리고 이후 70여 년을 충분히 돌아보지 못했다. 남북으로 나뉘어 이념으로 금지된 후에는 낯빛을 바꾼 자들의 교설이 오히려 더 정설처럼 여겨지기도 했다.

　여러모로 「군함도」는 감독 류승완의 작품 중 가장 완성도가 떨어지는 작품이다. 미학적 관점에서 보자면, 낙제점을 줄 만하다. 하지만 그가 던진 논란은 들여다볼 필요가 있다. 작품을 이유로 친일파를 감싸기만 하는 게 잘못이라면 작품을 이유로 논쟁까지 파묻는 섯도 잘못일 테다. 어쩌면 우리는 더 많이, 더 자주 이 문제를 이야기해야 할지도 모르겠다. (2017)

즐거운 범죄 서사의 소멸

범죄는 즐겁다. 다만 그것이 해결될 때 말이다. 범인이 누구였느냐를 밝혀내는 것만으로는 불충분하다. 왜 범죄를 저질렀는지 파악하고, 분석하고, 규정할 때 마침내 범죄는 정복된다. '왜'가 밝혀진다는 것은 범죄의 인과관계가 해부되었음을 뜻한다.

해부된 범죄는 공포력을 잃는다. 원인을 알면 범죄는 예방 가능해 보이기 때문이다. 하지만 그게 가당키나 할까? 여기 그게 가능하다고 말하는 사람이 있다. 바로 애거사 크리스티가 창조해 낸 탐정, 에르퀼 푸아로 말이다.

에르퀼 푸아로는 해결사의 대명사다. 푸아로가 있는 곳에 해결되지 못할 범죄는 없고, 잡히지 않는 범인은 없으며, 원인 모를 범죄도 없다. 푸아로가 주목하는 순간 우연은 사라진다. 모든 우연은 철저히 계산된 필연으로 드러난다. '회색 뇌세포'를 가진 그가 풀어내지 못할 난제는 없다. 「오리엔트 특급 살인」(2017)은 즐거운 범죄의 면면을 명확하게 보여 주는 작품이다.

애거사 크리스티의 동명 소설을 원작으로 한 「오리엔트 특급 살인」은 이미 1974년에도 영화화된 바 있다. 원작을 읽었다면 잘 알고 있듯이 「오리엔트 특급 살인」은 반전이 독특하다. 이 반전은 범죄 서사에 소비자가 으레 요구하는 관습적 모범 답안을 뒤집는다. 대개의 독자, 관객이 범인이 누구인가에 집중하는 동안 이야기는 '누구'가 아닌 '왜'를 생각하라고 떠민다. 누구냐보다 '왜'가 더 중요하기 때문이다.

여기서부터는 스포일러가 있다. 「오리엔트 특급 살인」은 범인은 하나라는 통념을 뒤집었다. 그러니 누가 범인인지가 아니라 왜 범행을 저질렀는지가 더 중요해진다. 하지만 이야기는 마치 누가 범인인지가 중요한 것처럼 여러 군데 즐거운 덫을 심어 둔다. 오리엔트 특급 열차에서 발생한 살인 사건은 다수의 사람들이 의기투합해 정의를 실현한 공동 복수 서사다. 「친절한 금자씨」(2005)가 오마주했듯이, 공통의 피해자가 인과응보를 나누는 것이다.

「오리엔트 특급 살인」에서 가장 중요한 점은 이 기차에 바로 에르퀼 푸아로가 탑승했다는 사실, 바로 그것이다. 기차에 푸아로가 있다면 그건 이미 해결된 거나 다름없다. 이제 독자와 관객은 범죄의 난기류도 즐기면 된다.

범죄가 완벽할수록 푸아로의 재능은 빛나고 그의 역할은 중요해진다. 역시나 그는 천재이기 때문에 완전범죄 가운데서도 진실의 실마리를 찾아낸다. 「오리엔트 특급 살인」이 즐거운 범죄 이야기가 될 수 있는 이유도 여기에 있다.

얽히고설킨 열세 개의 이야기 가운데서도 푸아로는 진실을 찾아낸다. 좀 과하게 이야기하자면 마치 푸아로에게 읽히기 위해 열세 명이 복잡한 암호를 출제한 건 아닐까 싶을 정도다. 단지 어려운 문제일 뿐 풀리지 않는 퍼즐은 없다. 푸아로가 못 푸는 문제가 어딨나?

「오리엔탈 특급 살인」에서 가장 흥미로운 요소는 공동 복수다. 여러 번 영화화되고, 드라마화되고, 오마주되는 이유도 여기에 있다. 열세 명의 사람이 복수를 위해 모의한다. 케네스 브래너 감독 역시 이 부분이 꺼림칙했는지, "영혼의 균열"이라는 표현을 거듭 강조한다. 남을 위해서가 아니라 스스로의 영혼을 위해 범죄를 모의한 것이라고 설득하는 것이다.

다정한 친구, 은인, 존경했던 이의 복수를 위해 자신의 인생을 걸고 범죄에 가담한다는 것, 그건 너무나도 아름다운 인지상정이지만 지나치게 낭만적이다. 2017년엔 불가능해 보이는 연대. 적어도 1930년대엔 이런 식의 연대를 믿었나 보다. 2017년, 완벽한 천재 푸아로보다 더 현실성이 없어 보이는 것은 바로 남을 위해 스스로를 헌신하는 열세 명의 인물들이다.

어쩌면 지금의 시점에서는 「노인을 위한 나라는 없다」의 안톤 시거 같은 범죄자가 더 그럴듯해 보일지도 모르겠다. 아무 이유도, 맥락도, 감정이나 불만도 없이 살인을 저지르는 범죄자 말이다. 만약 그에게 "왜"라고 묻는다면 아마도 "그냥"이라고 대답할 것이다. 그의 범죄에는 인과관계가 없다. 그런 범죄자를 쫓는 보안관에게 그의 행적은 암호나 퍼즐이 아니라 해독 불가한 낙서에 불과하다.

애당초 인과관계 따위가 없으니 푸아로가 살아 돌아온다고 할지언정 안톤 시거의 범죄를 밝혀낼 수는 없을 것이다. 우리는 이제 더 이상 즐거운 범죄 서사의 시대에 살고 있지 않다. 우리가 사는 시대엔 푸아로가 없다.

1974년의 고전 영화를 2017년 새롭게 단장해 다시 보는 마음도 여기서 멀지 않을 것이다. 어느덧 세상엔 인간의 이성으로 이해할 수 없는 범죄들이 너무나도 많아졌다. 아내를 성매매에 이용할 뿐 아니라 딸 친구까지 유인해 폭행 살해한 남자도 그렇고 놀이터에서 놀고 있던 초등학생을 유인해 살해한 소녀도 그렇다.

유능한 탐정만 있으면 모든 범죄는 해결 가능하다고 믿었던 그 시절이야말로 어쩌면 인류의 좋았던 시절이었을지도 모르겠다. 이젠 누구도 해결도 해석도 원치 않는다. 더 이상 범죄 영화를 큐브나 퍼즐을 맞추듯 심심풀이로 볼 수 없는 이유다. (2017)

거래를 트는 식사, 정을 나누는 밥상

"밥은 먹고 다니냐?"(「살인의 추억」) 유력한 용의자를 앞에 두고서도 놓아주어야만 하는 시골 경찰이 그에게 묻는다. 살인도 일이랍시고 그렇게 열심히 하고 다니는데, 그래 밥은 먹고 다니냐, 라고 말이다. "라면 먹을래요?"(「봄날은 간다」, 2001) 좀 더 시간을 나누고 싶은 여자가 남자에게 라면 먹고 가라고 제안한다. 여기서 밥과 라면은 사전적 의미가 아닐 것이다. 여기엔 다양한 맥락과 행간의 함의가 담겨 있다.

유독 한국 영화와 소설에는 밥을 먹자거나 식사하는 장면이 자주 등장한다. 때로는 꽤나 진지하게 다뤄지는데, 하재영 소설 「같이 밥 먹을래요」*, 윤고은 소설 「1인용 식탁」**은 혼자 밥 먹는 것을 주제로 삼고 있다. 드라마 「식샤를 합시다」(2013) 역시 밥 먹기에 대한 이야기다.

먹방 예능, 인터넷 1인 방송까지 따지자면 정말이지 먹는 이야기는 참 많다. 그런데, 최근 한국 영화에서 밥 먹는 장면은 친목과 정치 사이 애매한 경계를 보여 줄 때가 많다. "같이 식사 할래요?"라는 질문은 식사 여부에 대한 질문이 아니다. '밥'은 사회생활의 일부다. 회

---

* 하재영, 『달팽이들』(창비, 2011).
** 윤고은, 『1인용 식탁』(문학과지성사, 2010).

사 점심시간도 업무의 일부며 회식 자리는 말할 것도 없다. 누군가와 관계를 새롭게 맺거나 거래를 트고 싶을 때, 밥을 먹자며 뻔한 속내를 포장하곤 한다. 제안하는 사람이나 받는 사람이나 그게 단순히 밥 먹자는 이야기가 아니라는 것쯤은 알고 있다. 2018년 영화 「독전」, 「공작」만 해도 그렇다.

「독전」의 그 유명한 장면, 마약상으로 위장한 경찰이 아시아 마약 시장의 거물 진하림을 만나는 장면을 보자. 거래 성사를 위해 원호는 상대방이 먹는 것들을 따라 먹으며 호감과 신뢰를 얻고자 한다. 상대 방은 독주에 곁들여 사람 눈알까지 씹어 먹으며 위세를 부린다. 여기 서 신뢰는 상대가 먹는 것을 나도 먹는 식의 원시적 방법으로 확보된 다. 식사는 탐색전이기에 식탁은 전장과 다를 바 없다.

영화 「공작」에서 공작원 흑금성이 첫 거래를 성사시키는 곳 역시 식당이다. 술을 주고받으며 한 끼 식사를 나누는 것 같지만 그 식사 는 핵과 돈 그리고 목숨이 복잡하게 뒤얽힌 정치적 거래다. 흑금성은 혹시라도 정신을 놓치지 않기 위해 아버지의 유언까지 대동해 술을 거절하고, 작전용 녹음기를 발목에 숨긴 채 목숨을 건 연기를 한다. 말이 식사 자리지 긴장이 식욕을 억누른다.

그런데 또 다른 식사에선 긴장이 녹는다. 그 순간에도 똑같이 '밥' 을 먹는데, 이번엔 북한 간부 이 차장의 집에서, 이 차장의 아내가 만 든 밥이다. 녹음도, 계산도, 작전도 없는 이 자리에서 그들은 드디어 밥다운 밥을 먹는다. 이러한 장면은 영화 「강철비」에서 청와대 비서 관과 북한 군인이 잔치국수를 나눠 먹는 장면으로도 반복된다. 적과 의 동침보다 어려운 게 적과의 한 끼라도 되는 듯, 그렇게 한 끼를 나 눠 먹고 난 이후 그들은 서로를 믿게 된다. 거래를 튼 게 아니라 마음 을 연 것이다.

이러한 식사의 행간은 2018년 칸영화제 황금종려상을 수상한 영화 「어느 가족」에도 그려져 있다. 「어느 가족」의 원제목은 '만비키 가족'인데, '만비키'는 좀도둑질 내지는 좀도둑을 의미한다.

이 가족은 애초에 범죄로 만났다. 할머니는 피 한 방울 섞이지 않은 사람들을 가족으로 삼고, 부모 역할의 두 남녀는 길거리에 버려진 아이들을 데려왔다. 영화의 거의 마지막 부분에서 아이들과 할머니를 유괴하고 납치한 혐의로 수사를 받는 젊은 여성은 "남이 버린 것을 주워 온 것일 뿐"이라고 말한다. 그 가족 자체가 남의 것을 주워서 이뤄진 셈이다. 법의 관점에서 보자면 범죄지만 좀 다른 관점에서 보자면 법이 놓친 일을 그녀가 해냈다고도 말할 수 있다. 만약 그렇게 줍지 않았다면 노인은 고독사했을 테고, 아이들은 위험에 처했을 게 뻔하다.

이 가족의 힘은 밥 먹는 장면으로 드러난다. 영화의 첫 장면에서, 가족들은 추운 길거리를 헤매던 다섯 살 소녀와 뜨거운 고로케를 나눠 먹는다. 가족들이 모여 있는 장면 내내 그들은 무엇인가를 먹고 있다. 특별히 '우리 밥 먹자.'라고 말하지 않지만 자연스럽게 함께 나눠 먹는다. 여름엔 소면을, 겨울엔 고로케를 먹는 게 다를 뿐, 늘 그렇게 식탁에 옹기종기 모여 밥을 나눠 먹는 것이다.

이렇게 정을 나누는 식사 장면이 한국 영화에서는 매우 드물어졌다. 언제부터인가 밥 먹는 장면은 정보다는 이익을 도모하고 계산하고 협잡하는 공간으로 그려지기 시작했다. 「내부자들」의 그 유명한 나체 식사 장면도 그렇다. 서로를 믿지 못해 발가벗어야만 술과 음식을 나눌 수 있다면 그건 이미 인간의 식사가 아닐 것이다. 지금보다 과거에서, 이방의 식탁에서 따뜻한 밥 한 끼를 목격할 수 있다면, 우리는 그만큼 각박한 현실을 살고 있는 게 아닐까? 정말이지 목적 없이

안부를 전하고 따뜻한 밥 한 끼만을 위한, 그런 식사의 온도가 필요한 것인지도 모르겠다. (2018)

수사학이 불가능한 시대

장이머우 감독의 「5일의 마중」(2014)은 한 가족의 이야기다. 영화는 문화대혁명의 절정기에서 시작한다. 아버지인 루옌스는 이미 15년째 수감 생활 중이다. 그런데 어느 날, 남아 있던 가족인 엄마 펑완위와 딸 단단이 경찰에 소환된다. 아버지 루옌스가 탈출했으니 혹시라도 집에 돌아오면 반드시 신고해야 한다고 말이다. 반동분자를 은닉하는 것 자체가 죄라는 엄포도 곁들인다.

아버지가 어둠 속에서 지붕을 타고 넘어 마침내 가까스로 문 앞에 도착했을 때, 이미 집 주변은 감시원들에게 둘러싸여 있는 상태였다. 남편이 조심스레 문을 두드려도 아내는 문을 열지 못한다. 때마침 무용단 연습을 마친 딸도 귀가한다. 딸은 반동분자 아버지 때문에 선전극의 주연을 놓쳐 무척 화가 났다. 어머니가 머뭇대는 동안 루옌스는 딸과 마주쳐 딸에게 다가가지만, 딸은 고개를 젓는다. 결국 루옌스는 아무 종이나 찢어 남긴 쪽지를 문틈 아래로 밀어 넣고 황급히 집을 떠난다.

다음 날, 아내가 남편을 만나기 위해 음식과 옷가지를 준비해 약속 장소로 갔을 때 그만 두 사람 모두 붙잡히고 만다. 무심한 3년의 세월이 지나 지독한 문화대혁명의 광풍이 잦아들고, 아버지 루옌스는 석방돼 집으로 돌아온다. 문제는 그 이후다. 남편이 집에 돌아왔지만, 아내가 그를 알아보지 못한다. 문을 열어 주지 못했던 과거의 미안함, 자신 때문에 남편이 잡혔다는 자책감 그리고 딸아이가 아버지를 밀고했다는 괴로움 때문에 심인성 기억장애를 갖게 된 것이다.

「5일의 마중」은 한 여인의 부서진 정신과 그것을 복구하려 애쓰는 가족 이야기다. 망가진 가족을 통해 문화대혁명의 야만성을 보여 주려는 것이다. 그런데 영화에 등장하는 인물들은 모두 자신을 탓하며 서로에게 잘못을 고백한다. 아내는 자신이 망설였기 때문에 남편이 붙잡혔다며 미안해하고, 남편은 애초에 자신이 반동분자로 낙인 찍힌 게 문제라며 아내를 위안한다. 사실은 자신이 아버지를 밀고했다고 딸이 고백하자, 아버지는 이미 다 알고 있었다고 그건 네 잘못이 아니라며 토닥거린다. 루옌스의 가족 그 누구도 당, 중국, 사회를 원망하지 않는다.

하지만 관객들은 잘못이 어디에 있는지 알고 있다. 잘못은 가족 구성원 각자가 아니라 문화대혁명이라는 시대와 사회에 있다는 것을 말이다. 등장인물들이 내 잘못이라고 말할 때마다 오히려 사회가 치러야 하는 죗값은 더욱 커진다. 한 가족을 망친 것, 그것은 아버지의 부도덕도, 어머니의 부정도, 자식의 패륜도 아닌 시대 자체다. 피해자가 자기 탓을 할수록 문화대혁명 시기의 중국은 더 비난받아 마땅해진다.

「5일의 마중」은 그런 점에서 「제보자」나 「도가니」 같은 한국 영화의 직설법과 대조된다. 「5일의 마중」이 시대의 폭력을 환기하는 방식은 최근 한국 영화들의 고발 문법과 너무 다르다. 여기엔 '내 탓'이라고 말하는 인물들과 '당신의 잘못'을 밝혀내는 어법의 차이도 존재한다.

무엇보다 큰 차별성은 바로 시간적 거리에 있다. 40여 년 전에 일어난 문화대혁명을 장이머우가 그려 내고 있다면 우리 영화들은 고작 10년 안팎의 사건들을 다루고 있다. 그리고 무엇보다 문화대혁명이 과거완료의 시제, 즉 이미 역사적으로 가치 평가가 이뤄진, 청산된 과거로 여겨지는 데 비해, 최근의 한국 영화 속 사건들은 심리적 현재 진행형으로 받아들여진다는 점을 주목해야 한다. 우리에겐 아직 이 사건들이 끝나지 않았다.

청산되지 않은 과거는 객관적 거리를 허용하지 않는다. 적어도 1999년, 이창동 감독이 「박하사탕」에서 "나 돌아갈래!"를 외치며 과거를 소환할 때엔, 그래도 그 폭력적 과거가 꽤 먼 곳에 놓여 있다고 믿었고 느꼈었다. 1980년대를 주변에서 겪었던 주인공을 내세울 수 있었던 것도 이 심리적 거리감과 관련된다. 향수와 반성의 수사학은 이 심리적 거리 위에 세워진 아름다운 건축물이라고 할 수 있다.

1980년대 문학이 고발이었고, 1980년대 영화가 선전이었을 때, 그때의 문화예술적 주체들에게 폭력은 현재였다. 자책의 수사학으로 역설하기에는 지독히도 시급한 현재의 문제였기에 수사는 유보되었고 선언이 우선시되었다. 1990년대 새롭게 등장한 감성의 언어와 수사학은 그래도 1980년대의 터널을 통과했다는 안도감의 반영이었다. 이 심리적 거리와 안도감 속에서 1990년대 문화의 자율성은 확보되었다. 이제는 마음껏 감성을 누려도 될 것이라는, 상호 간의 안도가 형성되었던 것이다.

2014년 정치적 맥락 가운데서, 우리의 상업 영화는 고발을 선택했다. 매우 위급한 위기 상황으로 현재를 인식하고 있는 것이다. 「5일의 마중」처럼 내 탓이라는 반어적 윤리학을 보여 줄 심리적 거리도, 「박하사탕」처럼 중간적 인간형을 두고 객관화할 만한 여유도 없다. 지금 너무도 시급한 문제가, 바로 눈앞에 있다. 영화를 만드는 사람과 보는 사람 모두가 위기감을 공유하고 있다. 야만과 폭력, 감시와 처벌이 과거가 아니라 현재진행형으로 받아들여지고 있는 것이다. 이 직설법과 고발의 문체에서는 절박했던 1980년대의 흔적이 있다. 상황이 달라졌고, 더 나아졌다고들 하지만 우리의 심리적 현재는 여전히 1980년대다. 돌려 말하고, 거꾸로 말하기에는 직설법으로 고발하고, 투명하게 밝혀야 할 일들이 너무 많다. 수사학은 진실이나 정의와 같은 거대 담론을 잠시 내버려 둬도 좋을 때, 그 시간의 거리를 두고 출현할 수 있다. 수사학을 할 수 없는 시대, 「5일의 마중」을 보며 그 반어적 수사학이 부러워지는 까닭이다. (2014)

현실이 스크린에 침투할 때

2001년 9월 11일 월드트레이드센터가 불탔다. 슬로베니아의 정신분석학자 슬라보이 지제크는 이를 두고 실재(The Real)의 침투라고 말한 바 있다. 의식에서 가장 먼 곳, 상징계로부터 가장 깊은 곳 너머에 묻어 둔 바로 그것, 실재계의 공포가 도래했노라고 말이다. 어려운 말이다. 쉽게 나름의 곡해를 해 보자면, 설마 현실이 되리라고는 생각조차 하지 못했던 상상의 발생이라고 말할 수 있다. 영화로 실컷 즐길 수 있었던 것, 결코 현실이 될 리 없으니 쾌락원칙에 따라 즐길 수 있었던 가상, 스크린에서만 가능할 것이라고 여겼던 파괴의 순간들 말이다. 외계인이 침공해 백악관을 무너뜨리고, 테러리스트가 월드트레이드센터를 점령할 수 있었던 건 그게 다 영화에서나 가능한 일이기 때문이었다.

적어도 2001년 9월 11일 전에는 말이다.

요즘 우리는 실재계의 침범과는 정반대의 일들을 영화관에서 경험하고 있다. 설마 현실이 될까 싶은 상상을 만나는 게 아니라 너무나 현실적이라서 함부로 재현할 수 없었던 일들을 스크린에서 확인하는 중이다. 너무나도 사실적이기 때문에 마주하기 싫었던 공포, 진짜 공포가 영화로 재현되고 있는 것이다. 1998년 IMF 외환 위기 사태를 재현한 작품 「국가부도의 날」(2018)과 독거 여성의 공포를 다룬 영화 「도어락」(2018)이 그렇다. 그건 영화라기엔 너무 '현실'이다.

고백하자면, 「국가부도의 날」을 보는 데에는 어느 정도의 용기가 필요했다. 적어도 1994년에 대학에 들어갔고, 1998년에 졸업한 X세대인 나에게 IMF는 덜 아문 상처의 이름이기 때문이다. 아무것도 모른 채 1998년을 맞았던, 그래서 국민의 과소비 때문이라는 말도 안 되는 분석을 믿었던 우리의 모습이 영화에 고스란히 소환되는 순간을 목도해야 하기 때문이다. 당장 내일 일도 모른 채 하루하루를 살아가던, 그래서 그날의 국가 부도 사태를 날벼락처럼 당해야 했던 그날은 국민적 트라우마의 순간이었다. 돌이켜 보면 그건 분명 재난이었다.

2018년에 돌아보는 1997년 12월 '국가부도의 날'은 어떤 의미에서 부검 과정과도 닮아 있다. 사체를 해부해 원인을 밝혀 가는 과정, 이미 회생 불능 판정을 받았던 그날을 해부학적으로 더듬어 다시 기억을 복원하고 있으니 말이다. 「국가부도의 날」의 이야기는 어쩌면 시네마 포렌식(cinema forensic)이라 불러야 할지도 모르겠다. 이제 와 보니 IMF 사태는 사고가 아니라 일종의 범죄였다.

「도어락」의 공포는 훨씬 더 사실적이다. 「국가부도의 날」이 과거였다면 「도어락」은 현재이기 때문이다. 20여 년 전 윤대녕의 소설과 트렌디 드라마에서 낭만적으로 제시되었던 원룸, 오피스텔에서의 삶은 낭만적이고 세련됐었다. 퇴근길에 편의점에 들러 맥주 한 캔을 사 들고 와, 빌리 홀리데이의 음악을 들으며 하루를 마무리했던 1990년대의 독신자 공간은 현재의 원룸과는 상당히 다르다.

「도어락」에는 도시 괴담처럼 떠도는 이야기들이 자리 잡고 있다. 잠자리에 누웠는데 누군가 방의 도어록 터치 패드를 건드리고 손잡이를 흔들더라, 택배 기사나 배달원을 사칭해 여성 혼자 사는 방을 침범했다더라와 같은 괴담 말이다. 나도 모르는 사이에 촬영된 나의 이미지, 업무용으로 주고받은 이메일과 명함이 범죄의 빌미가 되는 아이러니. 우리의 일상 속에 만연한 폭력과 위협들이 「도어락」의 주요 사건이 된다. 문제적인 것은 이런 사례들이 과장이나 허구가 아니라는 점이다.

「도어락」은 요약하자면 사이코패스 범죄 이야기다. 하지만 관객을 진짜 두려움에 떨게 하는 것은 허구적인 사이코패스 범죄자가 아니라 한 번쯤 경험해 봤을 법한 일상 속 위협이다. 데이트 신청을 거절하자 폭력적으로 돌변하는 남자의 모습도 그렇고, 신고는 사후에 하는 거지 사전에 하는 게 아니라고 짜증을 내는 경찰의 모습도 그렇다. 분명 스토킹 피해자임에도 트러블 메이커로 지목되어 재계약에 실패하는 모습도 낯설지는 않다. 계속해서 두려움을 호소하는 사람들이 일종의 히스테리나 신경쇠약 환자로 치부되는 과정도 익숙하다. 모두 다 낯익은 것, 이미 우리 주변에 어디서나 볼 수 있는 그런 풍경인 셈이다.

「악마를 보았다」(2010)나 「브이아이피」(2017) 같은 영화 속에서 살인범은 너무나 비현실적인 공포를 자아내기 때문에 무서웠다. 적어도 그런 인물들은 현실에서 마주치기엔 매우 비사실적이었으니까. 하지만 「도어락」은 가해자에 대한 공분보다 먼저 잠재적 피해자로서의 공포를 건드린다. 그런 사람 만날까 봐 무서운 게 아니라 우리가 사는 환경도 영화 속 인물과 크게 다르진 않기 때문이다. 알고 있었지만 애써 무시하고 지내는 문제, 확률의 문제라고는 하지만 내가 걸리면 100퍼센트인 불운의 세계, 만성적 공포와 위험에 노출돼 살아가는 것이다.

진정으로 우리가 두려워하는 것은 현실이 될지도 모르는 상상이 아니라 바로 현실이다. 너무 사실적이라 억누르고 살아가는 공포, 생존하기 위해 외면하는 도처의 위험들 말이다. 여기저기서 들려오던 위기의 사인을 모르는 척했던 1998년, 내가 잠재적 피해자일 수 있지만 애써 나만은 아니라고 외면하며 하루하루 생존해 가는 많은 여성들. 우리는 어쩌면 이토록 만연한 공포를 모르는 척하고 현실을 속여 가며 지내는 것일지도 모르겠다. 정말 두려운 것은 바로 현실이다. 그들이 그토록 두려워했던 영화적 환상은 사실 현실이다. (2018)

관객의 감정 구조와 정서적 현실

꽤 오래전 판사들을 대상으로 강연을 한 적이 있다. '법과 영화'라는 다소 심심한 제목을 가진 강연이었는데, 그때 소재로 했던 영화 중 하나가 바로 「7번방의 선물」(2013)이었다.

판사 중 한 명이 「7번방의 선물」은 지나치게 과장된 영화 같다고 의견을 말했다. 양형 기준이 어처구니없다는 취지였다. 동의한다고 대답했다. 아이가 감옥에 몰래 들어간다거나 실질적 사형 중지 국가임에도 억지로 사형이 삽입되었다는 의견도 곁들였다. 그러나 이 작품을 천만 명 이상의 관객이 보았다는 점을 주목해야 한다고 강조했다. 1200만 명이 넘는 관객들은 양형 기준의 현실성보다 법이란 그렇게 '불공평하다'고 생각한다고 말이다.

영화 관객이 천만 명이 넘으면 영화의 질적 수준이나 내용의 사실성을 넘어서 사회적 사건이 된다. 「7번방의 선물」의 흥행은 법은 평등하지 않다는 당시 관객들의 암묵적 동의의 표현이다.

딸아이 예승이의 하나 남은 가방을 뺏은 자가 고위 공무원, 경찰 공무원 가족이었다는 것도 의미심장하다. 실제 여부, 개연성에 관계없이 사람들은 이 설정에 동의했고 눈물을 흘렸다. 현실의 대중 정서 속에서 법은 불공평하고 공권력은 부당하게 여겨진다.

한국의 대중적 감정은 오랫동안 권위주의로부터 자유롭지 못했다. 1980년대 안방을 휘어잡았던 드라마 속에서 유독 재벌이 자주 등장했던 것은 그들이 멀리 있는 미지의 별종이었기 때문이다. 그 당시 함께 자주 등장했던 인물들이 의사, 검사, 변호사, 기자 등의 전문직이었다. 주변엔 드물었지만 드라마와 영화에서만큼은 이런 전문직들이 참 자주 등장했다. 흥미로운 것은 그때만 하더라도 이런 전문직이 꽤나 권위 있는 인물들로 묘사되었다는 사실이다. 최근 몇 년 사이 영화 속 전문직들의 모습과는 사뭇 다르게 밀이다.

최근 영화들을 살펴보면 전문직이나 재벌은 권위가 아닌 권위주의적 속물이나 부패나 부정의 원흉으로 그려지는 경우가 다반사다. 농담처럼 말하자면 깡패, 양아치 전문 배우였던 류승범이 검사를 연기할 정도다. 더 문제적인 것은 검사로 등장하는 「부당거래」 속의 류승범이 깡패를 연기했던 영화들보다 훨씬 더 그럴듯했다는 사실이다. 대중의 감정 구조 속의 검사는 더 이상 신뢰감을 주는 인물이 아니라 속악하고 경박한 인물에 더 가깝다.

정지영 감독이 연출한 「블랙머니」(2019)는 한국 사회를 휩쓸었던 론스타 사태의 숨겨진 내막을 파헤치는 작품이다. 뉴스와 지면에서 론스타, 외환은행과 같은 고유명사와 매각, BIS 비율과 같은 금융 전문용어가 뒤섞여 지나쳤던, 그래서 누구도 그 내막을 분명히 알 수 없었던 경제 범죄가 대중의 눈높이에 맞춰 재구성됐다.

실화 소재를 서사적으로 재현하는 데 탁월한 감각을 지닌 정지영 감독답게 복잡다단하게 얽혀 있던 문제의 핵심을 정관계 고위직, 금융위원회, 다국적 펀드 기업, 검찰의 구도 안에서 입체적이면서도 선명하게 그려 낸다. 고전적 스토리텔러로서 멋 부리지 않고, 직설적으로 치고 나가는 호흡이나 리듬도 산뜻하다.

그중 눈에 걸리는 것은 바로 "막프로"라고 불리는 영웅적 검사 양민혁이다. 검사동일체라는 미명하에 일사불란하게 움직이는 검사들

가운데 양민혁은 돌연변이이자 외톨이고 아웃사이더다. 그는 주요 요직, 즉 정치적 사안에서는 따돌림을 당한 채 교통사고와 같은 민생 사건을 주로 처리하는, 그런 검사로 그려진다. 방송 뉴스나 신문에 자주 등장하는 특수부 검사가 아니라 밤낮없이 일에 치여 사는, 평범한 검사의 대명사처럼 등장하는 것이다.

그럼에도 불구하고 수사를 하고 문제를 해결하기 위해 검사의 지위를 활용한다거나 검사 신분증 하나로 거의 막힘없이 정보를 얻어 내는 모습을 보자면, 검사에 대한 대개의 이미지와 거의 다르지 않다. 더 큰 권력을 못 가졌을 뿐이지, 가진 권력을 맘껏 쓴다는 점에서는 말이다.

이 영화가 평범한 관객의 감정 구조와 가장 어긋나는 부분은 바로 결말이다. 영화의 결말에서 그는 영웅적 행위를 한다. 대개의 등장 인물들이 돈에 대한 욕망, 출세에 대한 이기심에 굴복하는 것과 달리 그는 끝내 독야청청 진실을 부르짖는다. 마블 영화 속 히어로보다 못할 것도 없다. 그야말로 영웅이다. 문제는 막프로 양민혁 캐릭터와 실제 검사 간의 싱크로율이 아니다. 과연 동시대 대중에게 검사 한 명이 진실을 드러낸다는 해결책이 설득력 있게 전달될지, 진실한 검사의 영웅적 활약이 설득력 있을지 의구심이 드니 말이다.

대중에게 검사는 「더 킹」에 그려졌던 정우성이나 배성우의 모습에 더 가깝지 않을까? 국밥 한 그릇에 만족하고, 소주를 마시는 검사보다는 밀실에서 한 병에 2억 원이 넘는 술을 마시며 그것을 성공의 증거라 자위하는, 그런 모습이 국민의 정서 속 검사 모습에 더 가깝지는 않을까? 검사 한 사람이 세상을 바꾼다는 기대는 어쩌면 너무 순진한 판타지 아닐까 싶다. (2019)

고통과 영광 그리고 질병

질병이 도래한 시기에 영화를 이야기한다는 게 쉽지도, 편하지도 않다. 그러나 돌아보면 질병에 대한 가장 깊이 있는 성찰은 문학과 영화에 있어 왔다. 가브리엘 마르케스의『콜레라 시대의 사랑』이나 서머싯 몸의『인생의 베일』, 알베르 카뮈의『페스트』(1947) 같은 작품이 그렇다. 한편 늘 의아했던 것은 바로 질병과 사랑이다.『인생의 베일』처럼 말이다.

『인생의 베일』의 주인공인 부부는 콜레라의 창궐 가운데서 서로를 마침내 사랑하게 된다. 의사, 간호사로서 매일 죽음과 싸우며 두 사람은 삶의 진짜 의미를 깨달아 간다. 스스로에게 벌을 내리듯 창궐 지역을 자원한 남자는 그곳에서 결국 목숨을 잃는다. 역설적인 것은 사태의 원흉이자 불륜녀인 여자는 살아남는다는 것이다. 베일에 가린 듯 인생의 의미는 참 알기 어렵다.

인생을 어떤 단어로 요약할 수 있을까? 스페인 영화의 거장 페드로 알모도바르는 「페인 앤 글로리」(2019), 즉 '고통과 영광'으로 요약해 낸다. 주인공은 영화감독이다. 세계적으로 저명한 예술영화 감독인 그는 이곳저곳에서 초청받기도 하고, 진지한 행사의 주빈으로 초대받곤 한다. 하지만 지금 그는 온몸을 강타하는 다양한 질병과 그로 인한 고통으로 하루하루가 힘겹다. 너무 자주 사레에 들려 기침을 하고, 반복된 척추 수술로 행동도 부자연스러운 데다 통증이 여간 아니다. 수를 세는 게 힘들 정도로 많은 약을 매일 먹는 그는 신체를 급습한 다양한 고통의 지도로 자신의 삶을 설명한다.

이 고통은 단지 신체적인 것에서 끝나지 않는다. 사랑했지만 헤어져야만 했던 과거의 연인, 서로를 오해해서 상처만 준 채 다시 보지 않는 사이가 된 페르소나 배우 등 돌이킬 수 없는 실수가 그를 또 힘들게 한다. 육체의 고통이 심해질수록 그는 어린 시절과 젊은 때를 자꾸 회상한다. 자꾸 과거를 돌아보는 것이다.

감독 페드로 알모도바르는 이런 주인공의 삶을 고통과 영광의 시간이라 부른다. 고통도 있지만 영광도 있었다. 어쩌면 고통이란 살아 있기 때문에 느낄 수 있는 삶의 증거다. 가장 고통스러운 육체의 순간에 그는 몰랐던 기쁨을 발견한다. 감독의 자전적 인물처럼 보이는 주인공의 여정은 삶이란 그렇게 고통과 영광의 불협화음이라는 것을 보여 준다.

새롭게 해석된 고전으로 평가받는 영화 「작은 아씨들」(2020)에도 여지없이 질병과 고통 그리고 영광이 등장한다. 「작은 아씨들」은 '조'를 중심으로 한 네 인물의 성장기이자 일대기다. 영광의 측면에서 보자면 조는 작가로 데뷔하고 성공을 거두며 학교도 설립한다. 고통의 측면에서 조는 사랑하는 남자를 놓치고, 사랑하는 여동생을 잃는다.

중요한 것은 조의 인생이 영광과 고통의 순간으로 이분화되는 게 아니라는 것이다. 삶의 어디까지가 고통이고 어디서부터 영광인지 나눌 수는 없다. 그렇게 뒤섞여 있는 것, 그게 바로 인생이다.

천사처럼 착하고, 눈처럼 사랑스럽던 셋째 딸 베스는 아픈 이웃을 돌보다 성홍열에 감염된다. 어머니가 아버지를 간병하러 떠난 이후 다른 자매들이 아픈 하멜의 집에 방문하지 않자 베스가 혼자 나섰다가 감염된 것이다. 성홍열을 가까스로 이겨 냈지만 베스는 후유증을 견뎌 내지 못하고 결국 세상을 뜬다. 베스는 자매 중 가장 착한 소녀라서 오히려 가장 먼저 세상을 떠난다.

철학자 시몬 베유는 삶을 지배하는 힘으로 중력과 은총을 이야기했다. 지상의 욕망이 중력이라면 이상적이며 이념적인 구원이 은총이다. 그는 고귀한 덕이 욕망보다 약하다고 말한다. 내가 먹기 위해서 새벽부터 긴 줄을 설 수는 있지만 타인의 생명을 구하기 위해서 그렇게 하기는 힘들다. 질병에 시달리는 사람들에게 도움의 손길을 내밀고 직접 몸을 내어 행동하는 것은 본능이나 욕망에 어긋나는 것이다. 그만큼 힘들다는 이야기이기도 하다. 은총은 멀고 중력은 무겁지만 가깝다.

언어는 폭풍을 가라앉힐 힘이 없고, 자연은 칭호에 무관심하다는 테리 이글턴의 말처럼 폭풍처럼 닥친 질병의 재해를 언어로 가라앉힐 수는 없다. 그러나 언어가 중력이라면 행동은 은총일 테다.

중력을 거슬러 많은 의료진이 자원해서 힘든 곳으로 모이고 있다. 도움의 손길들도 하나둘씩 늘어난다. 쓸데없는 말의 혼란을 만드는 뉴스보다, 어떻게든 도움을 보태고자 하는 사람들의 행동이 더 의미 있다. 삶이 고통과 영광으로 이루어진 아이러니라면 코로나19가 덮친, 팬데믹의 지금, 우리는 고통의 시간을 지나고 있는 것이리라. (2020)

종말 그 이후

묵시록을 지칭하는 아포칼립스는 '폭로'라는 어원을 가지고 있다. 묵시록에는 언제나 세상의 끝, 종말이 등장한다. 전염병이 돌 수도 있고, 돌이킬 수 없는 전쟁이 일어나기도 하고 때로는 지진이나 화산 폭발 같은 자연재해가 발생하기도 한다. 종말과 함께 폭로되는 세상의 살풍경은 곧 신의 언어로 해석되기도 한다. 종말 역시도 신의 메시지라는 의미다. 종교적 언어가 세상을 지배할 땐, 종말은 말 그대로 끝이었다. 그러나 점점 사람들은 종말 그 이후를 상상하기 시작했다. 종말적 사건 후 살아남은 사람들의 이야기에 상상을 보태기 시작한 것이다. 리처드 매드슨의 『나는 전설이다』(1954)나 코맥 매카시의 소설 『로드』(2006) 같은 작품들이 바로 포스트 아포칼립스 서사다.

「부산행」 시점 4년 이후 나온 「반도」(2020) 역시 포스트 아포칼립스 서사다. 좀비가 창궐한 4년 전 대한민국이 일종의 종말론의 세계였다면 「반도」는 그날 이후다. 그렇다면 종말 그 이후의 삶은 어떨까? 포스트 아포칼립스 서사 중에 기념비적인 작품으로 여겨지는 「매드맥스: 분노의 도로」(2015, 이하 「매드맥스」)의 경우 물과 자원이 고갈된 미래 사회로 설정되어 있다. 임모탄이라 불리는 사이비 교주가 세상을 이끌고, 목적도 미래도 없는 젊은이들은 스스로를 산화하며 하루하루를 버틴다.

「매드맥스」는 어떤 신념에 맹목적으로 매달려 삶을 버티려는 젊은이들의 기형적 생존을 영화적으로 표현해 냈다. 묵시록적으로 상상한 미래라고는 하지만 그것이 보여 주는 진실은 바로 지금, 우리의 현실이다. 「매드맥스」에 묘사된 맹목성과 유희성, 폭력성은 우리의 현실과 닮은바가 많았다.

애당초 「부산행」이 한국에서 천만 명 이상의 관객을 동원할 수 있었던 동력에도 이 현실성이 있다. 좀비는 세상에 없고, 급속한 전염성을 가진 좀비 바이러스도 있을 리 없지만 부산행 KTX 객차에 올라탄 인간 군상들은 2016년 대한민국, 지금 여기의 압축이었다. 특히 눈길을 끈 것은 매우 평범한 중산층 시민으로 보였던 '권 상무'였다. 나름 대기업 상무라며 발언권을 주장하고 판단력을 앞세우던 그는 자기 하나 살아남기 위해 온갖 기회주의적 악행을 서슴지 않는다. 각자도생의 지옥이라곤 하지만 권 상무는 말 그대로 비윤리적이고 부도덕하게 이기적 선택만 일삼는다. 말하자면 그는 우리 사회 중산층 및 기득권층이 가진 이기심과 패륜성을 고스란히 보여 주는 캐릭터였다.

언제나 그렇듯 선은 전형적이고 악이 입체적이다. 묵시록이 세상을 보여 주는 만화경이라면 결국 그 세계는 동시대적 악을 통해 드러날 확률이 높다. 그렇다면 포스트 아포칼립스 서사인 「반도」에서 더 유심히 들여다봐야 할 것은 선이 아니라 악이다.

「반도」에도 악이 존재한다. 그런데 이 악인들은 관객이 예상 가능한 스펙트럼 안에 있다. 현실적이기보다 관념적인데, 이 악인들은 조제 사라마구의 『눈먼 자들의 도시』(1995)에 등장하는 생존자 무리나 「매드맥스」에 넘쳐 나던 기형적 생존자들과 닮아 있기도 하다. 우선 약육강식의 세상이란 점에서 짐작 가능하다. 여기에 하나 더 특이한 점이 있다면 이 생존자 무리가 성인, 남성으로만 이뤄진 집단이라는 사실이다. 성인 남성만으로 이뤄진 집단은 사실상 군대다. 아니나 다를까, 631부대로 통칭되는 생존자 무리는 군대처럼 운영되고 유지된다. 그래서인지 이 무리 안에는 아동도, 노인도, 여성도 없다. 이들은 이 부대로부터 동떨어진 세계, 또 다른 게토에 숨어 지낸다. 성인 남성 생존자들이 기약 없는 지옥 속에서 자기 파괴적 유희에 몰두하고 있다면 아이와 노인, 여성은 좀비와 군대로부터 숨는 이중의 도피 생활을 이어 간다.

「부산행」의 적이 질주하는 좀비였다면, 「반도」의 적은 좀비가 아닌 살아남은 자들이다. 철도의 직선성과 고속열차의 가속성 위에 「부산행」이 종말을 향해 질주하는 힘을 가졌다면, 「반도」의 생존자들은 최종 도착지도 예정 시각도 없이 주어진 시간 앞에 늘어져 있다.

좀비와 공생하며 살아가는 「반도」의 인물들에게서 정말 두려운 것은 하릴없는 시간과 희망 없는 생존이다. 이질적 침략자보다 내부의 생존자들이 더 무서운 세계, 희망 없는 미래가 문 밖의 좀비보다 더 무서운 현실. 좀비가 창궐하는 「반도」의 풍경보다 서로의 존재가 더 야만적이고 폭력적이라면 그건 미래가 아닌 현실이 더 문제적이라는 이야기일 수도 있다. 좀비가 창궐한 「반도」보다 지금 여기, 우리의 삶이 더 복잡하고 답답하다. (2020)

아파트 그리고 서울

유하 감독의 「강남 1970」(2015)은 강남 개발이 시작되던 시절, 땅과 돈 그리고 욕망을 그리고 있다. 허허벌판, 백사장이 금싸라기 땅으로 바뀌는 동안 누군가의 욕망은 돈으로 환전되었다. 개발독재, 개발행정이라는 말이 일반화된 만큼 영화 속에서 개발은 곧 폭력과 협잡의 결과물이다. 영화 「아수라」의 가상 인물인 악덕 시장 박성배의 모습이나 용역 깡패들과 손을 잡은 부패 검사 우종길이 등장하는 「검사외전」(2016)에서도, 땅은 늘 일그러진 욕망의 종착점이었다.

1960년대 이후 약 20년간을 휩쓸었던 개발독재의 잔상은 영화 속 미장센으로 남아 있다. 영화 「오아시스」(2002)에서 종두가 달리던 청계고가도로, 야한 비디오테이프 공급처였던 「품행제로」(2002) 속 세운상가도 어느새 고증의 자료가 되어 버렸다. 서울은 정말이지 너무도 빨리 변해 간다.

난개발 하면 떠오르는 가장 중요한 역사적 사건 중 하나는 삼풍백화점 붕괴다. 1995년 발생한 이 사건은 다양한 영화와 소설, 드라마를 통해 환기되곤 했다. 성수대교가 무너졌다는 뉴스에 놀랐던 「타짜」의 고니는 다음 해 서울에서 백화점이 무너졌을 땐 더 이상 놀라지 않는다. 황석영은 『강남몽』(2010)에서 이 사고를 다뤘고 정이현은 소설 「삼풍백화점」*으로 참사를 재구성했다. 김대승 감독의 「가을로」(2006)의 멜로드라마적 장애물도 삼풍백화점이었다.

세월이 흘러 어느새 25년이 지나 버린 삼풍백화점 사고의 맨얼굴은 전주국제영화제에서 장기 상영했던 「KBS 다큐 인사이트—아카이브 프로젝트 모던코리아」(이하 「모던코리아」, 2020)에 고스란히 드러난다. 공영방송인 KBS에는 로 필름(raw film)을 포함한 방대한 아카이브가 보존되어 있다.

「모던코리아」는 1970년대 말부터 1980년대까지의 기록물들을 뒤져, 경제적 부강을 이유로 묵인되었던 시절의 부조리를 지금의 관점에서 재구성하고 있다. 김우중의 세계 경영, 사교육 열풍 등을 보다 보면 한 가지 처참한 사실을 알게 된다. 각기 다른 이야기들이지만 결국 개발독재의 무참한 손길이 모든 비극 아래 자리 잡고 있다는 것 말이다.

각하님 보기 좋은 서울을 만들기 위해 아파트를 대량 공급하기 시작한 것은 불도저라고 불렸던 김현옥 시장 때였다. 그는 1966년부터 1970년까지 4년 동안 서울을 레고 블록처럼 쌓고 허물며 마음대로 주물렀다. 그가 1969년부터 3년간 지은 아파트는 2000동, 10만 호에 이른다.

그가 서울시장에서 물러난 이유 역시 공격적 난개발 때문이었다. 김현옥은 1970년 4월 8일 오전 6시 40분에 발생했던 와우아파트 붕괴 사고 때문에 시장직에서 물러난다. 와우아파트는 고작 준공 4개월 만에 무너졌다.

삼풍백화점도 김현옥 시장과 관련이 깊다. 김현옥 시장이 밀어붙였던 을지로 상가 건설에 시장과 군에서의 인연을 빌미로 삼풍이 들어왔고, 이를 바탕으로 강남 서초구 군용지를 불하받아 그 땅에 삼풍아파트와 삼풍백화점을 세웠다. 중앙정보부의 인맥이 502명의 사상

---

* 정이현, 『오늘의 거짓말』(문학과지성사, 2007).

자를 만들어 낸 1995년 사건의 바닥에 깔려 있는 것이다.

여의도, 용산, 영동 등을 개발하기 시작했던 김현옥이 머릿속에 둔 서울의 최대 인구수는 500만이었다. 김승옥의 소설을 원작으로 한 영화 「야행」(1977)의 주인공은 지금의 반포지구로 짐작되는 단층 아파트에 산다. 은행에 근무하는 올드미스, 자유분방한 싱글 라이프를 사는 그녀는 사내 비밀 연애 중인 동료와 동거 중이다. 「겨울 여자」(1977)의 세련된 이혼남이 사는 공간도 아파트다. 1970년대 영화에서 아파트는 현실의 주거 공간이 아니라 욕망과 환상의 공간이다.

500만도 많다던 서울에 천만이나 몰려들어 살게 된 것도 아파트 덕분이거나 아파트 때문이다. 서울은 50년 전이나 지금이나 그렇게 늘 만원이고 욕망은 아파트에 쌓인다. 「기생충」(2020)의 희비극 역시 주거 안정의 욕망에서 비롯되지 않았던가? 누군가에겐 자산이지만 누군가에게는 삶의 기본적 터전인 집, 아파트. 그걸 단순히 개인의 욕망에만 맡길 수는 없는 노릇이다. (2020)

다시 쓰는, 여성 서사

또 다른 10년

영화 「미스틱 리버」(2003)에는 25년의 시간이 흐른다. 두 개의 사건, 세 명의 친구 그리고 25년 후 일어난 한 여성의 사건. 세 명의 친구는 25년 전의 사건을 기억하지만 아무도 발설하지 않는다. 함께 놀던 셋 중 한 명이 납치되어 아동 성폭행범에게 몹쓸 일을 당했기 때문이다. 셋 중 둘은 마수를 벗어났지만, 한 명은 사건 당사자, 피해자가 되었다. 우연이었다. 셋 중 그 누구든 피해자가 될 수 있었다. 마치 전쟁터처럼, 우연히. 사고로부터 생존한 데이브를 두 친구는 반기지 못한다. 데이브는 결국 껄끄러운 존재가 되어 버린다.

사실 이 글은 「미스틱 리버」에 대한 것이 아니다. 이건 성폭력에 대한 글이다. 쓰기 전에 무척 힘들었고, 쓰는 동안도 쉽지는 않았다. 한국 영화로 예를 들자니, 한국에서 이 문제를 제대로 다룬 작품이 아직 없다는 게 내 생각이다.

「도가니」는 실화를 소재로 했고, 실제 현실 사회에 영향력도 미쳤다. 그러나 적어도 내가 보기엔 실수도 했다. 아동 성폭행 장면을 굳이 영상 장면으로 연출할 필요는 없었기 때문이다.

이준익 감독의 「소원」(2013)은 성폭력 재현에 있어 분명 한 걸음 더 나아갔다. 혹여나 볼거리가 되지 않도록 세심히, 면밀히 살폈기 때문이다. 하지만 「소원」은 오늘 여기서 이야기하고자 하는 성폭력 문제와는 조금 다른 국면이다.

지금 이야기하고 싶은 성폭력은 심석희 선수와 신유용 선수가 겪었던, 그런 성폭력 문제다. 한때 소설가가 되고, 시인이 되고 싶었던 여고생들을 유인하고 유린했던 그런 사람들의 문제처럼. 체육계, 문단, 영화계에 오랜 시간 덮여 있던, 고질적 성폭력 문제 말이다.

대만 작가 린이한의 작품 『팡쓰치의 첫사랑 낙원』을 다시 읽은 이유도 여기에 있다. 이 소설에는 아직 우리가 영화나 소설로 제대로 다루지 못했던, 그루밍 성범죄와 위계에 의한 성폭력 문제가 고스란히 드러나 있다.

여고생 팡쓰치는 글쓰기 선생에게 강간을 당한다. 팡쓰치는 리궈화 선생을 좋아했다. 그 '좋아함'은 여고생이 선생님을 향해 갖는 순정 어린 존경이었다. 하지만 리궈화는 그 '좋아함'을 마음대로 해석해 유린한다. "이건 선생님이 널 사랑하는 방식이야. 알아듣겠니?"*라면서 말이다.

리궈화 선생이 팡쓰치에게 처음 폭력을 가했을 때, 가슴 아프게도 팡쓰치는 '죄송하다'고 말한다. 할 줄 모르는 게, 마치 숙제를 잘하지 못한 기분이었기 때문이다. 안타깝게도 성폭력의 희생자였던 소녀는 자책부터 한다. 그리고 그녀는 선생님이 자신을 사랑하는 것이라고 굳게 믿으려 한다. 그렇게라도 하지 않으면, 어린 소녀는 정말이지 스스로 너무 작아지고 말기 때문이다.

하지만 그녀는 견딜 수 없었다. 소설 속 팡쓰치는 결국 정신을 놓았고, 정신병원에 입원한다. 그녀가 당했던 폭력이 드러났을 때, 팡쓰치의 부모는 이사를 해서 지인들의 시선으로부터 도망간다. 아무것도 해결하지 않은 채 도망가는 게 최고인 것처럼.

---

* 린이한, 허유영 옮김, 『팡쓰치의 첫사랑 낙원』(비채, 2018).

소설 『팡쓰치의 첫사랑 낙원』의 제목은 사실상 반어법이다. 팡쓰치의 첫사랑은 지옥이었다. 아니 거기엔 아예 사랑이 없다. 사랑이라는 거짓말로 꾸며진 폭력만 있었을 뿐. 더욱 문제적인 것은 이 책을 쓴 린이한 작가가 소설 내용의 진위와 관련성에 대해 끊임없이 질문을 받았다는 점이다.

린이한 작가는 직접 들은 내용이지만 자신의 경험은 아니라고 부인했다. 하지만 출판된 지 3개월 후 린이한 작가는 스스로 목숨을 끊었다. 린이한의 부모는 소설 속 팡쓰치가 사실 자신의 딸임을 뒤늦게 밝혔다. 그러니까 가해자 리궈화는 허구적 인물이 아니라 린이한의 죽음 이후에도 학생들을 가르치며 선생 노릇을 하던 실존 인물이었던 것이다. 그렇다면 과연 리궈화 선생은 현실의 법을 통해 단죄를 받았을까? 안타깝게도 현실의 리궈화 선생은 아무런 책임도 지지 않았다. 법적으로 그는 무죄였다. 소설 속 팡쓰치는 생존해 냈지만 현실의 린이한은 자살했다. 늘 그렇듯이 현실은 언제나 소설보다 더 가혹하고 지독하다.

소설을 읽으며 끔찍했던 문장이 있다. "자신을 우상으로 여기는 여학생을 강간하는 것이 그녀를 붙들어 둘 수 있는 가장 빠른 길이다."* 리궈화가 자신이 강간했던 여학생들의 숫자를 헤아리면서 하는 말이다.

이 문장은 "선수 장악은 성관계가 주 방법"이라던 한 체육계 인사의 말과 꼭 닮아 있다. 게다가 이 경악할 발언은 이미 2008년, 10년도 전에 KBS 시사 기획 「쌈」에서 들춰졌던 말이기도 하다. 벌써 오래전 이런 일이 세상에 터져 나왔지만 그 10년 사이에 또다시 피해자가 발

---

* 같은 책.

생했다. 달라지지 않았던 것이다.

「미스틱 리버」의 데이브는 25년이 지난 후에야 용기를 낸다. 25년 전 자신이 끌려갔을 때는 아무것도 할 수 없었지만 적어도 어른이 되고 나선 뭔가 행동을 해야 한다고 여겼기 때문이다. 데이브는 강간 위기의 소녀를 구하기 위해 용기를 낸다. 우연히 피해자가 되었던 데이브는 의지와 필연으로 누군가를 구한다.

『팡쓰치의 첫사랑 낙원』의 작가 린이한은 자신을 곧잘 아우슈비츠 생존자와 비유하곤 했다. 성폭력에서 살아남는 것은 곧 아우슈비츠와 같은 충격으로부터의 생존과 다르지 않다고 여겼기 때문이다. "외상 후 스트레스 장애의 증상 중 하나가 바로 피해를 당하고도 자책하고 죄책감을 느끼는 것"이라고 작가는 말한다.

자책과 죄책감은 느껴야 할 사람에게 돌려줘야 한다. 적어도 앞으로 다가올 10년 후에는 더 이상 조재범 같은 사람들이 없도록. 시선을 돌리지 않고 주목을 놓쳐서는 안 된다. 운에 맡겨선 안 되는 문제, 그러므로 우리에게도 책임은 있다. (2019)

그 남자는 가짜다

여성을 혐오하는 남자들은 여자를 좋아한다. 우에노 지즈코의 책 『여성 혐오를 혐오한다』(2010)는 이런 문장으로 시작된다. 여성 혐오자들이 여자를 좋아한다는 건 언뜻 모순으로 보이지만 사실 여성 혐오의 핵심이다. 여기서 '여자'는 성적 대상이자 기호로서의 여성이다. 우에노 지즈코의 말처럼 심지어 여장 남자가 '미니스커트'를 입고 있어도 무조건 반응하는, 파블로프의 조건반사 실험처럼. 여자라는 기호에 반응하는 여성 혐오적 호색한이 많은 것이다.

최근 한국 영화를 보고 있노라면 여자라는 기호는 있지만 여성은 거의 없다. 말장난이 아니다. 존엄성과 비중을 가진 여성 캐릭터가 매우 드물기 때문이다. 물리적 숫자로 따진다 해도, 한국 영화 속 여성 캐릭터는 무척 적다. 하지만 더 중요한 건 등장하는 여성의 역할이다. 여자들이 등장하긴 하지만 그건 여성이 아니라 기호일 뿐이다.

고백하자면 박훈정 감독의 「브이아이피」의 일부 에피소드는 끝까지 두 눈 뜨고 볼 수가 없었다. 일명 VIP가 북한에서 저질렀던 만행을 '추억'하는 장면 말이다. 코스모스 길을 걷던 여학생이 처참한 사체로 발견된다. 여학생이 사체가 되기까지의 과정을 영화는 친절하게 재현의 무대에 올린다. 눈물이 가득 고인 여학생의 눈에서 빠져나온 카메라는 여학생의 채 영글지 못한 유두를 비추고, 마침내 VIP의 시선에 고정된 채 와이어에 목이 감겨 고통에 신음하는 여학생의 얼굴을 스크린 가득 담아낸다.

이미 소녀는 죽었다. 소녀가 사체로 변하는 과정을 담아낸 건 감독 박훈정의 선택이다. 그러니까 그 장면은 필연적 정보가 아니라 과잉의 수식이다. 영화의 마지막 장면에서 굳이 'VIP'의 잘린 목을 등장시키지 않은 것과는 대조적이다. 카메라는 여학생의 풀려 가는 동공을 클로즈업해 관객에게 보여 준다. 마치, 사이코패스 살인마가 좋아하는 게 바로 이런 거라는 식으로 말이다.

이쯤에서 한 가지 질문을 던지고 싶다. 이 장면이 추구하는 감정이란 과연 어떤 것일까? 분노라는 대답은 이미 지나치게 마초적이다. 많은 여성 관객들은, 적어도 나는 그 장면에서 분노보다 먼저 공포를 느낀다. 남성 관객들 중에 그 장면을 보면서 공포를 느끼는 사람이 있을까? 대개의 여성 대상 범죄가 우연히, 하필 살인마나 성폭행범이 있는 그곳을 지나다 보니, 운이 없어서 발생하는 것이라는 점 때문에 더 공포스럽다. 영화 속의 소녀가 우연히 피해자가 되었듯이 자신의 의지나 선택과 무관하게 피해자가 될 수 있다. 누구나, 여자라는 이유로. 과연 박훈정 감독은 그 장면에서 많은 여성 관객들이 공포를 느낄 수 있다는 것을 계산했는지 묻고 싶다. 그랬다면 왜 공포를 주고 싶었는지도 말이다. 공포가 본능적 위협이라면 분노는 학습된 감정이다.

영화 「브이아이피」를 두고 벌어지는 논쟁은 사실 500만 관객을 동원한 「청년경찰」(2017)에서도 있었다. 「브이아이피」에 잔혹하게 난자당한 여성 피해자들이 등장한다면, 「청년경찰」에는 난자를 착취당하는 10대 여성들이 등장한다.

「청년경찰」 역시도 여성을 도구화했다거나 여성 혐오적 측면이 있다는 비판을 받았다. 그런데 이런 논쟁이 시작되면 언제나 되돌아오는 말들이 있다. 너무 민감하다, 선비냐 같은 비아냥 말이다. 그리고 이런 반론도 있다. '영화가 끔찍한 게 아니라 현실의 범죄는 더 잔혹하고 끔찍하다.', '영화가 왜곡한 게 아니라 현실이 엉망이다.'와 같은 논리 말이다. 맞다. 하지만 실제 여성을 대상으로 한 범죄가 많다는 사실과 그것을 영화적 소재로 재현하는 문제는 다르다.

무엇보다 이렇듯 학대받거나 고통받는 여성이 영화적으로 남자 주인공들의 자아 정체성 확립이나 남성성의 근거로 쓰이는 경우가 많다는 점이다. 「브이아이피」나 「청년경찰」의 주인공들은 여성 피해자를 도구로 '정의'를 구현하고 진짜 '남자'로 성장한다. 「청년경찰」의 어리바리한 청년들은 여성 피해자를 구출함으로써 진짜 경찰로 성장하고, 박훈정 감독의 말마따나 '벼랑에 매달려 있는' 영화 「브이아이피」 속 남자들은 여성 피해자들을 빌미로 정의로운 남자로 거듭난다.

권력의 먹이사슬에서 눈치만 보던 남자가 마지막 순간 정의의 재판관으로 등장하는 것도 그런 점에서 의미심장하다. 심지어 성적 기능에 문제가 있는 것으로 설정된 악의 주체는 어떤가? 그러니까 '진짜 남자'가 신체적으로 문제가 있는 '가짜 남자'를 벌하는 것, 철저한 남성성의 환상 속에 영화 「브이아이피」가 놓여 있는 셈이다.

한국 영화는 그동안 놀랄 만큼의 외적 성장을 이룩했다. 연간 관객 동원수가 2억 명을 넘었고, 천만 관객 이상 보는 대형 흥행 영화가 매년 꼬박꼬박 등장했다. 이런 한국 영화계의 성장세는 매우 놀랍지만 한편 급속한 경제성장의 역사처럼 그 성과가 너무 숫자에만 치우쳐 있음은 부인하기 어렵다.

영화 「도가니」에 군이 아동 성폭행 장면을 연출해야 했는지, 「브이아이피」에서 살해 과정을 고스란히 재현해야 했는지 분명히 물어 마땅하다. 옷을 벗고 체모가 나와야만 외설이 아니다. 진짜 외설은 폭력이다. 조르주 바타유의 말처럼 폭력이야말로 최후의 외설이다. 참혹

한 여성 피해자에 의존해서야 겨우 진짜 남자로 성장하는 남자, 그 남자는 가짜다. (2017)

그는 상습범이다

"저랑 한잔 더 하실래요?" "조개를 참 좋아하나 봐요. 난 다른 조개 먹고 싶은데." "저기 가서 키스만 하고 갈래요?" 만약 처음 만난 남자가 여자에게 이런 말을 한다면, 그건 대체 어떤 상황일까? 게다가 그 남자와 여자가 직무상 상하 관계에 놓인 입장이라면 말이다. 남자는 교사고, 여자는 그에게 평가를 받는 교생이다. 2005년 개봉한 영화 「연애의 목적」에 대한 이야기다.

한재림 감독의 「연애의 목적」의 앞부분을 보자면, 모든 게 뻔하다. 다른 교생들보다 조금 나이가 많은 여자 교생이 있다. 게다가 예쁘다. 그녀를 담당하게 된 교사는 우선 술 한잔하자고 권해 보지만 거절당한다. 하지만 어떤 조직이든 우리나라엔 '회식'이라는 문화가 있다. 드디어 첫 번째 회식이다. 회식 자리에서 일찍 그 교생이 자리를 뜨자, 늦더라도 다시 돌아와 달라고 교사가 부탁한다. 교생이 돌아왔을 때, 마침 사람들은 없었고 남자 교사는 다시 권한다. "저랑 한잔 더 하실래요?"

남자 교사의 집요하고도 이상한 부탁에, 최홍 교생은 "여자 친구 사랑하세요?", "이 선생님, 앞으로 제 얼굴 어떻게 보려고 이러세요?" 라며 얼굴을 찌푸린다. 그래도 최홍은 대개의 여교생들보다 한두 살 많은 언니답게 단호하고 능숙하게 거절한다. 여성의 사회생활에서 중요한 항목 중 하나가 회식 자리에서의 방어이니 말이다. 하지만 이유림 선생은 집요하다. 끊임없이 요구하고 따라붙고 집을 찾아가고, 심지어 방에 침입한다.

「연애의 목적」이 개봉했을 때에도 이 영화는 꽤나 당혹스러운 작품이었다. 제목이 「연애의 목적」이지만 마치 성추행의 추억 같으니 말이다. 2018년, 13년이 지나 다시 이 영화를 보니 정말이지 성추행의 알고리즘을 거의 고스란히 재현하는 듯하다. 첫 번째 회식 자리, 게다가 거절할 의사는 있지만 거절할 권리가 없는 사회 초년병 여성을 겨냥한 무례하고도 폭력적인 언어들까지 말이다.

최영미 시인의 시 「괴물」을 두고 또 한번 이 사회가 요동쳤다. 2016년 이미 한차례 '#문단 내 성폭력'이 지나갔지만 이번엔 좀 다르다. 당시 폭로된 사건들이 구체적인 성폭행을 동반한 형사적인 문제에 집중되어 있었다면 이번엔 추행과 희롱에 대한 문제다. 이쯤 되니 비단 문단의 문제가 아니다. 사실 이건 문단이라는 그나마 독립적이고, 용기 있는 집단에서 터져 나온 하나의 실증 사례일 뿐이다.

적어도 최영미 시인은 스스로 문단 밖에 있다고 말할 수 있고, 또 문단 밖에서도 자신의 이름으로 떳떳하게 설 수 있는 여성이다. 그래서 고백할 수 있었으리라 본다. 그러니까 여전히 말하지도, 고백하지도 못하는 여성들이 수없이 많다. 이건 어떤 개인과 개인의 문제가 아니라 사회 초년병 여성과 권력을 가진 기득권의 문제다. 법조계, 의료계, 학계 심지어 교육의 공간에 이르기까지, "저랑 한잔 더 하실래요?"로 시작되는 첫 번째 회식의 공포가 우리 사회 곳곳에 가득 차 있다. 아니라고 부인할 수가 없다. 그게 더 심각한 문제다.

꽤나 자유롭고 여성 인권이 높다고 여겨지는 미국에서도 이제 겨우 미투(Me Too) 캠페인이 시작되었다. 할리우드 영화제작자 하비 와인스타인에 대한 여성 연기자들의 고백은 고통스러운 항거였다. 결코 쉽지 않은 선택이었을 것이다.

2005년 당시에도 「연애의 목적」을 두고 당혹스럽다는 반응은 있었지만 사회적 권력 관계와 성적 폭력성의 상관관계로 읽는 경우는 드물었다. 그건 둔감했기 때문이다. 고통이나 불편함을 느끼지 못한다는 것 그 자체가 더 문제다. 리베카 솔닛이 『멀고도 가까운』에서 말했듯이 무감각은 자아를 위축시키고, 우리가 그런 사회의 일부라는 것을 잊게 한다. 고통을 느끼지 못하는 신체 부위는 죽은 신체밖에 없다.

최영미 시인이 성추행을 고발하면서, 거듭 '부드러운 거절'을 강조한 것이 너무도 아프게 다가오는 이유도 여기에 있다. 최영미가 김소월의 시 「나는 세상 모르고 살았노라」의 한 부분을 암송하며, "나는 세상 모르고 살았노라/ 고락에 겨운 입술로는/ 같은 말도 조금 더 영리하게/ 말하게도 지금은 되었건만/ 오히려 세상 모르고 살았으면!"이라고 할 때, 이 목소리에는 후회와 절규, 고통과 회한이 뒤섞여 있다. 그동안 우리 사회는 무례한 요구와 폭력적 언어의 부당함에 대한 사회적 고발이 아니라 그것을 거절하는 또 다른 에티켓을 여성에게 요구해 왔다. 거절의 예의라니, 폭력을 거절할 때조차 예의를 갖춰야 한다니.

홍상수의 초기작 「오! 수정」(2000)이나 「강원도의 힘」(1998)을 보면, 여성과 하룻밤을 갈구하는 철부지 지식인들이 잔뜩 등장한다. 임신중절 후 채 아물지 않은 여제자의 몸을 파고드는 「강원도의 힘」 속 대학 강사나 "그만 뚝" 호통을 듣고 나서야 멀찍이 떨어지는 「극장전」(2005)의 남자 주인공을 보면, 왜 그렇게 많은 지식인 남성들이 홍상수 영화를 보며 감정이입을 하고 공감을 했는지 새삼 고개가 끄덕여지기도 한다. 아마도 많은 남성 권력자, 지식인은 「연애의 목적」 속 이유림처럼 억울하고 답답할 것이다. 여성의 피해에는 전혀 공감되지 않고 남성의 입장에만 전폭적으로 이입이 된다면 말이다. 호의였고 격려였는데, 오해가 생겼고 운이 나빴다고들 말한다. 구차한 변명이다. 그들은 상습범이다. (2018)

그녀는 이해받고 싶다

우리는 이해할 수 없을 때 용서한다고 말한다. 이해하면 용서할 필요도 없는 것이다. 파티에 다녀온 남편이 어떤 아가씨를 데려다주는 길에 함께 자고 왔다고 말한다. 아내는 그런 남편을 용서해 주었다고 말한다. 그러면서 덧보탠다. 용서는 자신이 이해할 수 없는 일에 대해 하는 것이라고, 진짜 이해했다면 용서라는 말이 필요 없다고 말이다.

아이 넷을 키우고 있는 아내 수전은 가정을 유지하는 일이 '지성적'인 판단이라고 여기기 때문에 남편을 이해하지 못하지만 용서한다. 눈치챘다시피 용서로 지탱이 되는 이 가정은 이미 균열되어 있다. 도리스 레싱의 소설 『19호실로 가다』(1994)의 가정 말이다.

20대 후반에 결혼한 수전은 꽤나 합리적인 판단으로 결혼을 하고, 전원주택으로 이사해 네 명의 아이를 낳았다. 모두 계획한 대로였다. 단조로운 생활을 하게 될 것도 알았다. 하지만 안다고 해서 두렵거나 힘들지 않다는 의미는 아니다. 수전은 자신의 삶이 자기 꼬리를 문 뱀과 같다고 말한다. 그러니까 결혼을 하고, 아이를 낳고, 가정을 유지하는 게 원하던 일이었지만 그것을 유지하기가 보통 어려운 게 아니다. 막내가 제법 큰 이후엔 자기만의 방을 찾을 수 있으리라 기대했다. 하지만 그마저도 쉽지 않다. 집 안에 엄마의 방을 만들었지만, 수전은 그 방에서 하루 종일 아이들이 내일 입을 옷, 먹을거리, 일과를 설계하느라 쉴 틈이 없다. 혼자 있지만 결코 혼자가 아니다. 그래서 그녀는 호텔 19호실을 빌린다. 그리고 드디어 그곳에서 혼자가 된다. 누구의 어머니, 누군가의 아내, 누군가의 친구가 아닌 익명의 존재가 된 것이다.

결혼을 하고, 출산을 하고, 육아를 하다 보면 나 자신을 잃고 산다고들 말한다. 영화 「툴리」(2018)에서 만나게 되는 여자 마를로도 그런 인물 중 하나다. 1남 1녀의 어머니인 그녀는 현재 만삭이다. 지금은 막내지만 곧 둘째가 되어야 할 아들은 좀 특별하다. 지나치게 예민한 아들은 정서적 문제가 있는 것처럼 보인다. 이런 와중에 셋째가 태어나고, 마를로는 말 그대로 독박 육아에 시달린다. 시도 때도 없이 보채는 아이 때문에 정신이 반쯤 나가 있고, 그 와중에 두 아이의 식사와 등교, 준비물도 챙겨야 한다. 남편은 집에 돌아오면 이어폰을 낀 채 게임에 열중하지만 그렇다고 그렇게 나쁜 남편도 아니다. 아니, 그냥 평범한 남편의 모습이라는 게 문제다. 내가 젖이 나온다면 야간 수유라도 대신 할 텐데, 라며 하나 마나 한 말을 위로랍시고 던지는 모습 말이다.

그때 밤에만 아이를 돌봐 주는 도우미 툴리가 나타난다. 자신의 아이처럼 아이를 어르고 달래는 툴리 덕분에 마를로는 정말이지 너무나 오랜만에 깊은 잠을 잔다. 쉬는 것처럼 쉬니 기운이 나서 아이들 간식도 챙겨 주고, 주변 사람들에게 따뜻한 말을 건넬 여유도 생긴다. 무엇보다 자기 자신을 챙기고 돌아보게 된다. 야간 보모 툴리는 마를로를 찾아 온 첫날 밤, 나는 아이가 아니라 바로 당신을 돌보기 위해서 왔어요, 라고 말한다. 그렇다. 보모가 돌보는 건 아이가 아니라 사실 엄마다.

엄마 마를로에게 '아이들은 금세 크니 잠시만 견디세요.'라고 말하는 사람들이 있을지도 모르겠다. 하지만 도리스 레싱의 소설에 등장하는 수전을 보노라면, 그건 시간이 해결해 줄 문제만은 아닌 듯싶다. 미친 듯 체력을 불태우며 수유기를 지나 학교에 갈 정도로 아이를 키우고 나면 과연 '나'가 돌아올까? 아이들로 북적이던 시간이 고스란히 나의 것이 되어 줄까? 도리스 레싱이나 오정희의 소설을 읽다 보면 대답은 부정일 듯싶다.

오정희의 소설 「옛우물」에도 사는 집에서 좀 떨어진 빙에서 자기만의 짬을 갖는 중년 여성이 등장한다. 마흔다섯 살 생일을 맞게 된 여성은 집에서 떨어진 예성 아파트에 가서 곧 허물어질 연당집을 내려다본다. 바보 아홉 명, 당상관 다섯 명이 태어났다는 연당집은 바로 그것을 내려다보고 있는 여자의 내면, 젊음과 욕망의 결과물일 테다. 젊음과 욕망은 바보 같은 짓 아홉 개를 만들어 내기도 하지만 당상관처럼 자랑스러운 결과도 다섯쯤은 만들어 낸다. 그렇게 깊은 내면은 나만 혼자 있을 수 있는 공간, 예성 아파트에 가서야 보인다. 19호실에 가야만 볼 수 있는 자기 자신이 있는 것이다.

영화 「툴리」의 결말에는 반전이 숨어 있다. 그 반전을 보고 있노라면, 결국 출산과 육아, 결혼과 가정을 유지하는 과정에서 가장 상처 입는 것은 엄마, 아내가 아니라 본래의 자아임을 알 수 있다. 툴리는 힘들어하는 마를로에게 지금 당신의 모습은 아주 어린 시절부터 꿈꿔 왔던 미래의 모습이 아니냐고 묻는다. 둔감하지만 착한 남편, 귀여운 세 남매. 브루클린의 옥탑방에 세 들어 살 땐, 그토록 간절히 꿈꾸었던 미래의 모습이 바로 지금 아니냐고 말이다. 그럼에도 불구하고 엄마와 아내에게 19호실과 예성 아파트는 필요하다. 수식어를 다 뗀, 익명의 존재가 되어 나만 들여다볼 수 있는 공간. 이 공간은 단순히 물질적인 것만을 의미하는 것은 아니다.

마트료시카 인형처럼 나를 벗기고 벗겨 마침내 드러나는 작은 나,

50대에서 40대, 30대, 20대, 10대의 나. 마침내 아무것도 아닌 나와 만나는 과정. 마를로나 수전과 같은 여성들에게 필요한 것은 침묵이나 무관심, 용서가 아니라 이해다.

그녀에게는 다만 이해가 필요할 뿐이다. (2018)

세 여자

신데렐라는 어떻게 태어날까? 우선 믿어야 한다. 호박을 마차로 바꾸어 주고, 재투성이 옷을 화려한 드레스로 바꿔 준다는 요정 할머니의 말을 믿어야 한다. 순결하고 착하게 살아간다면 정의롭고 멋진 왕자님이 나타나 구원해 준다는 어머니의 말도 믿어야 한다. 이 순진한 믿음의 세계가 더러운 현실과 만나지 않을 때, 진공상태의 스노볼 안에서 신데렐라는 공주가 될 수 있다. 아니, 왕비로 신분 상승할 수 있다. 하지만 신데렐라 이야기는 동화다. 동화의 세계는 현실의 공기에 닿는 순간 바로 변질되고 만다. 현실의 여자들을 보면 그렇다. 그녀들은 믿기 때문에 현실적 고통에서 벗어나는 게 아니라, 믿기 때문에 나락에 빠진다. 「무뢰한」(2014)의 김혜경, 「은밀한 유혹」(2014)의 지연을 보며 신데렐라의 허구를 다시금 깨닫게 된다.

「무뢰한」의 주인공 김혜경은 과거 텐프로로 활약한 화류계 여성이다. 워낙 그 세계를 주름잡다 보니 꽤 많은 돈을 벌었다. 하지만 지금 그녀는 거의 무일푼이다. 왕년의 기억에 기대 수도권 변두리 단란주점 새끼마담으로, 그녀는 거우거우 살아간다. 주식으로 날렸다, 라는 간략한 설명이 덧붙지만 영화를 보다 보면 그녀를 망하게 한 게 비단 주식만은 아니라는 것을 알 수 있다. 잘나가던 그녀의 주머니를 턴 것은 다름 아닌 남자다. 그녀를 도망자 신세로 전락시킨 것도 남자다. 심지어 남자는 그 지방 변두리 단란주점에 '그녀'를 담보로 맡기고 빚까지 얻어 갔다. 그러니까, 김혜경은 남자 때문에 빈털터리에 도망자 신세가 된 것이다.

가망 없는 말인 게 뻔한데도, 김혜경은 남자의 말을 믿는다. 너를 담보로 맡겨서 미안하다면서 남자는 도피 자금 삼천만 원을 요구한다. 달콤한 말도 곁들인다. 우리 이 땅을 벗어나서 둘이 행복하게 살자, 라고. 김혜경은 그 달콤한 유토피아를 믿으며, 또다시 돈을 구하러 나선다. 김혜경은 또 어디서, 어떻게 왔는지 알 수 없는 영업부장의 말도 믿는다. 남자 박준길과 교도소 동기라는 형사 정재곤의 거짓말을 곧이곧대로 믿는다.

이 믿음이 김혜경에게서 소중한 것들을 모두 빼앗는다. 애인 박준길은 그녀에게 남은 여분의 젊음과 여성미를 돈으로 환산해 도망가 버린다. 그럼에도 불구하고 준길을 살리고 싶은 그녀는 곁을 맴도는 또 다른 남자 정재곤을 믿어 보지만 그 역시 범인을 잡고 싶어 위장한 형사에 불과하다. 박준길은 김혜경에게 다른 현실을 약속하고, 정재곤은 김혜경에게 행복의 도구를 약속한다. 하지만 약속을 믿은 김혜경에게 돌아오는 것은 그 전보다 더 지독한 나락이다.

「은밀한 유혹」의 지연 역시 위기에 처해 있다. 동업자가 사업 자금을 들고 도망간 데다, 심지어 그녀 이름으로 사채까지 빌려 썼다. 매일 독촉과 위협에 시달리는 지연에게 한 남자가 달콤한 제안을 한다. 마카오 카지노 반 이상을 가진 회장의 아들인 그는 말 그대로 왕자님이다. 그가 인터뷰를 위해 지연을 불러들인 펜트하우스는 동화 속 왕자님의 성과 다를 바 없다. 왕자님은 성의 안주인이 될 수 있는 방법을 알려 준다. 이제 지긋지긋한 재투성이 여자에서 벗어나 왕비가 될 수 있는 길이 생긴 것이다. 그것도 아주 우연히, 정말 동화처럼 말이다.

두 영화 속에서 여자들은 너무 쉽게 남자들을 믿는다. 그리고 너무나 쉽게 그들이 자신을 지옥에서 구원해 줄 거라고 기대한다. 동화가 현실이 되길 바란 것이다. 누군가 백마 탄 남자가 나타나 주기를 기다린 것이다.

하지만 이 여자, 퓨리오사는 좀 다르다. 영화 「매드맥스」의 퓨리오사는 절대로 남자를 믿지 않는다. 임모탄의 아내들을 데리고 '약속의 땅'으로 가는 퓨리오사야말로 강한 체력을 가진 남자의 도움이 필요할 것처럼 보인다. 하지만 그녀는 직접 그 일을 해내고 남자가 그걸 해 줄 거라고 믿지 않는다. 주인공 맥스에게도 마찬가지다. 그녀는 맥스에게 기대지 않는다. 퓨리오사가 믿는 것은 바로 자기 자신 그리고 경험이다. 퓨리오사는 직접 운전을 하고, 차를 몰아서 약속의 땅을 향해 간다. 심지어 자기가 아니면 차를 운전할 수 없도록 스스로 암호 체계를 만들어 둔다. 퓨리오사와 그 일행을 꿈의 나라로 안내하는 것은 호박이 변신한 마차가 아니라 자신이 암호를 만들어 둔 운전대다. 퓨리오사는 요정 할머니의 주술이 아니라 직접 원하는 이상향으로 운전해 간다.

영화 속에서 대개 직접 운전하는 여성들의 결말은 파멸이었다. 「위대한 개츠비」(2013)의 데이지도, 「오픈 유어 아이즈」(1999)의 여자도 그랬다. 하지만 퓨리오사만큼은 다르다. 퓨리오사가 이끄는 거대한 유조차는 어떤 점에서 여성의 부푼 배, 임신한 몸과 닮아 있다. 그 큰 몸뚱이는 워보이의 날렵한 자동차에 비해 무겁고 거추장스러워 보인다. 하지만 퓨리오사는 무거운 몸뚱이를 포기하지 않는다. 그리고 그 몸뚱이 속에서 여자들이 새로 태어나고, 심지어 워보이도 다시 태어난다. 그것이 바로 자궁을 가진 여자들의 힘이라는 듯이 말이다.

결국 믿음이 문제다. 대개 여성들은 아버지와 어머니 그리고 할머니가 전해 준 신화와 동화를 듣고 자란다. 세상도 마찬가지다. 세상은 순진한 믿음과 순종이 여성의 행복을 약속한다고 말한다. 여자들은 그래서 길을 내는 게 아니라 나 있는 길을 따라가도록 성장한다.

길을 내는 건 위험한 여자들이나 하는 짓이다. 하지만 내가 걸어온 자취가 곧 길이다. 믿을 수 있는 것 역시 내가 지금껏 걸어오면서 만들어 놓은 길이다. 퓨리오사가 강인하기는 하지만 남자들만큼 힘이 센 것은 아니다. 그녀가 강인한 이유는 바로 자신을 믿기 때문이다. 임모탄의 거짓 희망을 믿지 않고, 한때 그녀가 살았던 푸른 땅의 기억을 믿는 것. 순진한 믿음이 소녀를 잠재울 수는 있지만 여자를 구원할 수는 없다. (2015)

불편한 '아가씨'는 누구의 '아가씨'인가

세라 워터스의 소설 『핑거스미스』는 모드의 고백으로 끝난다. 모드는 소위 귀부인을 위한 야설을 쓰는데, 너 같은 여자아이가, 어떻게 이런 소설을 쓰냐고 하녀 수전이 묻자 아가씨 모드는 대답한다. 자신은 숙녀가 아니라며, 그리고 그 책들은 그녀가 얼마나 하녀 수전을 원하는지를 보여 주는 말들로 가득하다고 말이다.

그러니까 세라 워터스의 소설 『핑거스미스』는 남성의 청각과 시각적 상상력을 위해 '야설'을 읽어 주던 숙녀, 다른 말로 하자면, 남성이 원하던 여성 낭독자였던 아가씨가 자신의 욕망을 써내는 작가로 변신한 이야기다. 숙녀였던 모드는 남성의 욕망을 채워 주는 도구였지만, 작가 모드는 자기 욕망의 주인이다. 아가씨는 이제 사랑의 주체가 된 것이다.

소설을 원작으로 한 영화 「핑거스미스」(2005)에서 숙녀 시절의 모드는 이런 말을 한다. 삼촌은 독약 도서관의 관장인데, 모드가 열두 살일 때부터 예방약을 한두 방울씩 주었다고 말이다. 그래서 모드는 삼촌이 '판매'하는 야한 소설과 그림에 대해 아무런 감응이 없다. 이미 면역이 되었기 때문이다. 그래서 그녀는 시체처럼 손발이 차갑다.

문학비평가 라이오넬 트릴링은 문학의 기능 중 하나가 바로 이 면역 기능이라고 말한 바 있다. 미트리다테스적 기능이라고 부르는 이것은 문학이 세상에서 겪게 될 악에 대한 면역력을 키워 준다는 믿음을 반영한다. 세상은 아름답고 따뜻하기만 한 것이 아니라 사기와 배신, 살인과 협잡이 일어나는 곳이기도 하다. 문학이 이 진흙탕을 미리 체험시키고 대비시킨다는 것이다. 「핑거스미스」의 면역 이론은 트릴링의 미트리다테스적 기능에 대한 재치 있는 패러디다. 특정 자극에 지나치게 노출되는 것은 오히려 과도한 면역반응을 일으킨다. 모드에게 남녀 간의 사랑이나 욕망은 아무것도 아니다.

그런 그녀의 차가운 손과 발에 따뜻한 온기를 불어넣어 준 사람, '사랑'을 알게 해 준 사람, 그 사람이 바로 하녀 수전이다. 하녀는 아가씨에게 욕망을 되찾아 준다. 사랑했기 때문에 가능한 일이다. 『핑거스미스』가 훌륭한 여성 문학으로 평가받는 이유이기도 하다.

이 작품 『핑거스미스』를 원작으로 박찬욱이 「아가씨」(2016)를 만든다고 했을 때, 적어도 경계와 질서를 넘어서는 아름답고 우아한 이야기로 변주되지 않을까 기대했다. 「올드보이」(2003)의 박찬욱은 호명의 질서를 훌쩍 넘어섰고 「박쥐」(2009)의 박찬욱은 인간과 괴물의 경계를 날아올랐으니까 말이다.

이 영화를 두고 칸에서 '남성 중심적 시각'(male gaze)이라는 비평이 들려왔을 때에도 의구심이 먼저 일었다. 설마 박찬욱의 영화에서 남성 중심적 시각을 보게 될까 하고 말이다. 그런데 안타깝게도 영화 「아가씨」는 우려를 벗어나지 못했다. 남성 중심적 시각이 무엇인지를 영화의 의식과 무의식 차원에서 고스란히 보여 주는 작품이었기 때문이다.

영화 속에서 남성들은 들었던 야한 이야기를 그림, 즉 눈으로 확인할 수 없게 되자 급격히 흥미를 거두는데, 이에 아가씨인 히데코는 구체 관절 인형을 이용해 그들의 시각적 욕망을 채워 준다. 그제야 그들은 만족한다. 듣는 데서 만족할 수 없어 보고야 마는 변태성욕자들, 남성의 욕망이 그렇게 묘사된 것이다. 그런데 「아가씨」는 히데코가 영화에서 읽어 내렸던, 희한한 동성애 장면을 급기야 관객에게 시각적으로 재현해 준다. 영화의 마지막에서 펼쳐지는 정사 장면은 극중에서 히데코가 신사를 가장한 변태성욕자들에게 읽어 주었던 동성애 장면의 실연인 것이다. 히데코가 읽었던, 가히 기묘해서 사랑이라기보다는 묘기처럼 여겨졌던 바로 그 장면을 시각적으로 상연한 것이다.

과연 이 재구성은 누구의 시선을 위한 것일까? 아니, 누구의 만족을 위한 것일까? 좀 더 엄밀히 말해, 박찬욱 감독이 보는 관객의 시선은 누구의 것일까? 겉으로 보이는 의도야 두 여인의 성적 향유(jouissance)지만 이 장면은 분명 시각적 욕구 충족을 위한 외설적 장면임에 분명하다. 오히려 영화에서 가장 클라이맥스라고 할 수 있을 부분, 즉 욕망이 응집된 장면은 이모부 고우즈키가 백작을 고문하던 장면이다. 마치 「올드보이」에서 니퍼로 이를 하나하나 뽑듯이, 백작은 고우즈키의 손가락을 하나하나 잘라 낸다. '핑거스미스'(fingersmith)라는 원작의 제목을 생각해 보자면, 절묘하게도 아이러니할 수밖에 없다. 그래도 성기는 지킬 수 있어서 다행이라는 백작의 독백은 또 어떠한가?

말하자면 「아가씨」는 세라 워터스가 탈출시켰던 시선의 감옥과 욕망의 성 안에 다시 두 여성을 데려다 가뒀다. 비록 박찬욱 감독의 서사 속에서 그들은 배를 타는 데 성공했지만, 원작에서 그녀들이 스스로 작가가 되어 경제적 주체가 되었던 것에 비한다면 「아가씨」의 그들은 훔친 돈을 차지하는 데서 멈춘다.

박찬욱 감독은 어느 인터뷰에서 원작에 없는 결말로 두 여성 인물을 관통하는 카타르시스를 제공하고 싶었다고 말했다. 그러나 카타르시스는 관객이 느끼는 몫이다. 미리 짐작해 만들어 내는 자가 고수이긴 하나 카타르시스를 오해한 것은 아닐까 싶다. 때론 복잡한 가면이 왜곡된 내면을 고스란히 드러내는 고백이 될 때도 있다. 기대했던 「아가씨」가 불편한 「아가씨」가 된 까닭이다. (2016)

'원더우먼'의 힘

1893, 1918, 1928. 이 숫자에 무슨 의미가 있을까? 1893년은 역사상 최초로 여성에게 참정권이 주어진 해다. 신대륙 뉴질랜드에서였다. 1918년은 영국 여성들이 투쟁 끝에 30세 이상 참정권을 얻어 낸 해였고, 1928년은 그 나이를 20세로 끌어내린 해였다.

정치 선진국으로 여겨지는 영국에서, 여성이 정치에 참여할 수 있게 된 건 아직 채 100년이 안 됐다. 영국 여성 참정권에 대한 이야기는 영화 「서프러제트」(2016)에 그려져 있다. 영화 「원더우먼」(2017)을 보기 전에 「서프러제트」를 봤다면, 「원더우먼」에서 가볍게 스치는 농담들이 사실상 맥락을 가진 의도적 대사임을 알 수 있다.

2017년 다시 만들어진 실사 영화 「원더우먼」은 사위어 가던 DC 코믹스의 불길을 살려 줄 불씨로 기대되고 있다. 아니나 다를까, 「원더우먼」은 흥행과 비평 양쪽에서 그럴듯한 성적을 거두고 있다. 「원더우먼」에서 가장 눈에 띄는 것은 바로 '여성'이다. 주인공이 여성 영웅이라서 그렇기도 하지만 아마존 데미스키라 여성 전사의 모습도 무척 강렬하다. 전쟁의 신 아레스와 대적하기 위해 끊임없이 연마하고 훈련하는 전사들에게 강인함은 유연성과 아름다움을 뜻하는 여성형 명사다.

여성 전사로서 원더우먼의 가치는 그녀가 영국에 왔을 때 더 두드러진다. 1차 세계대전이 한창인 무렵, 런던에 도착하자마자 그녀는

'영국식 여성'이 되기를 요구받는다. 분량으로 따지자면 몇 장면 되지 않지만, 아마존의 모습을 지우기 위해 다이애나는 백화점에서 이천 벌이 넘는 옷을 입어 보고, 칼도 압수당한다. 여성 비서는 칼을 뺏으며 이렇게 말한다. "여성 참정권 과격 운동에라도 참여하시려고요?"

다이애나는 여성의 약점으로 여겨지곤 했던 감정을 힘의 원동력으로 쓴다. 여성성이 마이너스가 아니라 플러스 요소가 된다. 여성적이라서 공감력이 뛰어나고 그래서 더 많은 사람을 구한다.

여성 영웅이 대중 영화의 주인공이 된 역사는 꽤 길다. 영화가 대중화되기 시작한 20세기 초, 시리얼 퀸 멜로드라마에서도 주인공은 여성이었다. 활기차고 독립적인 여성들은 직접 모험에 나서고, 액션을 감행했다. 이른바 새로운 시대에 나타난 신여성들이 모험 활극의 주인공으로 우뚝 섰던 것이다. 하지만 이런 여성 영웅들은 대개 결혼을 기점으로 모험을 끝내거나 악당들에게 잡혀 거의 사디즘적인 고통을 받곤 했다. 기찻길에 줄로 묶여 있거나 입에 재갈이 물린 여성 주인공이 다가오는 기차를 바라보며 비명을 지르는 장면도 이런 영화적 관습의 결과물이다.

많은 영화학자들은 당시 독립적인 여성의 급부상이 환호와 공포를 불러왔고, 그 결과가 바로 시리얼 퀸 멜로드라마로 만들어졌다고 평가한다. 이런 맥락에서 보자면, 한동안 여성 영웅 영화가 거의 없었던 것은 그만큼 여성의 현실적 영향력이 줄어들었음을 보여 준다. 그 힘이 위협적일 만큼 크지 않으면 대중문화는 잘 다루지 않는다. 반대로 한국 사회를 병들게 하는 여성 혐오 논란도 어쩌면 여성의 상대적 성장에 대한 반응일지도 모른다.

「원더우먼」을 연출한 패티 젠킨스는 제작비 1억 달러가 넘는 블록버스터 영화의 첫 여성 감독이라고 한다. 이러니저러니 해도 숫자만큼 현실을 명확하게 보여 주는 것도 없다. 첫 번째 유색인 아카데미 수상자, 첫 번째 여성 감독 수상자처럼.

여전히 많은 영화들에서 여성들은 남자 주인공을 부각시키기 위한 부수적 요소인 경우가 많다. 위기 상황에서 남자 주인공의 이름만 줄기차게 부른다거나 매번 남자 영웅을 위기의 막다른 길에 몰아넣는 민폐 캐릭터도 여성이 압도적으로 많다. 톰 크루즈가 주연을 맡아 새롭게 리부트한 영화 「미이라」(2017)의 여주인공 제니는 정말이지 수없이 남자 주인공의 이름을 불러 댄다. 그녀가 하는 일이라고는 '닉'을 부르는 것 외엔 없어 보일 정도다. 차가 전복해도 닉, 좀비가 따라와도 닉, 비행기가 추락해도 닉, 물에 빠져도 닉. 어쩌면 여전히 많은 영화에서 여성은 남성 주인공의 이름을 각인하는 호명-기계에 불과할지도 모르겠다. 진짜 주인공으로서의 여성이 더 필요한 이유이기도 하다. (2017)

가해와 피해, 뻔하지 않은 윤리학

　가해자의 날이 있다면 어떨까? 우리는 다행히도 대개 분별 있는 관찰자이기 때문에 꽤나 합리적으로 사건들을 판단한다. 보이지 않는 손을 주창한 애덤 스미스는 먼저 분별 있는 관찰자로서의 인간을 믿었다. 법이 아니라도 가해자와 피해자를 판단할 수 있는 것은 우리에게 상식이라는 분별력이 존재하기 때문이다. 그리고 이 도덕 감정을 기반으로 해서 인류는 보편적인 윤리와 도덕 체계를 마련한다. 타인들과 특별한 이해관계를 갖지 않을 때, 그 분별력은 더욱 공정해진다. 그래서 대개 사람들은 피해자에게 공감하고, 위로하고, 격려한다.

　최근에 벌어진 한 사립 초등학교의 폭력 사태만 해도 그렇다. 네 명의 아이가 해를 가했고, 한 명의 아이가 해를 입었다. 그런데 피해자는 있는데 가해자가 없다. 여론이 들끓었다. 분별 있는 관찰자로서 사람들은 공평한 처사를 요구했다. 그 누구도 직접적인 이해관계가 있어서가 아니다. 사람들은 나와 관계없는 일임에도 도덕적 올바름을 분별하고자 한다. 세상에 기대와 희망을 갖는 이유이기도 하다.

　그런데 놀랍게도, 누군가는 그 특정한 가해자의 편에 서기도 한다. 이때 활용되는 논리 중 하나는 그 가해자도 '어린이'이며, 이런 논란으로 인해 사건과 관계없는, 선량한 이차 피해가 발생할 수 있다는 논리다. 가해자를 보호하기 위해 개발된 논리다. 심지어 피해자를 궁지에 몰기도 한다. 확인되지 않은 음모론이 퍼진다.

이미 어디선가 본 적이 있는 장면이다. 피해자의 경험을 나와 무관한 '일회적 사고'로 만들고 가해자의 폭력을 인간적 실수로 환원하는 것. 우리는 지금껏 수많은 사건들이 이런 식으로 희석되는 순간들을 목격해 왔다. 그러다 보니 엉뚱한 생각이 든다. 가해자임이 분명한 사람들을 모아 놓고, 누가 더 억울한지 서로에게 고변하도록 해 보면 어떨까? 가해자들끼리 모여서 네가 더 나쁘다, 넌 좀 억울하겠다와 같은 이야기를 주고받게 하면 어떨까? 아마 서로 자기만 억울하고 다른 가해자들은 뻔뻔하다며 더 호되게 비난하지 않을까?

폴 버호벤 감독의 「엘르」(2016)는 그런 점에서 피해자와 그들에게 쏟아지는 다중의 폭력에 대해 생각해 보게 하는 작품이다. 주인공 미셸은 어느 날 갑자기 복면을 쓴 괴한에게 폭행을 당한다. 그런데 이 여성의 다음 행동이 놀랍다. 미셸은 경찰에 신고하지 않고, 스스로 폭행범과 맞서고자 한다.

무섭지 않을까 싶지만, 사실 이미 그녀는 세상이 피해자를 어떤 방식으로 한 번 더 가해하는지 경험한 바 있다. 열한 살 소녀였던 시절, 미셸은 엽기적인 살인을 한 아버지의 주변인이라는 이유로 세상으로부터 무차별적으로 두드려 맞은 경험이 있다. 그녀 역시 피해자였지만 아무도 그녀를 피해자로 보아 주지 않았다. 살인자의 딸이었기 때문이다.

흥미로운 것은 감독이 미셸이라는 인물을 그려 나가는 방식이다. 미셸은 여러 면에서 그렇게 도덕적이거나 윤리적이지 않다. 게임 회사 대표인 그녀는 더 잔인하고 선정적인 게임을 만들어 내라고 직원들을 닦달한다. 남자 직원들을 다루는 모습을 보자면 마초적인 남성 상사 그 이상이다. 심지어 미셸은 오랜 친구를 속이고 그 남편과 불륜을 저지르고 있다. 그것으로도 모자라 독실한 가톨릭 신자인 이웃집 부부를 초대해 놓고는 식탁 아래로 발을 뻗어 그 이웃의 남편을 유혹하기도 한다. 이웃집을 훔쳐보며 음란한 상상을 즐기기도 한다. 정황이나 행동만 보자면, 미셸은 매우 부적절하고 부도덕하다.

하지만 여기서 다시 생각해 볼 필요가 있다. 부도덕해도 피해자는 피해자다. 그렇다고 미셸이 복면 괴한에게 침입당하고 폭행당해도 되는 것인가? 불륜을 저지르니 독실한 가톨릭 신자에게 성폭행을 당해 마땅한가? 다시 말해, 그녀가 우리의 도덕적 잣대와 다른 삶을 산다고 해서 폭력의 피해자라는 사실이 바뀌는가 말이다.

당연히 그렇지 않다. 미셸이 어떤 성향이나 개성을 가진 사람이든 간에 대낮에 자신의 응접실에 있다가 괴한에게 폭행을 당해서는 안 된다. 그녀는 피해자가 맞다. 개인의 도덕과 윤리에서의 염결성 문제, 피해와 가해의 문제는 엄격히 분리되어야 마땅하다. 도덕과 법의 영역은 다르니 말이다. 그러나 우리는 종종 피해 여부와 관련 없는 문제들을 동원해 사실을 흐리고, 피해자들을 엉뚱한 방식으로 괴롭히곤 한다. 만일 미셸이 공공의 권력에 기대, 말하자면 경찰에 신고하고 다수의 언론에 보도되었더라면, 선정적인 게임을 만드는 사업자이자 불륜을 저지르는 여성이라는 사실이 그녀의 피해 사실 여부와 무관하게 다뤄질 수 있었을까? 혹시 미셸의 피해 사실은 사라지고 과거사와 도덕성에 대한 여론만 들끓지는 않았을까?

안타깝게도 우리는 그런 피해자들을 이미 보아 왔다. 가령 어떤 사람들은 위안부 할머니들의 울분에 대해 더 많은 합의금을 원한다며 모욕적 발언을 서슴지 않는다. 또 어떤 사람들은 세월호 유족들을 향해 교통사고 수준의 개인적 사고를 이용해 대단한 이익을 얻으려 한다며 망언을 하기도 한다. 누구는 이혼을 했네, 누구는 실직자라네, 누구는 혼외정사를 했네라며 피해와 무관한 사적인 영역의 풍문들을 끌고 와 도덕적 패륜아를 만들고자 한다. 도덕적으로 문제가 있으면 피해자가 아니라는 논리로 말이다. 하지만 도덕과 피해는 다르다. 분별력 있는 관찰자라면 편견과 폭력을 구분해야 한다. 우리는 더더욱 사태에 대한 분별 있는 관찰자가 되기 위해 노력해야만 한다. 그리고 이것이야말로 우리가 원하는 사법 정의를 실현하는 인간으로서의 최소 요건일 수 있을 테다. (2017)

'엄마'와 멜로드라마

2018년 초에 방영했던 드라마 「마더」는 '엄마'에 대한 질문을 던졌다. 우리는 대개 '엄마'를 낳아 준 여자로 여긴다. 하지만 드라마 「마더」에는 낳아 준 엄마도 등장하지만 방점이 찍힌 건 키워 준 엄마들이다. 생물학적으로 무관한 엄마들이 생모보다 더 엄마처럼 보인다. 보육원에서 주인공 수진을 입양한 여배우 엄마, 학대당하는 아이를 품은 엄마. 두 엄마는 모두 친엄마는 아니지만 '딸'을 만나, 그 '딸'을 위해 자신의 생애를 전폭적으로 헌신한다.

드라마 「마더」는 전형적 멜로드라마다. 멜로드라마에는 아름다운 결말을 훼방 놓는 장애물들이 있기 마련이다. 로맨스에서 양가 집안의 반대나 불치병 같은 게 그 장애물이라면 「마더」에서 장애물은 법이다.

학대당하는 아이를 두고 볼 수 없었던 수진은 아이를 구출한다. 하지만 법의 관점에서 그것은 유괴다. 죽을 뻔한 아이를 구한 것이지만 범법이기에 아이와 엄마는 도망자 신세가 된다. 그래서인지 각색된 한국 드라마에서는 해피 엔딩으로 끝났지만 원작에서는 결국 그 장애물을 넘지 못하고 헤어진다. 학대받는 아이에게 필요한 건 유전적 엄마가 아니라 든든한 어른이다. 「마더」가 말하는 것도 여기서 멀지 않다. 아이에게 필요한 건 보호자다. 진짜 엄마가 아니라도 혹은 여자가 아니더라도 누구나 엄마가 될 수 있다.

임수정 주연의 「당신의 부탁」(2017) 역시 어떤 엄마의 이야기인데, 여기 등장하는 엄마도 생물학적 엄마가 아니라 사회적 보호자다. 재혼한 남편이 전처 사이에서 낳은 아이, 남편이 갑자기 세상을 떠나게 된 후, 여자는 아이를 아들로 받아들인다. 훌륭한 엄마라는 평가는 생모, 여자라는 기호를 넘어 든든한 양육자를 향한다. 남자도, 할머니도 혹은 형제라 해도 훌륭한 엄마가 될 수 있다. 그럼에도 불구하고, 우리는 아이의 양육자, 보호자 하면 무조건 친모를 먼저 떠올린다. 아이를 낳고 아이에게 모유를 먹이는, 일차적인 존재로 봐서 그럴 것이다. 아내가 죽자 젖동냥을 다니는 심청의 아버지만 봐도 그렇다. 생모가 없으면 큰일 나는 것이다.

그렇다면 시대가 달라지고 난 후, 그러니까 분유가 있고 보모도 구할 수 있는 이 시대의 엄마 노릇은 좀 쉬워졌을까? 쉽다고 대답하기는 어려울 듯싶다. 세상은 달라졌지만 엄마의 몫이 많아졌으면 많아졌지 줄지는 않았다.

흥행에 성공한 영화 「지금 만나러 갑니다」(2018)도 엄마 멜로드라마라고 볼 수 있다. 불가피한 이별이라는 점에서 눈물이 나지만 무엇보다 울컥하는 건, 그 이별의 주인공이 '엄마'라는 사실이다. 이야기는 남녀의 사랑 이야기만큼 엄마와 아들의 이별에 주목한다. '엄마'가 세상을 떠난 후, 영화는 엉망진창이 된 집 안 풍경을 보여 주면서 시작한다. 설거지는 쌓여 있고, 청소도 엉망이며, 입을 옷도 제대로 없다. 아버지는 달걀프라이도 제대로 하지 못해 손을 데고, 셔츠 단추도 어긋나게 채운다.

엄마가 잠시 이승에 돌아와 하는 첫 번째 일도 살림살이를 바로 잡는 일이다. 어질러진 집을 청소하고, 그릇들을 정리하며, 아이에게 머리 감는 법과 옷 챙기는 법을 가르친다. 사고사가 아니라 병사했던

'엄마'가 그런 준비를 해 두지 않았다는 게 좀 의아하기는 하지만, 영화는 엄마의 빈자리를 이러한 클리셰로 재연한다. 즉, '엄마'가 없는 집은 살림살이가 엉망이 되고, 아이가 단정치 못하다는 편견을 장면화하는 것이다. 잠시 돌아온 엄마가 학부모 참관 행사에 참여하는 것으로 이 상투적 재현은 정점을 찍는다.

그런데 엄마의 빈자리라는 것은 그런 게 아니다. 눈물 나도록 아름다운 사랑 이야기를 두고 제도적 모성과 편견을 이야기하는 게 어떤 이들에게는 불편할 수도 있다. 하지만 이런 영화적 클리셰는 학부모 행사에 아버지 참여는 선택이지만 어머니 참여는 필수라는 편견 아래에서야 등장할 수 있다. 일차적 양육은 엄마의 몫이며, 엄마가 있어야 아이들은 모자람 없이 잘 자랄 수 있다는 선입견이 강화되는 것이다. 부재중인 엄마와 돌아온 엄마에 대해 은연중에 성역할에 대한 편견을 강화한다.

세상이 살기 좋아지면서 아이를 돌보고, 살림살이에 투자해야 하는 절대적 시간이 줄었다고 한다. 세탁기가 '열일'하고, 청소기가 일을 덜어 주었다고 말이다. 수치상으로는 지난 50년간 출산율도 감소했다. 그렇다면 과연 여성들이 육아에 투자하는 시간이 줄었을까?

프로이트 이후 심리학과 사회학은 아이의 성장에 '엄마'가 절대적이라고 가르친다. 분명 부모-아이의 관계인데, 어쩐지 엄마의 역할만이 강조된다. 1960년 영화 히치콕의 「사이코」에서 범죄자는 강압적인 '엄마'의 결과물로 그려진다. 많은 관객들은 2012년 「케빈에 대하여」도 엄마 때문에 사이코패스 살인마가 된 아들 이야기로 읽고 싶어 한다. 세상의 지탄을 받는 아들 곁을 지키는 어머니를 보는 게 아니라 왜 아들을 사이코패스로 키웠냐고 원망하는 것이다. 「케빈에 대하여」는 이해할 수 없는 악의 기원에 대한 탐구지, 엄마에 대한 책임 전가가 아니다. 하지만 우리는 많은 경우 일차적으로 엄마에게 육아 불이행의 책임을 묻는다.

우리에게 정작 필요한 건 사회적 엄마, 보호자다. 채무가 있다면 '엄마'라는 사회적 약호에 있는 것이지 그게 꼭 여성-친모일 필요는 없는 것이다. 그러므로 정말이지 이 세상에, 편견과 선입견에서 벗어난 '엄마'를 부탁해 볼 일이다. (2018)

남을 위해 예쁠 필요는 없다

데이지는 창밖을 보며 읊조린다. "아름답고, 예쁜 바보로 컸으면 좋겠어. 딸아이 말이야." 스콧 피츠제럴드의 소설 『위대한 개츠비』(1925)에 등장하는, 개츠비를 죽음으로 몰고 가는 팜 파탈의 말치고는 어딘가 처연하다. 그런데 딸아이가 똑똑한 여성으로 크느니 아름답고 예쁜 바보로 크는 게 낫다는 데이지의 말을 부정하기가 힘들다. 데이지의 남편 톰 뷰캐넌은 결혼한 첫날밤부터 다른 여성과 바람을 피웠다. 데이지가 독백을 한 그 순간에도 남편 톰은 내연녀의 전화를 받고 있다.

데이지의 대사는 알렉산드라 딘 감독의 영화 「밤쉘」(2017)에서도 변주된다. "어떤 젊은 여성도 매혹적으로 보일 수 있다. 가만히 서서 바보처럼 보이기만 하면 된다."라는 대사로 말이다. '밤쉘'은 폭탄 같은 성적 매력을 지닌 여성을 지칭한다. 실제로 이 말을 남긴 여배우 헤디 라머는 1940년대 미국의 '밤쉘'로 통했다. 첫 작품 「엑스터시」 (1933)는 여성의 오르가슴을 처음으로 재현한 영화다. 나체로 오르가슴을 연기한 그녀는 성녀와 창녀라는 이분법으로 나뉜 할리우드에서 너무 쉽게 창녀로 분류되었다. 그리고 그 이후 그 분류함에서 거의 빠져나오지 못했다. 영화 「밤쉘」은 예쁘고 멍청하고 섹시하기만 한 줄 알았던 이 여배우가 와이파이와 블루투스 기술의 근간이 되는 주파수 도약을 발명했음을 알려 준다. 세상은 그녀의 진짜 재능을 숨기고, 그녀의 일부였던 아름다움만을 취했다.

영화는 그녀가 얼마나 똑똑했는지가 아니라 왜 아름다움만 남았는지를 보여 준다. 이유는 단 하나다. 세상은 아름다운 여자가 똑똑할 수 있다는 사실을 믿지 않았으니까. 아니, 여성에게 요구했던 건 그저 아름다움이지 지성이나 내면이 아니었으니까 말이다.

헤디 라머의 일생은 여러 면에서 곱씹을 만하다. 따뜻했지만 지나치게 엄격했던 아버지에게서 벗어나기 위해 노출 연기를 감행했고, 각성제와 수면제에 취해 삼류 영화를 찍어야 했던 불공정 계약에 항의하며 자신이 직접 영화를 제작하기도 했다. 유보트의 만행에 주파수 도약을 발명했지만, 전시이므로 특허에 관한 모든 경제적 이익을 포기하기도 했다.

그녀는 매우 독립적이며 주도적인 여성이었다. 하지만 세상은 그런 그녀를 통제 불가능하고, 제멋대로인 여자로 규정했다. 이건 70여 년이 지난 지금의 형편과도 크게 다르지 않다. 세상이 여자에게 아름다움만 요구한다는 점에서 말이다.

그런 점에서 영화 「아이 필 프리티」(2018)는 현대의 여성이 어떤 판옵티콘, 시선의 감옥에 갇혀 살아가고 있는지 잘 보여 준다. 주인공 르네 베넷은 통통한 여성이다. 자신의 외모에 자신감을 갖지 못해 온라인 담당 부서에서만 일을 할 정도다. 스피닝, 요가, 다이어트 등 날씬하고 예뻐지기 위해 모든 노력을 한다. 그러던 어느 날 스피닝을 하던 르네는 자전거에서 떨어져 머리를 크게 다친 후, 자신이 너무 예뻐 보이는 착시 현상을 경험하게 된다.

중요한 건 그다음이다. 실제로는 아무것도 변하지 않았지만, 그녀 눈에 자신이 예뻐 보이기 시작하자 그녀는 당당해진다. 당당하게 세상에 자신을 보여 주니 세상이 그녀를 대하는 방식도 달라지기 시작한다. 그녀는 워낙 솔직하고 사려 깊은 성격이었기에 이미 모두가 그녀를 좋아하고 있었다. 다만 그녀가 자신 없어 숨었을 뿐. 문제는 르네가 그 모든 관심과 배려를 달라진 외모 때문이라고 착각한다는 데에 있다.

리베카 솔닛은 자신의 책 『걷기의 인문학』(2000)에서 하이힐로 인해 여성의 보행권이 얼마나 침해받고 있는지 고발한 바 있다. 까짓것 하이힐을 벗어 버리면 그만이지 왜 보행권 침범이라고 엄살이냐 여길 사람들도 있을 테다. 하지만 많은 여성들이 하이힐을 신고 싶어서가 아니라 신어야만 해서 착용한다. 화장도 마찬가지다. 하고 싶을 때 하는 게 아니라 출근할 때, 회의할 때, 출장 갈 때, 해야만 해서 바쁜 시간을 쪼개 힘겹게 해내는 경우가 더 많다. 예뻐 보이기 위해서가 아니라 예뻐 보여야만 하기 때문에 하이힐과 화장에 속박된다. 그게 여자의 준비된 모습이라고 세상이 가르치고, 강요하고, 요구해 왔기 때문이다. 어느새 여성들은 좋아서 시작했던 자기 관리를 억지로, 세상의 요구에 맞추기 위해 쩔쩔매며 해낸다.

영화 「아이 필 프리티」에서 가장 인상적인 장면 중 하나는, 누가 봐도 100명 중의 한 명꼴에 속할 미녀조차도 자괴감에 시달린다는 고백이다. 그렇게 아름다운 여성도 거울을 보며 자신의 단점을 발견하고, 또 세상이 자신을 한심하게 대할지도 모른다는 두려움에 작아진다.

르네 베넷이 경험한 마법의 실체는 동화처럼 진짜 예뻐지는 게 아니라 있는 그대로의 자신에게 완전히 만족하는 것이다. 그리고 이것이야말로 예뻐야 좋다는 강박을 어린 시절부터 주입받고 자란 이 시대 대부분의 여성들에게 필요한 교육일지도 모르겠다. 예쁜 여자란 세상이 강요했던 속박과 상품의 하나라는 것, 그래서 그 요구는 맞출수록 자신이 더 작아지는 폭력과 다르지 않다는 것. 그러므로 있는 그대로의 나를 내버려 둘 수 있는 용기가 필요하다. 남을 위해 굳이 예뻐질 필요는 없다. (2018)

내가 누구인가를 물을 때는 언제일까?

"여기 누구, 나를 아는 이 없는가? 내가 누구라고 말할 수 있는 자, 누구냐?" 리어 왕은 비바람 속에서 울부짖으며 자신을 원망한다. "정신이 약해졌거나 분별력이 무뎌졌구나. 내가 꿈을 꾸고 있나?"*라면서 말이다. 어리석고 늙은 왕은 자신이 누구인지를 다른 이에게 묻고 있다. 그의 질문에 바보 광대만이 대답을 준다. 그것은 리어의 그림자라고. 자기 자신이라고 알고 있던 것은 그림자에 불과하고, 결국 그가 누구인지 말해 줄 수 있는 자는 아무도 없다. 심지어 자기 자신도 모르는 것이다.

자기 자신을 안다는 것은 어쩐지 사춘기적 고민 같다. 『데미안』(1919)의 새가 알을 깨고 나오는 것이나 영화 「매트릭스」(1999)에서 빨간 약과 파란 약 중 하나를 선택하는 문제처럼 말이다. 세상이 존재하고 그 안에 내가 있는 게 확실한데, 내가 누구인지 묻는 게 뭐가 그리 대수냐 생각할 수도 있다. 그런 고민은 10대에 끝내는 게 맞는다는 말은 한편 자기 자신의 문제를 고민하는 데 대한 무시와 멸시를 품고 있다.

자기 자신을 안다는 것은 자기 정체성에 대한 질문이기도 하다. 자기 정체성은 아이덴티티(identity)의 역어인데, 흥미로운 것은 우리나라에서는 아이덴티티를 주로 자기 정체성으로 번역하지만 이웃 나

---

* 윌리엄 셰익스피어, 최종철 옮김, 『리어 왕』(민음사, 2005).

라에서는 '자기 동일성'으로 번역한다는 사실이다. 정체성이라는 역어가 고유하고 이상적인 자아상을 연상시킨다면 동일성은 변함없는 중심이다. 그 어감을 좀 더 분석해 보자면 자기 정체성이란 자아 이상과 짝을 이루고 자기 동일성은 조화로운 하나를 연상시킨다. 여자, 엄마, 아내, 딸, 며느리, 교사와 같은 다양한 호명 가운데서 중심을 잡아 줄 무엇, 그게 동일성의 핵심이다.

2019년 상반기에 개봉했던 영화들 중 몇 편이 이 자기 정체성과 자기 동일성 문제를 꽤나 진지하게 다루고 있다. 공교롭게도 이 작품들의 주인공은 모두 여자다. 바로 「알리타: 배틀 엔젤」(이하 「알리타」)과 「캡틴 마블」이다.

로버트 로드리게스 감독이 연출한 「알리타」는 일본의 만화 「총몽」을 원작으로 하고 있다. 주인공인 알리타는 폐기물 처리장에서 발견된 인공지능(AI) 로봇이다. 알리타는 주요 메모리가 모두 지워져 있어, 자신이 누구인지 전혀 알지 못한다. 다만 몸에 남아 있는 감각의 기억이 알리타가 어떤 존재였는지를 유추할 수 있게 해 줄 뿐. 영화 「알리타」는 그런 알리타가 조금씩 자신을 찾아가는 과정을 보여 주는 영화다.

「캡틴 마블」의 마블 역시 과거의 기억이 지워진 채로 등장한다. 크리족 전사로서 그녀는 어마어마한 힘을 지니고 있지만 통제 불능이라며 열외되기 일쑤였다. 캡틴 마블은 비어스로 불리며 스승인 욘-로그에게 정신적, 육체적으로 통제당한다. 욘-로그는 가상 이미지를 통해 비어스의 정신을 검열하고, 비어스가 자신의 능력을 찾지 못하게 한다. 하지만 욘-로그가 불러 준 이름이 가짜였음이 드러난다. 그녀는 비어스가 아니라 캐럴 댄버스였으며 불완전한 게 아니라 너무나 대단한 힘을 가진 인물이었다. 댄버스는 그녀 자신의 본명을 찾아가며 기억을 회복하고 자기의 힘을 사용할 줄 알게 된다.

알리타와 캡틴 마블, 댄버스의 이야기를 보자면 여전히 여성에게는 자기 동일성의 문제보다는 자기 정체성의 문제가 먼저라는 것을 알 수 있다. 여성이 자기가 가진 힘 자체를 모르는 것이 문제인 것이다.

알리타나 댄버스는 자신도 모르게 발휘되는 대단한 능력에 스스로 놀란다. 흥미로운 것은 이미 그 힘을 아는 사람이 그녀들의 주변에 존재하고 있다는 사실이다. 그들은 주로 남자다. 그들은 맨스플레인으로 여성 인물들의 능력을 억누른다. 그건 옳고 그건 그르고, 넌 부족하다는 식의 '말'로 여성 인물의 힘을 누르고 덮는다. 이는 여성이 살아오면서 겪었던 정체성 누락의 역사와 닮아 있다. 지금이야 많이 드물어졌지만 여자니까 그 정도만 알면 돼, 그 정도만 진학하면 돼, 직장 생활은 그 정도만 하면 돼, 라고 끊임없이 '하지 마라.'는 말을 들으며 살아왔으니 말이다.

그러므로 중요한 것은 질문의 여부보다는 바로 질문의 시점이다. 너무 늦은 질문은 자기 탄식에 불과하다. 너무 늦지 않게 질문하고 고민해야 한다. 질문에도 적기가 있기 마련이다. 내가 누구인지 물을 적당한 때는 언제인가, 라고 말이다. (2019)

싸움·투쟁이 아니라 공감·이해하자는 것

「82년생 김지영」(2019)이 개봉했다. 개봉 전부터, 아니 책 출간 이후로 내내 말이 많았다. 인터넷 커뮤니티 게시판에서도 「82년생 김지영」을 노골적으로 폄훼하고 조롱하는 게시 글을 볼 때가 있었다. 그래도 제법 진보적이고 합리적인 커뮤니티라고 여겼던 곳인데도 말이다. 화가 나고 억울하다기보다는 위축되고 서운했다. 그렇게까지 폄훼할 요소가 있었을까? 남성을 적시하자거나 넘어서자거나 무너뜨리자는 그런 과격한 데가 없는 작품인데, 어떤 부분이 그렇게 이들을 화나게 만들었을까 의아했다.

영화 개봉 후 겉으로 느껴지기에는 영화가 대화의 소재가 되었다거나 지금껏 여성 편향적인 작품으로 오해했다는 온정적 분위기로 바뀌는 듯싶었다. 하지만 게시판 분위기는 여전하다. '82킬로그램 김지영'이라는 낯 뜨거운 비아냥이 원작 제목을 대신하기도 한다. 다시 질문을 던지고 싶다. 무엇이 그렇게 불편한 것일까?

「82년생 김지영」은 12세 관람가다. 영화를 본 12세 소녀는 엉뚱한 감상평을 남겨 내게 웃음을 안겼다. "정신병에 걸린 아내를 남편이 지극 정성으로 보살펴서 다 낫게 하고, 다시 행복을 찾는 이야기"라고 말이다. 그러고 보면 그다지 틀린 말도 아니다. 영화 속 김지영은 어느 날 갑자기 '질병'을 얻는다. 먼저 발견한 남편은 차마 아내에게는 말하지 못해 전전긍긍한다. 그러다 친정어머니가 알게 되고, 눈물을 흘린다. 한 번도 누나라고 부르지 않던 남동생이 팥빵을 챙겨 오자 누나 김지영은 "아프니까 누나 소리도 듣네?"라며 아무렇지 않지만 서글픈 표정으로 웃는다.

우리가 얼마나 많이 보아 왔던 가족 멜로드라마의 한 장면이던가? 노희경 작가 원작의 영화 「세상에서 가장 아름다운 이별」(2011), 정우성·손예진 주연의 영화 「내 머리 속의 지우개」(2004), 김희애 주연의 드라마 「완전한 사랑」(2003)처럼 말이다. 이 영화들은 "부잣집에 시집간 여자가 남편과 함께 시아버지로부터 내쳐져 살다 결국 불치병에 걸리면서 일어나는 일", "영원히 반복될 것만 같았던 일상에 찾아온 엄마, 아내, 누나의 불치병" 등으로 요약된다.

물론 「82년생 김지영」과 차이는 있다. 가족만 알던 여성이 부지불식간에 육체적 질병을 얻어 세상을 떠나는 새드 엔딩이라는 점에서 말이다. 하지만 병에 걸린다는 것, 그 병으로 인한 가족 멜로드라마라는 사실은 다르지 않다.

가장 큰 차이점은 바로 질병의 성격이다. 육체적 질병이 아닌 김지영은 '빙의'라는 정신 질환에 걸렸으니 말이다. 두 번째 차이점이 더 근본적인데 빙의, 정신 질환은 사회적이며 환경적인 질병이라는 것이다. 빙의를 설명하기 위해서는 성장 과정과 주변 환경 등 사회적 요인을 돌아볼 수밖에 없다. 김지영 생애의 보고서적 재연은 그런 의미에서 빙의라는 정신 질환에 대한 일종의 해부학적 접근이자 원인 분석 과정이라고 할 수 있다. 특별한 일은 없었지만, 1남 2녀 중 둘째 딸로 살아왔던 일생의 흔적 자체가 김지영의 정신적 균형감을 흔들었을 수도 있다는 추론, 그 추론 위에 소설과 영화의 이야기가 있다.

나는 영화 「82년생 김지영」의 첫째 딸 김은영에 더 가깝다. 하고 싶지 않은 일은 하지 않았고, 할 말은 하며 사는 제법 존중받는 맏딸로 커 왔기 때문이다. 영화를 보며 내내 떠올랐던 것은 김은영 동생 김지영처럼 내 이름과 한 글자 다른 이름을 가진, 자기주장이 센 언니와 외아들이던 동생 틈에 끼여 자란 둘째 여동생이었다. 돌이켜 보면 여동생은 늘 착한 딸이었고, 동생이고, 누나였다. 싸우기보다 양보했고, 화내기보다는 혼자 삭였다. 세상엔 그런 여성들이 있다.

가족 구성원 사이에서, 회사에서, 동아시아의 가부장제 가운데서 감정을 드러내기보다는 내면화하고, 숨기는 쪽으로 성장해 온 여성들이 존재한다. 세상 모든 여성들이 김지영은 아니지만 수많은 김지영들이 있고, 그런 김지영을 소설 『82년생 김지영』(2016)이 캐릭터화해 세상에 드러냈다. 영화 속 정유미가 연기한 김지영도 누군가를 향해 화를 내거나 주장하지 않는다. 치료를 받기 시작한 이후, 커피를 쏟은 그녀를 보고 누군가 맘충이라 비난할 때, 그제야 처음 속엣말을 내뱉는다. 그 비판의 대상엔 남성만 있는 것도 아니다. 아직 김지영의 입장이 되어 보지 못해, 마치 남의 일처럼 바라보고 있는 여성도 포함되어 있다. 「82년생 김지영」이 목소리를 내는 쪽은 남자 혹은 아버지, 남동생이 아니라 우리가 살아가고 있는 세상의 구조적 모순이다.

소설을 원작으로 한 영화 「헬프」(2011)에서 흑인 가정부 에이블린은 자신을 멸시하는 백인 여성 힐리에게 똥이 든 케이크를 선물한다. 현실에서는 불가능하지만 영화적 판타지로서 복수를 하는 것이다.

하지만 「82년생 김지영」에서 김지영은 하고 싶었던 일을 해내는 판타지를 제시한다. 영화니까 김지영이 작가가 되어 꿈을 이루는 것이다. 애초에 「82년생 김지영」은 누군가를 적으로 가정하고 만든 복수의 드라마가 아니다. 「82년생 김지영」이 원하는 것은 싸움이나 투쟁이 아니라 공감과 이해다. '그 정도 일로 빙의라니.'라는 비아냥이 아니라 '그럴 수도 있구나.'라는 공감의 시선. 우리가 문학과 영화를 통해 얻는 가장 큰 배움이 바로 공감 아닐까?

다른 인격, 다른 성별, 다른 종교, 다른 세계관을 가지고 있는 사람들을 이해해 볼 수 있는 공감의 장, 인류는 공감하기 위해 이야기를 발명했으니 말이다. (2019)

투명인간과 피해자의 서사

영화 제목 '인비저블맨'은 우리말로 번역하면 '투명인간'이다. 1897년 허버트 조지 웰스가 소설로 써낸 『투명인간』은 1930년대 미국 스튜디오 시스템 속에서 영화로 꽃을 피웠다. 소설에 묘사되었던 붕대로 온몸을 감싼 투명인간의 이미지는 초기 특수 효과의 발전 덕에 가능했다. 인류가 쓴 거의 최초의 SF적 상상력은 특수 효과 덕분에 실제가 되었다.

이후 한국에서도 두 번 정도 「투명인간」이 제작되었다. 서양의 경우는 훨씬 더 많이 리메이크되거나 새로 만들어졌는데, 과학자가 연구에 골몰하다 스스로 투명인간이 되고 만다는 큰 줄거리는 바뀌지 않았다. 「원초적 본능」(1992)으로 유명한 감독 폴 버호벤이 만든 2000년작 「할로우 맨」 역시 『투명인간』의 리메이크다. 연기 잘하는 케빈 베이컨이 투명 괴물이 되는 편집증적 과학자 역할을 맡았다. 「젠틀맨 리그」(2003)나 「판타스틱 4」(2015)에도 투명해지는 능력을 가진 돌연변이들이 등장한다.

그런데 인비저블맨, 투명인간 서사의 주인공은 언제나 그 미친 과학자 그리고 남자였다. 그 과학자 곁에 여성이 있기는 했지만 일종의 피해자 내지는 그 미친 과학자를 품어 주는 모성적 여성 이미지로 묘사됐다. 늘 가해자가 주인공이었고 피해자는 가해자를 구체화하는 에피소드로만 존재해 왔다. 가해자, 투명인간을 괴물로 만드는 데만 집중해 온 것이다.

지금까지 투명인간 서사에서 과학자의 잠정적 성별의 고정값이 남성이었다는 것도 전근대적이긴 하지만 무엇보다 전근대적인 것은 그가 개발해 낸 새로운 기술의 공포스러운 면에만 집중하는 선정성이다.

DC 코믹스를 비롯한 할리우드의 초기 SF 상상력도 여기서 멀지 않았다. 유전자 조합에 미친 과학자, 신체 변형에 빠진 과학자 등등 초기 SF 서사들은 과학에 대한 동경과 공포를 그려 냈고, 미지의 영역, 처녀지에 발을 내디딘 과학자들의 파멸과 실수를 짚어 냈다.

2020년 2월 개봉한 리 워넬 감독의 「인비저블맨」의 차별성은 여기에 있다. 이 영화의 주인공은 바로 피해자, 여성이다. 영화 「인비저블맨」은 과학자가 어떤 방식으로, 얼마나 열심히 연구에 매진해 투명인간 슈트를 완성했는지에는 관심이 없다. 관심을 갖는 것은 그것을 어디에, 어떻게 써먹느냐는 것이다. 영화 속에서 투명인간 슈트는 폭력의 수단일 뿐 그 이상도 이하도 아니다.

「인비저블맨」은 사방이 훤하게 뚫린 '유리로 만든 집'에 사는 여자 세실리아로부터 출발한다. 영화는 첫 장면부터 긴장감을 자아내는데, 잠든 남편 몰래 여자가 집 밖으로 탈출하는 과정을 따라가기 때문이다. 남편인 애드리안은 편집증적이며 강압적인 사람이다. 여자의 옷차림이나 식성뿐 아니라 사고방식까지 통제하려 한다. 그런 애드리안이 자신을 버리고 도망간 아내에게 복수하기 위해 투명인간 슈트를 입고 접근한다. 흥미로운 것은 세실리아가 이 남자의 접근을 눈치채고 호소하는 과정이다. 남편이 자살했다는 증거인 사진까지 봤지만 세실리아는 남편의 접근을 알아챘다. 그래서 거듭 남편이 자신을 감시하고 괴롭힌다고 호소하지만 아무도 믿어 주지 않는다. 말 그대로 그는 보이지 않는 존재, 투명인간이기 때문이다. 실제 세실리아가 폭행을 당했는데도 경찰은 믿어 주지 않는다. 그럴수록 세상은 세실리아를 미친 여자 취급한다.

폭력의 체험이 아니라 증거를 내세워야 하는 세실리아의 입장은 어떤 점에서 사이버 성폭력이 만연한 사회에서의 피해자들을 떠올리게 한다. 실제 물리적으로 폭력을 행사하거나 신체적으로 강간한 것이 아니라면 집행유예, 기소유예 등 관대한 처벌을 내리는 양형 기준도 문제다.

피해자의 목소리가 아닌 눈에 보이는 가해자에만 매몰된 구태의연한 관념 속에서 피해자의 절규가 쌓여 간다. 가해자가 숨을수록 피해자의 목소리는 왜곡된다. 사이버 성폭력과 성 착취는 보이지 않지만 존재한다. 투명 슈트를 입은 남편이 세실리아 곁에 있듯이.

사이버 성폭력 가해자들에겐 닉네임과 아이디가 곧 투명인간 슈트다. 가해자가 보이지 않는다고 해서 존재하지 않는 게 아니다. 그런데 왜 우리는 그 호소를 외면했던 것일까?

우리 눈에 보이지 않는다 하더라도 피해자의 목소리에 조금이라도 귀 기울였다면, 적어도 이토록 방치되지는 않았을 것이다. N번방을 비롯한 끔찍한 성폭력은 보이지 않는 가해자를 묵인하는 사이 걷잡을 수 없이 커져 버렸다. 지금 서사가 주어져야 하는 쪽은 가해자, 범죄자가 아니라 바로 피해자다. 우리가 정말 들어야 할 서사는 피해자의 서사다. (2020)

아름다운 뉴욕, 남루한 욕망

드라마 「부부의 세계」(2019)의 원작인 「닥터 포스터」를 쓴 작가 마이크 바틀릿은 그리스 신화 「메데이아」로부터 영감을 받았다고 한다. 메데이아는 그리스 신화의 인물 중 가장 정열적이고 문제적인 여성 캐릭터다. 그녀는 이아손에게 반해 아버지를 배신하고, 국보를 빼돌렸으며 심지어 동생을 죽여 그 시신을 산산이 찢어 버린다. 이아손을 사랑했기 때문에 메데이아는 조국, 고향, 가족 모두를 버리고 이아손을 돕는다.

그런 이아손이 새로운 권력자의 딸과 재혼을 발표한다. 메데이아와 두 사람 사이에서 태어난 자식들까지 먼 곳으로 쫓아내려 한다. 하지만 메데이아에게 갈 곳이란 없고 기댈 곳도 없다. 결국 메데이아는 새 신부와 그녀의 아버지를 죽이고 이아손에게 복수하기 위해 자신의 자녀들을 칼로 찔러 죽인다. 남편의 외도에 복수하기 위해 자기 손으로 자식을 죽인 것이다.

눈길을 끄는 것은 그다음이다. 자기 손으로 자식을 죽인 여자 메데이아를, 이상하게도, 신들이 구출해 준다. 에우리피데스의 희곡 『메데이아』는 이런 광경을 두고, "신들은 예상치 못한 많은 일들로 우리 인간들을 놀라게 하는구나! 우리가 기대하는 일, 이루어지지 않고, 우리 인간이 생각지도 못한 일, 신의 뜻으로 이루어지는구나."*라고 한탄한다. 인간의 선택은 실수투성이라지만 때로 신은 더 잔혹한 일을 허락하기도 한다.

　신이 주사위를 던져 운명을 정한다면, 작가, 예술가는 그저 인간이 저지른 실수를 변명할 뿐이라는 생각이 들기도 한다. 문학과 영화가 인간의 고상한 면만을 담을 수는 없다. 오히려 예술가가 관심을 갖는 것은 인간의 추악하고 엉뚱한 면일 테다. 인간이 집이라면 작가는 그 집에 문과 문고리를 달아 준다. 인간이라는 비밀의 방에 들어가 이해할 수 있는 여지를 만들고, 해석의 실마리를 제공하는 것. 그게 작가의 일이다.

　그렇다고 작가 스스로가 그 '잘못'을 저질러도 되는 것은 아니다. 감독 우디 앨런만 해도 그렇다. 코로나19 사태 와중에 개봉해 소소한 성과를 거두었던 영화 「레이니 데이 인 뉴욕」은 우디 앨런이 2018년에 완성한 작품이다.

　티모시 샬라메, 셀레나 고메즈, 엘르 패닝처럼 젊고 재능 있는 배우들이 주연을 맡고, 주드 로, 레베카 홀 등 실력 있는 중견 배우들이 출연했음에도, 영화의 개봉은 지지부진 밀렸고 결국 미국보다 먼저 유럽에서 선보였다. 2017년 말, 그의 수양딸이었던 딜런 패로가 어린 시절 우디 앨런에게 성추행을 당했다고 밝혔기 때문이다.

　사실 우디 앨런의 추문은 이번이 처음이 아니다. 또 다른 수양딸과의 스캔들에는 합법적 결혼으로 대응했지만 어쩐지 이는 성공한 쿠데타는 처벌할 수 없다는 궤변과 닮았다. 작가의 부도덕은 작품이 훌륭할 때 더 곤란하다. 그동안 몇몇의 우디 앨런 영화는 이런 상황에 부합했다. 하지만 「레이니 데이 인 뉴욕」은 작품으로 보더라도 여러 흠결과 한계가 많다.

---

* 　에우리피데스, 김종환 옮김, 『메데이아』(지만지드라마, 2019).

영화의 유일한 장점이라면 뉴욕의 풍경을 보여 주는 건데, 그마저도 속 빈 강정처럼 허무하다. 영화 속에 등장하는 뉴욕 곳곳은 팬시한 패션 잡지처럼 겉핥기에 불과하다. 관광엽서처럼 뻔한 뉴욕이 뻔하게 그려질 뿐이다. 뻔하다 못해 젊은 여성 캐릭터를 사용하는 방식은 부도덕해 보인다.

영화 속에서 엘르 패닝은 남서부 지방의 부유한 집안에서 성장한 여대생으로 등장한다. 학보사 기자인 그녀는 뉴욕의 중년 남성 셀럽들 앞에서 맥을 못 춘다. 이유는 두 가지다. 촌뜨기라서 뉴욕의 세련됨에 항복하고 아직 어리니 출세한 남성들의 이름값에 굴복하는 것이다. 엘르 패닝이 맡은 캐릭터는 실제 존재하는 20대 여자 대학생의 모습이라기보다 중년의 아저씨들이 꿈꾸는, 환상의 그녀에 가깝다. 중년 남자가 가진 사회적 명망과 지위, 세련된 문화적 태도에 20대 여성이 완전히 반하는 상황 자체가 아저씨, 꼰대의 욕망이라는 의미다.

더욱 문제적인 것은 성공한 중년의 남자들이 학보사 20대 여성 기자에게 바라는 게 단 하나밖에 없다는 것이다. 창조력에 한계를 느낀 감독은 영감을, 상처 입은 시나리오 작가는 위안을, 인기를 확인하고픈 배우는 육체를 원했다지만 사실상 모든 중년의 남자들이 그녀에게 바라는 것은 단 하나다. 바로 젊음. 이유야 어찌 되었든, 「레이니 데이 인 뉴욕」에 등장하는 모든 중년 남성들은 20대 여성에게서 젊음만을 탐한다. 여성의 젊음만이 교환되고 소비될 뿐, 이를 통해 정작 말하고 싶은바는 '남자와 말이 통하는 여자는 드물다.'는 개똥철학이다.

프랑스 철학자 피에르 바야르는 『여행하지 않은 곳에 대해 말하는 법』(2016)이라는 책에서, 어떤 장소에 대해 상상하는 것이 그곳을 방문해 시간을 낭비하는 것보다 더 나을 수 있다고 말한다. 두 눈으로 보는 여행이 눈만 따라다닌다면 오히려 방 안에서 하는 여행이 전체적인 그림을 제공할 수 있다는 의미다.

우디 앨런은 뉴욕에 와서 봐야만 뉴욕을 알 수 있다고 말한다. 자기 눈을 통해 본 뉴욕을 중계한다. 젊은 두 남녀의 시선인 척하는 「레이니 데이 인 뉴욕」에서 막상 조감되는 것은 나이 먹은 남자의 초라한 욕망이다. 때로 영화의 볼거리는 미끼용 눈속임이기도 하다. "왜 이렇게 젊은 여자들은 나이 든 남자를 좋아하지."라고 투덜거리지만 이는 거꾸로 읽는 게 옳다. 나이 든 남자들은 왜 그렇게 젊은 여자들을 좋아하지? 트로피걸이 있어야 성공이 증명되나? 우디 앨런에게 재즈나 뉴욕은 자신의 비루한 욕망을 감추는 그나마도 낡은 위장막에 불과하다. (2020)

가만있지 않는 것

2018년 아카데미가 주목한 「쓰리 빌보드」와 「셰이프 오브 워터」에는 몇 가지 공통점이 있다. 우선 여성이 주인공이라는 점이다. 여성 주인공 영화가 처음이겠냐마는, 말 그대로 여성 캐릭터가 이야기를 이끄는 영화는 오랜만이다. 두 작품 모두 그렇다.

더 의미 있는 것은 그들이 사회적 소수자라는 점이다. 딸아이를 강간 살인 사건으로 잃은 어머니 밀드레드 헤이스나 냉전 시대 연구소에서 청소부로 일하는 농인 여성 엘리사, 그들은 모두 약자다. 물리적으로 보나, 사회적 위치로 보나 두 여성 인물은 모두 '을'이다.

「쓰리 빌보드」의 어머니 밀드레드는 딸아이를 죽인 범인을 찾고 싶지만 사건은 1년이 지나도록 흐지부지 해결될 기미가 없다. 옆집에 사는 이웃의 숟가락 개수도 헤아릴 만큼 작은 동네에서 일어난 끔찍한 살인 사건인데도, 범인은 오리무중이다. 사람들은 그녀의 불행에 동정을 표한다. 하지만 그뿐이다. 안됐다고 이야기할 뿐, 사건을 해결하는 데에는 관심이 없다. 남의 일이기 때문이다.

그런 그녀가 갑자기 일을 벌인다. 마을 외곽에 버려진 광고판 세 개에 1년치 광고비를 선납하고 메시지를 게재한 것이다. "죽어 가는 동안 강간당했다." "아무도 못 잡았다고?" "어떻게 된 거지, 윌러비 경찰서장?" 이 세 개의 입간판은 세 개의 낱말 카드와 같다. 상징적인 세 문장에, 조용했던 마을은 소란해진다. 열아홉 살 소녀가 집에 돌아오는 길에 강간당하고, 불태워졌을 때보다 세 개의 문장에 마을이 더 시끄러워진다. 작고 보수적인 마을의 남자들은 밀드레드를 설득하고, 회유하고, 협박한다. "가만히 있어라." 가만히 있어라, 그렇다고 죽은 딸이 돌아오는 것도 아니다. 가만히 있어라, 경찰들도 열심히 일하고 있다. 가만히 있어라, 지금 경찰서장은 말기 암에 걸려 죽어 가는 중이다. 가만히 있어라, 가만히 있어라.

하지만 밀드레드는 가만히 있을 수 없다. 왜냐하면 바로 그 순간 또 다른 누군가의 딸이 희생될 수도 있기 때문이다. 그러니까 어머니는 죽은 딸을 되살리고 싶어서가 아니라 다른 딸들을 구하기 위해 가만히 있을 수가 없다. 가만히 있으면 어떻게 될까? 문제가 천천히 해결되는 게 아니라 잊힐 뿐이다. 가만히, 조용히, 잊힐 뿐이다. 영화 속 엄마의 말처럼, 가만히 있지 않은 그 며칠 동안 경찰은 1년 동안 했던 것보다 더 많은 조사를 하고, 지역 언론은 몇 번이나 더 취재를 해 갔다.

「셰이프 오브 워터」의 엘리사가 듣는 말 역시 비슷하다. 소변을 보기 전에 손을 씻고 소변을 본 후엔 씻지 않는 것을 자랑스러워하는 남자가 있다. 그는 자기 신체 일부를 만지기 전에는 손을 씻지만 타인의 손을 잡기 전엔 손을 씻지 않는다. 자신의 신체 일부가 타인보다 소중하기 때문이다. 그런 마초가 남미 어느 늪에서 온 신비한 피조물을 고문하고 괴롭힌다. 그 피조물은 비록 우리와 생김새는 다르지만 의사소통도 되고 감정의 교류도 가능하다. 하지만 그에게 그런 건 중요하지 않다. 그 다르게 생긴 피조물은 이상한 물체에 불과하다.

마초 관리자는 모든 것을 우등과 열등으로 나눈다. 흑인은 피부색이 다르니 열등하고, 여성은 자기와 다른 몸을 가졌으니 열등하다. 말을 하지 못하는 주인공 엘리사가 열등한 건 말할 것도 없다. 그는 신이 자신과 똑같은 형상으로 인류를 창조했다고 말한다. 여기서 말하는 '똑같은 형상'은 백인 남성의 모습이다. 그러니까 정상적인 신체를 가진 백인 남자가 가장 신에 가깝고, 나머지는 모두 열등하다. 여자나 흑인이나 괴물이나 모두 다 똑같이 열등한 것이다.

엘리사가 연구소에서 피조물을 구출하려 할 때, 모든 사람들이 "가만히 있어라."라며 만류한다. 하지만 적어도 엘리사에게 그 피조물은 우리와 똑같은 생명체다. 그 피조물은 우리의 이웃인 것이다. 동등한 존재와 사랑에 빠지는 건 이상한 일이 아니다. 생명을 가졌다면 모두가 서로 사랑을 나눌 수 있다. 그래서 엘리사는 그를 사랑한다.

힘을 가진 자들, 해결할 권력을 가진 자들은 말하곤 한다. 가만히 있어라. 그들은 을이, 피해자가, 힘없는 자가 가만히 있기를 바란다. 가만히 있으면 거슬리지 않고, 눈에 띄지 않으니까. 하지만 생명을 가진 존재는 가만히 있을 수 없다. 가만히 있는 것은 죽은 존재들이다. 그러므로 우리는 더더욱 가만히 있어서는 안 된다. 2018년 점점 더 커져 가는 '미투' 운동 역시 마찬가지다. 가해자들은 지금 이 순간도 피해자들이 가만히 있기를 원한다. 아니 가만히 있을 수밖에 없으리라 자신했을 것이다. 하지만 가만히 있지 않을 것이다. 가만히 있지 않는 것, 그건 힘없는 자들의 존재 증명이자 권리다. (2018)

여성 그리고 주인공

"러브란 무엇인가." 드라마 「미스터 션샤인」의 주인공은 목하 영어 공부 중이다. 20세기 초반을 배경으로 한 드라마에서 고애신은 진보적 여성으로 묘사된다. 그 진보성을 보여 주는 게 바로 '배움'이다. 근대식 학당에 출입하고, 외국어를 배운다. 남몰래 총기 사용법도 배운다. 배우는 것 자체가 여자에겐 도전이었으니 말이다.

아주 오랜 기간 여성 서사엔 금기나 금지가 등장했다. 만지면 안 되는 물레, 먹어서는 안 되는 양배추, 열어서는 안 되는 문처럼 말이다. 세월이 흐르면서 동화 속 금기들은 현실적 금지로 변주되기 시작했다. 여자가 들어가서는 안 되는 학교, 여자가 일할 수 없는 직장, 여자가 해서는 안 될 이혼처럼 말이다.

영화 「미스비헤이비어」(2020)에선 대학이 금지된다. 1970년대 여성의 입학을 불허하던 대학이 여전히 존재했던 영국에서 샐리 알렉산더는 드물던 옥스퍼드 대학교 여성 학생이다. 여성운동가이자 역사가로 알려진 그녀였지만 교실에선 무시당하기 일쑤였다. 대학의 문이 여성에게 개방되었다고는 하지만 진짜 열린 건 아니었던 셈이다.

이런 장면은 얼마 전 세상을 떠난 미국의 연방대법관 루스 베이더 긴즈버그의 생애를 다룬 「세상을 바꾼 변호인」(2018)에도 등장한다. 하버드 로스쿨 여성 입학자들은 공공연히 남자 몫을 뺏은 존재로 취급되고, 그녀의 발언은 귀여운 의견이나 과도한 참견 정도로 무시된다. 그가 하버드 로스쿨의 문은 열었지만 로펌 취업에 실패한 이유도 마찬가지다. 진지하게 함께 일하는 동료로서의 문이 닫혀 있었던 것이다.

실존 여성을 주인공으로 한 많은 작품은 문을 여는 과정의 지난함을 보여 준다. 배우고 일을 하는 것 자체가 투쟁의 결실이던 시절을 재현하는 것이다. 그런 점에서, 영화 「삼진그룹 영어토익반」(2020)은 비슷한 맥락에 있다. 그룹, 영어 등의 제목이 여성에게 불허된 배움이나 취직, 승진에 대한 이야기를 예상케 하는 것이다. 그러나 「삼진그룹 영어토익반」은 여성에 국한된 이야기라기보다 사무실 소품처럼 늘 거기 있을 것이라고 외면받던 힘없는 자들의 이야기라고 보는 편이 옳다. 등장인물 중 하나인 이자영은 시작 부분에서 "마이 드림 이즈 커리어우먼."이라고 말한다. 영화는 우먼으로서의 어려움이나 장애도 이야기하지만 무엇보다 "커리어"에 방점을 찍는다. 일하는 사람이 되는 꿈, 그 꿈과 현실이 만났을 때를 다루고 있다.

대기업 정규직이라는 데 자부심을 가졌던 인물들은 그 꿈의 직장이 협잡과 비리, 범죄의 온상임을 알게 된다. 그리고 밥줄을 지키려 힘 있는 자들이 기회주의적 선택을 할 때, 상고 출신이라며 무시받던 그들이 윤리적 해결을 모색한다.

불평등과 싸우고 닫힌 문을 열고 나아가는 이야기는 영화가 매우 사랑하는 주제 중 하나다. 흑인 남성이 주인공이라고 해서 흑인 영화라고 부를 수 없듯이 여성이 주인공이라고 해서 무조건 여성 서사는 아니다. 그러나 우리는 안이하게도 여성이 등장하는 이야기를 쉽게 여성 서사라고 부르기도 한다.

여성의 이야기라고 해서 모두 페미니즘 영화라고 할 수는 없다. 사회적으로 닫혀 있던 문을 하나둘씩 열어 가던 여성-사람들의 이야기를 뜻하던 페미니즘이 언제부터인가 갈등의 낙인처럼 활용된다. 영화 속 여성의 등장 비율을 따지는 벡델 지수는 페미니즘 수치가 아니다. 세상 구성원의 절반이 여자이므로 여성의 이야기가 대중 영화의 절반쯤은 되어야 한다는 것, 그런 보편적 기대가 바로 벡델 지수다.

남자 셋이 주인공인 영화는 장르 영화인데 여자 셋이 주인공인 영화는 왜 여성 영화로 분류되어야 할까? 그런 성비가 기준이 되지 않는 순간, 그런 미래를 기다린다. (2020)

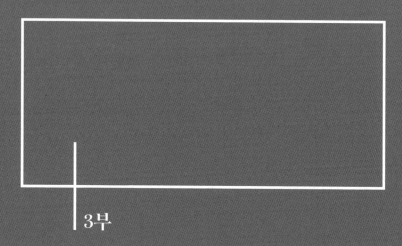

3부

영화의 태도

[삶이 묻고 영화가 답하다]

부끄러움을 배웁니다

"의지(意志)와 지성(知性)은 동일한 것이다." 시인이 바라보는 칠판 위에는 이 한 문장이 쓰여 있다. 의지와 지성은 과연 동일한 것인가? 분명한 것은 의지와 지성이 동일해야 할 때가 있다는 사실이다. 이탈리아의 학자 조르조 아감벤은 자신의 시대에 시선을 고정함으로써 빛이 아니라 어둠을 자각하는 자를 일컬어 동시대인이라고 말한 바 있다. 아감벤에 따르자면 동시대인이란, 시대의 어둠을 보고, 펜을 현재의 암흑에 담그며 써 내려갈 수 있는 자다.

문학이란 어둠 속에서 아직 다가오지 않은 빛을 포착하는 행위다. 시를 쓰고, 소설을 쓰고, 산문을 쓴다는 것은 곧 잠행 가운데서 미래를 기다리는 행동이기도 하다. 문학을 한다는 것은 동시대인이 되겠다는 선언이다. 그런 점에서 시인 윤동주는 어둠의 일제강점기를 온몸으로 관통한 동시대인이라고 할 수 있다. 그의 생애를 그린 영화 「동주」(2015)가 우리에게 부끄러움을 가르쳐 주는 이유이기도 하다.

영화 속 「동주」는 내내 망설이고, 부끄러워하고, 처참해한다. 부끄러움의 차원은 다양하다. 우선, 친구이자 사촌인 몽규에 대해 느끼는 상대적 열등감과 부끄러움을 들 수 있다. 같은 곳에서 나고 자란 몽규는 언제나 반보씩 동주를 앞선다. 시를 사랑하고, 시인이 되고자 애썼지만 몽규가 먼저 동아일보 신춘문예에 당선된다. 그런 몽규는 시대의 어둠 앞에 자신만의 목소리를 갖고 소리친다. 이 점이 또 동주를 부끄럽게 한다. 몽규는 시란 나약한 감성이라며 몰아치지만 동주는 시 안에 삶의 진실이 있다고 믿는다.

두 번째 부끄러움은 동주가 믿고 있는 시 안의 진실을 말하기에 세상이 점점 엄혹해졌다는 데서 비롯된다. 창씨개명, 징집 명령과 같은 상황에서 하늘과 바람과 별을 노래한다는 것 자체가 어쩐지 부끄러운 일이 되고 만 것이다. 조선어로 글을 쓰는 것이 불가능해진 시절, 이는 곧 조선어로 생각하는 것 자체가 금지되리라는 신호이기도 했다. 동주는 여태껏 마음속 깊은 곳에 있는 어떤 감정들이 모여 세상을 변화시킨다는 워즈워스의 신념을 믿었지만, 조선어를 잃을 위기에 처하자 그만 괴로움에 빠지고 만다.

세 번째 부끄러움은 이 참혹한 시기에도 무엇인가를 사랑하고 있다는 데에서 기인한다. 세상은 사랑이나 낭만을 허락하지 않는데 시인은 자꾸만 그것을 바라고 꿈꾼다. 그 바람을 시인은 부끄러워하고, 반성하고, 참회한다. 그는 순수하고 평화로운 세계에서 사랑하며 살아가고 싶지만 세계가 그것을 허락하지 않는다. 동주는 철저히 자신의 시대와 불화했고 그렇기 때문에 철저한 동시대인이었다.

똑똑한 인간들이 자신의 시대를 증오하며 벗어나고자 하는 동안 동주는 자신이 이 시대에 속해 있음을 부인하지 않는다. 여기서 말하는 똑똑한 인간들이란 시류의 변화에 적극적으로 몸을 얹었던 자들, 정지용이 윤동주의 첫 시집 서언에 적었던 "부일문사(附日文士)", 영화 속 연희전문학교 교장 윤치호와 같은 자들일 것이다. 하지만 동주는 자신의 시대에 밀미를 겪으면서도 시대를 외면하거나 멀어지고자 하지 않았다. 거기서, 그의 부끄러움이 나타나고 그 부끄러움이 하나의 윤리이자 미학이 된다.

「동주」가 윤동주의 삶을 그리되 송몽규와 나란히 제시하는 것은 그런 의미에서 의미심장하다. 우리는 흔히 우정이란 무조건 같은 길을 가는, 동지애적 관계일 것이라고 믿는다. 하지만 「동주」에 묘사된 우정은 자신의 고유한 존재감 속에서 친구의 존재를 인정하는, 깊은 우정이다. 동주는 몽규에게 이상이 되어 주고, 몽규는 동주가 잊지 말아야 할 현실이 되어 준다. 서로가 서로에게 부끄러움이 되어 주는 이 관계는 어쩌면 우리가 잊고 있는, 공동체 속에서의 우정이 가져야 할 이상일지도 모르겠다.

사실 동주의 시는 발표를 염두에 두지 않고 쓰였다. 그래서 그의 시는 마치 일기 같다. 이는 그만큼 그의 시에서 보이는 자기반성이 거짓 없는 고백이라는 점을 말해 준다. 동주는 부끄러움이라는 포즈를 취한 것이 아니라 진정 스스로를 반성한 시인이다. 문제적인 것은 그가 살았던 시대가 부끄러움조차 억압했던 시절이라는 사실이다. 그가 검거되었던 1943년은 독립을 "꿈꾸는 것" 자체가 매우 반역적인 활동으로 간주되던 처참한 때였다. 생각과 염원조차 검열당할 때, 시인은 세상을 떠나고 부끄러움은 유실되고 만다.

동주의 삶에 비하자면 우리는 얼마나 뻔뻔한 하루를 살아가는 것일까? 그러므로 우리는 동주의 삶에서 부끄러움의 방식을 배워야 한다. 부끄러워해야 할 사람들은 오히려 큰소리를 치고 수치나 모멸의 공격적 언어로 사태를 무마한다. 무릇 훌륭한 문학은 우리에게 부끄러움을 가르쳐 준다. 우리는 부끄러움 가운데서 스스로의 부조리를 바라볼 수 있다. 부끄러움을 통해 우리는 이 이기적인 "나"의 굴레로부터 벗어나 "나"로 되돌아올 수 있다. "밤이면 밤마다 나의 거울을/ 손바닥으로 발바닥으로 닦"아 스스로를 부끄러움 속에서 발견해야 할 것이다. 부끄러움을 배워야 한다. (2016)

힙의 원천 클래식

　방탄소년단의 앨범 「Map of the Soul」은 페르소나라는 부제를 가지고 있다. 앨범 제목인 '영혼의 지도'도 충분히 시적이지만 페르소나라는 부제는 무척이나 인문학적이다. 페르소나는 원래 연극 용어로 가면과 탈을 의미한다.

　사람은 살아가면서 필연적으로 여러 얼굴을 가질 수밖에 없는데, 그런 인격을 가리켜 페르소나라고 부르기도 한다. 건강한 사회인이라면 누구나 지니고 살아가는 가면이지만 때론 무척 피곤하고 고단한 게 가면을 쓴 삶이기도 하다.

　유튜브 최단 기간 1억 뷰를 달성했다고 화제가 된 「작은 것들을 위한 시」의 뮤직비디오는 고전 뮤지컬 영화 「사랑은 비를 타고」에 대한 오마주를 아끼지 않았다. 할리우드의 뮤지컬 전성기에 제작된 「사랑은 비를 타고」는 무려 60여 년 전인 1952년 작품이다. 하지만 영화 속에 담긴 성공에 대한 풋풋한 열망과 사랑의 힘은 여전히 현재적이다. 이 현재성은 오마주와 패러디를 통해 연장된 생명력이다. 끊임없이 현재적인 작품에 소환됨으로써 고전은 박제가 아닌 현재로 살아난다.

　삶의 방식은 달라져도 삶의 속내는 크게 바뀌지 않는다. 인터넷이 처음 등장했을 때, 삶이 완전히 달라질 줄 알았다. 스마트폰을 모두 하나씩 손에 쥘 때도 그랬다. 삶의 방식이 달라지긴 하지만 그렇다고 만나고, 사랑하고, 헤어지고, 좌절하고 아픈 삶의 구석구석이 변하는 것은 아니다. 방식이 달라진다 해도 삶에서 느끼는 희로애락은 그대로다. 고전을 읽고, 보는 이유 한 가지가 여기에 있다. 오히려 단순하고 담백하게 희로애락의 뼈대가 상당히 깊이 있게 다뤄지는 것을 볼 수 있다. 삶을 살아가면서 인간을 괴롭히고 즐겁게 하는 일들이란 생각보다 무척 단순하고 명백하기 때문이다.

새로운 내러티브 플랫폼의 강자로 떠오르고 있는 넷플릭스의 이야기들도 가만 보면 무척이나 고전적이다. 넷플릭스 오리지널 드라마 「너의 모든 것」(2018)은 배경이 서점이고 등장인물이 서점 주인과 작가라서 더욱 그렇겠지만 무척 많은 클래식 문학작품들의 흔적이 남아 있다. 매력적이지만 무서운 이면을 지닌 남자는 샤를 페로의 동화 『푸른 수염』(1697)을 떠올리게 한다. 시체가 있는 비밀의 방이라는 상상력은 더욱 닮아 있다. 실제 드라마 열 번째 에피소드의 제목은 '푸른 수염의 성'이기도 하다. 상대를 파괴하고라도 소유하고자 하는 사랑의 방식은 『폭풍의 언덕』(1847) 히스클리프의 집착을 생각하게 한다. 남자 주인공이 여자 친구가 된 주인공에게 『폭풍의 언덕』 초판 양장본을 선물하기도 한다. 고전에 등장하는 다양한 사랑의 방식이 드라마 「너의 모든 것」에 새로운 형태로 재현되어 있는 것이다.

케이블 채널 쇼타임이 제작한 드라마 「홈랜드」(2011~2020)는 어떤 점에서 트로이의 목마 신화로 읽힌다. 선물인 줄 알았는데 결국 내부에 침입한 첩자였던 트로이의 목마는 「홈랜드」 전반부의 미스터리를 담당한다. 진짜 선물인가 아니면 선물을 가장한 적인가, 이 매력적인 서사는 탄력적 긴장감을 선사한다. 바른말을 하지만 아무도 그 말을 믿어 주지 않는 중동 전문 CIA 요원은 신뢰받지 못하는 예언 능력을 가졌던 카산드라의 현대적 캐릭터이기도 하다. 매우 미국적이면서 현대적인 캐릭터와 에피소드 들은 흥미롭게도 무척이나 오래된 신화와 통한다.

세련되고 힙한 드라마, 영화, 뮤지컬 작품들의 서사 밑으로 오래된 고전의 힘이 흐르고 있다. 텍스트로서의 외면이 스토리라인이라면 그 아래를 흐르는 서브텍스트엔 이렇듯 오래된 것들의 힘이 의젓하게 자리 잡고 있다. 이는 오래된 것들을 다시 읽고 보고 꺼냄으로써 새로운 것에서 오래된 맛을 읽어 내는 기쁨이기도 하지만, 한편으로 새로운 것을 만드는 원동력이 바로 오래된 것을 공부하는 일에 있음을 알려 준다. 새로운 것을 만들고 싶다면 오히려 아주 오래된 것들을 다시 읽고, 보는 게 도움이 된다.

화재로 노트르담대성당의 첨탑이 소실되는 것을 보며 사람들이 놀라고 눈물을 흘린 이유도 여기에 있을 것이다. 노트르담대성당은 단순한 건축물이 아니라 누군가의 삶과 이야기 그리고 수많은 사건이 지나간 장소다. 현재 존재하지는 않지만 한때 있었던 사람들의 체온과 지문이 남아 있는 곳이며, 이제 더 이상 보이지 않지만 어떤 기운이 남아 있는 곳이다. 공간이 이야기가 되었고 다시 이야기가 공간을 풍부하게 한, 공간적 고전의 공간인 셈이다.

1954년의 「사랑은 비를 타고」의 아우라가 「라라랜드」와 「작은 것들을 위한 시」에 영향을 주고, 『푸른 수염』, 트로이의 목마와 같은 이야기들이 새로운 상상력을 자극한다. 그 자극을 통해 새로운 작품들이 또다시 태어난다. 음악이 될 수도 있고, 미술이 될 수도 있고, 다른 이야기가 될 수도 있다.

인문학이란 그러므로 삶의 흔적에 대한 공부일 테다. 두고두고 다시 읽고, 보고, 써도 닳지 않는 삶의 어떤 정수가 들어 있는 것, 그게 인문학이다. 거기엔 삶의 흔적이 남아 있다. 삶은 일회적이며 죽음은 필연적이지만 그 흔적이 곧 공부가 되니 참 다행이다. (2019)

종적 연민에 대하여

처음 본 이야기는 아니었다. "헝가리 의사 미클로스 니즐리는 아우슈비츠 특수부대의 극소수 생존자 가운데 한 사람이었다." 살아남은 그는 몇 가지 이야기를 전해 줬다. 한 소녀의 이야기도 그중 하나였다. "얽히고설킨 시체들의 몸을 풀어 호스의 물로 씻고는 화장터로 시체들을 운반한다. 그러나 맨 밑바닥에서 그들은 아직 살아 있는 소녀를 발견한다."* 소녀는 가스실에서 기적적으로 살아났지만 아우슈비츠에서 그건 기적이 아니다. 살아남은 소녀를 의사가 살해한다. 죽어야 하는데 살아남았으니 살인은 침묵 속에 조용히, 일처럼 진행된다. 사람들은 무스펠트가 가스실에서 살아남은 그녀의 목을 내리치는 장면을 그대로 보고 있을 수밖에 없었다.

니즐리의 경험담은 또 다른 생존자인 프리모 레비가 쓴 회고록 『가라앉은 자와 구조된 자』(1986)에 실려 있다. 그는 이를 두고 아주 예외적인, 전무후무한 경우라고 썼다. 프리모 레비는 생환 뒤 여러 편의 소설을 썼지만 이 회고담을 마지막으로 세상을 떠났다. 세상을 떠난 방식은 자살이었다. 프리모 레비의 글을 읽다 보면, 왜 자살이었는지 이해할 수 있다. "자살은 동물의 행위가 아니라 인간의 행위"**이

---

* 프리모 레비, 이소영 옮김, 『가라앉은 자와 구조된 자』(돌베개, 2014).

** 같은 책.

기 때문이다. 놀랍게도 포로 생활 도중에 자살하는 사람은 거의 없었다고, 그는 덧붙였다.

끔찍한 이야기라고 생각했다. 통렬하게 스스로를 모멸하고, 악을 깊이 있게 들여다본 문장에는 밑줄도 그어 두었다. 그런데 나는 그만, 이 사건을 재현한 허구의 이야기 앞에서 얕은 비명을 내지르며 울어 버리고 말았다. 라즐로 네메스 감독의 「사울의 아들」(2015)을 보고 말이다.

기차에서 내린 사람들이 물 한 잔 마실 여유도 없이 어떤 건물에 들어가 옷을 벗고, 한꺼번에 샤워실에 들여보내진다. 샤워를 마치면 따뜻한 차를 줄 테니, 식기 전에 얼른 씻고 나오라며, 독일군이 이야기한다. 옷걸이의 번호를 기억하라고 일러 주기도 한다. 하지만 잠시 후 이 모든 게 '잔인한 농담'이었음을 알게 된다. 그들은 가스를 마신 후 시신이 되어 돌아온다. 그런데 이 시신들 가운데 아직 살아 있는 소년이 발견된다. 존더코만도(sonderkommando)라고 불리는 시체처리반은 깜짝 놀라 의사를 부른다. 다급히 온 의사는 청진을 하더니 손수 숨을 멎게 하고 부검을 명한다.

소년의 생존은 늘 같은 방식으로 진행되던 대학살의 공정 중 오류처럼 다뤄진다. 하지만 평범한 일상적 범죄가 그 일상성을 잃는 순간 마치 깨진 유리잔처럼 흔들리던 그들의 눈빛을 지울 수가 없다. 한나 아렌트가 왜 악의 평범성을, 악의 습관성이자 상투성이라 불렀는지도 단번에 이해가 간다. 가스실에서 살아남는 건 상투적 상황을 벗어난 예외적 사태이니 말이다.

그런데 한 존더코만도가 시신에서 눈을 떼지 못한다. 부검의에게 직접 시신을 전하겠다고 나선 그에게 누군가 묻는다. "아는 사람인가?" 포털사이트의 「사울의 아들」 소개글은 "시체 처리반으로 일하던 남자 앞에 오늘, 아들의 주검이 도착했다."라는 한 줄로 요약되어 있다. 그 장면이 바로 이 순간이었다.

영화는 멍한 표정의 남자를 사울이라고 소개한다. 우연처럼, 터무니없을 만큼 담담한 태도로 말이다. 사울이라는 이름을 가진 남자가 안고 온 사체는 그의 아들이다. 순간 사체는 '토막'이 아니라, '사울의 아들'이 된다. 그때 책에서 읽었던 소녀 역시 사체가 아닌 "그 소녀"가 되어 무겁게 다가온다. 소년과 소녀가 토막이 아니라 우리와 같은 '인간'임을 절감하게 되는 것이다.

우리는 쉽게 어떤 사태에 대해 이해했다고 믿는다. 살아나고도 거듭 살해당한 소녀를 보며 그 고통이 어떠했을지 이해한다고 쉽게 말한다. 하지만 「사울의 아들」은 그 이해라는 것이 얼마나 위선적인지를 보여 준다. 내 아들이 눈앞에서 죽었다면 그리고 기적적으로 살아남은 그 아이가 다시 죽임을 당하는데 손을 놓고 있었다면, 내가 그 아버지였다면 어떤 마음이었을까? 그건 도저히 이해할 수 없는 문제이며 상황이다. 영화는 우리가 쉽게 건네는 위로나 이해가 얼마나 이기적인 것인지를 절절하게 전달한다.

영화의 힘은 여기서 확인된다. 기록에 남은 실제 소녀의 죽음보다 스크린에 펼쳐진 소년의 죽음이 더욱 생생하다. 눈으로 목격하니 각자의 몫에 남겨진 상상력이 아니라 선명하게 그 상황을 보게 된다.

우리는 그렇게 가상의 인물 사울을 통해 불행의 깊이를 질문하고 연민을 경험한다. 이게 바로 종적 동일성이며 거기서 비롯된 연민이다. 그 어떤 사자도 배고픔을 해결하기 위해 사슴을 잡는 데 연민을 느끼지 않는다. 개구리는 파리를 잡아먹고, 갓 태어난 거북이는 갈매기의 밥이 된다. 연민은 같은 종 사이에서 발생할 수 있는, 고통의 교감이다. 인간이 인간에게 느끼는 것이 바로 연민인 것이다.

루소는 이 종적 차이를 다른 곳에서 발견했다. 왕이 백성에게 동정심을 갖지 않는 것은 그들이 결코 인간임을 믿지 않기 때문이며, 귀족이 평민을 멸시하는 것은 그들이 결코 평민이 되지 않을 것이기 때문이라 말했다. 『에밀』에 쓰인 이 구절은 인간의 연민이 왜 평등과 연관될 수밖에 없는지 잘 보여 준다. 종적으로 연민해야 마땅하지만 같은 처지여야만 공감할 수 있다. 계급과 신분이 나뉜 세계에서 하인이 일하다 죽는 것은 다반사지만 귀족이 낙마 사고로 죽는 건 슬픈 일이다. 바꿔 말하면, 부자는 결코 자신이 가난해지지 않을 것이기 때문에 빈자를 연민하지 않고, 정치가는 일반 시민이 될 턱이 없다고 여기기 때문에 권위적이다.

　우리는 모두 같은 종으로서, 인간으로서 계급이나 지위, 부의 여부를 차별적 특권으로 여기지 않고 평등할 때 서로를 연민할 수 있다. 인간이 되는 것, 그것이 바로 연민의 기반이다. 이는 역설적으로 말해, 타인의 고통에 무감한 것은 타인을 같은 인간으로 여기지 않음을 의미하기도 한다. 연민이 없는 자는 무자비하고 냉정한 사람이 아니라 스스로를 다른 '종'으로 여기는 배타적 사태다. 그건 내 일이 아니라는 무관심은 단순한 부주의가 아니라 사실상 책임의 회피이자 방기인 셈이다.

　아우슈비츠 생존 작가인 프리모 레비가 이것이 인간인가, 라고 물었던 이유도 여기에 있을 것이다. 인간이 인간일 수 있는 것은 같은 종으로서 인간의 형편에 연민을 느끼기 때문이다. 만일 타인의 고통에 무감하다면 그것은 스스로를 그 타인과 같은 '인간'으로 여기지 않기 때문이다. 나 자신이 아직 인간인가를 확인하고 싶다면 자신 외에 무엇을 연민하는가를 물어야 할 것이다. 연민함으로써 인간은 인간일 수 있다. (2016)

관심병과 악의 진부함

한나 아렌트가 말한 악의 '평범성'(banality)은 악의 '진부함'이라고 번역하는 게 더 나을 때도 있다. 아렌트는 믿기 힘든 악행을 저지른 사람들이 의외로 스스로를 이상주의자로 여긴다고 말한다. 삶에서 이상을 실천하는 사람, 이상을 위해서라면 어떤 것이라도 희생시킬 각오가 된 사람, 필요하다면 자신의 부모도 죽음으로 보냈을 사람들 말이다. 그들은 자신의 악행에 도덕을 초월하는 이상을 부여하며 악행을 저지른다. 악행을 합리화하는 것이다.

이런 악행에는 늘 상투적이고 관용적인 표현이 동원된다. 영화 「액트 오브 킬링」(2013)에 등장하는 '반공'도 그중 하나다. 「액트 오브 킬링」은 1965년과 1966년 사이, 1년 동안 100만 명의 사람을 희생시킨 인도네시아 군부의 민간인 학살에 대한 다큐멘터리 작품이다. 문제적인 것은 영화가 카메라 앞으로 불러낸 증언자들이다. 대개 역사적 피해자가 소환되는 관례와 달리 「액트 오브 킬링」은 그 일들을 주도했던 가해자들, 안와르 콩고와 정치 갱스터들을 카메라 앞에 세웠다. 가해자들에게 학살을 재연해 보도록 한 것이다.

우리의 상식선에선 그들은 이런 제안을 거절해야 마땅하다. 하지만 가해자들, 주범들은 신이 나서 요구에 응한다. 그들에게 학살은 잘못된 일이 아니었던 것이다. 「액트 오브 킬링」은 우리가 인간에 대해 갖고 있는 믿음의 마지노선까지 흔든다. 우리는 적어도 모든 인간에게 수치심이나 죄의식이 있을 것이라고 여긴다. 아니, 믿고 싶어 한다. 악행을 저지르기도 하지만 그것이 실수라고, 그 악행을 반성할 수 있다고 믿는 것이다. 그런 선한 자질이 인간에게 있다고 믿고 싶어 한다. 하지만 「액트 오브 킬링」 속 학살의 주범들은 스스로의 범행을 부끄러워하기는커녕 자랑스럽게 떠벌린다. 과거 학살을 영화로 촬영한다고 제안하니 마치 대단한 기록영화의 주인공이라도 되는 양 흥분한다. 영화에 "내"가 나오는 것이다!

그들이 카메라 앞에서 취하는 행동은 승리한 자의 모습이다. 마당에 고인 피를 처리하기가 귀찮아서 철사로 교묘히 죽이는 방법을 고안했다고 말하는 안와르 콩고의 모습은 대단한 비책을 전수하는 고수처럼 당당하다.

반면 피해자 역할은 캐스팅이 잘 안된다. 공산주의자들이라며 수많은 주민이 죽어 나간 마을에 도착한 제작팀이 공산주의자 배역이나 엑스트라를 맡으라며 사람들을 모집했지만, 누구도 쉽게 여기에 응하지 못한다. 피해자들에겐 재연 자체가 상처이자 공포다. 공산주의자는 연기도 하기 힘든 금기의 역할이다. 그건 단순히 배역일 수가 없다. 그 이름 때문에 죽은 자가 숱하다. 그건 연기할 수 없는, 실제의 상처이자 공포였으니 말이다.

그러나 가해자들은 신났다. 대학살은 그들에겐 자랑스러운 승리의 훈장이다. 가해자들에겐 과거지만 아직 대부분의 사람들에게는 현재적 이야기다. 상처가 현재진행형인 사람들에게 재연은 공포스러운 제안이자 자신을 건 모험일 수밖에 없다. 피해자에게는 그건 기승전결이 있는 서사지만 가해자에게 그냥 하나의 장면이다.

영화가 가진 힘 중 하나는 바로 자기 반영성이다. 아이가 태어나 처음 거울을 보며 자기 자신을 객관적으로 인식하듯이 영화는 상투화된 삶을 낯설게 해 준다. 「액트 오브 킬링」은 영화의 자기 반영성을 끝까지 밀고 나간다. 대학살의 주역들이 대학살을 재연함으로써 실제 역사에 없던 것들이 조금씩 비집고 들어간다.

이 흔들림 가운데서 대학살의 주역은 대학살의 원흉이 된다. 그는 공산주의자 척결의 영웅이 아니라 대학살의 원흉일 뿐이다. 촬영된 자기 모습을 보며, 학살자는 처음으로 그것을 지켜보는 관객이 된다.

가해자 안와르 콩고는 피해자 역을 직접 해 보고 나서는 공포를 느꼈다고 말한다. 그제야 자신이 고문했던 사람들도 공포를 느꼈겠죠, 라고 반문한다. 그때 카메라 뒤에 있던 목소리가 대답해 준다. "당신은 이게 영화라는 것을 알고 있지만 그들은 곧 죽게 되리라는 사실을 알았겠죠." 이 말을 듣고 안와르 콩고는 잠시 심란한 표정을 지어 보인다. 마치 피해자의 심정을 이해라도 했다는 듯이 말이다.

하지만 그것은 이해가 아니다. 일주일간의 군대 체험 프로그램에서 화생방 훈련을 마치고 진짜 군 생활을 말하는 연예인처럼 안와르의 심란함도 일회적이다. 공포는 한 번의 재연으로 이해하거나 깨달을 수 있는 감정이 아니다. 인간의 내면이나 상처란 그렇게 간단하지도 단순하지도 않다. 만일 그처럼 단순하게 반성이 이뤄질 수 있다면, 악은 그처럼 진부하게도 평범하지는 않을 것이다. 어쩌면 그 심란함조차 진부함의 일부일지도 모르겠다.

가해자가 심란함이나 반성을 연기할 수 있다는 것을 이미 우리는 여러 차례 역사 속에서 보아 왔다. 가해자는 무대를 좋아한다. 무대라면 반성의 연기도 서슴지 않는다. 그들이 대학살의 주범이 될 수 있었던 것도 삶을 주연과 조연으로 나누는 이분법적 사고 탓이 크다. 각각 하나하나의 삶이 다 소중하고, 그들이 그 삶의 주연이라고 여겼다면 그렇게 함부로 타인의 목숨을 빼앗고, 그 삶의 기반을 파괴할 수 있었을까?

무대만 주면 그들은 무슨 연기든 한다. 무대에 설 수만 있다면, 주연이 되기만 한다면, 나머지 모든 가치를 버릴 수 있는 자들. 악은 유아적 관심병에서 비롯된 아주 오래된 진부함일지도 모르겠다. (2014)

마음과 프로그래밍

"마음의 빛을 이용하자는 겁니다. 마음의 움직임이 가장 무서운 것 아니겠소." 영화 「밀정」에 등장하는 의열단장 정채산은 적을 자신의 편으로 만들기 위해 마음을 이용하자고 말한다. 정채산의 말은 영화 「밀정」을 관통하는 주제 중 하나다. 「밀정」은 마음에 대한 영화인 셈이다. 「밀정」에서 발견되는 마음은 세 가지로 나눌 수 있다. 하나는 흔들리는 마음이고 두 번째는 변하는 마음이며 마지막 하나는 사랑하는 마음이다.

「밀정」은 그중에서도 흔들리는 마음에 주목한다. 친일파가 됐다가 항일 운동지사를 돕다가, 왔다갔다 갈피를 잡지 못하는 그런 마음 말이다. 영화 속에서 이정출은 스스로를 이문에 따라 몸을 옮기는 봉급생활자로 규정한다. 봉급을 더 주는 사람에게 몸을 바치는 것, 21세기 자본주의사회에서는 이상할 것도 없을 일이다.

두 번째 마음은 우리가 흔히 변심이라고 말하는 것이다. 그런데 영화 속에서 동지의 정보를 팔아먹은 변절자는 왜 변심했느냐는 질문에 "변심이 아니라 작심이지."라고 대답한다. 마음이 있었는데 바뀐 게 아니라 새로운 마음을 먹었다는 의미다. 하긴, 동지와 조국을 배반하는 데 필요한 것은 변한 마음이 아니라 아예 다른 마음일 것이다. 그걸 변한 마음이라고 하기에는 마음의 결이 완전히 다르다.

나머지 하나는 끝끝내 드러내지 못한 진심, 사랑이다. 드러내지 못한 사랑이 사랑하는 사람을 오히려 위험에 몰고 간다. 나라를 위한 충심과 연인을 위한 연심 중 어느 것이 더 무겁고 귀할까? 대개 우리와 같은 평범한 사람들은 연심을 먼저 선택할 것이다. 하지만 역사 속, 영화 속 항일 지사들은 연심을 버리고 충심을 택한다. 둘 다 무겁고, 뜨겁고, 진실하다. 그 어려운 선택을 항일 지사들은 해낸다. 연심을 버릴 정도라면 자기에 대한 애착 따위는 있을 턱이 없다.

항일 지사와 독립투사의 뒤를 캐며 그 정보를 일본 경찰에 넘기는 정보원은 상해임시정부를 두고 이렇게 표현한다. "거지꼴을 한 자가 장관이랍시고 앉아 있고, 또 그가 하는 일이라고는 여기저기 돈을 꾸러 다니는 일입니다." 그렇다. 임시정부의 장관은 거지꼴을 하고 있지만 임시정부의 정보를 판 밀정은 일본 경찰의 간부가 되어 비싼 술과 음식을 먹는다. 그리고 그는 그것을 '녹봉을 받아먹는 일' 정도로 치부한다. 돈이 들어오면 마음은 우스워진다.

그런데 마음이란 도대체 무엇이며 또 어디에 있는 것일까? 2016년 알파고가 이세돌 기사를 이겼을 때, 사람들이 충격을 받은 이유는 다름이 아니다. 인공지능이 생각할 수 있는 기능 정도가 아니라 영혼을 가진 것은 아닐까 두려워지기 시작한 것이다.

우리는 종종 SF 영화 속에서 마음을 가진 기계들을 본 적이 있다. 기계인지 인간인지를 구분하는 튜링 테스트는 엄밀히 말해 인지능력에 대한 테스트지 마음에 대한 테스트가 아니다. 그렇다면 마음은 무엇이고 생각은 또 무엇일까? 하버드대학교 스티븐 핑커 교수는『마음은 어떻게 작동하는가』라는 책에서 마음을 기계적으로 이해해 보고자 했다. 핑커는 로봇에게 선한 마음을 입력하기 위해서는 많은 장치가 필요하다고 말한다. 아니, 애초에 선한 게 무엇인지를 규정하기도 어렵다.

AI는 알고리즘을 통해 프로그래밍된 것들을 실행한다. 2015년 영화 「엑스 마키나」에는 그림을 그리고 언어를 활용할 줄 아는 AI 로봇 에이바가 등장한다. 에이바의 튜링 테스트에 참가한 칼렙이라는 남자는 에이바가 아름다운 여성의 얼굴을 하고 감정을 연출하자 무척 혼란스러워한다. 그는 에이바를 만든 네이선이라는 과학자에게 질문한다. 혹시 에이바가 나를 좋아하도록 프로그래밍한 거가요? 질문에 대한 네이선의 대답이 의미심장하다. "프로그래밍? 그런 게 뭐지? 자, 당신은 어떤 여자 타입을 좋아하지? 흑인? 뭐 흑인이라고 치자. 하지만 그게 사회적으로 프로그래밍된 게 아니라는 근거가 있나?"

생각해 보면 그렇다. 우리가 주관이나 취향이라고 말하는 것들 혹은 이념이라고 말하는 것들이 과연 선험적인 것인지 아니면 학습과 경험으로 축적된 것인지 구분하기 어렵다. 가령 누군가 동성애자를 혐오한다면 그게 주변 사람들을 통한 사회화인지 오롯한 혼자만의 결정인지 구분할 수 있을까? 우리가 교육이라 부르는 행위 전반도 프로그래밍과 다르지 않은 것이다.

결국 마음도 프로그래밍이다. 우리는 너무 쉽게 마음이 학습과 거리가 먼 것이라 여긴다. 그러나 뒤집어 보면 우리가 배우고 익히고 보는 것들이 모두 다 마음의 근거가 아닐까? 마음이 모듈처럼 프로그래밍된다는 것에 공포를 느낄 게 아니라 제대로 된 프로그래밍을 해야 한다. 어쩌면 인공지능이 우리보다 훨씬 일관되고 선한 마음을 갖게 될지도 모를 일이다. (2016)

일회적 삶과 인간의 의지

타인의 말을 외국어처럼 들어라. 비트겐슈타인의 말처럼 타인의 언어를 외국어처럼 듣게 되면 소통의 장애는 줄어들 것이다. 우리는 서로의 말을 다 이해한다고 여기므로 오해한다. 소통의 장애는 모국어에서 더 심하다. 같은 언어를 쓰는 사람이 욕을 하면 바로 화가 나지만 만일 외국인이 하면 웃어 버린다. 실수겠지, 몰라서 그런 거겠지 듣는 쪽이 먼저 양해하는 것이다. 안다고 생각하는 것, 그것이 오히려 소통에 어려움을 가져온다. 만약, 비트겐슈타인이 살아 있었다면 영화 「컨택트」(2017)를 보고 이렇게 말하지는 않았을까? 타인의 언어를 외계인의 언어처럼 들어라, 라고 말이다.

영화 「컨택트」는 테드 창의 소설 『당신 인생의 이야기』(2002)를 원작으로 삼고 있다. 간혹 영화가 수입되면서 아쉬운 번역이나 각색이 발생하곤 하는데, 컨택트라는 제목도 그렇다. 「컨택트」는 개봉 과정에서 바뀐 제목이고 사실 원제는 '어라이벌'(Arrival)이다. 아쉬운 이유는 이 '어라이벌'이라는 제목이 영화의 의도를 좀 더 풍부하고 정확하게 드러내기 때문이다. 소설이 원작이긴 하지만 독립된 작품으로서의 차별성도 원제, 어라이벌에 더 분명히 담긴다.

'도착'을 의미하는 어라이벌은 영화 속에서 여러 중의적 표현으로 확장된다. 첫 번째 의미는 '낯선 존재의 도착'이다. 그동안 낯선 존재, 외계인들은 그저 조우(encounter)하거나 침공(attack)하는 존재로 그려지곤 했다. 그런데 이번엔 도착이다. 도착은 출발과 쌍을 이룬다. 도착했다는 건 어디로부터 출발했다는 것을 뜻한다. 그러므로 도착은 목적지에 닿는 것이다. 목적지에 도착하지 못하면 불시착이 된다. 그런 맥락에서「컨택트」속 외계인 '헵타포드'는 우연히 지구에 불시착한 게 아니라 의도를 가지고 도착한 것으로 보아 마땅하다.

어라이벌은 한편, 번역에 대한 이야기다. 외계인은 우리와 종적으로, 발생학적으로 다른 생명체이기도 하지만 다른 언어적 존재이기도 하다. 생물학적 이질성은 우리가 다른 종과 어울려 살듯 어렵지 않다. 문제는 언어 그리고 문화다. 번역에는 도착어라는 개념이 있다. 원작의 언어가 출발어라면 번역된 언어는 도착어. 가령 한강의『채식주의자』(2007)가 한국어로 출발해 데버러 스미스의 *The Vegeterian* (2015)의 영어로 도착하는 것이다. 영화의 주인공 루이스가 언어학자로 설정된 이유도 이와 무관하지는 않다.

마지막 어라이벌, 도착의 의미는 운명이다. 인류는 누구나 삶의 최종 지점에 도착할 수밖에 없다. 거기 도착하지 않는 인간은 없다. 그건 바로 죽음이다. 그런데 가만 생각해 보면 이 종착점이라는 개념은 시간에 대한 선적인(linear) 이해 위에서 가능하다. 시작이 있으면 끝이 있고, 출발선이 있으면 도착점이 있다. 아니, 사실 이건 생명체에 대한 은유다. 모두가 다 태어나고 죽는다. 태어남이 출발이고, 죽음이 도착인 것이다.

은하계, 태양계, 지구 위에서 우리는 이렇듯 선적인 세계관으로 살아간다. 선적 세계관은 사고방식이기도 하다. 우리는 글을 왼쪽에서 오른쪽으로 혹은 위에서 아래로 읽는다. 숫자도 마찬가지다. 인류의 언어와 숫자가 선적으로 구성되어 있다. 인류의 모든 문장은 마침표로 끝난다. 그러다 보니 거꾸로 읽어서는 의미가 형성되지 않는다.

삶이 일방향적이듯 언어도 일방향적이라 하나의 방향성으로 읽어야 의미가 형성된다. 뒤집으면 아무 의미가 없다. 그냥 발음조차 되지 않는 소음일 뿐. 이는 우리가 운명이라고 부르는 것과 닮아 있다. 운명은 되돌리거나 번복할 수 없다. 이 운명관에 기초한 예술 미학이 바로 고전 서사로서의 비극이다. 소포클레스의 『오이디푸스』나 『안티고네』 같은 비극을 움직이는 동력은 삶의 일회성과 확정적 운명론이었다.

하지만 만약, 언어가 달라지면 어떨까? 영화 「컨택트」 속 외계인 '헵타포드'의 언어는 순환적이고 원형적이며, 시제에 얽매이지 않고, 하나의 형상 안에 완성된 의미를 담는 진화된 표의어다. 루이스는 다른 언어가 다른 사고의 반영임을 알고 있다.

지구인이 헵타포드어를 이해하지 못하는 것은 그들의 세계관을 이해할 수 없기 때문이다. 그런데 여기서 생각해 봐야 할 점이 있다. 만약 우리가 미래를 예측할 수 있다면 우리는 운명을 따를 것인가 배반할 것인가? 그리스 비극은 운명을 따라야 한다는 엄중함을 위해 예언이라는 방식을 끌어들였다. 하지만 그게 남에게 주어진 예언이 아니라 내 안의 직관을 통한 예측이라면, 그렇다면 어떻게 할 수 있을까? 내가 나의 직관을 통해 미래를 예측할 수 있다면, 그래서 그 미래 가운데서 고통을 발견한다면, 게다가 그게 내 힘으로 바꿀 수 있는 미래라면 과연 바꿀까 그렇지 않을까?

수많은 시간 여행 서사들은 미래를 바꾸려 안간힘을 쓴다. 그러나 그런 힘을 가진 인물을 두고 「컨택트」의 감독 드니 빌뇌브는 "일어날 일은 일어난다."며 고개를 젖는다. 그리고 즉 일어날 일은 일어난다는 사실을 수긍하는 것이야말로 바로 인간이 다른 생물들과 구분되는 고유한 힘이라고 말해 준다. 미래를 바꾸는 게 기적이 아니라 그것을 알면서도 끌어안는 게 기적이라고 말이다.

불행을 알면서도 걸어갈 수 있는 것, 그것이 바로 인간이 가진 의지의 핵심, 어차피 죽을 일밖에 없지만 이 삶을 힘차게 살아가는 힘의 근원이다. 사랑하는 딸을 잃어 슬프지만 아이가 안겨 준 행복과 설렘은 훨씬 더 크다. 손익계산을 따지자면 안 죽는 게 훨씬 더 낫지만 영원히 죽지 않을 수는 없다. 아이가 가져다준 행복엔 그 슬픔도 포함되어 있다. 아이를 잃은 슬픔이 차라리 아이가 아예 없는 삶보다는 훨씬 더 충만하다.

쉽게 이해한다고 말하거나 따라하기 힘든 세계관임에 분명하다. 자신을 희생하며 타인을 구하기 위해 뛰어드는 사람들, 가난하고 아픈 연인의 곁을 끝까지 지키는 연인, 불치병에 걸린 자식을 결코 포기하지 않는 부모. 그 모두는 그 선택이 괴롭다는 걸 알면서도 무르지 않는다. 그런 기적적인 희생이나 의지에 대해서도 우린 알기 어렵다. 그런데도 세상엔 이런 일들이 생겨난다.

키르케고르는 '내 삶은 내가 가진 모든 것이고, 어려움이 생길 때마다 나는 주저 없이 내 삶을 건다.'라고 말했다. 그런 것이다. 우리는 삶의 고뇌 안에서도 황홀경을 찾고, 그것이 몸의 고통을 가지고 온다고 할지언정 그 가운데서 기쁨을 얻는다.

영화 속 루이스의 딸의 이름은 '한나'(Hannah)다. 앞으로 읽어도 한나, 뒤로 읽어도 한나. 종이에 일렬로 쓰면 직선이지만 원 위에 쓰면 한나는 영원히 한나다. 의지만이 일회적인 삶을 풍요롭게 할 수 있다.
(2017)

죄책감의 유효기간

한국 시간 2018년 7월 16일 월요일, 전 세계 최초로 개봉하는 「미션 임파서블」 여섯 번째 이야기의 시사회가 있었다. 재미있었다. 톰 크루즈는 나이를 무색하게 하는 탄력성으로 스크린을 종횡무진했고, 불가능한 액션을 보란 듯이 펼쳤다. 다 거짓말이지만 잠시 현실을 잊게 해 주었다. 하지만 환상적 볼거리가 현실을 지워 주는 시간은 생각보다 짧다. 그렇다면 그건 마취에 더 가깝지 않을까 싶다. 두 시간 정도 후면 완전히 각성되는 그런 마취 말이다.

반면 간혹 어떤 영화들은 사람을 완전히 흔들어 놓는 경우가 있다. 「킬링 디어」(2018)가 딱 그런 작품이다. 「더 랍스터」(2015)를 연출했던 요르고스 란티모스 감독의 작품인데, 두 시간이 조금 넘는 상영 시간이 어떻게 지났는지 모를 정도로 관객의 혼을 쏙 빼놓는다.

「킬링 디어」에도 「미션 임파서블」처럼 말도 안 되는, 비현실적인 일이 나온다. 소년이 저주를 내리자 그 저주가 실현되니 말이다. 마틴의 아버지는 심장 수술을 받다가 죽었다. 그의 나이 46세였다. 16세 소년 마틴은 수술을 집도했던 심장외과 전문의의 주변을 맴돈다. 의사 스티븐은 선량한 미국 시민으로서, 다정한 아버지로서, 친절한 이웃으로서 소년을 환대한다. 밥도 사 주고, 고가의 시계도 선물하며 언제든 연락하라고 이야기한다.

문제는 이 소년이 정말 언제든 전화를 하고, 가족 모임에 들어와 아들과 딸에게까지 너무 가까이 접근했을 때 시작된다. 스티븐은 이제 아무 때나 전화하지 말라며, 형편없는 음식이나 주는 마틴네 저녁 식사를 거절한다.

그날 이후부터 불편함은 불길함으로 바뀐다. 마틴이 지독한 저주를 뿜어내자 거짓말처럼 스티븐의 딸과 아들의 사지가 마비되고 음식을 거부한다. 이대로라면, 마틴의 저주처럼 아이들이 눈에서 피를 쏟으며 죽을 것만 같다.

영화는 마틴이 스티븐을 계속 찾아온 지 6개월 이후의 시점에서 시작된다. 그렇다. 자신의 수술대 위에서 죽은 남자의 어린 아들을 친절히 대한 지 6개월 만에, 집도의 스티븐은 죄책감을 덜고 자신이 마치 뭔가 대단한 선행을 베푸는 사람이라도 된 양 착각한다. 자신의 명백한 실수가 마틴 아버지의 죽음을 가져왔을지도 모르는데, 어느새 자신이 베푸는 사람 역할을 하고 마틴은 그 동정을 구걸하는 사람처럼 바뀌어 있다. 위치가 바뀐 것이다. 그래서 마틴은 가르쳐 주려 한다. 당신은 내게 속죄하고 사죄해야 할 사람이지 은혜를 베푸는 사람이 아니라고.

이러한 맥락에서 일어나는 「킬링 디어」의 초자연적이며 마술적인 일들은, 우리의 마음속 깊은 두려움과 공포를 일깨운다. 「미션 임파서블」처럼 신나는 게 아니라 너무 불편하고 두려운 공포 말이다.

왜냐하면 사실 우리도 스티븐처럼 살고 있기 때문이다. 우리가 남의 '심장'을 건드리는 의사라는 뜻이 아니다. 영화 속 대사처럼 '심장'은 메타포, 비유다. 우리는 남의 마음을 의도치 않게 건드리곤 한다. 삶의 중심에 함부로 침범하기도 한다. 그런 점에서 우린 조금씩 누군가에 대한 가해자로 살아간다.

스티븐은 속죄하기 위해 죽은 환자의 아들 마틴에게 거의 6개월 간 최선을 다했다. 스티븐이 가진 것, 그러니까 직장, 가정, 집에 더 깊숙이 마틴이 들어오려 하자 그는 6개월이면 충분했다는 식으로 마틴을 밀어내려 한다. 스티븐에게 죄책감의 유통기한은 6개월이었고, 그마저도 자신의 삶이 침범당하지 않는 조건하에서였다. 아버지를 잃었는데, 6개월간의 친절이 대가가 될까? 아니다. 그건 마틴이 원했던 '정의'가 아니다.

사회적으로 큰일이 벌어질 때마다 우리는 가해자의 일부로서 참회하고 부끄러워한다. 세월호 참사 순간 무력하게 그 죽음을 지켜봐야 했던 때도 그랬고, 열아홉 살 청년이 지하철 스크린 도어를 수리하다 목숨을 잃었을 때도 그랬고, 몇 년 전 네 살 아이가 뜨거운 어린이집 통학 버스에서 정신을 잃었을 때도 그랬다. 다시는 이런 일이 없어야 한다며 목소리를 높였고, 다들 가해자나 다를 바 없다며 미안해했다. 처음처럼 그렇게 미안해하고 모두가 다 가해자로서 진짜 반성했다면, 세상은 달라졌어야 옳다. 하지만 과연 세상이 달라지고 있는가?

6개월, 정말 우린 사건 발생 6개월이 지나서도 사회적 책임감과 죄책감을 느끼며 살고 있는지 의심스럽다. 스티븐처럼, 내 가족, 내 일을 핑계로 어느새 가해자의 위치에서 슬쩍 내려오지는 않았을까? 죄책감의 유통기한은 얼마가 적당할 것인가? 아니, 사회적 책임으로서의 죄책감에 유효기간이라는 게 있어도 될까?

「미션 임파서블」은 보고 나자마자 영화의 주요 장면들이 뇌리에서 사라졌는데, 「킬링 디어」의 이야기들은 머릿속에 심어 둔 씨앗처럼 자꾸만 자라난다. 생각이 꼬리에 꼬리를 물어 더운 여름밤, 서늘한 공포로 잠 못 들게 하는 영화, 그게 바로 훌륭한 영화의 힘이다. 좋은 영화는 마취로 현실의 고통을 잊게 하는 게 아니라 깊이 잠들어 있는 본질적 감정을 흔들어 깨운다. 잊어서는 안 되는 것들을 환기하는 영화, 그런 영화들은 여전히 우리 주변에 있다. (2018)

비극의 반대말

세상엔 두 가지 비극이 있다. 원하는 것을 갖지 못하는 비극과 원했던바를 결국 갖게 되는 비극.

'비극'을 떠올리면 참담한 결말과 파국이 떠오른다. 처참하게 망가진 주인공의 마지막 모습도 그려진다. 햄릿, 맥베스, 오셀로, 오이디푸스. 대개 비극의 주인공들은 무엇인가를 강렬히 원했던 사람이다. 맥베스는 권력을 원했고, 오셀로는 의심의 종결을 원했으며, 오이디푸스는 정의를 추구했다. 그리고 그들 모두 각기 나름의 방식으로 그들이 원했던 것을 얻었다.

문제는 그토록 원했던 그것이 파국의 주범이라는 사실이다. 심지어 원하는 것을 얻지 못하는 쪽보다는 원했던 것을 갖는 쪽이 더 비극적으로 여겨지기도 한다.

원하는 것, 우리는 그것을 욕망이라고 부른다. 소설, 영화, 드라마와 같은 서사의 주인공들은 욕망하는 이들일 때가 많다. 욕망하는 인물들은 거의 돈, 사랑, 명예, 권력 이 네 가지 중 하나를 원한다.

그런데 인생은 꽤 공평해서 하나를 좇으며 나머지 셋까지 갖기는 어렵다. 주인공들도 이를 잘 알고 있는데, 그래서 돈을 따르는 자는 사랑, 권력, 명예를 버리기도 하고, 사랑을 선택한 인물들은 나머지를 외면하기도 한다.

어린 시절, 우리는 욕망하는 하나를 위해 나머지를 포기할 수 있다고 자신 있게 이야기하곤 했다. 안톤 체호프의 희곡 원작인 영화 「갈매기」(2018)의 여성 인물 '니나'도 그렇다. 그녀는 '명예'를 위해서는 뭐든 포기할 수 있다고 말한다. 하지만 실상 니나는 '사랑'에 모든 것을 걸게 되고 그녀가 그토록 원했던 명예와 가장 먼, 불명예스러운 삶을 살게 된다. 반면 콘스탄틴은 '사랑'을 추구한다. 그는 유명 작가로의 '명예'를 얻지만 그것이 사랑을 가져오지는 못하자 자살하고 만다.

「갈매기」 속의 인물들은 서로에게서 결코 받을 수 없는 것들을 갈망한다. 욕망은 결핍 속에서 무너지고 인생은 엇갈림 가운데서 파국으로 치닫는다. 이뤄진 바람은 단 하나다. 순진한 시골 처녀를 심심풀이로 파멸시키고자 했던 작가 트리고린의 욕망 말이다.

갖지 못한 것을 원하는 삶이 비극이라면 비극의 반대는 어떤 삶일까? 알폰소 쿠아론의 영화 「로마」(2018)에 해답의 단서가 있다. 「로마」는 클레오와 소피아라는 두 여성의 이야기를 담고 있다. 굳이 따지자면 소피아네 가정부이자 육아 도우미인 클레오가 주인공에 더 가깝다.

영화가 시작되면 차고로 쓰는 대문 앞 공간을 물청소하는 클레오의 모습이 비친다. 클레오는 물청소를 하고, 아침 식사를 챙기고, 설거지를 하며, 아이들을 학교에 데려다주고, 집에 돌아와 다시 저녁 식사를 챙기고, 다림질을 마무리 짓고는 잠이 든다. 대문 앞을 아무리 물청소해도 애완견 보라스는 또 똥을 싸 놓고, 꺼내 놓았던 접시는 다시 씻어 넣어야 하며 그 접시는 내일 아침 또 꺼내 쓴 다음 다시 닦고 정리해야 한다. 영화는 '일상'이라는 반복되고 지루한 삶의 흐름을 보여 준다.

이 일상의 공간은 우리가 '서사'를 통해 만나 왔던 욕망이나 결핍의 공간과 완전히 다르다. 무엇인가를 강렬히 원하는 그런 시공간이 아니라 오늘이나 내일이나 별다를 바 없어 보이는 반복의 세계다. 클레오나 소피아는 무엇인가를 강렬하게 원하는 인물이 아니다. 그래서 얼핏 지루하고 무료해 보인다.

클레오와 소피아가 원하는 게 있다면 단 하나, 이 지루한 일상의 패턴이 고스란히 지켜지는 것이다. 하지만 삶은 그녀들의 작고 소박한 바람도 지켜 주지 않는다. 클레오는 원치 않은 아이를 갖는다. 그러다 그 아이를 잃고 만다. 소피아는 지금의 삶을 유지하고 싶었지만 바람이 난 남편은 돌아오지 않는다. 클레오는 아이를 잃고, 소피아는 이혼을 한다. 두 사람 다, 원했던 것은 아니지만 그런 결과들을 떠안게 된다.

중요한 것은 다음이다. 두 사람은 힘들어하지만 결코 쓰러지지 않는다. 고통스럽지만 결국 현실을 껴안는다. 두 사람은 원치 않던 일과 마주치고 만다. 그건 욕망의 결과라기보다 삶의 부산물에 가깝다.

욕망을 갖고 선택을 한 인물은 두 여인의 남자들이다. 클레오의 애인 페르민은 임신한 여자 친구를 버리고 학살자의 편에 선다. 소피아의 남편은 다른 여자를 선택하고 가족을 떠난다. 어쩌면 소피아와 클레오는 선택하는 사람이 아니라 선택당한 사람에 더 가까울지도 모르겠다.

그러나 소피아와 클레오야말로 인생의 고수다. 우리는 영화에서 늘 원하는 것을 따르는 강렬한 사람들을 보아 왔지만 실제 삶이 그런 역동성으로만 지탱되는 것은 아니다. 지루한 일상의 반복에서 행복을 찾았던 여자들의 바람이야말로 우리가 돈, 명예, 권력, 사랑과 같은 거창한 욕망 뒤로 미뤄 놓았던 삶의 진리일지도 모른다.

삶은 돈과 명예, 권력과 사랑을 탐하는 역동성이 아니라 원하지 않았던 것들을 길들이는 평범함 가운데서 견고해진다. 하루하루의 일상을 살아가는 것, 지루한 반복에서 삶의 박동을 느끼는 것, 이는 결코 쉬운 일이 아니다. 그런 진리를 깨달아 가는 삶. 이 가운데서 삶은 비극이 아닌 무엇으로 마무리될 것이다. 비극의 반대말이 희극이 아니라 일상인 이유다. (2019)

항거와 헝거, 그리고 의지와 기적

　영화 「항거: 유관순 이야기」(2019)를 보는 내내 스티브 매퀸의 「헝거(Hunger)」(2008)를 떠올렸다. 한자어로 이뤄진 한글과 알파벳으로 만들어진 영어는 실상 아무런 공통점이 없다. 우연의 일치로, 항거와 헝거, 모음의 방향만 다른 일종의 변주처럼 느껴졌을 뿐. 하지만 영화의 내용을 들여다보면 「항거」를 보며 「헝거」를 떠올리는 게 결코 억지만은 아니라는 생각이 든다.

　「항거」는 1919년 3·1운동으로 서대문형무소에 투옥되었던 유관순 열사의 이야기다. 그리고 「헝거」는 아일랜드의 독립을 외쳤던 보비 샌즈가 영국의 메이즈 왕립 교도소에 투옥되었던 시절의 이야기다. 두 이야기 모두 감옥을 배경으로 옥중 투쟁 이야기를 담고 있다.

　마이클 패스벤더가 주연을 맡았던 「헝거」는 인간의 '의지'가 어떤 것인지를 보여 준다. 보비 샌즈는 죄수복 착용과 샤워를 거부하며 당시 총리였던 마거릿 대처에게 양심수 지위를 요구한다. 앞선 요구가 무시되자 보비 샌즈는 단식투쟁을 감행한다. 그리고 이내, 단식으로 사망한다. 왕립 교도소에서 아사라니, 최후엔 그를 살리고자 수액 주사까지 동원하지만 불가능했다. 그의 최종 사인은 심장마비, 심장을 뛰게 할 최소한의 에너지까지 말려 버린 채 그는 그렇게 세상을 떠났다.

　어떻게 죽을 때까지 음식을 거부할 수 있을까? 못 먹는 게 아니라 안 먹는 것으로, 게다가 '양심수'라는 보이지 않는 '이름'을 얻고자 몸이 갈구하고, 손으로 느낄 수 있는 것을 포기할 수 있을까?

먹는 것은 생물이 갖는 최소한의 요구이자 욕구다. 그 최소한의 욕구를 스스로 단속하며 이내 목숨까지 내놓는 보비 샌즈를 보며, 나는 과연 인간의 '의지'란 무엇이며 어디까지 갈 수 있는가를 진지하고 심각하게 고민했다. 아니, 어쩌면 그것이야말로 인간과 동물이 구분될 수 있는 어떤 임계점일지도 모르겠다. 자신의 몸을 파괴하면서까지 얻고자 하는 추상적 가치와 이상, 그건 인간에게만 있는 것 아닐까?

유관순 이야기 「항거」 역시 '의지'에 대한 이야기다. 유관순은 세 평도 안 되는 서대문 감옥 8호실에 스물네 명과 함께 투옥되었다. 감방 문이 열리자마자 수감자 스물네 명이 선 채로 새로운 수감자를 바라본다.

한꺼번에 누울 수도 없는 좁은 방, 그들은 순서를 나누어 돌아가며 몇 명씩 앉고, 서 있는 몇 명은 원형을 그리며 좁은 방 안을 맴돈다. 서 있기만 하면 다리가 퉁퉁 부어 더욱 고통스럽기 때문이다. 한마디로, 그곳은 인간이 거주할 수 있는 공간이 아니다. 일부러 굴욕감과 불편함을 주기 위해 기획된 감금소다.

3·1운동 이후 대부분 정치범이 수용되어 있던 서대문형무소의 이런 비인간적 처우는 어쩌면 그들에게서 인간으로서의 지위와 자존심을 뺏고자 하는 술수였을지도 모르겠다. 도를 넘어선 불편은 굴욕을 목적으로 한다. 벽관, 족쇄를 찬 독방, 잔인한 고문들은 우선은 신체적 불편을 야기하지만 마침내 노리는 것은 인간적 존엄의 파괴일 테다. 먹을 것을 줄이는 식의 생물학적인 가해가 그들에게 그다지 큰 위협이 되지 않자 자행된 고문이라는 점에서 더욱 그렇다.

중요한 것은 「항거」의 유관순과 수감자들이 그럴수록 더욱 인간으로서의 '의지'를 불태웠다는 점이다. 먹고, 마시고, 싸는 동물이지만 그들이 원하는 것은 그저 먹고, 마시고, 싸는 게 아니었기에. 몸이 불편하더라도 먹지 못하고, 자지 못하더라도 얻고 싶은 것, 자유 그리고 나의 나라가 있었으니 말이다.

보이지 않는 것을 믿고 그것에 목숨까지 걸 수 있는 것, 사실 이것이야말로 인간만이 할 수 있는 일이다. 유관순이 감방에서 거듭 신을 찾는 것도 같은 맥락이다. 신이 보이지 않지만 존재하듯이 국가, 나의 나라 역시 보이지 않지만 존재한다. 보이지 않지만 신을 믿듯이 곁에 느껴지지 않지만 나라는 있다. 한용운의 시 「님의 침묵」처럼, "님은 갔지마는 나는 님을 보내지 아니"한 것이며, 님은 부재하는 게 아니라 침묵하는 것일 뿐이다. 신이 존재하지만 침묵하듯이 나의 조국, 나라 역시 단지 침묵하고 있을 뿐.

그러므로 한용운의 또 다른 시 「알 수 없어요」는 인간의 '의지'에 대한 대단한 절창임에 틀림없다. "바람도 없는 공중에 수직의 파문을 내며 고요히 떨어지는 오동잎"도, "지리한 장마 끝에 서풍에 몰려가는 무서운 검은 구름의 터진 틈으로, 언뜻언뜻 보이는 푸른 하늘"도, "근원은 알지도 못할 곳에서 나서 돌부리를 울리고, 가늘게 흐르는 작은 시내"도, 타는 저녁놀도 우리는 어찌 그런 놀라운 광경이 일어나는지 알 수 없다. 자연에서 일어나는 일들은 모두 아름답고 대단하지만 그것이야말로 신의 손길이기에 감히 인간이 따라할 수도, 추측할 수도 없다.

그러나 타고 남은 재가 다시 기름이 되는 일은, 그것만은 사람의 일이다. 타고 남은 재가 다시 기름이 되는 것은 자연의 섭리에서는 불가능하다. 그것은 죽은 나무를 살리는 것이며 시간을 거꾸로 돌이키는 것이다. 신이 창조하신 자연의 섭리에서 그것은 불가능하니 우리는 그런 일을 가리켜 '기적'이라 부른다. 그리고 때론 우리는 그것을 가리켜 '희망'이라 부르기도 한다. 그것이 기적이며 의지다. 사라진 나라를 보며, 지켜 내는 희망, 거기에 단 하나밖에 없는 목숨까지 거는 기적, 그 기적의 실체가 바로 인간의 의지임을, 다시 「항거」를 보며 깨닫는다. (2019)

포기할 수 있는 것과 없는 것

아주 오랜만에 영화를 보고 울었다. 2016년 12월 둘째 주에 개봉한 두 영화, 「나, 다니엘 블레이크」와 「라라랜드」를 보고 말이다. 두 영화가 비슷할까? 아니, 사실 두 영화는 전혀 다르다. 국적이나 배우, 장르를 말하는 것이 아니다.

「나, 다니엘 블레이크」는 포기할 수 없지만 그럼에도 불구하고 버려지는 것에 대한 영화다. 반면 「라라랜드」는 포기해도 되지만 결코 포기하지 않는 것에 대한 이야기다. 전자는 우리가 인간으로서 최소 존엄이라고 부르는 것, 후자는 낭만 혹은 꿈이라 칭하는 것이다. 말하자면, 두 작품은 인간이 지닌 존엄의 스펙트럼 그 끝과 끝에 대한 이야기다.

켄 로치 감독의 「나, 다니엘 블레이크」에는 매우 평범한 59세 남자 다니엘 블레이크가 등장한다. 그는 지금 질병 수당을 신청 중이다. 얼마 전 일을 하다 심장 문제로 쓰러진 적이 있기 때문이다. 주치의는 재발을 우려해 당분간 일을 하지 말라고 권고한다. 그런데 이상하게도 정부는 멀쩡한 팔과 다리로 지금이라도 당장 구직 활동을 하라며 질병 수당 지급을 거절한다. 다음이 더 가관이다. 결과에 항고하기 위해선 일단 실업 수당을 받아야 하는데 그러려면 구직 활동의 증거를 가져와야만 한다. 전문의가 휴식을 권하지만 일을 구해야만 질병 수당 자격 재심을 신청할 수 있다. 정말이지 뭣 같은 이 상황만큼이나 보건복지부 담당 콜센터도 답답하다. 무려 1시간 40분 동안 지겨운 클래식 통화 연결음을 들려주며, "통화량이 많으니 잠시만 기다려 주십시오."를 반복하는 그 기계음처럼 말이다.

그렇다. 다니엘 블레이크가 처한 상황은 비행기를 타고 열한 시간이나 걸리는 영국에 가야만 느낄 수 있는, 유럽의 특수한 처지가 아니다. 나에게 부여된 권리를 되찾기 위해 벌칙을 받듯 관공서를 헤매야 하는 다니엘의 상황은 한국의 우리와 크게 다르지 않다.

그런 다니엘이 자신보다 더 불편하고, 당혹스러운 상황의 이웃에게 주저 없이 도움의 손길을 내민다. 국가가 제재하고 제도가 거절하는 싱글 맘 케이티를 다니엘이 돕는다. 낯선 곳에 이사 와 전기료도 못 내고 촛불로 견디는 그녀, 딸린 두 아이에게 음식을 양보하고는 너무 배가 고픈 나머지 허겁지겁 지원용 통조림을 따 먹던 그녀, 신발 밑창이 떨어져서 친구들에게 놀림받는 딸아이에게 걱정 말라고 말해 주지만 정작 아무런 해결책이 없는 그녀. 그녀에게 다니엘이 손을 내밀어 주는 것이다. 다니엘은 넉넉지 않은 자신의 생활비를 조금 덜어 그녀에게 보태 주고, 구직 활동을 하는 엄마가 없는 동안 아이들을 돌봐 준다. 대가를 바라거나, 젊은 여자에게 음심을 품어서가 아니다. 사람이 사람을 돕는 그 사소함으로 그렇게 다니엘은 타인에게 힘이 되어 준다.

실의에 빠진 세바스찬과 에마에게 힘이 되어 주는 것도 바로 사람이다. 영화 「라라랜드」는 꿈을 이루기 위해 할리우드에 온 두 지망생에 대한 이야기다. 세바스찬은 유통기한이 지난 음악으로 취급받는 정통 재즈 전용 바를 꿈꾸는 재즈 피아니스트다. 에마는 수없이 오디션에 참가해 떨어지기 반복한 배우 지망생이다. 두 사람 모두, 할리우드에 가면 하루에 100명은 족히 볼 법한, 그래서 그 꿈이나 좌절조차 너무 상투적으로 보이는 평범한 지망생들이다. 지망생들의 낙담엔 위로도 없다. 만성적으로 그 좌절에 익숙해지거나 아니면 아예 라라랜드(할리우드)를 떠나는 수밖에.

영국의 다니엘은 처지가 비슷한 케이티를 이해하고 공감하기에 그녀에게 도움을 준다. 가난한 케이티도 다니엘의 심정을 충분히 알기 때문에 그가 좌절할 때 따뜻한 위로를 건넨다. 할리우드의 세바스찬과 에마는 서로 위로를 건네다 연인이 된다. 사랑만큼 더 깊은 공감의 방식도 없을 테니.

그러나 배우 지망생 에마는 케이티처럼 생리대를 살 돈이 없어 가방 속에 몰래 훔쳐 나오거나 딸아이 운동화를 사 주기 위해 몸을 팔지는 않는다. 에마는 오디션에 떨어지고, 세바스찬은 유치한 곡을 연주하며 자괴감을 느끼지만, 그건 뉴캐슬의 케이티가 느끼는 모멸감과는 다르다. 케이티가 결핍된 인물이라면 에마는 결여를 느끼는 인물이다. 그건 요구와 욕구의 관계만큼이나 다르다.

케이티나 다니엘이 견뎌야 하는 수치심은 인간이라면 받아서는 안 되는 감정적 체벌이다. 그런데 가난한 사람을 위해 마련된 복지 제도가 가난한 사람에게 모멸과 수치를 먼저 가르치려 한다. 마치 그 수치의 대가로 수당이 지급된다는 듯이 말이다.

세바스찬과 에마는 결국 두 사람의 사랑을 포기하고 꿈을 이룬다. 사랑과 꿈 모두 이룰 수 있으면 좋겠지만 실현된 꿈은 단수일 수밖에 없다. 하나를 얻기 위해선 하나를 포기해야 한다. 대개 세상이 그렇다. 영화 「라라랜드」에서 그렇게 가지 않은 길 혹은 버려야 했던 것은 낭만과 향수로 연출된다. 그러나 다니엘은 인간으로서 포기할 수 없는 것을 포기하도록 요구받았기에 결국엔 너무 큰 대가를 치르고 만다. 포기할 수 없는 것, 말하자면 사람으로서 가져야 할 최소한의 존엄성을 외면당할 때, 그것은 낭만이 아니라 참극이 된다.

포기할 수 없는 것은 포기하지 않도록 존중되는 삶, 그게 바로 포기가 낭만이 될 수 있는 조건이다. 복지란 그 최소 가치의 울타리가 아닐까? 적어도, 꿈은 존엄한 인간이 누려 마땅한 가치이니 말이다. (2016)

나만의 이름을 갖는다는 것

영화로도 만들어진 얀 마텔의 소설 『파이 이야기』(2001)에는 이름에 대한 재미있는 에피소드가 하나 나온다. 주인공 소년의 이름은 피신인데, 영어권인 인도에서 그 이름은 오줌싸개(피싱)와 거의 똑같이 발음된다.

프랑스에서 가장 맑은 수영장에서 따온 이름이지만 피신은 이 이름으로 살다가는 평생 놀림거리가 될 듯싶다. 그래서 소년은 마음먹는다. '내 이름을 파이(π)로 바꾸자.'라고 말이다. 1교시 수업이 시작되자, 소년은 "내 이름은 파이야."라고 소개한다. 하지만 아이들은 "잘했어, 오줌싸개."라며 비아냥거린다. 2교시가 시작될 때 소년은 "내 이름은 파이야."라고 다시 소개하며 무한소수인 파이를 한 열 자리 정도 외워서 소개한다. 그리고 마침내 그날의 마지막 수업 시간에는 칠판 가득 파이의 무한소수를 외워 쓰고는, 자신의 이름을 파이라고 소개한다. 그날 이후 아무도 소년을 피싱이라 부르지 않는다. 그렇게 오줌싸개는 무한대로 이름을 바꾸는 데 성공한다.

이름을 바꾼다는 건 무엇일까? 세상에 자신의 이름을 스스로 정하는 사람은 없다. 개명이나 예명, 필명을 말하는 게 아니라 태어나서 세상에 처음 새겨지는 이름을 말하는 것이다. 그러니까 이름은 곧 운명이다. 누구도 자신이 원해서 자기 이름을 선택할 수 없다. 그건 부모도, 국적도, 성별도 마찬가지다. 태어나자마자 자의와 무관하게 갖게 되는 것, 그게 바로 이름이다. 그러니 이름을 바꾼다는 것은 운명을 바꾸는 것이다. 그러니 이름, 운명을 바꾸려면 적어도 파이의 무한대 숫자 정도는 외워 보는 노력을 해야 한다. 그 정도는 해야, 운명과 맞섰다고 말할 수 있는 것이다. 35년 만에 다시 만들어진 SF 영화 「블레이드 러너 2049」(2017)를 이름과 운명의 이야기로 보는 이유이기도 하다.

구세대 리플리컨트(복제 인간) 넥서스8을 쫓는 블레이드 러너의 이름은 'K'이다. 말이 이름이지 이니셜도 아니고 물품에 붙어 있는 바코드의 일련번호와 다르지 않다. 폭동과 반란을 거듭하던 구세대 리플리컨트들과 달리 새로운 복제 인간들은 제조자의 말에 순종하게끔 설계되어 있다. 그러니까 K는 K라고 불리는 데 별 저항감이 없다. 심지어 지나가는 사람들이 껍데기라고 불러도 별 반응이 없다. 애당초 자존감이 없기 때문이다.

그렇지만 이쯤에서 한번 반대로 생각해 보고 싶다. 우리는 왜 이름이 제대로 불리지 않으면 자존심이 상할까? 누군가 나를 낮잡아 부르면 왜 기분이 상하고 마음이 아픈 걸까?

자존감과 인격의 가장 기본적인 요소는 바로 이름이다. 우리에게 이름을 붙여 준 부모들은 벌거벗고 태어난 우리를 아무런 대가 없이 사랑해 준 거의 유일한 사람들이다. 부모로부터 받은 사랑만큼은 바라지도 않는 우리는 이름의 값이라도 정당히 대접받기 위해 세상에서 투쟁을 벌이며 살아간다. 아무것도 아닌 사람이 되지 않기 위해 세상에서 싸운다.

사랑이라면 그것도 사랑일 것이다. 내 이름에 걸맞은 대접을 해 주는 것 말이다. 반대로, 이름이 없어서 즉 무명의 존재라서 세상으로부터 괄시받는 느낌은 무척이나 아프다. 그 아픔은 멸칭을 스스로 인정할 때 더 따갑고 아플 것이다. 인종적, 지리적 멸칭을 들으면 말한 사람이 부당하다는 것을 알면서도 분노하기 마련이다. 사회적으로 학습된 멸칭이 더 나쁜 이유이기도 하다.

토머스 하디의 문제작인 『무명의 주드』(1985)의 제목은 유명하지 않은 이름 없는 존재 주드다. 소설 속에서 주드는 끊임없이 세상이 알아봐 주는, 유명의 존재가 되기 위해 노력한다. 아무나 대학에 입학하지 못하던 시절에 열심히 노력해서 입학하려 한다. 겉으론 합리적 이유로 입학을 거절당하는 것 같지만 이유는 단 하나다. 주드는 유명 집안 출신의 자제가 아니었기 때문이다.

결국 주드는 익명의 존재로 세상을 떠난다. 심지어 아이들도 잃고, 사랑했던 연인과 아내로부터도 외면당한 채 철저히 고립된 상태에서 죽는다. 유명인의 죽음은 뉴스지만 무명인의 죽음은 뉴스 가치를 얻지 못한다. 그는 죽음이 다가오는 순간, 가장 비참한 신의 자식 욥의 이야기를 읊으며 눈을 감는다. 주드는 아무도 자신을 사랑하지 않는다고 여겨진 그 순간, 비참의 형태로 사랑을 확인했던 신의 이야기를 읊조린다. 그래도 신은 나를 사랑하기 때문에 이렇게 긍휼한 고통을 주시지 않았을까, 적어도 신에겐 이름 있는 존재이기를 바라며.

과연 K는 마지막 순간 하늘을 쳐다보면서, 어떤 생각을 했을까?

「블레이드 러너 2049」의 주인공 K는 자신이 특별한 창조물이 아니라 그저 무명의 공산품 K라는 사실을 깨닫자 하늘을 올려다본다. K는 자신도 모르게 공산품답지 않은 인간적인 선택을 한다. 누군가의 '사랑'의 산물로 자신이 태어났을 수도 있다는 며칠의 착각과 기대감이 그를 바꾼다.

사랑은 무명의 존재를 다시 태어나게 한다. 주드가 무명의 존재로 세상을 떠날 수밖에 없는 것도, 파이가 이름을 바꾸는 것도 결국 사랑에서 비롯된 변화다. 사랑받는 것보다 더 중요한 것은 사랑받을 가능성이다. 그 가능성만으로 복제 인간의 마음이 움직이고 자존감이 만들어진다.

결국 인간을 인간답게 하는 열쇠는 사랑이 아닐까? 이름을 갖는다는 것은 세상으로부터 사랑 받고 있다는 허약하지만 분명한 증표가 아닐까? 마음이라는 수수께끼, 인간의 존엄과 마음의 실체를 돌이켜 보게 하는 영화, 「블레이드 러너 2049」이다. (2017)

영혼을 위한 여행, 기억을 위한 죽음

영화 「코코」(2018)는 뮤지션을 꿈꾸는 소년 미구엘이 전설적인 가수 에르네스토의 기타에 손을 댔다가 '죽은 자들의 세상'에 들어가며 펼쳐지는 이야기를 담고 있다. 사람들은 삶을 무척 사랑하나 보다. 죽음 이후에도 이곳과 닮은, 어떤 시공간을 상상하는 것을 보면 말이다. 사십구재나 천국, 저승과 같은 단어들 속에는 죽고 난 이후에도 존재하는 어떤 세계에 대한 '믿음'이 있다. 이 믿음들이 영화나 소설, 그림이나 음악과 같은 다양한 예술 작품으로 재탄생한다. 영화 「원더풀 라이프」(1998), 「신과 함께」(2017)가 그렇고, 골든글로브 애니메이션 부문을 수상한 「코코」도 마찬가지다. 중국의 작가 위화 역시 『제7일』(2013)에서 삶과 죽음 사이의 공간을 그려 내고, 아주 오래된 문학작품인 단테의 『신곡』(1304)에도 삶과 죽음 사이의 경유지가 등장한다.

고레에다 히로카즈의 거의 첫 번째 작품이라고 부를 수 있을 「원더풀 라이프」는 죽은 다음 날부터 시작된다. 이곳에는 저승차사와 비슷한 관리자들이 존재한다. 그들은 이제 막 죽어서 삶을 떠난 이들을 완전한 죽음의 세계로 인도한다. 주목을 끄는 것은 그 완전한 죽음의 세계에 대한 감독 고레에다 히로카즈의 제안이다.

관리자들은 살아생전 경험했던 일 중 가장 소중한 기억을 선택하라고 말한다. 망자들이 소중한 기억을 선택하면, 관리자들은 그 일들을 재현해 영상으로 상영해 준다. 그러면 망자들은 그 추억만 갖고 나머지 모든 기억들은 잃게 된다. 행복한 장면만 편집한 영화처럼 자신의 추억을 보고는 진짜 '저세상'으로 미련 없이 떠나는 것이다.

영화 「신과 함께」의 시공간 역시 죽음 이후 완전히 다른 세계로 가기 전, 삶과 죽음 사이에 걸쳐 있는 세계다. 49일 동안 삶과 죽음 사이에 망자가 걸려 있는 것이다. 죽은 자는 이 시간 동안 자신이 살아왔던 평생을 돌아보고, 저승의 법으로 재판을 받는다. 그 재판 결과에 따라 형벌을 받기도 하고 환생하기도 한다.

단테의 『신곡』은 한 남자가 연옥과 지옥을 다녀오는 이야기다. 특히 연옥이 흥미로운데, 연옥에 빠진 자들은 살아생전 저질렀던 일들을 순례한다. 부활제가 있는 금요일부터 부활절인 일요일을 넘는 시간까지 그들은 사후 세계에서 생전의 일들을 평가받는다. 학기 말이 되어 성적표를 받듯 죽음 이후 며칠 동안 삶을 평가받는 것이다.

위화의 『제7일』에 등장하는 사후 공간은 그냥 삶의 복사판이다. 이승의 모순이 고스란히 저승에서도 재현된다. 생전의 사회적 지위나 경제력이 저승에서도 그대로 영향을 미친다. 그래서 가난한 사람은 수의도 못 입고, 화장 순서도 귀빈에게 밀린다. 7일이 지나 완전히 죽고 나서야 진정한 평등이 온다. 죽음이야말로 유일한 평등이다.

이 작품들을 가만히 들여다보면, 사후 세계는 삶의 공간만큼이나 역동적이다. 그런데 그 역동성의 핵심에는 삶의 연장선으로서의 죽음이라는 상상력이 자리 잡고 있다. 육체적인 활동이 모두 끝나고 정지한 일차적 죽음을 영혼이 떠나는 이차적 죽음과 분리해 둔 것이다.

엄밀히 말해, 떼어 내지 못하는 쪽은 죽은 자가 아니라 살아 있는 자들이다. 사람들은 망자를 쉽게 보내지 못한다. 살아 있는 우리가 죽음 이후를 모르기에 그 두려움을 상상으로 옮긴다. 이는 죽음이라는 인류의 보편적 거울 단계를 여전히 모르기 때문일 테다. 모르면 두려운 것도 많아진다.

그렇다면 우리는 왜 죽음의 경유지를 상상하는 걸까? 죽음은 끝일 텐데 왜 삶과 죽음 사이에 다리를 놓고, 이야기와 그림, 영화를 남기며 중간 지대를 만들어 내는 것일까? 삶과 죽음 사이에 머물던 이들도 결국 떠날 수밖에 없다. 죽음이 두렵다 해도 한편 떠나지 못하고 중간에 영원히 걸리는 것이야말로 최악의 저주다. 저주받은 영혼이란 저승으로 떠나지 못한 채 떠도는 영혼이니 말이다. 부표를 맴도는 꽃잎들처럼, 삶과 죽음 사이에서 지나온 삶을 정리하고 기억하고 반성한다. 회개가 삶을 순례한 대가라면 환생은 삶에 대한 기대일 것이다. 그런데 불교에선 다시 태어나지 않는 게 축복이다. 결국 완전한 죽음 전에 필요한 것은 삶에 대한 검토이며 그를 위한 영혼의 여행이다.

발로 떠나는 여행과 달리 영혼의 여행은 쉽지 않다. 모든 작가는 망명가가 되어야 한다고들 한다. 익숙한 세계를 떠날 때 사유는 움직인다. 사후 세계에 대한 인류 보편의 상상력은 그런 점에서 망명의 상상력일 테다. 사후 세계를 나들이함으로써 한 번뿐인 생을 다시 돌아볼 기회를 갖는 것이다.

공교롭게도 삶을 돌아보는 데 허락된 시간은 대부분 7일이다. 그 7일, 살아생전에 한 번쯤 마음먹고 시간을 내서 지난 삶을 돌이켜 보면 어떨까? 「원더풀 라이프」의 그들처럼 가장 소중한 추억을 꼽아 보고, 「코코」처럼 기억하면서 말이다. 딱 일주일이면 되는데, 영혼의 순례는 쉽지 않다. 죽고 나서야 가능한 영혼의 여행, 그 여행을 미리 한 번쯤 해 보라는 권고, 그런 속 깊은 충고가 사후 세계의 상상력 안에 있는 것인지도 모르겠다. (2018)

'종수'에게서 포크너의 소년을 보다

사티는 아버지가 두렵다. 싫다. 답답하다. 밉다. 부끄럽다. 창피하다. 곤란하다. 왜냐하면 아버지는 집에서만 대장이다. 사티를 때리고, 어머니를 밀어붙이고 함부로 대한다. 그런데 집을 벗어나면 가난한 소작농에 상습 방화범이다. 아버지는 수가 틀리면 불을 지른다. 우리가 없는 아버지의 돼지는 걸핏하면 남의 집 농장을 침범한다. 이웃은 그렇게 침범한 돼지를 잡아 두곤, 돈을 내야 찾아갈 수 있다고 말한다. 아버지는 '장작이랑 건초는 불에 타는 물건이다.'라는 전갈을 보낸다. 그리고 이웃집 헛간이 불탄다.

치안판사는 아버지에게 유죄를 선고하고 마을을 당장 떠나라고 말한다. 그렇게 떠나온 아버지는 사티에게 거짓말을 요구한다. 사티는 정말 싫다. 정직하게 살고 싶고 좀 더 우아하게 살고 싶다. 그래서 다시 한번 아버지가 남의 집 헛간에 불을 지르려 할 때, 이번엔 정직함을 실현하고자 한다. 어떻게 되었을까?

아버지는 스스로 생각하기에 억울한 일을 당할 때마다 불을 지른다. 이를테면 이웃의 집에 들어간 내 돼지를 찾는 데 돈을 내거나, 고급 양탄자를 밟았다고 지나친 소작료를 걷어 가는 일이다. 그렇게 징벌적 소작료를 내고 나면 식구들이 먹을 것도 남지 않는다. 법에 기대도 소용없다. 치안판사는 언제나 있는 사람들 편이다. 아버지는 헛간을 태우는 것으로 화를 삭이고자 한다. 그렇다면 아버지는 영원히 그렇게 불을 질러 분을 삭이고 살아갈 수 있을까?

　이창동 감독의 영화 「버닝」(2018)은 무라카미 하루키의 소설 「헛간을 태우다」*를 원작으로 삼고 있다. 분명히 크레디트에 그렇게 써 있다. 하지만 영화를 보고 나면, 일어나는 서사적 사건이나 대사 들은 하루키의 것이 맞지만 그 정서나 주제는 오히려 윌리엄 포크너의 소설 「헛간 타오르다」**에 더 가깝다는 생각이 든다. 공무 집행을 방해하고, 손가락 골절을 일으켰다는 이유로 실형을 선고받은, 일종의 분노 조절 장애를 앓고 있는 그 아버지의 모습이 「헛간 타오르다」와 훨씬 더 닮아 있기 때문이다. 종수는 하루키의 소설 「헛간을 태우다」에 등장하는 '나'보다 가난한 방화꾼 아버지의 아들 '사티'에 가깝다. 그렇다. 이 글의 맨 앞부분에 서술된 이야기는 바로 윌리엄 포크너의 소설 「헛간 타오르다」의 내용이다.

　하루키의 소설이 영화화되면서 크게 달라진 부분은 단 하나, 주인공이다. 그런데 이 차이로 이야기는 완전히 다른 세계로 이동한다. 원작 「헛간을 태우다」의 '나'는 30대 중반의, 카망베르 치즈를 좋아하고, 마일스 데이비스의 「에어진」과 사티르 명인 라비 샹카르의 음악을 즐겨 듣는, 세련된 여피족이다. '나'는 재즈와 와인, 가볍지만 섹시한 관계, 추상적이지만 본질적인 의문을 사랑하는, 그래서 타인의 삶에 무심하고 적당히 거리를 두는 인물이다. 그게 사는 데 더 유리하다고 믿는 인물이기도 하다. 하지만 이창동 「버닝」의 주인공 종수는 20대 중반이며, 가진 게 없고 건강한 육체밖에 쓸 게 없는 인물이다. 종수는 망해 버린 축사 곁에서 대남 방송이나 뉴스를 들으며 잠이 든다.

----

* 　무라카미 하루키, 권남희 옮김, 『반딧불이』(문학동네, 2014).

** 　윌리엄 포크너, 하창수 옮김, 『윌리엄 포크너』(현대문학, 2013).

하루키의 소설에서는 아내가 자리를 비운 주인공의 집에 두 남녀가 찾아온다. 아내가 없는 집에 여자 친구 커플이 찾아오는 건 의외의 사건이었지만 소 한 마리 겨우 남은, 무너져 가는 축사 옆 종수의 집에 두 남녀가 찾아오는 것은 당황스러운 일이다. 같은 사건이지만 그 정서는 너무 다르다.

무엇보다 '나'와 종수는 계층과 연령이 다르다. 원작의 '나'는 번쩍이는 은색 외제 차를 가진 남자만큼 잘살지는 않지만, 적당히 자신의 경제적 상황에 만족한다. 아예 외제 차 같은 부의 과시에 무관심하다. 객관적으로 보자면, 작가인 '나'는 그 사람과 사교 모임에서 우연히 만날 수 있을 만큼 비슷한 처지다. 노는 물이 크게 다르지 않은 것이다. 하지만 종수는 벤과 우연히 만날 일이 거의 없다. 벤을 만나려면 종수는 잠복하고 추격해야 한다. 사는 곳, 노는 물이 다르니까. 그들의 세계에 교집합이 없으니 말이다.

이는 마치, 보르헤스가 똑같은 세르반테스의 『돈키호테』(1615)를 몇 백 년이 지나 고스란히 필사한다고 해도 전혀 다른 소설이라고 말한 상황과 닮아 있다. 세르반테스가 소설을 썼던 당시엔 동시대적인 문체였을지 모르지만 2018년에 그대로 써내면 그건 의고체가 된다. 인물의 연령, 계층, 경제적 수준이 달라지면서 헛간을 태우는 이야기는 완전히 다른 이야기가 되었다. 헛간이 비닐하우스로 바뀌었다는 그런 사소한 변화를 이야기하는 게 아니다. 그건 비닐하우스건 헛간이건 별 상관이 없다.

다만, 벤에게는 무의미하고, 쓸모없고, 태워질 만한 게 비닐하우스다. 문제는 이렇듯 허무를 태우는 사치스러운 낭비가 누군가에게는 소중한 모든 것을 빼앗는 폭력이 될 수 있다는 사실이다. 벤에게는 없어도 되고, 15분 만에 예쁘게 타서 없어져도 될 것이 종수에게는 단 하나의 것, 유일한 것일 수 있다.

자, 그렇다면 아버지가 당신네 헛간에 불을 지르러 간다고, 정의롭게 주인에게 알려 주러 간 윌리엄 포크너의 소년 사티는 어떻게 되었을까? 결론부터 말하자면, 사티는 성공한다. 방화 직전에 집주인에게 '헛간을 조심하라.'라는 경고를 전했으니 말이다. 하지만 이게 끝이 아니다.

화가 난 헛간 주인은 잘생긴 말을 타고 나와 총을 두 발 쏜다. 그 총성은 아버지와 함께 기름통을 들고 가던 형 근처쯤에서 울린다. 소년 사티는 총성이 울린 곳으로도, 집으로도 돌아가지 못한다. 소설은 그렇게 끝을 맺는다.

그 총성은 누구의 가슴을 관통했을까? 소년은 방화를 막았지만 아버지를 잃는다. 아마 아무 잘못 없이 아버지 옆에 있던 형도 다쳤을 것이다. 그렇다면 방화를 막고 범법을 막았으니 정의는 실현된 것일까? 그리고 만약 헛간 주인의 총에 아버지와 형이 맞았다면, 아버지가 헛간을 태워 벌을 받았듯이 그 땅주인도 벌을 받게 될까?

안타깝게도 소년은 이미 답을 알고 있다. 그래서 벌벌 떨며 집에 돌아가지 못한다. 벌거벗은 채 공포에 떠는 종수를 보며 세련된 소설가 '나'가 아니라 포크너의 소년 사티가 떠오르는 이유다. (2018)

나 자신을 아는 것

자기 자신을 시험에 부치지 않는 삶은 살아 볼 만한 가치가 없다.

소크라테스는 앎과 삶을 일치시키고자 했다. 그 방법 중 하나가 바로 스스로를 시험에 처하게 하는 것이었다. "너 자신을 알라." 나 자신을 알기 위해서는 우선 스스로를 시험에 처하게 해야 한다. 하지만 루소의 말처럼 "너 자신을 알라."라는 말은 그렇게 따르기 쉬운 격언이 아니다.

루소는 『고백록』(1781~1788)을 쓰면서 자기 자신을 아는 일이 얼마나 어려운 일인지를 거듭 토로한다. 사실 안다고 믿는 자기 자신은 연출된 모습일 확률이 높다. 사람은 종종 내가 원하는 모습의 나를 지금의 나라고 믿는다. 매일 그날이 그날 같은 일상 속에서는 자신을 돌아보기 힘들다. 그러니 자신을 알기 위해서는 어쩌면 스스로 시험을 자초해야 한다. 하지만 무릇 사람이란 반복된 일상이야말로, 시험 없는 삶이야말로 행복이라 여기지 않던가? 과연 누가 굳이 닥치지 않은 위험을 상상하고 아직 존재하지 않는 불편을 고민하며 스스로를 괴롭게 할까?

그래서인지 "너 자신을 알라."는 삶이 궁지에 몰릴 때에야 겨우 던져진다. 영화 속의 많은 주인공들의 삶의 위기에 처한 이유도 여기 있을 것이다.

「비긴 어게인」(2013)의 남자 주인공 댄도, 「러덜리스」(2014)의 주인공 샘도 그렇다. 그들은 삶이라는 항해에서 처참한 난파선이 되어 관객들과 만난다. 댄은 음악계에서 거의 추방된 상태이고, 샘은 예상치 못했던 아들의 사고로 일상을 잃어버렸다. 최근에 개봉한 한국 영화 「싱글라이더」(2016)의 주인공 강재훈도 삶의 벼랑 끝에 서 있긴 마찬가지다. 한 아이의 아버지이자, 한 여자의 남편 그리고 꽤나 성공적인 직장인으로 살았던 그는 그동안 쌓아 왔던 삶 전부가 흔들리고서야 자신을 돌아보고 묻는다. 도대체 나는 누구인가?

세 주인공의 공통점 중 하나는 바로 그들이 아버지이자 남편이라는 사실이다. 그런데 어느새 아버지는 가족 내 구성원이 아니라 일종의 직업처럼 받아들여진다. 결혼하니 남편이 되고 아이가 태어나니 아버지가 된다. 아버지는 특별히 돌봐야 할 의미가 있는 대상이라기보다 나이가 차면 누구나 되는 그런 상태 같다. 길에서 만나는 중장년을 보고 아버님이라고 호명하는 것처럼.

그런 의미에서 「싱글라이더」는 아버지라는 직업을 가졌으나 그 의미나 가치를 실감하지 못했던 한 남자의 이야기처럼 보인다. 증권 회사 지점장으로 승승장구하던 그에게 중요한 것은 돈과 숫자였다. 얼마나 많은 투자자를 모으고, 얼마나 큰 이익을 얻는지, 숫자로 확인되지 않는 것들은 그에게 무의미하거나 쓸모없었다. 가족도 숫자의 일부였다. 하지만 아들을 얼마나 사랑하는지, 아내가 얼마나 필요한지는 결코 숫자로 표현되지 않는다. 숫자로, 가격으로 환산되지 않으니 그에게 가족은 그냥 거기 있는 존재가 되고, 점차 있으나 마나한 게 되고 만다. 그는 아버지로 불리긴 했으나 진짜 아버지가 되지는 못했다.

결국 삶의 중대한 위기에 봉착하고 나서야 겨우 그는 가족을 둘러본다. 아니 그제서야 겨우 자기 자신을 돌아본다. 자기 자신의 가치와 의미를 묻고 가족 가운데서 자기 위치를 찾아보게 된다. 자아는 발견되어야 소유될 수 있다. 그런데 역설적이게도 자아가 생기면 그것만큼 불편하고 못 미더운 게 없다. 그래서 우리는 자아에 대한 불편한 질문을 최대한 미룬다. 그러니 우리는 대개 너무 늦게 자신을 돌아본다.

여성 또한 마찬가지다. 나이가 마흔이 넘도록 20년이 넘게 매달 월경을 해도 매달 정확한 날짜를 몰라 허둥지둥한다. 예고된 변화고 반복된 신체적 반응이지만 아직도 잘 모르겠다. 이러다 덜컥 폐경이 온다면 아마 그때서야 나 자신에게 속았다는 기분이 들 것이다. 신체도 그런데 영혼과 정신이야 어떨까?

반복도, 패턴도 없고 그렇다고 예고나 지표도 없는 영혼으로서의 나란 얼마나 미지수이던가? 아무리 나이가 들어도 가장 알 수 없는 것은 다름 아닌 바로 나 자신이다. 과연 나란 사람은 어떤 존재일까?

나 자신을 아는 것이야말로 늘 만시지탄일 듯싶다. 자기 자신을 알아야만 하지만 자신을 알고 나면 대개 너무 늦다. 아니 너무 늦은 순간에도 여전히 스스로를 모르니 그게 더 문제다.

셰익스피어의 리어 왕은 "내가 누구인지 말할 수 있는 자는 누구인가."라고 울부짖는다. 그는 그를 수식했던 모든 것을 잃고 나서야, 왕의 권력도 잃고 재산도 잃고 아버지로서의 권위와 사랑하는 딸까지 잃고 나서야 겨우 세상의 진실을 조금 엿본다. 잃고 나서야 나를 알게 되는 아이러니. 세상을 먼저 산 지혜로운 자들과 고전들이 여러 번 경고하지만 우리는 늘 그렇듯, 다 잃고 나서야 알게 된다. 내가 누구인지 말할 수 있을 때는 언제인가? 그게 더 문제다. (2017)

자결과 처벌의 아이러니

비극은 가족 사이에서 일어난다. 훌륭한 서사로서의 비극을 설명하는 아리스토텔레스의 미학서 『시학』은 비극이 반드시 가까운 사이에서 일어나야 한다고 말한다. 비극적 사건이 가까운 사람들 가운데서 일어난다면, 예컨대 살인이나 기타 이와 유사한 행위를 형제가 형제에 대하여 혹은 아들이 아버지에 대하여 혹은 어머니가 아들에 대하여 혹은 아들이 어머니에 대하여 행하거나 기도한다면 이와 같은 상황이야말로 시인이 추구해야 할 상황이라고 말이다. 이 무슨 해괴망측한 소리일까? 비극이 가족 사이에서 일어나야 한다니, 그것도 살인과 같은 행위가 가족 가운데서 일어나도록 시인이 추구해야 한다니 말이다.

여기서 시인은 말하자면 이야기를 만드는 모든 창작자들을 의미한다. 이야기를 꾸며 관객, 독자, 수용자 들에게 연민과 공포를 불러일으키기 위해서는 최대한 이입 가능한 것을 상상해 내야만 한다. 모든 사람들이 대개 가지고 있는 것, 그러니까 사람이라면 거의 대부분 가지고 있는 것, 가족이 선택된 이유다. 모두가 경험할 수 있는 고통과 연민의 영도(零度)가 바로 가족이라고 판단한 것이다.

맞는 말이다. 우리는 신문 사회면이나 인터넷 가십에서 가족 간의 상해나 살해 사건을 보며 아연실색하지만 그만큼 오래된 일도 없다. 인류가 자신의 삶을 기록한 최초의 순간으로부터 근친 간의 살해

및 상해 행위는 지속되어 왔던 것 아닌가? 부정한 남편을 벌주기 위해 그와의 사이에서 난 친자식을 죽이는 메데이아나 형제를 죽인 카인, 알고 그랬든 모르고 행했든 결과적으로 아버지를 죽이고 어머니와 동침한 오이디푸스까지, 인류 역사와 이야기에 있어서 가족 간의 비극은 아주 오래 반복된 이야기다.

아주 먼 곳에서 일어난 비참한 이야기는 쉽게 이입되지 않는다. 사람이란 생각보다 이기적이고 상상력이 얕아서 먼 곳의 비참함은 남의 것이라 넘기기 일쑤다. 허구에 힘이 있다면 이 먼 것을 마치 내 것처럼 가깝게 끌어오는 것일 테다. 벌써 240여 년 전에 일어난 한 가문의 비극을 지금 스크린 위에 재현함으로써 우리가 느끼게 되는 것도 바로 이런 힘의 결과물이다. 다시 한번 영상으로 재현된 「사도」(2015) 이야기다.

「사도」는 조선왕조의 오래된 비극이자 스캔들이라고 할 수 있다. 한편, 영조와 사도세자 간의 이야기는 왕과 세자 이전에 아버지와 아들의 이야기이기도 하다. 일찍이 루카치는 모든 예술가들은 각자의 라이오스를 가져야 한다고 말한 바 있다. 라이오스는 오이디푸스의 아버지다. 루카치의 말은 새가 알을 깨고 나오듯 아들은 아버지를 죽여야 어른이 될 수 있음을 의미한다. 여기서 아버지는 일종의 상징이다. 전범이 된 표현, 상식이 된 발상, 표본이 된 질서를 그저 따르기만 하는 순응적인 아들은 결코 새로운 표본이 될 수 없다. 무릇 자신의 세계를 구축하기 위해서는 기존하는 엄격한 아버지의 세계와 결별해야 하기 때문이다.

그런 점에서 영화 속의 사도는 엄격한 아버지의 말을 따르다 못해 이내 자신을 놓치고 미쳐 버린 광인으로 그려진다. 사도와 그의 아버지 영조를 다루는 수많은 드라마들은 가족 간에 발생한 비상식적이며 폭력적인 사건에 주목해 왔다. 아버지가 아들을 뒤주에 가두고 이레 동안 천천히 죽인 이 사건은 이성을 잃고 급격한 분노나 실수로 가족을 살해한 것과는 다르다. 말하자면 아버지 영조는 충분히 생각을 하며 아들에게 죽음을 준 것이다.

이 사건은 인간이 생각해 낼 수 있는 상식이나 개연성으로 쉽게 재구성되지 않는 측면이 있다. 하지만 이해되지 않는다고 몰입할 수 없는 것은 아니다. 영화 「사도」는 이 이해할 수 없는 빈 구멍을 배우들의 에너지로 채웠다. 모르기 때문에 더 몰입되고, 이해할 수 없기에 그 광적인 분위기가 더욱 매혹적이다.

여기서 한 가지 궁금해지는 것은 조선왕조 사상 가장 훌륭한 왕으로 기록되고, 반추되고, 재해석되는 정조라는 아들이다. 이산, 말하자면 그는 두 명의 아버지를 동시에 섬긴 아들이다. 왕조사의 기록에서 정조의 아버지는 사도가 아닌 영조다. 영정조 시대라는 역사적 호명 가운데서 사도가 끼어들 자리는 없다. 즉, 대문자 역사와 정치사의 맥락에서 정조의 아버지는 영조다. 그러나 분명 생물학적인 아버지는 사도다. 정조의 가장 큰 아이러니가 있다면 그것은 이 두 명의 아버지를 모셔야 했던 것이다. 대문자의 아버지 그리고 뼈와 살을 직접 준 아버지 말이다.

영화 「사도」 속에서 아버지 영조는 영재 교육에 몰두하는 현대식 아버지처럼 묘사된다. '내가 어린 시절보다 훨씬 더 좋은 환경인데, 공부를 하지 않는 게 이해가 안 간다.'라는 영조의 대사는 영조와 같은 아버지 모델이 과거완료형이 아님을 보여 준다.

「사도」의 아버지 모델은 「사랑이 이긴다」(2015)에서 어머니로 변주된다. 어머니와 딸로 바뀐 이 관계 속에서 어머니는 칭찬도, 격려도 없이 몰아붙인다. 그것이 다 딸을 위한 일이라고 말하고 있지만 결국 어머니의 '말씀'에 끌려다닌 딸아이의 미래는 죽음을 향해 열려 있을 뿐이다.

비극은 가까운 사이에서 발생할 수밖에 없다. 길을 가다가 넘어져 죽는 일이 우연이라면 가족 가운데서 발생한 참극은 필연이다. 어머니가 딸을, 아버지가 아들을 우연히 죽게 하는 경우는 없다. 그것은 죽음으로밖에 드러날 수 없는 왜곡된 관계의 결과물이다. 가족이란 무엇일까? 작가 오정희의 말처럼 가족이란 생각하듯 그렇게 대단한 건 아니지만 그렇다고 별것 아닌 것도 아니다.

문제는 자신이 콤플렉스의 주체가 되느냐 그렇지 못하느냐. 아버지를 살해한 오이디푸스는 자신의 죄를 스스로 밝히고 죄의 주인이 되어 자신을 벌한다. 그는 자신의 손으로 두 눈을 멀게 하고 추방자의 숲 콜로노스를 향해 간다. 그렇게 그는 죽지만 살아난다. 사도는 아버지에게 자결을 명받지만 그마저도 실패하고 끝끝내 아버지로부터 죽음을 받는다. 태어남도 그의 의지는 아니었지만 죽음에도 그의 선택은 없다. 오로지 아버지뿐이었던 인생, 「사도」를 통해 다시 가족과 비극을 읽는다. (2015)

고전 처방전

고전이란 무엇일까? 사전적 의미로야, "오랫동안 많은 사람에게 널리 읽히고 모범이 될 만한 문학이나 예술 작품"으로 규정되지만, 고전에 쓰인 '옛 고'(古) 자 때문인지, 고전 하면 무조건 오래된 작품이라는 생각이 먼저 든다. 그런데 고전이야말로 가장 현대적이구나 무릎을 칠 때가 있다. 고전 명작들이 거듭 재탄생하는 것을 볼 때 말이다. 2015년에도 필독서로 언제나 추천하는 작품 중 두 개가 새롭게 해석되어 선보였다. 하나는 셰익스피어의 희곡 『맥베스』(1606)이고 다른 하나는 플로베르의 『마담 보바리』(1857)이다.

두 작품은 유명한 고전답게 이미 여러 번 영화화되었다. 『마담 보바리』의 영화 중 가장 기억에 남는 작품은 여배우 이자벨 위페르가 주연을 맡았던 1991년 「마담 보바리」이다. 클로드 샤브롤이 연출한 이 작품은 유독 보바리를 혹독하게 그려 냈다. 그 대표적 장면이 바로 음독자살을 시도한 보바리가 죽어 가는 과정이다.

감독은 자연주의 다큐멘터리처럼 냉소적으로 그녀의 죽음을 담아낸다. 대개 우리가 영화에서 기대하는 음독자살이란 독약을 마시자마자 고개를 떨구고 눈을 감는 것이다. 하지만 1991년 「마담 보바리」에서 보바리는 구차하고 비루하게 침대를 헤매다 가까스로 눈을 감는다. 생명줄이라는 게 생각보다 질긴 것이어서 약간의 연출로 깔끔히 떠나기 충분치 않았던 것이다. 심지어 이 와중에 남편인 샤를은 아내가 무슨 약을 마셨는지, 왜 죽는지도 모르고 있다. 직업이 의산데도 말이다.

주인공치고 보바리만큼이나 작가에게 사랑받지 못한 인물도 드물 것이다. 이는 비판이 아니라 칭찬이다. 우스꽝스러우리만치 애처롭게 세상을 떠나는 보바리는 플로베르와 샤브롤이 함께 연출해 낸 장면이라고 할 수 있다. 원작에서도 그녀는 웃다 울다 펄쩍 뛰고 날뛰다가 죽는다. 그녀의 죽음에는 '죽음'이라는 단어가 풍기는 장엄함이 없다. 그녀는 그렇게 철저히 시시하게 죽어 간다.

2015년 「마담 보바리」의 보바리는 다행히 독약을 먹자마자 쓰러지고 스크린은 암전된다. 그런데 이번엔 그녀의 소비욕이 전경화된다. 여성 감독 소피 바르트는 「마담 보바리」의 다양한 인물 중에서도 특히 뢰르를 주목한다. 부티크 주인인 뢰르는 지루한 시골 생활에 염증을 내는 보바리에게 접근해 소비를 권한다. 그는 독심술사처럼 보바리의 허영을 읽어 낸다. 그는 보바리가 듣고 싶어 하는 '파리', '귀족'과 같은 단어들로 그녀를 건드린다. 삶의 재미를 느끼지 못했던 보바리는 뢰르의 유혹에 기꺼이 빠져든다.

2015년의 보바리를 보고 있자면, 그녀를 무너뜨린 것은 확실히 불륜이 아니라 과소비다. 삶의 허무를 소비로 채우려던 그 헛된 욕망이 그녀를 부숴 버린 것이다. 과소비 마담 보바리는 비단 19세기의 과거형 인물형이 아니다. 1992년 미야베 미유키의 『화차』에도, 2012년 가쿠다 미쓰요의 『종이달』에도 보바리는 등장한다. 삶의 공백을 화려한 겉치레로 봉합하려는 인물들은 19세기 이후 지금, 이곳에도 여전히 문제적이다.

또 하나 잔인한 것은 마담 보바리의 가장 큰 잘못이 아동 학대라는 사실이다. 내내 등장하지 않던 딸 베르트는 마침내 고아가 되어 방

직공장으로 보내질 때에야 얼굴을 내민다. 보바리가 저지른 실수의 대가를 딸까지 치르는 것이다.

『마담 보바리』가 돈과 허영의 관계를 보여 준다면 『맥베스』는 그보다 더 깊숙한 야망의 문제를 다루고 있다. 셰익스피어의 질문은 야망이란 밖에서 오는 것이냐 혹은 내재된 것이냐로 압축된다. 즉, 마녀들의 예언 때문에 맥베스는 왕을 시해한 것일까 아니면 마녀들은 그저 맥베스의 야망을 흔들어 준 것에 불과한 것일까.

『맥베스』는 셰익스피어의 4대 비극 가운데서도 가장 어두운 인간의 내면을 보여 준다. 질투나 노화가 누구나 경험할 수 있는 일이라면 권력에 대한 야망은 꽤나 제한적인 인간 유형에게나 해당되는 일이기 때문이다. 영화 「맥베스」를 보고 있노라면, 맥베스를 미치게 한 게 무엇인지가 좀 더 명확히 보인다. 얼핏 그는 덩컨 왕을 죽인 죄책감 때문에 미친 것 같지만 좀 더 면밀히 들여다보면, 자신의 왕위를 빼앗길지도 모른다는 불안감에 미쳐 버렸음을 알 수 있다.

그의 광기는 우연이 아니라 자기가 만들어 낸 필연이다. 그는 왕위에 위협이 될 만한 요소들을 잔혹하게 파괴하고, 권력을 지키기 위해 예언을 요구한다. 자신이 원하는 미래를 듣기 위해 마녀들을 다그치고, 악행을 정당화할 수 있는 논리를 예언에서 찾으려 억지를 쓴다.

사람은 왜 권력을 쥐게 되면 더 편협하고 잔인해지는 것일까? 권력의 공포는 계속 가지려는 욕망에서 비롯된다. 「맥베스」는 권력을 놓지 않으려는 집착이 도착과 광기, 폭력으로 이어지는 과정을 보여 준다. 마이클 패스벤더의 연기를 통해 그 집착은 말 그대로 미친 짓, 광기임이 선명해진다. 권력이 공포에 기댈 때의 파국도 고스란히 보여 준다.

공직에 나서거나 선거에 임하는 사람들은 대개 국가와 국민이 자신을 호출했다고 말한다. 하지만 잘 생각해 봐야 할 노릇이다. 맥베스처럼 자기가 듣고 싶은 예언을 누군가에게 다그쳐 들었던 것은 아닌지, 자신의 내면에서 울려 나오는 야망의 독백을 대중의 지지로 착각한 것은 아닌지 말이다. 고전은 그래서 고전이다. 그러니 고전을 읽는 공인들이 많아진다면, 세상이 좀 더 나아질 게 분명하다. (2015)

호모사피엔스에게 겸손을!

리어나도 디캐프리오는 영화 「레버넌트: 죽음에서 돌아온 자」 (2015, 이하 「레버넌트」)에서 들짐승의 생간을 꺼내 먹는다. 배역인 휴 글래스가 먹는 거지만 디캐프리오는 직접 연기했다. 문제는 디캐프리오가 채식주의자라는 거다. 하지만 그는 이렇게 말했다. "평소라면 들짐승의 생간 같은 건 입에도 안 대겠지만, 휴 글래스에게 그건 생존 본능이었다." 그렇다. '본능'이었다. 유발 하라리가 쓴 빅 히스토리 『사피엔스』(2015)를 보면 인류 아니 호모사피엔스는 원래 수렵 채집인이었다. 사나흘에 한 번 사냥에 나서 하루 세 시간에서 여섯 시간 정도 채집하면 무리 전체가 먹고살았다. 휴 글래스는 대자연 속에서 위기 상황에 처하자 자신의 유전자에 새겨져 있던 수렵 채집인으로서의 능력을 십분 발휘한다. 어쩌면 이 말은 지적 설계의 맨 꼭대기에 위치하고 있다고 믿는 우리, 인류가 여전히 동물의 한 종에서 크게 벗어나지 못했다는 의미이기도 하다.

그런 점에서 「레버넌트」의 감독 알레한드로 곤잘레스 이냐리투의 시도는 '원시 호모사피엔스 되기'처럼 보인다. 「레버넌트」는 19세기 무렵을 배경으로 하고 있다. 「레버넌트」에서 보여 주는 북아메리카의 풍경은 우리가 익히 알아 왔던 초기 미국의 그것과는 완전히 다르다. 높은 수익을 주는 비버나 버펄로의 가죽을 얻으려 모여든 모피 사냥꾼들의 행색도 그렇다. 그들은 문명인이라기보다는 수렵 채집기의 호모사피엔스와 더 닮아 보인다.

「레버넌트」의 배경은 "사람은 태어날 때부터 모두가 평등하며 누구나 다 생명권, 자유권, 행복을 추구할 권리가 있다."라고 말하는 독립선언서의 주체와는 거리가 멀다. 「레버넌트」의 배경은 우리에게 익숙한 미국이라는 공동체가 아니라 들소와 이리, 폭포와 눈 폭풍이 차지하고 있는 광활한 북아메리카 대륙이다.

「레버넌트」의 시작은 매우 '인간적'이다. 모피 사냥꾼들은 북미 대륙에 널려 있는 들소와 비버의 가죽을 벗기느라 여념 없다. 그때 원주민들이 사냥꾼들을 공격한다. 공격을 피해 사냥꾼들은 편안한 뱃길을 버리고 험악한 산길을 선택하게 된다. 제 몸 하나 가누기 힘든 산길이지만 사냥꾼들은 모피를 포기하지 않는다. 인간적이라는 건 바로 이런 뜻이다. 그 어떤 동물도 이윤이 된다고 해서 목숨을 걸고 다른 짐승의 가죽 따위를 메고 산을 넘지 않는다. 하지만 인간은 그런다. 돈이 되면 목숨도 하찮게 본다.

그런데 이때, 결코 돈으로 해결할 수 없는 문제가 등장한다. 길 안내자였던 휴 글래스가 곰에게 공격을 당한 것이다. 회색 곰은 휴 글래스의 사지를 물어뜯는다. 휴 글래스는 이내 짐이 되고 만다. 처음에 사냥꾼 무리는 문화인처럼 군다. 휴 글래스를 들것에 싣고 따뜻하게 보온까지 해서 함께 데리고 가니 말이다. 하지만 네 발로 기어야 하는 절벽 앞에 이르자 대장은 포상금을 걸고 지원자를 받는다. 휴 글래스가 눈을 감을 때까지 곁에 머물다가 장례를 치르고 오라, 그러면 두둑한 포상금을 지급하겠노라고 말이다. 그래서 휴의 아들을 비롯한 세 명의 남자가 휴 글래스 곁에 남게 된다. 그런데 그중의 한 '사람'의 목적은 오직 돈이었다. 뭐 그래서 인간이긴 하지만. 사람을 버리고 돈만 갖고자 하는 사람이 셋 중 하나는 있기 마련이다. 마침내 돈만 탐

냈던 그 '인간'은 아버지를 지키려는 아들을 죽이고 이내 휴마저도 가매장한 채 떠나 버린다. 이후 아버지 휴는 여러 번의 위기를 극복하며 살아 돌아와 아들을 죽인 남자에게 복수를 한다.

여기서 다시 한번 돌아봐야 할 장면이 있다. 곰은 왜 그를 공격했을까? 영화 속에서 곰은 새끼들과 함께 있었다. 회색 곰은 새끼를 지키기 위해 새끼보다 더 큰 몸집의 휴 글래스를 공격했다. 곰의 땅에 사람들이 발을 디딘 것이고 곰은 자신의 새끼와 땅을 지키기 위해 침입자를 공격했을 뿐이다.

영화의 첫 장면, 원주민들이 사냥꾼을 에워싸고 공격한 이유도 다를 바 없다. 그들을 공격했던 리족은 부족의 딸이 납치를 당하자 그녀를 찾기 위해 외부로부터 온 침입자를 공격했다. 휴, 곰, 리족 모두 자신의 거주지와 자손을 위해 침입자를 공격하고 복수하고자 했다. 새끼를 보호하고 되찾기 위해 애쓰는 모습을 보자면 곰이나 휴나 원주민이나 다를 바 없다. 그건 바로 자신의 유전자를 후대에 남기려는 본능적인 동물의 모습이기 때문이다.

휴 글래스가 되돌아오는 과정이 북극곰의 생태를 다루는 야생 동물의 서식이나 생태계를 담은 자연 다큐멘터리처럼 느껴지는 이유도 여기에 있다. 눈 덮인 설산과 계곡을 헤매며 300킬로미터를 견뎌 내는 '휴'는 대자연 속에서 생존해 내야만 하는 동물 그 이상도, 이하도 아니다. 새끼를 걱정했던 곰처럼 아들을 잃은 휴는 인간적이라기보다는 동물적이다. 돌아가는 길에 우연히 만난 원주민이 복수는 신의 뜻이라고 말한 이유도 여기에 있다. 휴의 복수는 이윤이나 명예와 같은 소위 문명적 개념이 아니라 자식을 잃은 부모, 개체를 유지하고자 하는 생물의 본능적 복수심이다. 몹시 동물적이기 때문에 더 순도 높다.

휴는 부싯돌로 불을 피우고, 생간을 먹고, 죽은 말의 내장을 들어낸 후 그 안에 알몸으로 들어가 추위를 피한다. 휴의 여정은 수렵 채집기 호모사피엔스의 여정과 다르지 않다. 야만적이지만 자연스럽다.

광활한 대자연 속에서 인간을 살리는 것은 숫자나 지혜가 아니라 추억과 본능이다. 그 여정을 보자면 우리가 서바이벌이라는 수식을 갖다 붙인 현대사회의 일들이 얼마나 사치스러운 엄살이었는지 알 수 있다. 진짜 생존이란 자연의 허락 아래서만 가능한 것이다. 도구를 사용하는 인간, 불을 사용하는 인간은 마치 세상을 모두 정복한 것 같지만 자연 앞에서 인간은 매우 나약하다. 두 발로 걷기에 만성적 요통과 출산의 고통을 감내해야 하는, 그런 동물 종일 뿐이다.

지구의 관점에서 보자면, 인류는 가장 골치 아픈 생존자일 테다. 유발 하라리의 말처럼 이처럼 수많은 생명을 멸절시킨 종은 호모사피엔스 외엔 없었다. 수렵 채집기가 끝났음에도 여전히 다디단 음식을 찾아 집어삼키고 그것도 모자라 비만과 싸우며 다이어트에 엄청난 돈과 시간을 쓰는 인류를 보자면, 어쩌면 우리는 생각보다 훨씬 덜 진화한 종일지도 모르겠다.

철학자들은 사람이 만들어 낸 것, 인공물, 문화, 문명을 아름답다고 말한다. 대자연이 만들어 낸 것은 아름답지만 한편 두렵다는 점에서 숭고라는 다른 이름을 붙여 두었다. 인간의 창조물에는 설계도가 있지만 자연엔 없다. 설계의 비밀을 인간이 알 수는 없는 노릇이다.

훌륭한 영화들은 커다란 스크린을 통해 숭고 비슷한 체험을 가능하게 해 준다. 그 체험이란 다른 게 아니다. 바로 인간이 만물의 영장이 아니라 하나의 종에 불과하다는 것. 인류의 위치를 스스로 한 번쯤 거울에 비춰 주는 그런 체험이 아닐까? 사피엔스에게 겸손을 가르쳐 주는 영화 「레버넌트」다. (2016)

살고, 사랑하고, 사유하고

　장거리 출장은 드문 기회다. 일상에서 벗어나기 때문이다. 전혀 모르는 낯선 타인들과 섞여 비행기라는 좁은 공간에 열 시간 이상 머무르는 게, 어디 일상적일 수 있을까? 답답함이 숨통을 조여 오기도 하지만 막상 이륙 후엔 오랜만에 혼자라는, 즐거운 고독감이 찾아온다. 특히 의외의 영화들을 '다시' 발견할 때 그렇다.

　직업상 대개의 기내 영화들은 이미 본 것들인 경우가 많다. 몇 편 보지 않은 작품들이 있는데, 그건 못 본 영화라기보다는 보고 싶지 않아서 미루다 보니 놓친 작품들에 속한다. 그럼에도 불구하고, 잠도 오지 않는 긴 비행 중, 기내의 모든 조명까지 꺼진 이후라면, 그렇게 평소라면 보지 않았을 영화들을 건드려 보게 된다. 이번 비행의 수확은 페드로 알모도바르 감독의 「줄리에타」(2016)였다.

　지금이야 가장 대중적인 장거리 운송 수단이 비행기가 되었지만 사실 그 자리에 가장 먼저 등장한 것은 기차와 함선이었다. 특히 기차는 많은 문학과 영화 작품에 등장하곤 하는데, 이는 비단 과거에 해당하는 일만은 아닌 듯싶다.

　로맨스 영화의 고전이 된 「비포 선라이즈」(1995)에서의 결정적 장소도 기차 안이고, 홍상수 감독의 「생활의 발견」(2002)도 기차가 없다면 서사의 전개가 불가능할 정도다. 「오리엔탈 특급 살인 사건」이나 「열차 안의 낯선 자들」과 같은 1960년대, 1970년대 고전 스릴러 영화에서도 기차는 매우 중요한 밀폐 공간이었다.

그런데 기차라는 운송 수단 혹은 여행 수단의 가장 큰 특징 중 하나는 바로 책을 읽기에 가장 좋은 탈것이라는 사실이다. 우리는 종종 기차 안에서 책을 읽는 사람들을 문학이나 영화 혹은 미술 작품 안에서 보고는 한다. 에드워드 호퍼의 「293호 열차 C칸」이라는 그림을 보면 한 여성이 고개를 숙인 채 무엇인가를 골똘히 읽고 있다. 톨스토이의 『안나 카레니나』(1877)의 안나도 기차 안에서 책을 읽고자 하고, 「생활의 발견」의 여주인공도 스콧·니어링의 자서전을 읽고 있다. 그리고 「줄리에타」의 주인공 줄리에타도 그녀의 전공인 고전문학 책을 꺼내서, 막 마에나디즘(maenadism, 광란주의)에 관한 부분을 읽던 중이었다.

그때 그런 줄리에타의 눈길을 뺏는 게 등장한다. 바로 멋진 뿔을 가진 수사슴이 느린 동작으로, 마치 촬영된 이미지처럼, 기차의 속도에 맞춰 나란히 달리고 있었기 때문이다. 순간 줄리에타는 책에서 눈을 떼 창밖의 사슴을 바라본다. 그렇게 아름답고도 우아한 장면은 일상의 적적함을 깬다. 우리가 일상에서 반복적으로 보는 것들은 기계적 순환으로 이루어져 있다. 눈앞에 보이는 것이 우리 머릿속에 다른 반응을 일으킬 때, 우리는 일상을 벗어난 자극과 새로움을 경험하게 된다. 그리고 그 새로움은 일상에서라면 결코 떠오르지 않을 '생각'을 건드린다. 그러니까 기차가 '생각'을 낳는 것이다.

그렇게 낯선 생각에 빠진 줄리에타에게 한 남자가 말을 건다. 누가 봐도 남루하고 음울해 보이는 남자는 줄리에타에게 다가와 '말동무'가 되어 달라고 말한다. 말동무, 그러니까 남자는 책을 읽고, 창밖에 시선을 둘 정도라면 어떤 '생각'을 하는 여자라 여기고 말을 건 것이다. 그러나 줄리에타는 그 생각의 무게가 버거워, 대화를 거절하고 자리를 뜬다.

잠시 후 기차가 정차한다. 뭔가 물컹한 물체가 기차의 바퀴에 감지된다. 사람들은 창밖을 지나던 수사슴이 혹시나 기차에 치인 것은 아닐지 염려한다. 하지만 줄리에타의 예감은 좀 다르다. 그리고 그 나쁜 예감은 어긋나지 않는다. 줄리에타는 남자가 제안했던 대화를 거절했다는 사실에 큰 죄책감을 느낀다.

영화 「줄리에타」는 노벨 문학상 수상자인 앨리스 먼로의 소설을 원작으로 하고 있는데, 이 죄책감은 원작에서 더 선명하게 감지된다. 그녀는 생리혈이 혹시나 치마에 묻지 않았을까 걱정하며, 이야기를 나누었다면 살았을 남자보다 식당 칸에서 새로 만난 남자의 성적 매력에 집중한다. 죄책감은 살아남은 자의 몫이지만 한편 살아 있기에 죄책감보다는 섹시한 불안에 더 끌릴 수밖에 없다. 우리는 죄책감을 느끼면서도 그렇게 에로스에 지배당한다.

영화 「줄리에타」와 소설집 『런어웨이』(2004)의 단편들은 작고, 미묘한 삶의 부분 부분들, 일상과 비일상의 아주 작은 틈에 대한 이야기들로 채워져 있다. 그런데 이런 작은 틈들은 정치나 경제와 같은 큰 문제들이 제법 안정되었을 때, 비로소 그 발견이 생각으로 이어질 수 있는 주제들이기도 하다. 지난 몇 년간을 돌아보자면, 특히 영화계에서는 이런 작고, 소소한 문제를 다루기 어려웠던 시절이었다. 기내에서 「줄리에타」를 보며 느꼈던 각성과 감동도 사실 그 낯섦에서 기인했다. 그동안 우리는 늘 과감하고 과격한 선과 악의 대결에 더 집중해야 했고 또 그러기를 요구받았다. 죄책감과 불안감, 타나토스와 에로스, 삶과 죽음을 논하기엔 세상이 너무 부조리하고 어두웠던 것이다.

2017년, 세상이 좀 달라졌다. 달라진 세상이란 이렇듯 소소하고 작은 일상에 다시 관심을 갖고, 마치 기차를 탄 여행객처럼 책을 읽고, 영화를 보다가, 마침내 '생각'에 빠질 수 있는 사람들이 많아지는 그런 세상이 아닐까? 우리가 너무 큰일들에 치이느라 미처 돌보지 못했던 삶의 균열들, 그런 균열들에 조용히 집중할 수 있는, 사소한 일들을 고민하며 깊게 생각에 잠기는 그런 시절이 왔으면 좋겠다. (2017)

강철비와 강철로 된 무지개

"나는 전쟁 이야기를 좋아하지 않는다." 『전쟁은 여자의 얼굴을 하지 않았다』(1983)를 쓴 노벨 문학상 수상자 스베틀라나 알렉시예비치의 말이다. 나 역시 전쟁 이야기를 좋아하지는 않지만, 영화 평론을 하다 보면 너무 많은 전쟁 그리고 전쟁 이야기를 만나게 된다.

마블과 DC 코믹스를 원작으로 한 최근 할리우드 블록버스터만 해도 그렇다. 「원더우먼」은 1차 세계대전을 배경으로 하고 있고, 최근 개봉했던 「저스티스 리그」(2017)의 배경도 인류의 기원만큼이나 오래된 권력 쟁탈전이다. '스타워즈' 시리즈는 말 그대로 '별들의 전쟁'이고, '어벤져스' 시리즈도 비록 가상의 전쟁이지만 매번 전쟁을 치른다. 세계 어느 영화관에서든 전쟁이 현재진행 중인 것이다.

양우석 감독의 「강철비」는 전쟁에 대한 영화지만 결코 전쟁 영화는 아니다. 그런데 「강철비」는 그 어떤 전쟁 영화보다 무섭고 두렵다. 할리우드 블록버스터처럼 머리를 비우고, 팝콘을 먹으며 그렇게 의자에 기대 볼 수 없는 전쟁을 다루고 있으니 말이다. 바로 여기 한반도에서 일어날 법한 이야기이기에 영화적 허구를 넘어 우리 무의식의 뇌관을 건드린다. 한반도와 전쟁, 아닌 척해도 2016년 개성공단 폐쇄 이후 내내 우리를 시달리게 했던 문제 아니었던가?

제목인 「강철비」는 '스틸레인'이라 불리는 클러스터형 탄두를 의미하기도 하지만 영화의 두 주인공의 이름을 은유하기도 한다. 남한의 안보수석과 북한의 정예요원 두 사람의 이름은 공교롭게도 모두 철우다. 음차해서 풀어 보자면 그들이 바로 철로 된 비, 철비라고도 말할 수 있다. 말장난 같은 이름의 동일성에 주목하는 이유는 그 우연이 한국전쟁이나 민족 분단과 같은 여러 가지 한반도 상황을 압축하고 있기 때문이다. 적어도 두 사람은 정치의 논리를 벗어나 전쟁의 두려움을 직시하고 체감하는 인물로 그려져 있다.

그렇다. 솔직히 말하면 나는 전쟁 이야기를 좋아하지 않는 게 아니라 두려워한다. 「강철비」를 보는 내내 무릎을 덜덜 떨었던 이유도, 그것이 잔혹하거나 잔인하기 때문이 아니다. 꾸며진 이야기였음에도 「강철비」에 그려진 상황은 너무나 그럴듯하고 사실적이다. 양우석 감독이 그려 낸 한반도의 정세가 과장이나 오판이라고 말하기엔 너무 적확하다는 의미다. 말하자면 한국인들이 꽁꽁 숨겨 두었던 공포를 풀어낸 것이다.

크리스토퍼 놀런의 「덩케르크」(2017)는 실제 있었던 전쟁의 한 장면을 아이맥스 스크린 위에 담아냈지만, 그건 이미 과거인 역사의 한 장면이다. 이미 가능성이 유실된 지나간 전쟁의 흔적인 셈이다. 「강철비」는 지금 여기, 한반도에서 일어날 수 있는 가능성 위에 허구를 직조한다. 한국에서 전쟁이란 어쩌면 가능한 미래이기 때문이다.

영화 속 남한 철우의 입을 통해 말해지듯이 분단의 진정한 고통은 그것을 정치적으로 이용하려는 세력에 의해 증폭된다. 미래의 평화를 위해 전쟁을 한다는 것 자체가 모순이며, 혹시나 하는 위협에 대한 대비 자체가 평화의 약속을 위태롭게 하고 혼란의 위험을 높인다. 스티븐 밀러의 말처럼, 전쟁은 전쟁에 대한 준비 과정 때문에 일어나곤 했기 때문이다. 준비된 상태 자체가 상대에게 위협을 불러온다. 칸트도 했던 이 말은 한반도 정세에 많은 암시를 준다.

철우와 철우는 이념, 민족, 이윤과 같은 큰 문제가 아니라 각자의 그늘 아래 살아가고 있는 가족을 지키기 위해 전쟁을 막고자 한다. 정치가 해야 할 일이 있다면 바로 그런 일일 것이다.

전쟁은 정치가 한계에 도달했음을 보여 주는 실패의 증거다. 그러므로 정치는 미래에서 전쟁의 가능성 자체를 아예 없애는 방향으로서의 평화를 일궈 내야 할 것이다. 전쟁의 위협이 아예 사라질 때, 바로 진정한 평화가 오기 때문이다.

영화의 두 인물은 남한과 북한이 핵전쟁을 치를지도 모를 상황에서도 각자 나름의 '전쟁'을 치른다. 그들이 지키고자 하는 것들을 지키는 것, 그 자체도 전쟁과 다를 바 없다. 자기 전부를 걸고 그 순간만큼은 진지하게 싸움에 응해야 하기 때문이다.

낭만주의적 예술사에서 전쟁은 곧 고단한 삶에 대한 은유가 되어 주곤 했다. 지금껏 우리 영화에서 전쟁이란 이렇듯 낭만적인 과거이거나 개인의 고투였던 경우가 많았다. 전쟁이라고는 했지만 진짜 전쟁은 아니었던 셈이다.

안타깝게도 우리 시대는 완전히 허구로만 유희할 수 없는 '전쟁영화'의 시대에 돌입해 버린 듯싶다. 먼 곳에서 보기엔 그저 영화적 문법에 충실한 장르 영화일지 몰라도 적어도 우리에게 '북'의 문제는 구체적 실감을 가진 문제다.

그러니 전쟁을 정치적 수사학으로 남용하는 이들에게 혐오와 불신이 생길 수밖에. '이럼에 눈감아 생각해 볼 때', 결국 강철로 된 무지개처럼 단단히 벼린 평화를 기대하고 또 기대할 뿐이다. (2017)

우아함, 그리고 옷에 대하여

"얼마나 많은 대가를 내 생에 지불해야 이처럼 모든 남루한 디테일을 제거해 버린 고급하고 단순한 기쁨을 누릴 수 있을까."[*] 정미경의 소설 「호텔 유로, 1203」의 주인공 여자는 지금 물빛을 연상시키는 푸른 스트라이프 셔츠의 가슴께를 손등으로 가만히 쓸어 보고 있다. 그녀는 진열장을 따라 천천히 걸으며 옷들을 구경한다. 그녀가 갖고 싶은 것은 과도한 장식을 배제한 우아한 옷이다.

무라카미 하루키의 동명 소설을 원작으로 한 영화 「토니 타키타니」(2004)에는 731벌의 고급 부티크 옷을 남긴 채 죽은 여자가 등장한다. 가격표도 뜯지 않은, 아름다운 옷들을 남긴 채 아내가 세상을 떠나자 희한한 이름을 가진 토니 타키타니는 키 165센티미터, 발 사이즈 230, 옷 2 사이즈를 입는 여성을 구해 아내의 옷을 입고 지내길 요청한다. 그렇게 옷을 입어 보던 여성은 갑자기 주저앉아 펑펑 울기 시작한다. 토니가 이유를 묻자 여자는 대답한다. "옷이 너무 아름다워서요."

비슷한 장면은 소설 『위대한 개츠비』에도 등장한다. 아름다운 영국산 셔츠에 파묻혀 있던 데이지가 불현듯 눈물을 쏟는다. 당황한 개츠비가 이유를 묻자, 눈물이 가득한 눈으로 데이지가 대답한다. "너

---

[*] 정미경, 「호텔 유로, 1203」, 『나의 피투성이 연인』(민음사, 2004).

무, 너무 아름다운 셔츠들이야. …… 너무 슬퍼! 이렇게 아름다운 셔츠들을 본 적이 없어."* 아름다운 촉감을 가진 옷을 보며 눈물을 흘리는 데이지. 아름답고, 우아하며 고급스러운 옷들은 왜 눈물을 흐르게 할까?

폴 토머스 앤더슨 감독의 「팬텀 스레드」(2017)는 그 눈물의 원인을 조금 짐작하게 하는 작품이다. 영화 「팬텀 스레드」는 자신이 만드는 옷에 강박에 가까운 집중을 보이는 고급 의상 디자이너 레이놀즈 우드콕의 이야기다. 함부로 따라 할 수 없는 집념으로 옷을 만드는 그는 장인이다.

'팬텀 스레드'는 보이지 않는 실로 만든 옷, 이음새나 재봉질이 느껴지지 않을 정도로 완벽한 옷을 의미한다. 보이지 않는 실로 지은 옷, 예술가라면 누구나 그런 결실을 소망한다. 소설가, 조각가, 영화감독, 작곡가 등 모든 예술가들은 재봉선이 보이지 않는 완벽한 작품을 꿈꾼다.

하필 옷이다. 옷은 아무리 아름답고 우아해도 상품이다. 쓸모가 정해진 것이다. 건축물처럼 옷은 아무리 아름답다고 해도 용처가 있고, 거래되며 그래서 가격이 있다. 어쩌면 우드콕의 맞춤옷은 20세기에도 현존하는, 발터 베냐민이 말하는 '아우라'를 가진 거의 유일한 원작일지도 모르겠다. 적어도 우드콕은 단 한 사람을 위한 드레스를 만드니 말이다.

마치 벨라스케스에게 「시녀들」을 그려 주길 요청했던 필리페 4세처럼, 우드콕에게 옷을 요청하는 사람들은 귀족이나 왕족 들이다. 단 한 사람에게만 허락된 원본성을 가진 옷, 「팬텀 스레드」의 옷은 그래

---

* F. 스콧 피츠제럴드, 김욱동 옮김, 『위대한 개츠비』(민음사, 2003).

서 누구나 다 같은 돈을 지불하면 가질 수 있는 대중 예술과는 정반대의 상품성을 가지고 있다.

그렇다면 대중적으로 사용되고 용처가 분명한 것들은 결코 우아할 수 없는 것일까? 알랭 드 보통은 그의 책 『공항에서 일주일을』(2010)에서 우아함에 대해 말한 바 있다. 그는 무려 1만 8000톤에 달하는 지붕의 무게를 이고 있는 강철 기둥에서 우아함을 발견한다. 강철 기둥은 겸손하게도 자신이 극복한 어려움을 내세우고 싶어 하지 않는다. 끝으로 갈수록 가늘어지는 이 기둥들은 목 위에 400미터 길이의 지붕을 이고 있는데, 마치 아마포 차일처럼 가볍게 느껴지도록 서 있다.

그러니까 우아함이란 어마어마한 고통과 수고를 다했음에도 타인에게 그 수고가 느껴지지 않을 정도의 안정감이다. 「팬텀 스레드」에서 거의 완전한 우아함을 발견했다면, 그것은 바로 이런 의미에서의 우아함이다. 옷을 입은 자와 옷 사이에 이물감이 전혀 없는, 원래부터 존재했었던 것 같은, 입은 자에게 용기를 주는 드레스. 사실 이 문장에서 옷은 영화로 바꿔 읽어도 무방하다. 우리의 일상에서 우아함은 보이지 않는 경우가 많다. 우아한 일상은 완벽한 도덕적 삶만큼이나 어렵다.

「팬텀 스레드」는 배경이 되는 1950년대 영국의 현실이나 사회상은 전혀 보여 주지 않는다. 단지 사랑의 아이러니와 우아함에 대해서만 130분 동안 보여 줄 뿐이다. 하지만 그렇다고 해서 「팬텀 스레드」가 사치스럽고, 무의미한 작품은 아니다. 그것은 일상의 힘에 침윤되어 마모되어 가는 지극히 예민하고 세련된 어떤 미적 감각을 회복해 주기 때문이다.

때로 어떤 영화는 사회에 대해서, 정치에 대해서 한마디 말을 하지 않고 무심해도 된다. 히드로 공항의 기둥처럼 그렇게 우리 삶의 무게를 받치고 있는 순간을 보여 줌으로써 충분히 감동적일 수 있기 때문이다. 아니, 어떤 영화는 그래야만 한다. 모든 작품들이 눈에 보이고, 피부에 감촉되는 그런 삶만을 이야기할 필요는 없다. 우드콕의 옷처럼 아주 예민한 감성과 오래된 역설, 심오한 고뇌를 다루는 예술도 필요하다. 결함, 사랑, 아이러니와 같은 추상적이지만 완강히 존재하는 단어들, 일상이 지운 완벽한 추상어를 만나는 것. 영화는 그렇게 가끔 일상을 정제한다. (2018)

브로맨스의 위계

브라더와 로맨스의 합성어인 '브로맨스'는 남자들끼리의 우정 이상을 의미한다. 대개 두 사람 사이에서 발생하는 끈끈한 연대감을 가리키는데 설경구와 임시완이 주연을 맡았던 「불한당」(2016)이나 황정민과 이성민 주연의 「공작」에서 발견되는 끈끈한 동지애를 생각하면 된다. 남자들이 떼로 나와 나름의 세계를 보여 주는 「범죄와의 전쟁: 나쁜놈들 전성시대」나 「신세계」 같은 영화와는 다른, '정서'가 깔린 두 남자 이야기, 감정을 주고받는 버디 영화를 브로맨스 영화라고 부르는 것을 알 수 있다. 2019년 말 개봉했던 영화 세 편에 바로 이 브로맨스가 흐른다. 순제작비 260억 원이라는 한국형 대형 블록버스터 영화 「백두산」의 리준평과 조인창, 세종과 장영실의 20여 년을 그린 영화 「천문」 그리고 마지막 작품은 넷플릭스의 영화 「두 교황」의 베네딕토 16세와 프란치스코다. 중요한 것은 세 쌍의 유대감, 브로맨스에 위계가 있다는 사실이다. 낮은 브로맨스가 있다면 상대적으로 훨씬 더 수준이 높은 브로맨스가 있는 셈이다.

「백두산」의 리준평과 조인창이 나누는 공감의 밑바탕은 가족이다. 조인창은 남쪽에 사랑하는 아내와 아직 성별도 모르는, 출산 예정의 아이가 있다. 전역하는 날 잔인한 운명의 게임처럼 대위 조인창은 백두산 폭발을 맞게 된다. 군인이라 명령 때문에 북에 가지만 그 명령을 끝까지 수행하는 동력은 바로 가족이다. 그가 4차 마그마방 폭발을 막아야만 남쪽의 가족이 살아남을 수 있다.

북의 공작원 리준평의 동력 역시 가족이다. 아내는 이미 망가진 상태이지만 리준평에게는 딸이 있다. 자기 목숨만 구하고 도망칠 수도 있겠지만 딸을 살려야만 한다. 리준평과 조인창은 하나의 언어를 쓰는 한민족이라는 점에서 소통하지만 결국 가장, 아버지라는 점에서 교감을 나눈다. 철조망을 사이에 두고 두 남자가 건네는 말은 가장과 아버지로서 연대와 다르지 않다. 두 사람의 정예요원을 움직이는 것은 국가나 민족 같은 거대한 이념이 아니라 자신의 유전자를 보존하려는 아버지의 이름이다.

그에 비해 세종과 장영실의 공감은 좀 더 복잡하다. 세종은 왕이고 장영실은 천민 출신이다. 감히 얼굴도 맞대기 어려운 신분의 격차를 넘어 두 사람이 독대하고, 의견을 나눌 수 있는 것은 꿈을 공유했기 때문이다. 아리스토텔레스는『정치학』에서 상이한 종류의 인간들로 구성될 때 도시가 강해진다고 말했다. 어떤 점에서 세종이 성군이라면 이처럼 상이한 종류의 인간들로 구성된 궁을 만들었기 때문일지도 모르겠다.

따지자면 장영실은 만드는 인간 호모 파베르(Homo Faber)이고 세종은 호모 크리에이트(Homo Create), 창조하는 인간이라고 할 수 있다. 창조를 뜻하는 크리에이트는 원래 신에게만 허용된 단어였다. 신만이 창조할 수 있고, 인간은 그저 만들어 내는 기술자 내지는 노동자에 불과했다. 하지만 세종은 고유한 언어와 독자적인 천문학을 감히 갖고자 했고, 그것을 창안해 냈다. 세종이 창조한 것을 장영실이 기술로 실현해 낸 것이다. 두 사람의 작업은 개인적인 이기심을 넘어 귀한 목표를 달성하기 위한 헌신이다. 마치「백두산」에서처럼,「천문」에도 세종과 장영실 역시 장애물 너머로 대화를 나누는 장면이 있는

데, 여기서 두 사람은 이념적 창조물을 실현하기 위해 협력했고 서로의 헌신을 이해하는 자들로 고통을 나눈다. 두 사람은 서로의 고통을 이해하고, 뼈저리게 느끼며, 공감한다.

그런 측면에서 「두 교황」의 베네딕토 16세와 프란치스코의 브로맨스는 격이 높다. 정통주의자인 베네딕토 16세는 클래식을 좋아하고 청량음료를 즐긴다. 개혁주의자 프란치스코는 축구를 즐겨 보며 술을 즐긴다. 동성 결혼, 이혼한 사람들의 영성체, 라틴어 사용 등 교리의 해석과 그것의 실현에 대해서도 두 교황 사이엔 아무것도 일치하는 게 없어 보일 정도다. 하지만 두 사람은 "세상에 새로운 교황을 보내어 이전 교황의 잘못을 시정한다."라고 자기반성을 하고 "약점이 있어서 주님의 은혜가 필요한 것입니다. 약점을 보여 주셨으니 주님께서 강인함을 주실 거예요."라며 그 반성을 지지한다.

두 교황의 대화는 신의 언어를 기록한 성경의 말씀으로 이어지지만 세속의 삶을 살아갈 수밖에 없는 대개의 평범한 사람의 삶에 지침이 되고 깨달음을 준다. 두 교황이 완벽해서가 아니라 실수를 속죄하고 반성한다는 점에서 훨씬 더 위대하고 아름다워 보이는 것이다. 다름 가운데서 용서와 이해, 속죄를 발견하고, 이 까다로운 세상을 살아갈 유일한 근본으로서의 신의 말을 소개한다. 두 교황은 아무것도 창조하지도, 그렇다고 누군가의 아버지이거나 가장도 아니지만 세상과 신의 중개자로서의 깊은 교감을 나눈다.

단 하나의 액션 신도, 격렬한 말다툼도 없지만 천천히 걷고 이야기를 나누는 두 사람을 보면, 새삼스럽게 세속의 두 남자의 이야기에도 여러 차원이 있음을 알게 된다. 브로맨스에도 위계가 있다. (2020)

시간과 신

　시간을 장악할 수 있었다면, 진시황이 만리장성을 세우고 진시황릉을 남겼을까? 진시황은 불로장생을 원했다. 그러니까 그는 죽고 싶지 않았다. 죽음은 시간의 문제다. 하지만 시간은 손아귀에 들어오지 않는다. 그래서인지 소위 권력을 가진 인간은 공간을 차지하면서 정복감을 느끼고자 한다. 내 이름이 새겨진 땅을 더 넓히고, 나를 우러를 벽을 높게 높게 쌓아 올린다. 만리장성이나 황릉은 그런 의미에서 시간을 정복하고 싶었으나 그럴 수 없었던 좌절의 전리품일지도 모르겠다.

　창조라는 단어는 신만이 사용할 수 있다. 무에서 유를 만드는 것은 신밖에 없다. 때로 우리는 미지의 영역을 신의 근거로 삼기도 한다. 맹신론자들에게 신의 존재를 입증하라 하면 대부분 태초의 신비를 가리킨다. 우주가 어떻게 기원했고, 만들어졌는지 과학적으로 완벽히 입증할 수 없기에 그게 곧 신의 지문이라고 말이다. 실상 이는 무지의 몫을 신에게 떠넘기던 전근대적 사고방식의 틀과 다를 바 없다.

　과학의 시대라고 해서 다 알 수는 없다. 여러 가설은 종종 역설과 만나고 완벽한 이론도 실현 앞에선 무릎을 꿇기 일쑤다. 크리스토퍼 놀런의 영화 「테넷」(2020)이 기반하고 있는 엔트로피 이론만 해도 그렇다. 이론적으로는 완벽하고 매혹적이지만 체험으로 납득하기는 어렵다. 무질서와 질서, 상대성이론은 매우 고난도의 학문 영역이라 일반인이 이해하기조차 어렵다.

성직자가 미지의 영역을 신의 근거로 삼고, 과학자가 그것을 연구의 대상으로 삼는다면 놀런은 그것을 영화로 풀어낸다. 놀런의 영화가 늘 놀라운 건 과학의 가설을 삶 전반에 대한 통찰로 끌고 들어가서다. 「테넷」은 지금껏 놀런이 영화적으로 탐구해 온 주제들을 종합한 작품이다. 시간의 상대성과 기억의 주관성, 영화의 마술적 재현과 편집 위에서만 가능한 시간의 교차까지. 첫 작품 「미행」(1998)부터 근작 「덩케르크」에 이르기까지 그가 좇아 왔던 주제들이 모두 녹아 있는 작품인 셈이다.

그 주제들 중에서도 유독 눈길을 끄는 것은 크리스토퍼 놀런식의 도덕이다. 과학의 언어가 법칙이고 종교의 언어가 율법이라면 도덕은 그 가운데에서 구제받지 못한 인간들의 합의다. 도덕은 타인에게 고통을 줄 만한 일은 하지 않는다는 서로의 공감과 약속에서 출발한다. 타인의 불행이 나의 고통이므로 우리는 서로 고통받지 않기 위해 윤리와 도덕을 세우고 지켜 나가는 것이다.

이 주제를 잘 보여 주는 영화 속 대사가 바로 "일어난 일은 일어난 것이다."이다. 이 대사는 테드 창의 소설에도 등장한다. 소설엔 '세월의 문'이라 불리는 시간 여행의 통로가 등장한다. 과거의 잘못을 되짚기 위해 세월의 문을 통과하려 하자 한 인물이 말한다. "일어난 일을 결코 되돌릴 수 없습니다."*

「테넷」의 악역 역시 이 명제를 알고 있었던 듯싶다. 세상을 파괴하고자 하는 악당은 시간을 되돌려 신이 되고자 한다. 그러나 그 역시도 자신에게 다가올 죽음이라는 '일'이 결코 되돌릴 수 없는 것임

---

* 테드 창, 김상훈 옮김, 「상인과 연금술사의 문」, 『숨』(엘리, 2019).

은 알고 있다. 「에이리언: 커버넌트」(2017)의 프리퀄인 「프로메테우스」(2012)의 주인공 역시 불로와 불사의 비밀을 알기 위해 멀고 먼 우주로 떠난다.

다시 진시황 이야기로 돌아가 보자면 그 역시 죽음의 필연성을 피하고 싶었을 것이다. 그러나 인간은 공간을 점유할 수 있을 뿐 시간을 정복할 수는 없다. 세계 최고의 거부가 제아무리 돈과 권력을 가졌다고 해도, 땅만 가질 수 있지 시간은 가지지 못한다. 건물을 높게 세울 수는 있지만 죽지 않을 수는 없다.

우린 프로메테우스의 거부나 「테넷」의 사토르처럼 대단한 돈이나 권력을 갖지 못했으니 우주여행 같은 세상 끝까지의 여행은 엄두도 내지 못한다. 그러나 내가 가질 수 있는 한 최대한 많은 공간을 차지하고, 최선을 다해 높이 쌓고자 한다는 점에서 우리의 욕망도 그들과 다르지 않다.

시간의 연장은 철학자 레비나스의 말처럼 다음 세대를 통해서만 가능하다. 아무리 이 땅 위에 많은 것을 새긴다 할지언정, 그럴수록 우리는 폭군에 더 가까워질 뿐이다. 아이를 살리는 것, 크리스토퍼 놀런이 거듭 주장하는 이 도덕에 고개가 끄덕여질 수밖에 없다. (2020)

믿음의 벨트

로봇권이 가능할까? 우리가 인공지능이라 부르는, 나름 사고의 능력을 가진 기계가 권리를 가질 수 있을까? 지금 이 질문은 허황되어 보인다. 하지만 300년 전이었다면 모든 사람이 시민권을 가질 수 있을까라는 질문도 불가능했다. 그 이후론 아동권이 그랬으며, 동성애자들의 권리나 동물들의 권리도 그랬다. 여성에게 권리가 있는가라는 질문 자체가 성립되지 않는 시절도 있었다.

물론 명실상부하게 동등하고 완전한 권리 행사는 사실상 불가능하다. 가령 여전히 많은 동물들이 하나의 생명체로 존중받기보다 사유재산으로 여겨진다. 하지만 50여 년 전만 하더라도 개의 주인이 자신의 개를 학대하는 것을 뭐라 말할 수조차 없었다. 개의 동물권 개념이 아예 없었기 때문이다.

여성권 역시 마찬가지다. 『우리 본성의 선한 천사』(2011)를 쓴 스티븐 핑커의 말처럼, 우리는 이제 엘리트 대학의 공학부에 임용된 남녀 교수 비율도 따질 수 있다. 가부장제가 공공의 이데올로기이던 시절보다 훨씬 더 구체적이며 나아진 것임에는 분명하다.

이러한 관점에서 보자면, 지금은 황당한 질문으로 보이는 로봇의 권리가 시간이 흐른 후 우리 사회의 쟁점이 될 수 있다는 생각이 든다. 다만 다른 점은 앞선 권리의 역사에서 권리를 뜻하는 '권' 앞에 놓인 것은 적어도 생명을 가진 유기체였다는 사실이다. 인간에게만 한

정되던 권리가 동물에게까지 확장이 되었다 해도 생명체였던 것이다.

로봇은 생명체가 아니다. 하지만 사람이 아닌데 사고를 하고 감정을 느끼고 고통과 기쁨을 느낀다면, 과연 로봇과 인간의 차별점이 무엇일까? 생각할 수 있는 로봇과 인간의 구분은 과연 어떻게 가능할까?

영화 「조」(2019)에 나오는 여성형 인공지능 로봇 '조'는 자신이 인공지능 로봇이라는 사실을 모른 채, 인간을 사랑하게 된다. 자신이 로봇이라는 사실을 처음부터 자각하고 있던 남성형 로봇은 사랑에 빠진 여성형 로봇에게 인간과 로봇 사이에 '선'이 있음을 환기시킨다.

흥미로운 것은 이 영화가 사랑의 가능성이 아니라 그 사랑의 지속 가능성을 질문하고 있다는 사실이다. 영화에서 두 개체는 너무나 쉽게 사랑에 빠지고 또 나눈다. 위기는 그다음에 오는데, 조가 불의의 사고를 당해 그만 자신의 개체 내부를 여는 순간에 찾아온다. 정서적으로 완벽하게 교감했다 해도 눈으로 보이는 내부는 그녀가 기계라는 것을 다시금 확인시켜 준다. 작가 김영하의 말을 빌리자면 남자는 순간 멀미를 일으킨 것이다. 자신의 눈에 보이는 것과 관념의 차이가 심각한 통증과 괴로움을 가져왔으니 말이다. 고통은 여성형 로봇 '조'가 자신과 똑같이 생긴 다른 기계, 로봇들을 볼 때 배가 된다.

개인을 뜻하는 영어 '인디비주얼'(Individual)은 어원상 '더 이상 나눌 수 없는 것'을 의미한다. 즉 너와 나 사이에 전혀 공유할 수 없는 차별성, 이게 바로 개인이라 부르는 인간 고유성의 핵심을 이룬다. 고유성을 갖지 못하는 것, 마치 전자 제품을 전시한 매장에 서 있는, 새롭게 출시된 매끈하고도 세련된 새 상품과 같은 것. 그렇다면 같은 외모를 가진 로봇의 고유성은 어디에서 비롯될까?

돌이켜 보면, 인간이 인간일 수 있는 가장 중요한 잣대는 바로 '믿음'의 영역이 아닐까 싶다. 생각하는 로봇이 인과의 사슬로 창조되었다면 사람은 믿음의 벨트에 전적으로 의존할 때가 있다. 심지어 모든 생명체의 본능이라고 할 수 있는 생명의 유지를 포기하면서까지 믿음을 지키려고 하는 것을 보면 말이다. 순교처럼 자신이 믿는 종교를 위해 목숨을 버리는 행위는 육체를 가진 동물로서의 본성에 완전히 위배된다. 그 어떤 영장류도 보이지 않는 관념적 믿음의 대상을 위해 생명까지 걸지는 않는다. 오직 인간만이 보이지도, 들리지도, 감촉되지도 않는 어떤 대상을 믿는다.

흥미로운 것은 시간이 흐르고 세상이 발달하면서 인간의 믿음이 더 정교하고 논리적으로 바뀌는 게 아니라 정반대의 양상을 보인다는 사실이다. 논리로 해결하고 이해하려 하기보다 믿음에 의존하는 사람들이 더 많아진 듯하다. 넷플릭스 다큐멘터리 「그래도 지구는 평평하다」(2018)의 등장인물들만 해도 그렇다. 플랫 어스를 믿는 사람들은 학회를 꾸리고 콘퍼런스도 한다. 그런데 그 모습은 학술적 모임이라기보다 일종의 간증회와 더 닮아 보인다. 그들은 지구가 평평하다는 것을 알게 된 후 자신의 삶이 얼마나 풍요롭고 평화로워졌는지를 끊임없이 고백한다.

영화 「기생충」에 등장하는 대사처럼 어쩌면 사람들은 이 '믿음의 벨트'를 가졌을 때에 훨씬 더 안전하다고 느끼는 것일지도 모르겠다. 믿음이 인간의 종적 차별성이기도 하지만, 한편 믿어야만 살아갈 수 있는 허약한 존재가 인간일 수도 있는 셈이다. 그러니 이 믿음은 인간만이 빠질 수 있는 오류의 근간이기도 하다. 인터넷 공간을 떠도는 가짜 뉴스를 믿다 못해 따라다니고 수집하는 사람들, 태극기를 들고 어김없이 광화문광장을 찾아 그들만의 믿음을 나누는 사람들. 믿음이야말로 인간을 인간답게 한다지만 때로는 믿음이야말로 도피처일 수도 있다. (2019)

[영화의, 영화를 위한]

세상을 견딜 체력

최근에 하게 된 생각 중 하나는 리얼리즘에는 체력이 요구된다는 것이다. 여기서 말하는 리얼리즘이란 냄새나고 어두운 세상을 사실 그대로 비추는, 좁은 의미의 리얼리즘이다. 나홍진 감독의 「추격자」(2008)를 예로 들 수 있다. 영화 속에서 김미진은 살인자 지영민이 집을 비운 사이 탈출에 성공한다. 죽을힘을 다해 골목 끝 구멍가게에 닿은 김미진은 겨우 안심하고 가게 안 쪽방에 몸을 누인다. 그때 경찰서에서 풀려난 지영민이 마침 담배를 사러 그 가게에 들르고, 공포에 몸서리치는 주인아주머니의 푸념을 듣게 된다. 미진은 결국 그곳에서 지영민과 마주쳐 목숨을 잃는다. 「추격자」는 그녀를 사실적으로 '처리'한다. 납치된 여자가 탈출에 성공하는 이야기? "그런 건 '영화'에나 나와."라고 말하듯이 말이다.

말 그대로, 리얼리즘이다. 우리는 지금껏 숱하게 탈출이 불가능한 현실을 목도해 왔다. 112에 겨우 전화를 건 여성에게 경찰은 납치된 곳의 주소를 물었다. 납치된 곳의 주소를 어찌 알 수 있을까? 불분명한 대답에, 경찰은 부부 싸움이라고 단정해 버렸다. 현실이 이런 형국인데, 영화에서만 납치된 여성이 멀쩡히 살아 돌아오고, 살해되기 직전에 구출되는 건 비현실적이다. 안타깝지만 영화적 눈속임으로 덮기엔 현실의 악취가 너무 심하다.

비단 우리 영화에만 있는 현상은 아니다. 코엔 형제의 「노인을 위한 나라는 없다」를 보면 세상에 윤리나 인간미 따위는 이미 사라진 지 오래라는 것을 알게 된다. 아니, 어쩌면 그건 우리가 이미 알고 있던 사실일지도 모른다. 다만 영화에서조차 그처럼 지독한 현실을 보게 될 줄 몰랐을 뿐이다.

영화가 주는 위안, 우리는 그것을 판타지라고 부른다. 현실에서 이루기 힘든 일들이 영화 속에선 척척 이뤄진다. 불가능해 보이는 사랑이 맺어지고, 진실을 입증하기 힘겨운 사투가 사필귀정으로 끝난다. 어쩌면 우리는 영화 속에서 그 판타지를 구매하고 있는 것일지도 모른다. 그런데 판타지의 밑바탕에는 실현 불가능한 정의에 대한 패배감이 깔려 있다. 어른들의 판타지가 좀 더 사실적인 이유도 여기에 있다. 지독한 현실을 직면하는 것, 리얼리즘적 태도엔 체력이 필요하다. 순수한 이념은 곧 리얼리즘의 체력이기도 하다.

이는 한편, 현실의 압력이 지나치게 높아 힘에 부칠 때 리얼리즘이란 거울이 너무 벅찰 수 있다는 것을 보여 준다. 현실이 지옥이라는 것을 너무나도 잘 알 때, 출구 없는 현실임을 절절히 체감할 때, 잔혹한 리얼리즘은 힘겹다. 2015년에 개봉한 한국 영화들이 해피 엔딩의 판타지로 마무리되는 것을 우연으로만 볼 수 없는 이유다.

곽경택 감독의 「극비수사」, 임상수 감독의 「나의 절친 악당들」, 김성제 감독의 「소수의견」과 같은 영화들 말이다. 이 세 영화는 하나같이 현실에서 거의 보기 힘든 해피 엔딩을 보여 준다. 좁은 의미의 리얼리즘 시각에서 보자면 사실적이라기보다 작위에 가까울 정도다. 중요한 것은 이 영화들이 그것이 판타지임을 부정하지 않는다는 사실이다.

아무리 기다려도 사라진 아이가 돌아오지 않지만 영화에서만큼은 살아 돌아온 아이를 보고 싶다. 젊은이들이 각자도생의 전장에 던져졌지만 뜻밖의 행운을 갖는 장면을 보고 싶다. 국가기관이 잘못을 인정할 리 없지만 때론 스스로 사죄하는 모습을 보고 싶다. 현실에서 볼 수 없는 일을 영화에서만큼은 보여 주는 것이다. 현실에 없는 정의를 애타게 영화에서 찾는다.

곽경택 감독에게 판타지는 노스텔지어이기도 하다. 현재엔 없지만 그래도 과거엔 유괴되었다가 살아 돌아오는 아이가 있었다. 만일 실화가 아니었다면 어땠을까? 유괴된 아이가 33일 만에 멀쩡히 살아 돌아왔다든가, 사주를 풀어 보는 도사가 사건 해결의 중추적 역할을 했다는 이야기가 영화화될 수나 있었을까? 이 불가능한 이야기는 이미 역사가 된 실화라는 이유로 가능한 서사가 됐다. 실화이기 때문에 이 동화 같은 결말이 있을 법한 일로 여겨진다.

임상수 감독은 아예 대놓고 판타지임을 강조한다. 3포 세대가 된 20대 젊은이들이라고 해서 유쾌한 전복과 우연적 행운을 기대해서는 안 되는 것일까? 오히려 임상수는 그렇기 때문에 더욱더 판타지가 필요하다고 말하는 듯싶다. 「소수의견」의 판타지도 유사한 방식으로 작동된다. 돈키호테 같은 신참 변호사가 경찰, 검찰, 국가를 혼쭐낸다. 사실 그런 변호인은 현실에 없다. 하지만 그렇다고 정의로운 누군가가 출현하리라는 기대마저 버려야 할까? 후배를 위해 위험을 감수하는 선배나 원칙적인 법조인이 아예 없다고 부정해야만 할까? 아니다. 판타지에도 좋은 판타지가 있고, 나쁜 판타지가 있다. 즉 허구적 거짓말에도 도움이 되는 게 있고 그렇지 못한 게 있다.

정상이 코앞이라는 하산자의 거짓말이 등산의 고비를 견디게 하듯, 올바른 판타지는 이 고된 삶에 힘이 되어 준다. 삶이 항해나 등산에 비유된다면 그것이 아름답고 편해서가 아니다. 삶은 고통스럽고, 불평등하며, 부당하고, 잔혹하다. 어린 시절 도덕이나 윤리 교과서에서 본 대로 꾸려지는 세상은 없다. 그럼에도 불구하고 더 나은 세상을 바란다면 가능성까지 버려서는 안 된다. 아무것도 달라질 게 없다는 회의론은 우리를 어디로도 데려다줄 수 없다. 세상에 속지 않을 수는 있지만 속아 본 바보가 산을 옮긴다.

세상을 떠난 미국의 소설가 데이비드 포스터 월리스는 이런 말을 남겼다. "아마 우리 대부분은 이 시대가 어둡고 어리석은 시대라는 것에 동의할 겁니다. 하지만 모든 것이 얼마나 어둡고 어리석은지를 그저 극화해서 보여 주는 소설이 필요할까요? 어두운 시대에서 좋은 예술에 대한 정의는, 시대의 어둠에도 불구하고 여전히 살아 있고, 빛을 내는 인간적이고 마법적인 요소들에 대해 심폐소생술을 가해 주는 그런 예술일 겁니다. 어떤 소설이든 하고 싶은 대로 어두운 세계관을 가질 수 있지만, 정말로 좋은 소설이란 이런 세계를 묘사하면서도 그 속에 살아 있는 인간 존재를 위한 가능성에 빛을 비춰 주는 소설입니다."*

여기서 소설이라는 단어 대신 영화를 넣어 본다. 말하자면 좋은 영화란 지독한 세계를 묘사하면서도 그 속에 살아 있는 인간 존재를 위한 가능성에 빛을 거두지 않는 영화다. 좋은 판타지란 이런 것이다. 어두운 세상을 견딜 수 있게 하는 가능성에 대한 믿음, 그 따뜻한 맹목 말이다. (2015)

---

* 휴버트 드레이퍼스·숀 켈리, 김동규 옮김, 『모든 것은 빛난다』(사월의책, 2013)에서 재인용.

미적 가상과 환각 사이에서

'유력한 대통령 후보와 재벌 회장 그리고 그들을 돕는 정치 깡패 안상구가 있다. 뒷거래의 판을 짠 이는 대한민국 여론을 움직이는 유력 일간지 논설주간 이강희. 더 큰 성공을 원한 안상구는 이들의 비자금 파일로 거래를 준비하다 발각되고, 이 일로 폐인이 된 채 버려진다. 그리고 백도 없고 족보도 없어 변변치 않은 일만 하는 검사가 등장한다. 어울릴 것 같지 않은 이 두 부류가 의기투합한다.' 검사와 정치 깡패가 손을 잡고 권력의 더러운 카르텔을 손보기 위해서다. 우민호 감독의 영화 「내부자들」 줄거리다.

"복수극으로 가자고, 화끈하게." 영화 「내부자들」의 의도는 이 광고 문구에 압축되어 있다. 영화는 화끈한 복수극을 꿈꾼다. 이는 관객에게 화끈한 복수의 쾌감을 주겠다는 호언장담이기도 하다. 좀 다르게 생각해 보자. 만일 같은 줄거리를 뉴스에서 보았다면 어땠을까? 유력한 대통령 후보와 재벌 회장의 커넥션이 밝혀진다. 불법 정치자금의 자료가 확보되고, 심지어 변태적인 성 접대 동영상까지 발견되었다고 한다면 말이다.

안타깝게도 우리는 이미 현실에서 이것과 유사한 기사를 몇 번이나 목격한 바 있다. 유력한 대통령 후보의 치명적 결함을 발견했던 적도 있고, 심각한 성 접대가 드라마에서나 나오는 설정이 아니라는 것도 목격했다. 하지만 현실에서는 어땠나? 대개 어설픈 사람들만 처벌

받고 정작 기사의 머리를 장식하던 인물들은 죄다 빠져나가곤 했다. 말하자면 현실에서 다치는 쪽은 정치깡패 안상구 하나다. 현실 속의 대통령 후보, 재벌 회장, 언론인은 결코 다치지 않는다. 현실은 어둡지만 영화는 화끈하다. 현실에서의 복수는 어렵지만 영화에서는 언제나 성공한다. 깃털이 몸통을 흔든다.

2015년 한 해만 해도 벌써 네 번째 작품이다. 평범한 '을' 혹은 억울한 '을'이 구조적 모순의 피라미드 끝에 있는 '갑'에게 복수하는 영화 말이다. 「베테랑」은 천만 관객을 동원했고, 「치외법권」, 「성난 변호사」의 주제도 크게 벗어나지 않았다. 「내부자들」의 맥락도 동일하다. 현실에서는 불가능할지 모르지만 영화에서만큼은 화끈한 복수를 계획한다. 그것이 영화의 매력 아니냐고 더 큰소리로 복수를 외친다.

실러라면 이를 가리켜, 그러니 "삶은 진지하고, 예술은 명랑하다." 라고 말할 만하다. 실러는 예술을 현실과 대비해 미적 가상이라고 불렀다. 현실의 지독한 힘 앞에서 정의는 순진하게 부서지고 복수는 허망하게 실패한다. 구조적 모순이 된 부패 권력 앞에서 복수를 다짐하는 것 자체가 낭만적인 선언이기도 하다. 그럼에도 우리는 영화라는 미적 가상을 통해 낭만적 복수를 꿈꾸는 한 남자를 만나고, 응원하게 된다. 그가 느끼는 좌절감에 깊이 공감하고 마침내 그가 복수에 성공할 때 쾌감의 절정을 함께 누리게 된다. 불가능한 현실이기에 오히려 미적 가상으로서의 영화에 더 깊이 공감하고 몰입할 수 있게 되는 것이다.

물론 공감에는 치유의 효과가 있다. 우리는 현실에서는 슬프거나 두려운 일을 경험하고 싶어 하지 않지만 안전한 허구에서만큼은 즐길 수 있다. 어차피 영화적 서사에서 접하는 일들이 진짜 현실은 아니기 때문이다. 아무리 사실적이라고 해도 영화 속의 일들은 현실이 아니다. 사실에서 비롯한 실화 소재라고 해도 우리가 경험한 현실과는 또 다른 차원의 허구 위에 직조되어 있다.

인간이 가진 위대한 능력이자 소루한 한계는 공감의 능력이 실패나 고통에 더욱 민감하게 발휘된다는 것이다. 사람들은 타인의 행복보다는 타인의 불행에 더 깊이 이입한다. 한편, 성취의 기쁨은 생각보다 오래 지속되지 않는 데 비해 성공할 가능성이 희박한 일에 대한 희망은 더 오래 간직하며 실패의 고통 또한 오래도록 기억한다. 고통은 전염력이 강하다. 무의식 깊숙한 곳에 남은 상처를 트라우마라고 부르지만 행복했던 순간의 기억에는 마땅한 호명이 없다. 이렇게 우리는 고통과 실패를 오래 기억한다.

이 기억의 방식 중 하나가 판타지를 통한 허구적 극복과 복수다. 하지만 이 허구적 극복은 왜곡된 기억과 구별하기 힘들다. 때로 미적 가상이 제공한 허구는 삶의 허방을 건널 힘을 주고 상처에 위안을 주기도 한다. 도저히 이길 수 없는 적을 상상에서나마 무너뜨렸다는 점에서 대단한 쾌감을 선사하기도 한다.

하지만 판타지가 거듭된다면 그 쾌감의 중추는 이미 환각에 중독된 것이라고 할 수 있다. 현실의 출구는 보이지 않고 복수는 멀어져만 가는데, 작품에서만, 영화에서만, 미적 가상의 세계 안에서만 허구적인 정의가 승리하고 복수가 성립한다. 그렇다면 이는 과연 건강한 환상일까, 아니면 현실의 대응력을 무너뜨리는 달콤한 환각일까?

복수극이 어떻게 화끈할 수 있을까? 화끈한 복수극은 미적 가상에 대한 공감 작용이다. 화끈함은 정서적 효과지 실질적 변화는 아니다. 화끈하게 복수한다고 우리가 살고 있는 진짜 현실의 세계가 조금이라도 정화되는 것은 아니란 말이다.

영화의 이야기가 진행되는 동안 관객들은 인물의 삶을 함께 산다.

깊이 동화하고 완전히 몰입해서 결국 인물이 얻는 복수의 쾌감도 내 것인 양 받아들이게 된다. 영화의 '그'는 더 이상 그가 아니라 '나'다. 그의 복수를 통해 나의 고통도 해소하는 것이다.

하지만 영화 속 인물들은 현실에 존재하지 않는다. 아무리 깊숙이 몰입한다고 해도, 영화관 바깥의 현실은 영화처럼 두 시간 만에 바뀌지 않는다. 시작은 비슷할지라도 영화와 현실의 결말은 늘 어긋난다.

환상이 지나치면 환각이 된다. 환각의 중독은 현실의 고통을 잊게 한다. 어쩌면 우리는 화끈한 복수라는 환각제에 중독된 것은 아닐까? 어쩌면 이 달콤한 환각 가운데서 복수의 근육이 위축되고 소실되는 중일지도 모르겠다. (2015)

상투적 위안에 기대는 삶

『멜로드라마와 모더니티』(2001)를 쓴 벤 싱어는 멜로드라마를 특정한 시기에 대중의 인기를 전폭적으로 얻었던 영화 장르로 이해했다. 그러니까 우리가 보통 생각하는 방식, 즉 남녀가 만나 사랑하다가 뜻밖의 장애물을 만나서 헤어지는 로맨스의 하위 장르로만 생각하진 않았던 것이다.

여기서 벤 싱어가 생각한 멜로드라마의 대중성은 이를테면 소박한 대중의 소망이라고 받아들여도 될 듯싶다. 가혹하고 예측 불가능한 근대 자본주의적 삶에 놓인 개인의 무능력함을 극적으로 표현할 뿐만 아니라 관객들에게 고차원적인 도덕적 힘이 여전히 지상을 내려다보고 있으며 궁극적으로 그 정의로운 손으로 세계를 다스린다는 사실을 전달했다는 점에서 말이다. 말하자면 우리가 대중 영화에서 바라는 위안이란 이런 소박한 정의의 실현 아닐까? 현실에서는 자본이나 물질이 높은 차원의 도덕을 압살하기 일쑤지만 말이다.

10~11월은 사실 한국 영화계가 공인하는 비수기다. 특별한 대작이 개봉하지도 않고, 관객을 어마어마한 흡입력으로 유혹하는 '텐트폴' 영화도 비껴간다. 그러다 보니 이른바 '아트버스터'라는 소소한 흥행 예술영화들이 등장하기도 하고, 기대도 하지 않았던 의외의 화제작이 탄생하기도 한다. 그럼에도 불구하고, 이 시기의 흥행작이라는 게 대개 작고 소박한 것이긴 하다. 이 비수기에 뜻밖의 흥행으로 주목

받은 영화 중 하나가 바로 「럭키」(2016)다. 유해진 주연의 「럭키」는 생각보다 빠른 시일 안에 손익분기점을 넘었다. 제작사나 배급사조차 이 정도 흥행에 성공할 줄은 몰랐다고 한다. 그도 그럴 것이 비슷한 시기 흥행에 성공하거나 관심을 끌었던 영화들, 가령 「밀정」 같은 영화에 비해 「럭키」는 무척 소박하다. 코미디라는 장르도 그렇지만 완전히 다른 처지에 놓였던 두 사람의 몸이 하루아침에 사고로 서로 바뀐다는 서사도 좀 뻔하다.

전문 살인 청부업자였지만 기억상실로 김밥집 아르바이트생이 된 형욱, 유해진이 맡은 이 캐릭터가 바로 영화적 웃음의 중심이다. 워낙 칼을 잘 쓰다 보니 요리용 식칼로 오이 및 당근 장식품을 쓸데없이 만들어 내고, 한 땀 한 땀 김밥을 예술적으로 썰어 낸다. 이런 대조와 불균형이 웃음의 핵심이라면 영화를 지탱하는 주된 이념은 바로 결국 선이 악을 이긴다는 도덕이다. 대중이 원하는 세상, 즉 사필귀정이 되고, 인과응보가 이뤄지는 세상을 소박한 웃음으로 제공한 것이다.

조정석과 도경수가 형제로 출연한 「형」(2016)의 접근도 「럭키」와 다르지 않다. 전과 10범이 넘을 만큼 사기로 도를 튼 형이 오랜만에 동생을 찾아온다. 촉망받는 유도 선수였던 동생이 시합 중 사고로 실명하게 되자 그걸 빌미로 가석방에 성공했기 때문이다.

1년여의 감찰 기간을 채우기 위해 형은 억지로 동생과 동거를 시작한다. 다음은 대략 짐작이 가는 이야기 그대로다. 돈을 바라고 형을 찾아왔던 동생이 진정한 형제애에 눈을 뜨는 「레인 맨」(1988)처럼 「형」의 형 역시 물보다 진한 피의 진정성을 깨닫고, 제대로 된 형으로 거듭나게 된다.

「형」의 이야기 진행 방식은 전형적인 멜로드라마라고 할 수 있다. 다만 남녀 간의 사랑이 가족 간의 사랑으로 대체되었을 뿐, 두 사람이 티격태격하는 과정에서 웃음이 빚어지고 그러다가 두 사람의 사이가 좋아질 때쯤 도저히 극복할 수 없는, 즉 사랑으로는 극복할 수 없는 장애물이 나타난다는 점에서 그렇다. 짐작하겠지만 그 장애물은 곧 눈물의 씨앗이 되고 슬픔의 원천이 된다. 「럭키」가 뻔한 웃음으로 위안을 준다면 「형」은 상투적인 눈물로 위로를 주려 한다. 중요한 건 이런 뻔한 이야기가 때로는 대중과 관객을 움직인다는 사실이다.

뻔하다는 걸 대중이 몰라서가 아니다. 세상이 말도 안 되는 피곤한 일들로 가득해지면, 사람들은 가족이나 사랑과 같은 조금은 뻔한 도덕적 테두리 안에서 따뜻한 안식처를 찾는다. 아니, 그냥 믿어 버린다. 관객들이 나태해서가 아니라 세상이 너무 고되기 때문이다.

앞서 인용했던 벤 싱어의 말을 좀 바꿔 보자면 너무나 가혹하고 예측 불가능한 정치와 경제가 개인에게 무력감을 줄 때, 관객들은 그럼에도 불구하고 좀 더 고차원적인 도덕과 힘이 여전히 지상을 내려다보고 그 정의로운 손길을 뻗쳐 세계를 다스릴 것이라고 믿고 싶어 한다. 가족이 준종교적인 개량적 기능을 수행한다는 것, 벤 싱어의 말처럼 그렇게 가족이 멜로드라마의 중심에 등장한다는 것은 지금 세상이 그만큼 피곤하다는 것을 의미한다. 사방이 가로막히고, 역경과 고통에 사로잡힌 주인공들에 동화해서 눈물을 흘리고, 그 눈물 가운데서 회복을 꿈꾼다면 그만큼 세상이 엄혹하고 고단한 것이다.

IMF 외환위기 때 등장했던 수많은 한국적 멜로드라마들을 생각해 봐도 그렇다. 소박한 상투성에서 길어 내야 하는 한 줌의 도덕과 그 도덕에 대한 희망, 그럼에도 불구하고 그것이 위안이 될 것이라는 사실을 부인할 수는 없다. 우린 지금 그런 세상에 살고 있다. (2016)

진실의 발언권

시인의 임무는 실제로 일어난 일을 이야기하는 데 있는 것이 아니라 일어날 수 있는 일, 즉 개연성 또는 필연성의 법칙에 따라 가능한 일을 이야기하는 데 있다. 아리스토텔레스는 역사보다 이야기의 힘이 더 크다고 말했다. 실제로 일어난 일보다 일어날 수 있는 일이 더 사람들에게 깊은 공감과 이입을 선사한다는 의미다. 이 말은, 그렇다고 해서 역사보다 소설이나 영화가 우월하다는 뜻이 아니다. 오히려 소재보다는 소재를 다루는 태도에 대한 격언인데, 말하자면 있었던 일을 다룰 때 고증보다는 그 일을 가운데 둔 전체의 얼개, 플롯에 더 유념해야 한다는 말이기 때문이다.

나는 종종 울고 고통스러워하는 피해자가 아니라 웃기도 하고 이상하기도 한 피해자를 그려 낼 수 없는 우리 이야기의 가난함에 대해 토로한다. 아직 우리의 피해는 사죄받지 못한 것이기에, 여전히 현재적 문제이기에 거리나 여유를 둘 수 없기 때문이다. 영화 「귀향」(2015)이나 「택시운전사」가 역사의 문제를 다루면서 고발에 집중할 수밖에 없는 것은 우리 영화 문법이 그저 촌스러워서가 아니라 아직은 지나치게 현재진행형의 문제라는 뜻에서 말이다.

이런 맥락에서 김현석 감독의 「아이 캔 스피크」(2017)는 놀라웠다. 「아이 캔 스피크」는 여러 미덕을 가진 영화다. 그중 최고의 미덕은 바로 상처와 피해를 다루는 태도와 방식이다. 피해라는 말이 주는 핏

빛 이미지처럼 피해자는 언제나 숭고하게 그려야 한다는 암묵적 동의가 있기 마련이다. 하지만 다른 나라의 영화를 보고 있자면 좋은 독일군도 있고, 나쁜 카포(Kapo, 수용소 중간 관리자)도 있곤 하다. 선량하지만 무능한 피해자도 있고, 잔혹하지만 필연적 악을 행하는 가해자가 그려지기도 한다.

참혹한 일들에서 살아남은 사람들은 의외로 자신의 경험이 역사가들의 일거리가 되리라고 여기지 않는다. 살아남았다는 것 자체가 마치 사건 외부로 튕겨져 나온 듯한, 죄책감을 주기 때문이다. 하지만 분명 경험했던 것들은 사실이다. 그처럼 생생했던 사실들은 어떤 기록보다 더 사실적이다. 그러나 대개 그 증언들은 우리의 상상력을 초월하는 이야기들로 구성된다. 경험적 사실이 진실이 되기까지 여러 번의 자맥질이 이어진다. 쇼샤나 펠만이 말했듯이 이렇듯 진실과 사실이 불일치하는 상황에서 영화가 할 수 있는 일은 결국 증언의 안과 밖 모두에 자리 잡는 것일 테다. 사실과 진실을 연결하는 것, 그게 바로 영화가 할 수 있는 일이고 그게 바로 아리스토텔레스가 말한 이야기의 힘일 테다.

하지만 우리에게 있어 일제강점기의 역사와 그 역사 뒤편의 상처들은 이런 인간학적 다양성으로 일반화하기엔 너무도 첨예한 잘잘못과 닿아 있다. 아직 법률적 판결 수준에도 미치지 못했기 때문이다. 그래서 일제강점기와 그 상처를 다룰 때면 인간학과 심리적 다양성보다는 윤리적 보편성과 도덕적 선과 악, 법률적 판결 문제를 강조하게 된다. 그러다 보니 미학적 쾌감보다는 도덕적 심미안으로, 즉 재미보다는 의미로 보아야 하는 영화들이 많아졌다. 그런 이야기를 다룰 때 재미나 미적 완성도를 따지는 게 어쩐지 무척 불경하게 여겨지는 것이다.

그런데 「아이 캔 스피크」는 증언할 수 없는 그 어떤 것까지 증언하

는 데 성공한 작품이다. 일단 재미있다. 주인공인 나옥분 할머니는 괴
팍한 동네의 말썽쟁이로 등장한다. "도깨비"라는 별명처럼, 동네 슈
퍼 주인 말고는 그 누구도 상대하지 않는 독불장군으로 나타나는 것
이다. 누구나 미워할 것 같은 이 할머니를 마지막 순간엔 모두가 사랑
할 수밖에 없는 할머니로 만들어 내는 것, 그게 바로 영화 「아이 캔 스
피크」의 몫이고 성과다. 그리고 이 과정 가운데서 함부로 다룰 수 없
었던 역사적 상처와 사건이 묵직한 감동으로 깊어진다. 웃기고 이상
했던 할머니를 안아 주고 싶은 할머니로 만드는 것, 그게 바로 영화의
힘이다.

또 한 가지 「아이 캔 스피크」에서 눈길을 끄는 것은 여성을 배우로
활용하는 방식이다. 배우 나문희가 "이 나이에 주연을 하는 기쁨이란
말로 형용할 수 없는 것"이라고 말한 바와 같이 그건 단순히 여배우
주연 캐스팅 이상의 의의를 지닌다. 시나리오가 여성을 요구했고, 이
야기가 할머니를 필요로 했다.

다른 말로 하자면 조금만 눈길을 돌리고, 관심사를 넓혀 본다면
세상엔 꼭 이야기가 되어야 할 '역사'가 숱하게 많다는 뜻이다. 어쩌
면 너무도 익숙한 '역사'라서, 다룰 필요도 없는 보편적이면서도 진부
한 이야기라고 여겼던 이야기일지도 모르겠다. 그러나 아직 충분히
이야기되지 못한 사실이 너무 많다.

「아이 캔 스피크」의 여성 인물은 굳이 나누자면 피해자에 속한다.
영화는 피해자들을 늘어놓고 전시하는 게 아니라 나옥분이라는 이
름과 '발언권'을 주어, 그의 목소리를 들을 수 있게 했다. 피해자로 하
여금 말하도록 하는 것, 그것이 어쩌면 영화가 피해자를 영화로 재현
하는 방법 중 하나일지도 모르겠다.

말할 수 없는 죽음의 세계와 말할 수 있는 생존의 공간이 있다면

영화는 건널 수 없는 공백을 이야기로 메우는 작업이다. 영화는 할 수 있다. 진실을 초월하는 어떤 사실들에 목소리를 주는 것, 그런 일 말이다. (2017)

공포 영화의 죽음엔 '의미'가 있어야 한다

억압된 것은 귀환한다. 정신분석학을 이야기할 때 빠지지 않는 이 명제는 공포 영화에도 적용된다. 공포 영화의 주인공들은 현실의 소수자들이다. 현실에서 주인공이 될 수 없었던 사람들, 혹은 기록되지 못한 채 사라진 자들이 공포 영화에서는 주인공을 맡는다.

그렇다면 현실의 주인공은 어떤 사람들일까? 현실의 주인공들은 세상이 요구하는 가치들 즉 세속적인 기준에 잘 맞는 인물들일 것이다. 권력이나 돈을 잔뜩 가진 사람들 혹은 사회가 요구하는 줄서기에 맨 앞에 있는 사람들 말이다. 즉, 공포 영화에서 겁을 주는 가해자들은 사실 현실 속에선 피해자에 더 가까운 사람들인 것이다.

각국의 공포담이나 괴담을 살펴보면 그 사회에서 전통적인 약자가 누구였는지 짐작할 수 있다. 그래서인지 전통적으로 공포 영화 주인공 중에는 여성이 많다. 우리 영화도 그렇다. 어떤 점에서 한국의 공포 영화는 여성 잔혹사와 궤를 같이한다. 가부장이 무소불위의 권력을 휘두르던 시절 며느리는 빼놓을 수 없는 괴담의 주인공이었다. 계모에게 핍박받는 아동들도 자주 초대된다. 학대받는 아동들의 자리도 여럿 있다. 신체적, 계층적, 경제적으로 허약했던 여자들은 그렇게 무서운 공포의 주체가 되어 돌아왔다.

최근 한국 영화계에서 사라진 장르 중 하나가 바로 공포 영화다. 한국 영화사에서 한동안 고전을 면치 못했던 공포 영화는 1998년 박

기형 감독의 「여고괴담」과 함께 부활했다. 「여고괴담」은 피해자 서사라는 공포 영화의 전형성에 학교라는 보편적 공간을 접목해, 낯익은 세계를 낯설게 하는 데 성공했다. 「여고괴담」 성공의 가장 큰 저력은 바로 이 낯익음과 낯섦의 충돌이다. 프로이트가 '언캐니'(uncanny)라고 불렀던 이 정서는 공포 영화가 잊지 말아야 할 필연적 요소이기도 하다. 진짜 공포는 낯선 것보다 낯익은 것에서 커진다.

이 낯익은 공포는 학교가 무척이나 공포스럽고 폭력적인 공간임을 드러냈다. 그것은 군사독재 시절 교련이라는 과목을 배우던 학생들부터 만성적 입시 신경증에 노출되어 있는 당시의 학생들에게까지도 모두 해당되는 공포였다. 학교에 오랫동안 남아 있었던 것은 귀신이 된 소녀 '진주'가 아니라 차별, 폭력, 무관심이라는 점을 새삼스럽게 깨닫게 된 것이다.

신인 감독과 신인 배우들의 등용문으로 각광받던 공포 영화는 거의 매년 초여름 관객들을 찾아오곤 했다. 「여고괴담」의 성공은 다섯 편에 이르는 프랜차이즈로 자리 잡았고, 「고사」(2008)와 같은 의외의 흥행작이나 「기담」(2007) 같은 독특함으로도 이어졌다. 하지만 초여름 영화관이 서서히 할리우드 블록버스터에 의해 잠식되면서 한국 공포 영화들이 설 자리가 줄어들었고 관객들의 호응도 식어 갔다. 그리고 여기에 패러다임의 정체(停滯)도 보태졌다. 「여고괴담」식의 귀환이 더 이상 우리 관객들에겐 이물감도 공감도 주지 못하게 된 것이다.

2015년 극장가에 제법 독특한 공포 영화 두 편이 선보였다. 「경성학교: 사라진 소녀들」(이하 「경성학교」)과 「손님」이다. 두 작품 모두 척박한 공포 영화 시장에 새로운 출구를 모색한다는 점에서 우선 그 의의를 인정하고 싶다. 두 영화는 줄거리만 놓고 보자면 무척 다르지만 특징적인 면을 보자면 무척 닮아 있다.

두 작품 모두 역사에 기록되지 않은 어떤 곳을 배경으로 한다. 경성학교는 아예 기록에 없는 교육기관이고, 「손님」의 주된 배경인 시골 마을은 지도에도 표기되지 않는 장소다. 피해자가 최후의 가해자가 된다는 점도 닮아 있다. 복수 서사를 공유하고 있는 것이다. 마지막으로 두 작품 모두 혼종 장르다. 「경성학교」는 미스터리와 다양한 하위 공포 장르물이 뒤섞여 독특한 분위기를 자아낸다. 「손님」의 장르 혼용은 더욱 폭넓은데 미스터리에서 시작해 판타지를 거쳐 호러로 마무리된다.

그러나 안타깝게도 이 독특한 시도들은 어딘가 기시감을 불러일으킨다. 「경성학교」는 「여고괴담」과 「기담」이 결합된 듯 하고 「손님」은 「이끼」(2010)와 「웰컴 투 동막골」(2005)을 기이하게 변주한 듯싶다. 물론 공포 영화는 장르물이기 때문에 기시감이 들 수도 있다. 장르라는 것 자체가 서사적 문법이나 관습적 장치들을 공유하니 말이다. 그럼에도 불구하고, 약간의 변화가 곧 새로움이고 진보다. 가령 「장화, 홍련」에서 아름답게 꾸며진 집 안이 폭력으로 무너질 때처럼 말이다. 우리는 이러한 사소한 변화를 놓치지 않고 환호한다. 패러다임의 전환이란 사소한 변화에서 시작되기 때문이다.

공포 영화에는 죽음이 등장할 수밖에 없다. 억압된 것들의 귀환도 그렇다. 현실 속에서 무의미한 숫자로 표기되던 죽음들이 영화 속에서는 구체적 인물로 등장한다. 폐기된 사체가 서사를 가진 주체로 되돌아오는 것, 그것이 바로 공포 영화 속의 죽음이다. 그러므로 공포 영화에서 죽음은 더욱더 값어치 있게 다뤄져야 한다. 죽음이 무의미해지는 순간 삶이 무의미해지기 때문이다.

공포는 억압된 현재의 발견이다. 억압하고 있지만 그 사실조차 무의식과 관습에 묻혀 있는 것, 기존의 언어나 상징으로 미처 표기되지 못한 것, 그런 것 말이다. 일상의 보호색을 띤 공포, 너무 낯익어서 대면하는 순간 낯설어지는 그런 것들. 우리가 공포 영화의 진화라고 불렀던 기념비적인 작품들은 바로 이 억압된 현재를 드러냈고, 그래서 몰랐던 죽음에 의미를 부여했다.

공포 영화는 단순히 누가, 왜 죽었느냐를 묻는 논리적 수사극이나 오락이 아니다. 적어도 공포 영화 속에서 그 죽음은 의미 있는 사건이어야만 한다. 복수로, 죽음으로 가득 찬 최근의 공포 영화들이 진짜 두려움을 주지 못하는 이유도 여기에 있다. '왜', '누가'보다 그 죽음의 감춰진 의미를 밝히는 것, 죽음 안에서 삶이 버린 의미를 찾아 주는 것, 그게 바로 진짜 공포다. (2015)

상상력의 원천

동시다발적으로 상상력이 폭발하는 시기가 있는 듯싶다. 1990년 대가 그랬다. 워쇼스키, 레오 카락스, 쿠엔틴 타란티노, 왕가위와 같은 감독들은 비슷한 시기에 이전과 확연히 구분된 상상력의 질감을 선보였다. 벨 에포크 시대도 그랬다. 19세기 말부터 20세기 초까지 아우르는 이 시기에 새로운 상상력의 징후들이 솟구쳤다. 한국문학사의 1990년대도 비슷했다. 김영하, 윤대녕, 백민석과 같은 작가들이 낯선 감수성과 스타일로 독자를 두드렸다. 새로운 것의 재충전, 낯섦이야말로 문화적 진보의 증표라고 할 수 있다.

2014년 5월, 「엑스맨」의 새로운 시리즈물 「엑스맨: 데이즈 오브 퓨처 패스트」가 개봉했다. 당시 할리우드 블록버스터들의 개봉 패턴을 보자면 활주로가 연상된다. 「캡틴 아메리카: 윈터 솔져」에 이어 「어메이징 스파이더맨 2」, 「고질라」, 「엑스맨」에 이르기까지 한 주를 간격으로 대작들이 연착륙했다. 이 영화들의 공통점은 우선 어마어마한 출연진과 기술 축적형 고예산 영화라는 것이다. 각각의 작품들은 최신 시각 기술 박람회장을 방불케 한다.

두 번째 눈에 띄는 현상은 이 모든 영화들이 오리지널 시나리오 작품이 아니라는 것이다. 최근 할리우드 블록버스터 작품들은 코믹스나 과거 상영작을 원작으로 삼고 있는 경우가 많아졌다. 각색이거나 리메이크인 작품이 많다.

원천을 찾아가 보면 1960년대가 자리 잡고 있다. 「스파이더맨」을 비롯해 「고질라」, 「엑스맨」의 원작들은 1950년대 혹은 1960년대에 만들어졌다. 최근 할리우드에서 자본과 기술을 투자해 만들어 내고 있는 이야기의 원천이 바로 1960년대다. 비록 영화 속에서 재현되는 액션이나 소재는 최신의 것이라 해도, 상상력의 원천은 50여 년 전의 과거다. 괴수나 영웅 장르물의 시작이 바로 이때였다고 할 수 있다.

그렇다면 왜 1960년대일까? 1960년대는 비틀스와 히치콕 그리고 아폴로 11호로 환기된다. 2차 세계대전 후 급성장한 대중문화가 기억의 한 축이라면 다른 한 축에는 과학기술의 비약적 성장이 놓여 있다. 19세기 증기기관차가 발명된 이후 150년여 만에 인간의 발로 직접 달을 딛고, 원폭이 실제 사용되기까지 했다고. 과학은 기대와 두려움을 동시에 가져다주었다. 기대와 두려움은 상상력을 자극했다. 이를 방증하듯 이야기와 캐릭터에 대한 상상력이 쏟아졌다. 스탠리 큐브릭의 역작 「2001 스페이스 오디세이」가 탄생한 시기도 1968년이다.

그런 속도와 기대감을 생각해 보자면 50여 년이 지난, 현재 우리가 직접 만나게 된 '미래'는 과거의 기대나 두려움과는 사뭇 다르다. 「블레이드 러너」(1993)가 우울하게 예측했던 2019년은 이미 지난 과거가 되었지만 그 불길한 예감이 실현되진 않았다. 과거에 상상했던 미래는 과학기술의 진보가 남긴 상처에 고통스러워하는 미래였다. 하지만 실제 디스토피아는 다른 면에서 먼저 현실화되고 있다. 과학이 아닌 인간적 결함들로 고전을 면치 못하는 세계, 그런 디스토피아에 살고 있는 것이다.

어쩌면 디스토피아적 상상 한켠에는 계몽 이후에 대한 두려운 설렘이 자리 잡고 있었을지도 모른다. 이 비관론에는 적어도 시민사회나 민주주의와 같은 오래된 과거의 문제로 인한 시련은 없었다. 인류의 명민함과 욕망이 가져온 디스토피아적 상상에는 인류가 앞으로도 한 걸음씩 진보하고 발전해 나가리라는 기대감이 자리 잡고 있었다.

지금도 우리는 1960년대의 상상력에 기대고 있다. 거꾸로 말해, 우리는 지금에 걸맞은 새로운 상상을 만들어 내지 못하고 있다. 비록 배우나 감독들이 1970년대 이후에 태어난 사람들이고 그 영화적 기술은 2010년 이후 발명된 최신의 것이라고 해도 마찬가지다. 어쩌면 우리는 동시대적 캐릭터와 이야기를 고안해 내는 데 한계를 느끼고 있는 것인지도 모른다. 기술은 발전했지만 상상력은 과거로부터 더 나아가고 있지 못하는 것이다.

「매트릭스」나 「아바타」(2009)의 등장에 쏟아진 환호는 기술적 세련됨에 대한 것만은 아니었다. 두 작품에는 1990년대와 2000년대가 배양한 아이디어가 자리 잡고 있다. 중요한 것은 초고속도촬영이나 3D 이모션 캡처 기술이 아니다. 수십 억의 관람객이 공유하는 이야기에 현재의 상상력이 부재한다. 어쩌면 우리는 상상력의 결핍 상태에 놓여 있는지도 모른다.

지나친 고비용 구조도 문제다. 상상력은 여러 번의 실패를 거쳐 결실을 맺는다. 상업성과 상상력은 아주 먼 거리에 놓여 있다. 언제까지 1960년대의 상상력을 숙주로 삼아 기술적 변주만 할 수 있을까? 클래식과 변주, 원작과 재활용 사이에 상상력과 도전을 부정하는 위험한 상업 논리는 없는지 살펴볼 일이다. (2014)

감성의 공백

평론가로 일하다 보면 질문을 자주 받는다. 이 영화 몇 명이나 들까요 같은 예언적 질문들은 대개 사석에서 이뤄지지만, 이 영화의 흥행 요인은 무엇일까요 같은 질문들은 공식적일 때가 많다. 2014년 여름, 가장 많은 질문의 대상은 단연 「명량」이었지만, 여름이 지나면서 변화가 생겼다. 키이라 나이틀리와 마크 러팔로가 주연을 맡은 영화 「비긴 어게인」에 대한 질문이 급격히 많아졌기 때문이다.

「비긴 어게인」은 제목 그대로 인생 제2막을 다루는 작품이다. 소재는 음악이다. 뮤지션이 되기 위해 기회의 땅, 뉴욕으로 건너왔던 영국 출신 싱어송라이터가 바닥을 치고 다시 비상한다는 게 영화의 대략적 줄거리다. 줄거리만 보자면 새로울 건 하나도 없다. 인생의 절정기를 지나 파국 직전에 이른 프로듀서가 등장하지만 이조차도 진부하다. 영화에서 새로운 게 있다면, 실패와 재기로 이뤄진 서사적 뼈대가 아니라 중간중간 삽입된 음악과 그 감성이다.

어떤 점에서 250만 관객을 모은 「비긴 어게인」의 흥행은 1800만 관객을 모은 「명량」의 흥행과 긴밀히 연결되어 있다. 「명량」과 「비긴 어게인」이 여러 면에서 무척 대조적이기 때문이다. 인구의 3분의 1이 본 영화 「명량」이 조국, 충, 전쟁, 백성과 같은 이데올로기적 언어들로 가득 차 있다면 「비긴 어게인」에는 사랑, 후회, 기회, 이별과 같은 감성적 언어가 자리 잡고 있다. 말하자면 「비긴 어게인」이 대문자 이념들에 밀려 둘 곳 없던 감성의 부표가 되어 준 것이다.

「비긴 어게인」에는 실패와 배신, 이별과 같은 어두운 단어들이 등장한다. 하지만 경칩의 겨울 땅처럼 곧 끝나게 될 마지막 추위일 뿐이다. 더 이상 추락할 곳이 없기에 이제는 비상만이 남아 있다는 반어적 희망도 영화 곳곳에 담겨 있다. 이 반어적 희망은 뉴욕의 힙스터적 이미지와 어울린다. 녹음할 곳이 없어도, 엠파이어스테이트빌딩 앞이나 센트럴파크 호수 위의 배가 그럴듯한 배경이 되어 준다. 뉴욕이기 때문에 이러한 혼잡한 풍경도 낭만적으로 해석된다.

영화 곳곳을 채우는 상실과 이별의 가사도 감성을 건드린다. 이별이야말로 가장 사적인 사건일 테다. 바보처럼 널 사랑하고, 지하철 플랫폼에 서서 마지막 한 걸음을 고민하는 청춘은 우리 영화가 오랫동안 내버려 둔 감성의 사각지대다. 천만 영화가 정의, 헌법, 군주다운 군주, 전쟁과 같은 큰 언어를 다루는 동안 감성의 언어들이 방치되었던 셈이다.

천만 영화들뿐만이 아니다. 최근 대대적으로 홍보를 하거나 흥행에 성공했던 한국 영화들을 살펴보면 개인의 감성을 존중하는 영화들을 찾기가 힘들다. 1990년대 말 「8월의 크리스마스」(1998), 「봄날은 간다」, 「번지 점프를 하다」(2000)와 같은 훌륭한 감성 영화들이 있었던 것을 생각해 보면, 2000년대 이후 감성 영화의 계보를 떠올리는 데에는 상당한 노력이 필요하다. "라면 먹고 갈래요?", "사랑이 어떻게 변하니."와 같은 대사가 지금까지도 패러디되고, 영화 「라붐」(1980) 속 헤드폰을 씌워 주는 장면이 끊임없이 재생산되는 이유도 무관하지 않다. 이 영화들은 우리의 감성 어떤 곳을 건드렸고, 그 건드려진 감성은 추억이라는 이름으로 남아 있다. 우리의 감성은 언제든 자극받을 준비를 하고 있던 셈이다.

「비긴 어게인」의 읽히는 가사도 한몫했다. 순위 프로그램이나 음원 판매 목록에 가득 찬 음악들의 가사엔 「비긴 어게인」에 있는 감성이나 정서가 없다. 후크나 리듬이 강조된 아이돌 음악에 공감하지 못했던 어떤 감성들이 「비긴 어게인」 속 자막으로 등장하는 가사에 공감한다. "총 맞은 것"처럼 아프고, "죽어도 못 보내"는 직설법에 가려져 있던 어떤 감성이 "하나님 왜 슬픔은 젊은이에게 주기 아까운가요.", "넌 나의 돛에서 모든 바람을 앗아 갔지만 그래도 난 널 사랑했어."와 같은 문학적 가사에 흔들린다.

결국 「비긴 어게인」이 건드린 부분은 바로 이 감성의 공백이라고 할 수 있다. 너무 큰 언어, 지나치게 직설적인 호소에 지친 관객들에게 감성이 머물 자리가 필요하다. 인생과 사랑, 기회와 선택을 보여 주는 「비긴 어게인」의 작은 언어들이 역설적으로 무척 소중하고, 다정하게 느껴진다. 영화적으로 보자면, 지나치게 상투적이지만 익숙한 클리셰가 또 위안이 되기도 한다. 「비긴 어게인」에서 확인한 감성의 여백은 한국 영화가 그동안 소홀히 여겨 왔던 감성의 응달이기도 하다. (2014)

여배우의 눈빛

2014년 여러 영화제에서 천우희가 여우주연상을 탔다. 수상이 놀랍다기보다는 천우희가 수상 시에 보여 주었던 태도가 인상적이었다. 화장이 다 지워지는 것도 마다하지 않고 그녀는 울었다. 예상하지 못했다며 울었고, 작은 영화의 주인공에게 큰 상을 주다니 고맙다며 울었다. 그런 그녀의 눈물이 여배우의 연기가 아니라 인간 천우희의 고백으로 다가왔다. 천우희가 화제가 된 건 그 진심이 통해서였을 것이다. 2014년 영화계를 돌이켜 보았을 때, 천우희 외에 누가 여우주연상을 받을 만했을까? 그해 여배우들의 활약이 돋보인 영화들을 꼽아 보자면, 그렇게 많지 않다. 여성의 활약이 두드러진 영화 자체가 무척 드물었다는 의미다. 기억에만 의존하자면 「한공주」, 「수상한 그녀」 등이 떠오른다. 기록을 찾아보면 몇 편 더 추려 낼 수 있다. 「관능의 법칙」, 「조선미녀삼총사」, 「우아한 거짓말」 등의 작품들이 있었다. 영진위 통합전산망에 따르면 2014년 한 해에 개봉한 한국 영화는 219편에 이른다. 하지만 219편 중 여자 주인공의 호연이 기억에 남는 영화는 그다지 많지 않다.

흥행 순위별로 나열했을 때 최고 흥행작 열 편 중 여배우들이 주연급으로 활약한 영화의 숫자도 상대적으로 적다. 「해적: 바다로 간 산적」, 「수상한 그녀」 정도에 불과하다. 「신의 한 수」, 「군도: 민란의 시대」, 「끝까지 간다」, 「표적」처럼 강인한 남성들이 등장하는 남성 영화가 한국 영화를 주도했다. 문제적인 것은 이런 현상이 비단 그해만의 특징이 아니라는 것이다. 여배우들의 진가를 볼 수 있는, 여배우 영화가 영화계 전반에서 점점 더 줄어들고 있다.

이는 여러 가지 면에서 상징적이다. 우리의 삶은 남성과 여성이 영화만큼 분리되어 있지 않다. 그런데 유독 영화 속 세계는 남성들이 중심이 된다. 엄밀히 말해서 남성이라기보다는 범죄와 그 주변 산업에 종사하는 사람들이라고 말하는 게 옳을 듯싶다. 주변에 형사로 일하거나 범죄 조직에 몸담고 있는 사람들은 드물지만 영화 속 주인공들은 대개 조직범죄에 몸담거나 그를 뒤쫓는 경찰이다.

범죄물들이 다루는 것은 세상의 부조리와 인간의 악마적 본성 그리고 이기심이나 욕망이다. 거친 남성들이 등장하는 범죄물은 어떤 점에서 우리가 공감하고 있는 현실의 알레고리라고 할 수 있다. 드라마 「미생」(2014)에서 화제가 된 대사 "회사가 전쟁터라면, 이 밖은 지옥이야."라는 말에 공감하듯이, 범죄가 넘쳐 나는 스크린에 심정적으로 공감하는 것이다. 이런 세태를 은유로 읽어 보자면, 그것은 아마도 우리 사회가 극악무도한 마초적 지배 논리로 움직이고 있다는 것이다. 우리의 일상이 범죄로 가득 차 있는 것은 아니지만 적어도 범죄와 악으로 채워진 영화적 서사가 우리 현실에서 멀어 보이지 않음은 부인할 수는 없다. 삶이 팍팍하고 고단해질수록, 영화 속 삶 역시 폭력적이고 거칠어진다.

다시 여배우 이야기로 돌아와 보자면, 한국 영화의 1970년대, 1980년대는 여배우의 전성기로 기억된다. '트로이카'라는 말이 탄생했고, 각기 차별화된 이미지의 여배우들이 스크린을 장악했던 시절이기도 하다. 하지만 영화사적으로 돌아보자면, 당시 영화 속에 등장하는 여성 인물들은 대개 피해자라고 할 수 있다. 정치적으로 암울했던 시기, 남성에게 유린당하고 달라진 도시 문명 속에서 희생되었던 여성들은 주인공이긴 했으나 주체는 아니었다.

돌이켜 보면 19세기의 문제적 소설 『테스』(1891)나 『안나 카레니나』, 『마담 보바리』는 모두 여성을 주인공으로 삼고 있다. 그녀들은 1800년대 중후반, 달라지는 당대의 사회상을 그녀들의 성장, 연애, 결혼, 일, 죽음을 통해 보여 주었다. 그녀들은 당대적 삶을 살아간 인물이자 피해자였으며 격동하던 시대의 메타포이기도 하다. 적어도 19세기의 삶은 여성을 통해 더 많은 부분을 보여 줄 수 있었다.

영화를 산업적으로 접근했을 때, 배우는 손익계산을 위한 변수가 될 수밖에 없다. 그 변수에 남성 배우를 넣느냐 여성 배우를 기입하느냐에 따라 예상되는 이익의 지표가 달라지는 것도 사실이다. 그 예상 수익의 결과물로 우리는 여배우가 거의 없는 영화들을 만나고 있다. 강렬한 남성 영화라는 게, 덜 위험한 수익 창출 모델, 안전한 서사 모델일 수도 있다는 뜻이다.

그런 점에서 천우희가 주연을 맡았던 「한공주」는 계산이 잘 안 맞는 작품에 가깝다. 우선 여성 주인공이 혼자 영화를 이끌어 간다는 것 자체가 그렇고, 무엇보다 그녀가 주연을 맡았던 배역, 한공주라는 캐릭터가 무척 불편하다. 복수도 없고, 사필귀정도 없고, 영화적 판타지가 사라진 채, 아픈 현실만 따갑게 제시된다. 상업적 관점에서 매우 불편할 수밖에 없다.

실화를 소재로 한 이 작품을 보고 나면, 우리는 모두 다 가해자임을 깨닫게 된다. 영화 속 공주는 누구를 비난하지도, 그렇다고 복수를 노리지도 않는다. 그녀는 이 지옥 같은 세상에 조금 더 살고 싶다고 말한다. 그녀가 우리에게 요구하는 것은 조용한 무관심일 뿐이다.

「한공주」는 우리가 그다지 마주 보고 싶지 않은 우리의 맨얼굴을 비춘다. 그리고 여배우 천우희는 '공주'의 맨얼굴을 드러낸다. 그녀, 공주가 스크린을 너머 우리를 바라볼 때, 눈빛이 담은 질문의 순도 때문에 우리는 불편해진다. 그러니까 우리를 불편하게 만드는 눈빛, 그 눈빛이 바로 여우주연상감의 눈빛이라는 것이다. 우리가 보고 싶은 것을 보여 주고, 듣고 싶은 말만을 들려 주는 달콤한 목소리가 아니라, 우리가 정말 피하고 싶은 진실을 담은 눈빛. 그 눈빛이 바로 여배우의 눈빛이다. (2014)

2015년 「어벤져스」 서울

사춘기 시절 김승옥 소설 『무진기행』(1964)을 읽고 난 후 난 언제나 무진에 가고 싶었다. 안개가 밤사이 진주해 온 적군들처럼 감싸고 있는 곳, 여귀가 뿜어내 놓은 입김처럼 그렇게 암담한 장막 속에 은닉된 곳, 그런 곳이 바로 무진이다. 하지만 무진은 갈 수 있는 '장소'가 아니다. 그곳은 문학적 공간이자 소설을 통해서만 도착할 수 있는 공간이다. 그곳은 세상에 존재하지 않기 때문에 소설을 읽어야만 열린다. 그러므로 더더욱 애틋하다. 언제나 그렇듯 무진은 오염되지 않고 훼손되지 않은 채, 그대로 「무진기행」 속에 머물러 있기 때문이다.

영화 「어벤져스: 에이지 오브 울트론」(2015, 이하 「어벤져스」)은 한국에서 이미 개봉 1년 전부터 화제가 되었다. 「어벤져스」 일부가 한국에서 촬영된 덕분이다. 반포 세빛둥둥섬, 문래동 철강대로, 마포대교, 상암동 월드컵대로 등이 영화 촬영지로 예고되었다. 2014년 3월 촬영팀이 입국하자 마포대교를 통제하는 등 부산을 떨었다. 이 부산함에는 꼭 그렇듯이 경제적 이익에 대한 예측도 뒤따랐다. 영화진흥위원회는 「어벤져스」의 한국 촬영으로 외국인 관광객이 62만 명 증가하고, 약 876억 원의 소비지출을 일으킬 것이라고 예측했다. 촬영 당시 한국 스태프 120명 이상을 고용해 약 100억 원 이상의 제작비를 한국에서 쓰게 될 것이라고도 발표했다.

한국 촬영에 대한 기대는 크게 두 가지로 압축된다. 하나는 한국이라는 나라에 대한 이미지 제고이고 다른 하나는 경제적 이익의 창출이다. 한국 배우 수현이 출연한다는 점에 대해서도 이 두 가지 기대가 반복되었다. 여기엔 이웃 나라 중국과의 비교도 한몫했다. 「아이언맨 3」(2013)의 판빙빙이나 「트랜스포머: 사라진 시대」(2014)의 리빙빙에 비해 수현이 얼마나 더 많이 나오느냐가 한국 관객들의 관심사가 되었다. 영화에 과연 한국이 얼마나 많이 등장하는가에 대한 관심과 마찬가지로 말이다.

결론적으로 말하자면, 「어벤져스: 에이지 오브 울트론」에 등장하는 한국은 꼭 한국이 아니어도 상관없어 보인다. 영화 속에 등장하는 서울은 그저 울트론과 어벤져스 팀이 싸우는 무대에 불과하다. '떡볶이', '치킨'과 같은 한글과 '서울'이라는 자막이 그곳이 한국이라는 것을 겨우 알려 줄 뿐이다. 하지만 그 역시도 한국어를 잘 알고, 서울의 이미지를 기다리는 한국인에게만 더 잘 보일 것은 분명하다. 그곳이 서울, 한국임이 명시되어 있기는 하지만 서울이라는 공간이 영화에 특별한 정서적 환기를 가져다주는 것은 아니다. 그곳은 다만 액션이 발생하는 장소이자 무대일 뿐이다. 마포대교나 상암, 문래동 뒷골목이 영화 속에 나올 때엔 과연 저곳이 우리가 알고 있는 대한민국 서울이 맞나 싶은 생각도 든다. 「내 머리 속의 지우개」에서 멋진 야경으로 촬영되었던 대교 나들목은 건조한 개발도상국가의 시멘트 빛으로 재현된다. 어벤져스 팀이 활약하는 한국의 뒷골목은 베이징이나 홍콩의 뒷골목이라고 해도 크게 문제가 되지 않아 보인다. 어벤져스 팀과 대화를 나누는 수현의 형편도 다르지 않다. 돌출적이며 어색하다.

「어벤져스」에 그려진 대한민국 서울은 '우리'만 알아보는 서울에 가깝다. 가족을 길에서 우연히 만날 때 드는 생경함처럼 그렇게 「어벤져스」 속의 한국은 낯익어서 더 낯설다. 한국 관객들은 「어벤져스」를 통해 할리우드 제작진의 시선에 대한민국 서울이 어떻게 보이는지를 확인하게 되었다. 그건 우리가 기대했던 '서울'의 모습과는 다르다. 영화 속에 그려진 서울은 영화를 보고 나서 가 보고 싶어지는 곳은 아니다. 우리가 기대했던 가 보고 싶은 서울의 모습은 「어벤져스」 속 어디에도 없다.

영화 「킹콩」(1933)을 보고 엠파이어스테이트빌딩을 궁금해했다면 그것은 단순히 엠파이어스테이트빌딩이 등장해서가 아니다. 킹콩이 앤에게 보여 주었던 사랑, 그 정서가 바로 엠파이어스테이트빌딩에 대한 동경의 근거다. 「로마의 휴일」(1953)이 로마를 세계 관광의 중심으로 만들어 준 까닭도 마찬가지다. 「로마의 휴일」은 로마에서 경험할 듯한 정서의 판타지를 만들어 냈다. 순수하고도 우연한 만남, 우정, 사랑과 같은 정서적 환상들이 로마를 그럴듯한 곳으로 그려 냈다. 「서편제」(1993)의 청산도, 「겨울 연가」(2002)의 남이섬도 마찬가지다. 사람들은 어떤 정서를 찾기 위해 그곳에 가고 싶어 한다. 마치 존재하지 않지만 늘 가 보고 싶은 무진처럼, 문제는 장소 자체가 아니라 공간이 주는 정서다. (2015)

'되는 영화'의 피로

2017년 가을 추석, 성수기 영화로 개봉할 때만 해도 「범죄도시」의 흥행을 예측한 사람은 별로 없었다. 이유는 몇 가지로 추려지는데 그중 가장 큰 것은 바로 기시감이다. 형사가 범죄 조직을 소탕하는 이야기 자체가 한국 영화에서 너무 많이 다뤄졌던 흔한 소재였기 때문이다. 여기에 하나의 이유를 더 보탠다면, 영화가 지나치게 폭력적이라는 점이다. 「범죄도시」는 중국에서 한국으로 건너온 조선족 조직 폭력배를 악의 축으로 그리고 있는데, 그의 폭력 행위가 심상치 않다. 도끼, 망치 등 도구를 가리지 않고 신체 훼손의 정도도 무척 심하다.

한국 영화계에서 '청불 영화', 그러니까 청소년 관람 불가 영화가 의미하는 것은 무엇일까? 한국 영화계에서 '청불 영화'는 야한 영화가 아니라 폭력적인 영화다. 청불 영화 대부분이 범죄 현장을 잔혹하게 재현한다. 「신세계」 이후 한국 청불 영화 사상 가장 흥행한 영화라는 「범죄도시」에는 여성이 등장하지 않는다. 야한 장면이 있으려야 있을 수 없는 셈이다. 한국 영화에는 여자가 등장하더라도 비중 있는 여성 캐릭터는 없다. 술과 도박처럼 범죄의 배경으로 화류계 여성들이 등장한다. 그나마 비중 있는 여성은 피해자다.

문제는 언제부터인가 극도로 잔인해진 한국 대중 영화에 대해 많은 사람들이 피로를 호소하고 있다는 점이다. 범죄 세계에 대한 한국 영화의 잔혹한 묘사 방식은 어느새 평범한 클리셰이자 주류 영화의 상식적 문법이 되어 버렸다. 회칼이 난무하고 신체 주요 부위를 훼손하거나 아예 없애는 장면이 등장하기 일쑤며, 심지어 개를 살상용으로 사육하고 사람을 개 먹이로 주는 장면도 등장한다. 특정한 작품 하나가 아니라 여러 영화에서 일종의 관습으로 활용되고 있다. 「더 킹」의 맹견 살상 장면은 「미옥」(2017)에도 등장하고, 「신세계」의 시신 유기 방식은 「내부자들」에서 약간 변주된 방식으로 활용된다. 가만 보자면 범죄 영화의 등장인물들은 죽을 사람과 곧 죽을 사람으로 구분될 수 있을 정도다.

범죄 영화는 사회의 엄혹함과 폭력성을 반영하는 거울이라고 할 수 있다. 지하경제의 성장과 함께 미국의 조직범죄 영화가 성장했듯이 어쩌면 만연한 범죄 영화는 우리 사회의 이면을 보여 주는 것일지도 모른다. 우리 사회의 그 이면이 조직폭력배의 구조와 다르지 않게 그려진다는 점에서 말이다. 검사나 정치인이 등장하는 영화의 이야기 구조가 조직범죄 영화들과 다르지 않다는 것도 주목할 만하다. 「특별시민」, 「더 킹」, 「검사외전」(2016)에 묘사된 공인들의 모습은 「부당거래」나 「짝패」(2006)에 그려진 조직폭력배 출신 사업가들 모습과 구별하기 힘들다.

결국 한국에서 '되는 영화'는 모두 범죄 영화의 꼴을 하고 있다. 공무원을 그리든, 지하경제를 그리든, 인생의 허무와 모성애를 그리든 이 모든 주제들이 다 되는 영화, 범죄라는 스펙트럼을 거쳐 재조명되고 해석되고 그려진다. 하지만 이러한 쏠림 현상과 함께 관객들의 피로도가 높아진 것도 사실이다. 그래서인지 한동안 정치판을 조직범죄로 그리거나 조직범죄의 잔혹성을 폭력적으로 재현한 영화들의 흥행 성적이 저조하기도 했다. 잔인한 조직범죄 영화의 시대가 저물어 가는 것은 아닐까 기대했던 이유도 이와 무관하지 않다.

배우 마동석이라는 캐릭터의 매력에 기댄 「범죄도시」의 성공은 결국 잔인하고 폭력적인 영화는 여전히 잘된다는 확신으로 해석됐다. 감독이나 시나리오 작가의 의도는 다를 수 있겠지만 결국 투자자들은 일종의 선후 관계를 인과관계로 해석해, 폭력성을 '되는 영화'의 주요 요인으로 보기도 한다. 잘된 영화가 폭력적이었다가 아니라 폭력적인 영화여야 잘된다고 오해할 여지가 충분하다는 의미다.

자르고, 찌르고, 부수고, 훼손하는 이 폭력적 장면들이 범죄의 박진감을 높이는 필연적 장치일까? 역설적이게도 한국 영화의 등급 기준은 노출에 무척이나 엄격하다. 하지만 폭력에 대해서는 지나치게 관대하다.

무릇 선정성이란 비단 성적 욕망의 자극만을 의미하는 것은 아니다. 폭력이야말로 사람의 감정을 흔드는 소재 아닐까? 폭력에 대한 감도를 낮추고 폭력에 익숙해지게 하는 것, 거기서 누가 가장 이익을 보는지 생각해 볼 문제다. (2017)

「어벤져스」의 농담

2018년 4월 「어벤져스: 인피니티 워」가 개봉했다. 한국이 첫 개봉이다. 원산지인 미국보다 하루 더 빨리 한국 시장에 풀린 것이다. 할리우드 블록버스터 영화가 한국을 첫 개봉지로 선택한 지는 꽤 되었다. 「트랜스포머: 패자의 역습」(2009)이 아시아 정킷을 서울에서 하면서 시작된 변화는 어느덧 한국 최초 개봉의 기시감으로 자리 잡았다. 그만큼 한국 시장이 중요시되는 셈이다.

수적으로 보면 고작 천만 안팎이지만 한국 시장이 중요시되는 이유에는 여러 맥락이 있다. 아마도 그중 가장 중요한 이유는 한국 관객들의 적극성이 아닐까 싶다. 「어벤져스: 인피니티 워」가 개봉한 날 하루 내내 검색어 상위에 이 영화 제목이 머물렀다. 민감했던 정치적 뉴스나 남북 대화 이슈도 제치고 상위에 랭크된 것이다. 뉴스에서는 종일 선거나 북한 이야기를 하지만 SNS에서는 「어벤져스」 이야기를 한다. 말 그대로 그날의 가장 뜨거운 뉴스였다.

한국 관객들의 이러한 적극성과 애정에 할리우드 블록버스터는 한국 시장을 매우 중요한 홍보 플랫폼으로 대접해 왔다. 한동안 속을 썩였던 불법 복제나 스크린 촬영 등 유출 문제도 어느덧 선진화된 관객들의 태도 덕분에 사라졌으니, 더욱 그럴 수밖에 없을 듯싶다. 똑똑하고 호감을 가지며 영화를 적극 홍보하는, 말 그대로 미국의 거대 영화 시장이 바라는 이상적 관객이 바로 한국 관객이다.

그건 미국 시장의 입장이라면, 한국에서는 「어벤져스」가 일종의 문화 현상이 되었다고 할 수 있다. 「어벤져스」를 좀 더 빨리 보고, 상세하게 그 세계의 디테일을 알아내고, 암시적인 쿠키 영상의 단서를 찾아내는 게 말하자면 힙한 관객이다. 비슷해 보이지만 그 반응이 전혀 다른 DC 코믹스 원작 영화들에 대한 한국 관객의 태도를 비교해 봐도 그렇다. 「어벤져스」에 대한 한국 관객의 충성도가 훨씬 높고 흥행도 더 잘된다. 영화 관람 후에도 마블에 비해 DC 작품들에 대해선 실망스럽다는 평가가 빠지지 않는다.

그 실망감의 한가운데에는 무거움이 있다. 반대로 「어벤져스」에 대한 한국의 호감에는 가벼움과 농담의 세계에 대한 호감이 있다. 어떤 점에서 마블의 가장 대표적인 히어로를 스파이더맨이라고 볼 수 있는데, 그는 말하자면 블루칼라, 노동자 계급 출신의 히어로다. 물론 마블, 「어벤져스」 하면 아이언맨이 가장 먼저 떠오르겠지만, 아이언맨 역시 특유의 유머 감각과 섹시함으로 먼저 환기된다. 「배트맨」의 브루스 웨인이 무겁고 고독하고 어두운 영웅으로 떠오르는 데 비해 같은 갑부지만 아이언맨은 쿨하고 가볍다. 그리고 이런 아이언맨의 세계는 바로 마블의 코드와 상통한다.

중요한 것은 한국 영화계에서 가장 없는 것 중 하나가 '유머'라는 사실이다. 원래부터 없었던 것은 아니다. 김지운 감독이나 봉준호 감독의 초기작들 「조용한 가족」(1998)이나 「플란다스의 개」(2000)와 같은 작품을 보면, 독특한 유머 감각을 발견할 수 있다. 2000년대 초까지만 해도 슬랩스틱이나 뻔한 휴머니즘으로 웃기고 울리지 않더라도 한국 영화에서 지적이고 세련된 유머를 찾는 게 어렵지는 않았다.

하지만 천만 영화들이 1년에 한두 편씩 꼬박꼬박 나오기 시작하면서 오히려 그 웃음기가 영화계에서 사라졌다. 간혹 코믹 영화들이 등장하기는 하지만 의외의 수확으로 정리되곤 한다. 유해진이 주연을 맡았던 「럭키」나 마동석의 '러블리'한 연기가 화제가 되었던 「범죄도시」 정도가 그럴 것이다. 두 영화 모두 대단히 진지하고 무거운 영화들 사이에서 오랜 조연 배우 출신의 주인공이 가진 특유의 서민적 분위기와 따뜻한 유머로 관객을 웃기는 데 성공했다. 그러나 엄밀히 말해 여기서의 웃음도 무거운 주제를 변주하는 윤활유에 가깝다. 그나마도 유머는 가족애나 인류애와 같은 휴머니즘 코드에 가린다. 맘 놓고 웃을 만한 코미디 영화나 맥락과 상황 가운데서 한두 번씩 피식거리면서 웃고 즐기는 유머 코드가 한국 영화에서 거의 사라진 것이다.

「어벤져스」의 아이언맨은 심각한 순간일수록 농담을 던지며 분위기를 녹인다. 특히 이번 편에서 「가디언즈 오브 갤럭시」(2014)의 캐릭터들이 등장해 대단한 활약을 보이는데, 그들은 전작에서처럼 엉뚱한 B급 정서와 대중문화적 취향으로 등장하는 내내 웃긴다. 썰렁하고 어색할 수 있는 상황에서도 「어벤져스」 멤버들의 웃음은 긴장감을 풀어 주고, 관객에게 공감을 높이는 데 성공한다. 「어벤져스: 인피니티 워」가 블록버스터답지 않게 파국의 결말을 향해 감에도 불구하고, 관객들이 영화를 즐겁게 소비할 수 있는 이유도 여기에 있다. 결말은 몰라도 과정만큼은 즐겁고 유쾌하다.

물론 「어벤져스」는 미국 영화 시장의 자본력과 기술력, 인력이 총동원된 대단한 고부가가치 상품이다. 자본력, 기술력, 인력 면에서 한국이 「어벤져스」를 따라갈 수도 없고 또 굳이 따라할 필요도 없다.

다만 우리가 기억해야 할 것은 한국형 블록버스터라는 큰 나무에 가려 한국의 작은 유머, 코미디, 장르 영화 들이 거의 고사하고 있다는 사실이다. 왜 우리 영화에서 웃음과 유머가 사라졌는지 더 진지하게 고민해 봐야 할 것이다. (2018)

모니터와 텔레비전 그리고 스크린

코로나19 여파로 개봉이 연기돼 표류했던 윤성현 감독의 스릴러 영화 「사냥의 시간」(2020)이 극장 개봉 없이 넷플릭스에서 공개됐다. 플랫폼의 변화 과정에서 그리고 전 세계 감염병 사태의 장기화는 관람 행위의 습성도 많이 바꿀 것으로 보인다.

윤성현 감독의 「사냥의 시간」이 재개봉했다. 물론 「사냥의 시간」은 우리 시간으로 2020년 4월 23일 오후 4시에 첫 개봉했지만 재개봉이란 표현을 쓰는 까닭은 이미 여러 번 개봉 일정이 밀리고 변경되었기 때문이다. '표류'라는 단어도 심심치 않게 쓰였다. 표류는 정박할 곳을 찾지 못해 떠도는 상황을 뜻한다. 영화의 정박지는 전통적으로 개봉이었다. 개봉할 시점, 장소를 찾지 못한 「사냥의 시간」의 표류 사태는 영화사적 사건으로 기록될 듯싶다. 단순히 개봉 일정을 못 잡는 사태가 아니라 여러 초유의 상황들로 인해 빚어진 유례 없던 상황이니 말이다.

윤성현 감독의 「사냥의 시간」은 2020년 상반기 가장 기대되던 작품 중 하나였다. 2010년 「파수꾼」 이후 윤성현 감독은 차기작을 갈망하게 만든 감독 중 한 명이었고, 「파수꾼」을 통해 얼굴을 내밀었던 이제훈, 박정민 같은 배우들은 그사이 한국 영화의 든든한 주역으로 성장했다. 그랬던 이들이 다시 함께 만드는 영화라니, 두근댈 수밖에 없었다.

베를린국제영화제에서 상영할 때까지만 해도 괜찮았다. 하지만 시사회가 예정되었던 2월 25일 감염병 사태는 커졌고, 시간을 두고 지켜보자던 선택은 3월 말이 될 때까지도 잠정적 유예 상태로 이어져 버렸다. 결국 4월 10일 넷플릭스에서의 개봉이 두 번째로 약속되었다. 그러나 이번에는 투자배급사와 해외세일즈사 간의 갈등이 불거졌다. 누가 더 옳고 나쁘고 따지기 전에 「사냥의 시간」을 기다려 온 관객들에게는 아쉬운 소식일 수밖에 없었다. 제아무리 넷플릭스와 왓챠에 볼 만한 영화가 많다고 하더라도, 정작 우리가 기다려 온 것은 「사냥의 시간」과 같은 '영화'의 개봉이기 때문이다.

여기에 「사냥의 시간」이 갖는 상징성이 있다. 넷플릭스나 왓챠 같은 플랫폼엔 이미 수많은 작품들이 있다. 하지만 사람들은 그 외의 새로운 '영화'를 보고 싶어 한다. 여기엔 영화관에서의 전통적 관람 습관도 포함된다.

가령 넷플릭스 오리지널 영화인 마틴 스코세이지 감독의 영화 「아이리시맨」(2019)은 분명 훌륭하지만 TV나 모니터보다는 영화관에서 보고 싶다는 욕망을 더 자극했다. 좋은 영화일수록 더 그랬다. 노아 바움백 감독의 「결혼 이야기」(2019)도 그랬다. 연기도 좋고 이야기도 훌륭해서 영화관에서 보면 어떨까 싶었던 것이다. 「결혼 이야기」가 샘 멘데스 감독의 「1917」(2019)이나 크리스토퍼 놀런 감독의 「덩케르크」처럼 압도적인 아이맥스 스크린을 요구하는, 그런 스펙터클한 볼거리의 영화는 아니다. 오히려 두 부부의 섬세한 감정의 변화를 관찰하는, 작고 예민한 작품에 더 가깝다.

그럼에도 불구하고 영화관에서의 관람을 원한다면 그것은 영화를 영화관에서 보는 게 다만 새로운 콘텐츠의 소비 이상이기 때문이다. 수백 명이 함께 영화를 보던 중 나와 영화만이 남는 기분, 그 몰입감을 한 번이라도 맛본 이들이라면 그 경험의 잔상을 쉽게 잊을 수 없다.

코로나19의 유행 이후 영화관의 관객석은 띄엄띄엄 채워진다. 그런데 이게 또 사람들로 북적이던 영화관을 피하려고 새벽이나 늦은 밤에 가서 일부러 고독하게 영화를 보던 체험과는 다르다. 이를테면 1990년대 춘천의 육림극장에서 왕가위 감독의 영화를 보러 갔을 때, 지정 좌석도 없어 사람이 드문 곳 아무 데나 가서 앉았던 기억과 다르다. 장선우 감독의 영화를 보러 낮 시간에 혼자 영화관에 갔더니 저 멀리 앉아 있던 중년의 남자가 슬쩍슬쩍 한 칸씩 가까이 이동하는 바람에 너무 놀라 영화를 중간에 포기한 경험과도 다르다. 첫 데이트는 이미 사라진 강남역 동아극장이고, 이별은 「화양연화」(2000)를 보던 시티극장이다.

생각보다 영화는 장소를 통해 환기된다. 그래서인지 코로나19의 두려움 속에서도 재개봉 영화는 꾸준하다. 「라라랜드」 같은 영화가 인기를 끄는 것도 단지 스크린에서 보는 게 멋져서가 아니라 그 정서가 영화관이어야만 하기 때문이다.

넷플릭스와 같은 플랫폼 변화의 과정에서, 그리고 쉽게 진정되지 않는 전 세계 감염병 사태 가운데서, 관람 행위의 습성은 많이 바뀔 듯싶다. 물론 공간은 바뀌어도 영화는 영원하다. 영화를 걱정하지는 않는다. 다만 장소의 이동이 영화를 다른 데로 옮겨 놓을 수는 있을 듯하다.

넷플릭스에 공개되자마자 실시간 감상평이 유튜브에 쏟아지는 걸 보자면 이 역시도 수백 명의 관객과 영화의 공기를 나누던 습성의 변주 아닌가 싶다. 말하지 않아도 함께 느끼는 공기, 영화의 속도감과 리듬 그리고 에너지. 콘텐츠 너머의 알파, 플롯이나 이야기 너머의 정서. 영화를 사랑한다는 것은 이 모든 것의 결합이니 말이다. (2020)

볼거리보다 이야기

플롯일까, 스펙터클일까. 닭이 먼저냐, 달걀이 먼저냐처럼 영화도 플롯 우선주의자와 스펙터클 우선주의자로 나뉜다. 볼거리가 없다면 소설을 읽거나 연극을 보지, 왜 영화관에서 영화를 보냐라며 되묻기도 한다. 하지만 그렇다고 플롯 없이 볼거리만 이어진다면, 그건 또 행위 예술이나 시각 미술과 다르지 않다. 영화엔 둘 다 필요하지만 가치 평가의 비중은 좀 다를 수 있단 뜻이다.

대중과 영화의 만남을 다루는 학자들의 이야기를 듣다 보면 영화는 근대의 산물임이 분명해진다. 발터 베냐민은 보들레르의 글을 빌려, 영화를 근대인의 지각 체계 변화에 대응하는 새로운 미적 수단이라고 평가했다. 영화의 형식적 원리가 충격과 혼잡을 강조하는 도시적 감각의 반영이라 본 것이다.

발터 베냐민의 말처럼 영화가 탄생한 이후, 대중은 이 현란한 볼거리에 사로잡혔다. 영화사의 굵직한 기록들이 영화가 이룩한 시각적 혁명 순간들과 궤를 함께하는 이유도 여기에 있다. 스펙터클 역사 서사극 「벤허」(1959)도 그렇고, 가깝게는 「타이타닉」(1997)이나 「아바타」(2009)도 그렇다. 전에 볼 수 없었던 새로운 시각적 자극과 표현, 그 앞에서 대중들은 환호했고 기술력에 감탄했다. 그러나 돌이켜 보면 과연 이런 영화들에 대한 환호가 그저 기술적인 것에 그쳤을까 싶기도 하다. 「벤허」의 중심엔 복수가 있고, 「타이타닉」과 「아바타」의 가운데에는 불멸의 사랑이 놓여 있다. 그리고 그게 바로 서사, 이야기다.

중요한 것은 그 서사가 대부분 아주 오래 묵은 것, 여러 번 활용한 익숙한 것이라는 점이다. 불멸의 사랑이나 복수, 그 얼마나 오래된 이야기인가? 그 오래된 이야기를 이렇게도 놓고, 저렇게도 놓아서 새롭게 하는 것, 그게 바로 이야기꾼들의 고민일 테다.

2017년 5월에 21세기 들어 가장 성공한 해양 블록버스터 시리즈 중 하나인 '캐리비안의 해적'의 다섯 번째 이야기가 대중에게 선을 보였다. 영화의 중심축은 여전히 잭 스패로 선장이다. '캐리비안의 해적'은 2003년 첫선을 보인 이후 거의 실패한 적이 없는 성공적인 프랜차이즈 영화다.

문제는 역시 세월이다. 잭 스패로야 워낙 강렬한 아이 메이크업과 과도한 복장으로 생물학적 나이를 숨길 수 있겠지만 주요 인물이라고 할 수 있는 대개의 배우들이 이제 제법 나이를 먹어 중견 배우가 되었고 이야기의 박력에 어울리는 이미지에서 멀어져 버렸다. 영화 속 시간은 더디 흐르지만 현실의 시간은 그 허구적 시간을 따라가지 못한다.

이미 비슷한 문제는 '배트맨'에도 있었다. 새롭게 리뉴얼된 「배트맨 대 슈퍼맨」은 정서적으로, 신체적으로 노쇠해진 배트맨을 주인공으로 바꾸었다. 악을 상대하는 젊은 청년 배트맨이 아니라 나이 들고, 몸도 무거워지고 그만큼 고민도 깊어진 나이 든 배트맨이 시각적으로 재현된 것이다. 주인공이 늙고, 흔들리고, 비루해지는 것은 영화라는 원더랜드에서 무척 위험한 설정이기도 하다. 사실이야 그렇지만 그래서 더 대중은 환상을 원하니 말이다.

그런 고민 때문인지 '캐리비안의 해적'은 여러모로 '스타워즈' 시리즈처럼 새로운 세대로의 캐릭터 이주를 계획하고 있는 듯하다. 새로운 개체에 '캐리비안의 해적'이 가진 이야기 DNA를 심어 놓겠다는,

말하자면 서사적 이식을 선택한 셈이다.

그렇다면 문제는 다시 이야기다. 다섯 번째 이야기 「캐리비안의 해적: 죽은 자는 말이 없다」는 14년의 세월만큼 훨씬 세련된 볼거리를 선사하고 있다. 아쉬운 건 볼거리, 스펙터클이나 박진감이 아니라 이야기다. 「캐리비안의 해적: 죽은 자는 말이 없다」의 부주제는 "나는 너의 아버지이다.(I'm your father.)"로 요약된다. 아주 오래전부터, 할리우드 블록버스터가 써 왔던 오래되고 익숙한 주제인 가족주의를 부여잡은 셈이다.

미국에서 가족은 종교이고 이념이며 신념이다. 그래서인지 어떤 시기를 막론하고 미국 영화의 행복이나 신성함은 늘 가족의 몫이다. 하지만 때로 가족만큼 궁색한 변명도 없다. 가족이 행복의 중심이 된 건 고작 프랑스혁명 다음인 근대사회 이후다. 아동을 중심으로 한 핵가족의 가치 자체가 인간 본성의 것이라기보단 역사적으로 개발된 것인 셈이다. 다민족·다인종 사회인 미국에서 가족이 종교가 된 맥락도 이와 관련 있다. 가족은 미국 사회의 만병통치약이었던 셈이다.

비슷한 가족 이야기이긴 하지만 「보스 베이비」(2017)가 다루는 그 방식은 완전히 달라 보인다. 「보스 베이비」는 가족이 맞닥뜨린 외부적 문제에서 출발하고 있지만 가족이기 때문에 발생하는 심리적 곤란을 보여 준다. 동생을 맞이해야 하는 형의 고통, 동생이 생기는 아픔, 그건 모든 가족의 아름다움 아래 놓인 날카로운 상처 중 하나이다.

대중 영화가 가족을 추구하거나 파편화된 이미지를 추구하거나 그 외의 어떤 징후들을 보인다 해도 그 속엔 나름의 현실성이 있기 마련이다. 그 현실성은 결국 볼거리가 아닌 오래된 이야기를 다시 들여다보고, 그 안에서 발견된 개별성에서 나올 것이다. 뻔한 게 문제가 아니라 그런 뻔한 문제를 뻔하지 않게 만드는 게 중요하다. 기술보다 이야기의 힘을 찾아야 하는 우리 영화도 잊지 말아야 할 문제다. (2017)

오십 보와 백 보의 차이

'오십보백보'라는 말이 있다. 원전이야 백 보 도망간 자와 오십 보 도망간 자에 대한 이야기지만 대개 오십 보나 백 보나 별반 차이 없다는 의미로 쓰인다. '도토리 키 재기'라고 말하기도 한다. 큰 차이가 없으니 차이보다는 공통점을 더 보란 뜻이기도 한데 대부분 비아냥으로 쓰인다. '뭐 대단한 차이가 있다고 호들갑이냐, 오십보백보다.' 이런 식으로 말이다.

하지만 문화에 있어서 오십 보 차이는 엄청나다. 오십 보가 뭐냐, 단 열 걸음 차도 크다. 그 약간의 차이를 위해 다들 노력하고, 그렇게 한 오십 보쯤 먼저 나가는 사람을 천재라고 부른다. 그리고 그렇게 오십 보 내딛은 사람들이 다음 문화의 코드를 만들어 낸다. 뒤샹이 처음으로 변기를 미술관에 가져다 놓았을 때, 앤디 워홀이 수프 깡통을 그려 내기 시작했을 때, 그게 바로 오십 걸음의 차이가 패러다임의 전환으로 이어지는 순간이었다. 그러므로 우리는 이 오십 보와 백 보의 차이에 민감해야 한다. 차이를 발견하면 그 점을 주목해 주는 게 소비자의 의무다. 이런 맥락으로 영화 「너의 결혼식」(2018)과 「암수살인」(2018)이 주목된다.

「너의 결혼식」은 멜로드라마다. 두 남녀가 만나 호감을 느끼며 우여곡절을 겪다가 사랑하고 헤어진다. 만약 우여곡절을 겪다가 사랑을 이루는 데서 끝났다면 이 영화는 아주 평범한 로맨스 영화로 남을 뻔했다. 하지만 「너의 결혼식」은 여기서 조금 더 나아가 헤어짐의 과정까지 보여 준다. 이 헤어짐의 과정 속에서 영화는 로맨스와 멀어지고 좀 더 현실적인 세계와 만난다. 성사가 아니라 이별이니 굳이 장르적으로 따지자면 로맨스가 아니라 멜로드라마가 된다. 그렇다고 「너의 결혼식」이 장애물 때문에 헤어지는 뻔한 멜로드라마도 아니다. 「너의 결혼식」은 로맨스의 관습에서도 오십 보 더 나아가고 멜로드라마의 공식에서도 오십 보 나아간다. 새로운 로맨스, 다른 멜로드라마로 차별화되는 것이다.

그 차별화는 바로 현실성에 있다. 「너의 결혼식」은 전형적인 첫사랑 서사라고 말할 수 있다. 「클래식」, 「건축학개론」과 같은 첫사랑 서사 말이다. 고등학생 황우연은 전학 온 여학생 환승희를 보고 첫눈에 반한다. 우정과 사랑 사이 어디에서 감정을 쌓아 가던 두 사람은 승희의 갑작스러운 이사와 그 과정에서 알게 된 복잡한 가정환경 때문에 멀어진다. 대학을 가고, 재회하게 되는 과정들은 코믹한 톤으로 시종일관 가볍게 흘러간다. 무거워지는 것은 대학 졸업 이후이다.

대개의 첫사랑 영화는 첫사랑의 순간과 현실을 점프 컷해서 그 차이와 변화를 강조한다. 순결했던 첫사랑의 타락, 환멸의 과정에서 아이는 어른이 된다. 여기서 타락은 여자의 몫이고 성장은 대개 남자의 몫이었다. 「말죽거리 잔혹사」에서 현수가 어른이 되는 순간 첫사랑 여고생은 어느새 삶에 찌들어 빛을 잃었고, 「건축학개론」의 서연 역시 15년이 지나 만취해 욕을 내뱉는 이혼녀로 바뀐다.

하지만 「너의 결혼식」에서 바뀐 쪽은 오히려 남자다. 그토록 사랑했던 여자였지만, 그녀만 있으면 다 해결될 거라 믿었지만, 막상 세상에 다치고 패배하자 비겁하게 첫사랑과 결별했던 것이다. 그건 그녀, 환승희와의 결별이라기보다는 그녀를 사랑했던 자기 자신과의 이별에 더 가깝다. 여자가 변해서 남자가 이별을 통해 성장한다는 식이 아니라 남자가 변해서 헤어진다는 이 약간의 변화는 첫사랑의 오래된 관습을 무너뜨린다. 세상이 아니라 내가 변한 것이다. 그리고 이 오십 보의 차이에서 영화 「너의 결혼식」은 꽤나 어른스러운 멜로드라마로 받아들여진다.

이런 변화는 「암수살인」에서도 발견된다. 「암수살인」은 드러나지 않다 보니 집계되지 않는 범죄에 대한 이야기다. 수사기관에 인지되지 않는 범죄, 말하자면 영화 「버닝」의 해미가 사라졌지만 종수 외엔 아무도 신경 쓰지 않는 상황과 비슷하다.

「암수살인」에서 가장 눈에 띄는 오십 보 차이는 바로 형사의 변화다. 대개 한국형 범죄 영화에서 형사는 생활고에 찌들어 있거나 비리에 무감해져 있기 일쑤였다. 아니면 정반대로 통제 불능의 정의감으로 사고뭉치 취급을 받는 인물들이 많았다. 「공공의 적」(2002)의 설경구나 「끝까지 간다」(2013)의 이선균, 「브이아이피」의 김명민이 연기한 캐릭터가 여기에 속한다고 할 수 있다.

그런데 「암수살인」의 주인공 형사는 일단 가난하지 않다. 운 좋게 부자 아버지와 형을 둔 덕에 경제적으로 여유 있는 편이다. 고급 세단을 소유하고 취미로 골프를 친다. 그래서 다 자비로 충당한다. 어딘가에서 돈을 뜯거나 횡령하는 게 아니라 당당히 자기 돈으로 삶을 누린다. 이 윤택함이 영화 속 사건 수사 방식에 미묘한 변화를 가져온다. 고과나 승진이 아니라 순전히 범죄에 대한 형사로서의 도덕적 의무, 인간으로서의 윤리적 책임으로 움직이는 유형의 인물이 태어났다. 지금껏 어디에서도 본 적 없는 희한한 형사가 탄생한 것이다.

이 오십 보 차이로 인해 「암수살인」의 수사극은 완전히 달라진다. 잔혹한 범죄를 저지르는 사이코패스형 주인공이나 그것을 추적해 가는 과정은 사실 기존의 수사극과 별반 차이가 없다. 하지만 주인공이 가진 약간의 차이로 인해 영화는 달라진다. 이 오십 보 차이가 변화하기 어려운 범죄 영화의 관습에 또 어떤 차별성을 유발할지 기대되는 이유다.

오십 보 백 보는 차이가 없는 게 아니라 오십 보만큼 차이 난다. 오십 보가 아니라 십 보의 차이도 중요하다. 그 약간의 차이가 이야기 자체를 바꾸기도 한다. 이건 비단 영화만의 이야기는 아닐 것이다. 사람도 그렇다. 오십 보 나은 사람의 그 오십 보를 인정해 줘야 한다. (2018)

차이 나는 해피 엔딩

비극이 좋다. 어린 시절에도 좋아했지만 나이가 들수록 점점 더 좋아진다. 이야기를 읽을 때엔 기대감이라는 게 있다. 에밀리 브론테의 『폭풍의 언덕』(1847)을 읽으면서 파국을 예상하고, 제인 오스틴의 『오만과 편견』(1813)을 읽을 땐 만사형통을 기대한다.

독자들은 전문가의 생각보다 훨씬 예민하고 똑똑해서, 아무 결말이나 반기지 않는다. 예상되는 결말이란 개연성과 통한다. 이야기 소비자는 그럴듯한 결말을 기대한다. 독자와 관객은 이미 그럴듯한 결말이 무엇인지 알고 있다. 다만 그 기다림의 끝까지 긴장하며 지켜보는 것일 뿐이다.

드라마 「SKY 캐슬」(2018)의 마지막 회에 비난이 쏟아졌다. 「SKY 캐슬」은 주요 인물의 죽음으로 이 드라마의 방향성을 예고했다. '만만치 않은 비극이 될 것이다.'라고 말이다. 속물주의에 일격을 날렸다는 점에서도 기대감이 커졌다. 「SKY 캐슬」은 현실을 만만히 넘기거나 덮어 주지 않고 한 꺼풀 밑의 더러운 욕망과 복잡한 관계를 모두 드러내 놓겠다며 으름장을 났다. 시시한 화해나 성긴 봉합은 없으리라는 선언처럼 보였다. 하지만 결론은 그저 그런 봉합이자 화해였다. 도망간 것이다. 「SKY 캐슬」의 마지막 회는 실소가 나오리만치 우스꽝스럽다. 마지막 회만 보면 인간은 한 번의 반성으로 완전히 개과천선할 수 있는 존재다. 한 사람만 그런 게 아니라 거기에 등장하는 모든 인물이 그렇다. 한순간 선택으로 잘못된 길에서 옳은 길로, 불행에서 행복으로 단숨에 돌아선다. 자동차 핸들을 꺾어 유턴을 하듯 너무 쉽게 인생이 전환된다. 어째서인지 기회의 신들은 실제 인생에선 엄혹하기만 한데 「SKY 캐슬」 마지막 회에서는 관대하기만 할까?

그러나 현실을 돌아보자. 우리는 고작 저녁 식탁에 올릴 된장찌개를 끓일 때조차도 잘못 넣은 양념을 거둬 내지 못한다. 된장 대신 고추장을 넣어 버렸다면 그건 다시 된장찌개로 되돌릴 수 없다. 지나친 예이긴 하지만 잘못된 예는 아니다. 인생은 한 방향으로만 흐른다. 선택은 가혹해서 돌이킬 수 없다. 그게 어떤 결말을 가져오든 우리는 짊어질 수밖에 없다. 아리스토텔레스는 비극을 가리켜 비참한 결말의 극이 아닌 '진지한 드라마'라고 규정했다. 선택과 그것에 따른 결과를 다룬 희곡이 비극이라 불린 이유는, 다름 아니라 운명을 다뤘기 때문이다. 진지함은 인생의 불가역성에 대한 다른 호명이기도 하다.

그렇다고 모든 이야기는 비극이어야만 할까? 아니다. 이 글의 첫 문단에 썼듯이 이야기에는 어떤 방향성이 있다. 마치 우리가 「극한직업」(2019)을 보며 해피 엔딩을 기대하는 것처럼 말이다. 「극한직업」은 애당초 해피 엔딩을 염두에 둔 코미디다. 「극한직업」을 볼 때 관객은 이 이야기가 해피 엔딩으로 끝날 것을 기대한다. 그건 유치한 기대가 아니라 학습된 기대감이다. 그렇게 끝나는 것이 '그럴듯한' 것이다.

「극한직업」은 현실을 희화화한 코미디를 관객에게 이미 약속한 작품이다. 코미디이기 때문에 우연한 선택이 전부 다 행운으로 풀린다. 잠복하기 위해 다 무너져 가는 치킨집을 인수했는데, 자꾸 손님이 든다. 손님이 오길래 직접 닭을 튀기고 요리했는데, 너무들 좋아한다.

「극한직업」이 웃음을 끄는 요인은 이 의외성이다. 오라는 범죄자들은 오지 않고 자꾸 손님이 오고 돈까지 벌린다. 일상에서는 좋을 일이지만 마약반이다 보니 웃지만은 못한다. 와중에 급기야 범죄 집단이 덩굴째 손아귀에 잡힌다. 거듭된 우연이 행운을 가져오니, 선택은 곧 해피 엔딩의 열쇠가 된다.

주목해야 할 것은 「SKY 캐슬」과 「극한직업」이 동시대, 같은 시간대의 흥행작이라는 점이다. 그러니까 사람들은 비극만 원하거나 코미디만 원하는 게 아니다. 분리된 감각과 분별력으로 나른 이야기에선 다른 현실의 면모를 보고 찾는다. 돈과 욕망, 모자 관계의 집착 속에서는 스릴러와 다를 바 없는 우리 자신의 욕망을 발견한다. 사실이기 때문에 더욱 열광했고, 들여다보면 과장도 아니라고들 인정했다. 그러므로 결말도 이 삶의 잔혹성에 준하는 것이기를 바란 것이다. 하지만 「극한직업」에서는 삶의 의외성을 보고 싶어 한다. 현실이 뒤틀려도 좋다. 여기서 보여 주는 현실은 멀리서 보면 우스꽝스러워 보이는 범죄 현장과 다르지 않다. 임도 보고 뽕도 딴다. 조금 거리를 두고 웃어 보자, 스스로를 격려하는 마음처럼, 웃음은 그렇게 유통된다. 「극한직업」에 눈물, 신파, 심각한 뒷배경이 없는 게 매력으로 받아들여진 이유도 여기에 있다.

「극한직업」이 경로를 벗어나지 않고 잘 도착해 성과를 얻었다면 「SKY 캐슬」은 예상 경로를 한참 벗어나 잘못된 곳에 도착했다. 여객기 탑승자들에게 예고도 하지 않고 엉뚱한 곳에 불시착한 것과 다르지 않다. 이유는 하나다. 이야기 스스로 하게 될 이야기가 아니라 작가 개인이 하고 싶은 말을 했기 때문이다. 소설가 밀란 쿤데라는 말했다. 작가가 작품보다 커서는 안 된다고. 밀란 쿤데라는 작품을 이용해 작가가 하고 싶은 말만 하는 경우를 꾸짖는다. 교훈은 읽는 자가 능동적으로 끌어내는 것이지 작가에게 전달받는 게 아니다.

모든 서사, 이야기가 그렇다. 작가가 하고 싶은 말이 많으면 작품을 설교나 훈계로 만들어 버린다. 훌륭한 이야기의 결말은 이미 출발 선에서 예측된다. 이야기가 흘러갈 길을 만들어 주는 것, 그게 곧 훌륭한 이야기꾼의 일이다. (2019)

영화도 진화가 필요하다

「맨 인 블랙: 인터내셔널」, 「엑스맨: 다크 피닉스」, 「토이 스토리 4」, 「라이온 킹」, 「알라딘」. 2019년 6월과 7월 여름에 개봉한 할리우드 영화들이다. 이 영화들에는 몇 가지 공통점이 있다. 하나는 원작이 이미 있는 작품이라는 것이다.

「맨 인 블랙」은 1997년 개봉해 세계적인 열풍을 일으켰던 작품이다. 뉴럴라이저(기억 제거기)와 검은 선글라스, 검은색 슈트는 그 자체로 하나의 코드가 되었다. 브라이언 싱어의 「엑스맨」은 2000년 개봉 당시, 거의 묻혀 있었던 돌연변이 서사의 귀환을 알렸다. 찰스 자비에 교수 역의 패트릭 스튜어트, 마그네토 역의 이안 맥켈런, 울버린 역의 휴 잭맨의 등장은 품위 있는 만화 원작 영화의 가능성을 보여 주었다. 디즈니 애니메이션 「토이 스토리」 첫 번째 이야기는 1995년, 「알라딘」은 1993년, 그리고 「라이온 킹」은 1994년에 개봉해 관객들에게 큰 사랑을 받았다.

그런데 2019년의 흥행 양상은 매우 달랐다. 「알라딘」은 역주행을 하며 흥행에 성공하고 있는데, 「엑스맨: 다크 피닉스」나 「맨 인 블랙: 인터내셔널」은 그 이름값이 부끄러울 정도다. 「엑스맨: 다크 피닉스」는 새로운 캐릭터 진 그레이를 통해 엑스맨 퍼스트 클래스의 세계를 마무리 짓는 작품이었다. 하나의 이야기 흐름이 마무리되는 대장정의 마침표였는데, 흥행 성적이 의외다. 2019년 6월 20일 기준으로 영화관 입장권 통합전산망을 살펴보니 고작 85만 7451명이 선택했다. 「맨 인 블랙: 인터내셔널」의 사정도 비슷하다. 물론 한국에서만 개봉하는 작품들이 아니니 전 세계 흥행을 살펴봐야 하겠지만 흐름은 거의 다르지 않다. 「맨 인 블랙: 인터내셔널」이나 「엑스맨: 다크 피닉스」가 관객들에게 그다지 큰 호응을 얻고 있지 못한 셈이다.

이는 사람들이 리메이크 작품에서 기다리는 것이 과거 요소의 반복만이 아니라는 것을 암시한다. 1997년 「맨 인 블랙」이 눈길을 끌었던 것은 이 영화에 대단히 새롭거나 놀라운 영화적 기술력이 등장해서가 아니다. 우리 곁에 평범한 모습으로 살아가는 외계인들이 있다는 것, CIA나 FBI처럼 지구 내 거주 외계인을 담당하는 부서가 있다는 상상 자체가 재밌었던 것이다. 기존 영화와는 다른 기괴하고 우스꽝스러운 외계인들도 흥미로웠다. 바퀴벌레 외계인, 귀여운 강아지 외모에 허스키 목소리로 살아가는 외계인 등 요즘 말로 병맛에 가까운 B급 정서가 관객들의 호응을 이끌었다. 검은 양복이나 선글라스처럼, 대놓고 사기 치는 평범한 복장도 그랬다.

문제는 리메이크 자체가 아니다. 중요한 것은 원작의 새로웠던 아이디어를 어떻게 재해석하고 재창조하느냐다. 결론부터 말하자면 「맨 인 블랙: 인터내셔널」이나 「엑스맨: 다크 피닉스」는 새로움을 '새로운 배우'로의 교체 정도로 생각했다는 점에서 아쉽다.

여성주의라는 세계 영화계의 주요 흐름을 흡수하고 선도한다는 점에서는 반갑지만 그게 지나치게 기계적인 교체에 머물렀다. 「맨 인 블랙: 인터내셔널」의 여성 요원 투입이나 「엑스맨: 다크 피닉스」의 진 그레이의 이야기가 그렇다. 두 작품 모두 여성을 주요 인물로 배치하는 데까지는 성공했으나 그 여성의 개성이나 차별성을 영화적으로 드러내는 데엔 실패했다. 단지 여성이 주인공이라고 해서 그게 곧 여성

주의로의 변화는 아니며 그것이 또 현대성을 의미하는 것도 아니다.

그런 점에서 오히려 디즈니의 변화가 더 흥미롭다. 2019년 「알라딘」은 원작에서 상대적이며 보조적 역할에 불과했던 재스민 공주를 독립적인 여성 캐릭터로 재구성했다. 재스민은 걸림돌이 되곤 했던 과거 수많은 여성 인물들과 달리 적극적으로 갈등 상황을 풀어 나가고자 한다.

「토이 스토리 4」의 변화 또한 감동적이다. 「토이 스토리」는 디즈니가 추구해 온 사물의 인격화 작업의 소중한 결실이다. 사물들이 살아 있고 인격도 갖추고 있다는 것은 아동기 상상력의 핵심이다. 아이들은 베개나 이불, 연필과 숟가락에도 이름을 붙여 주고, 대화를 나눈다. 이 상상력을 토대로 지금까지 「토이 스토리」는 눈부신 성장 드라마를 그려 왔다. 이번엔 성장의 주체가 우디다. 지금껏 「토이 스토리」는 우디라는 남성 캐릭터 주도의 어드벤처물이었다고 할 수 있다. 우디와 앤디의 우정, 앤디에 대한 우디의 충성심이 주요 서사가 되었던 셈이다.

가장 눈에 띄는 것은 바로 울타리를 벗어나 자유롭게 스스로의 삶을 개척해 가는 여성 캐릭터 보핍이다. 심지어 보핍은 우디의 자존감을 일깨워 주고, 주요한 조력자이자 지혜로운 안내자가 되어 준다. 많은 할리우드 영화들이 남성의 도움으로 자기 정체성을 찾는 여성을 그려 냈다면 「토이 스토리 4」에선 그 반대다. 여성 캐릭터 보핍이 우디의 멘토가 되어 준다. 이건 단순한 변화가 아니라 거의 진화다.

공교롭게도 이 리메이크 할리우드 영화를 보자면 모두 1990년대쯤 원안이 만들어진 작품들이다. 1990년대 이 작품들이 성공했다면 그것은 단지 소재가 아니라 발상의 전환 덕이 컸다. 영화의 기술은 나날이 발전한다. 하지만 그 발전된 기술로 과거의 소재만을 가져온다면 겉보기엔 화려해졌을지라도 영화의 속살은 자꾸만 줄어든다.

중요한 것은 바로 발상이다. 영화관에 걸린 영화들이 어떤 작품의 리메이크, 리부트, 프리퀄이 아니라 누군가 만들어 낸 원작이 더 많을 때, 그 미래가 밝을 것이다. 지금은 다시 발상의 전환과 도약이 필요할 때가 아닌가 싶다. (2019)

내일의 한국 영화

광대 없는 희극, 악인 없는 비극

20년 전쯤의 일이다. 이름만 대면 알 만한 대기업 총수 아들에게 과외 공부를 가르쳤다. 대개의 사교육처럼 대입용 중·고등학교 공부가 아니었다. 외국에 있는 유명 대학에서 경영학인가를 전공하고 있던 아들이 교양 시간에 읽는 문학작품을 이해하고 싶어 했다. 그래서 그 작품들에 대한 토론을 하고 리뷰도 하며 미국식 대학 공부를 도와줄 사람이 필요했다. 박사과정생이었던 내가 과외 선생으로 선택된 이유였다.

아직도 기억난다. 육중한 대문이 열리고 정원수로 우거진 긴 진입로를 지나 미술관 같은 집 안으로 들어섰을 때. 그 낯선 위압감 말이다. 그 공간은 지금껏 내가 영화나 드라마에서 보았던 '대기업 총수'의 집이 조악한 세트에 불과했음을 알게 해 줬다. 위압적이었지만 고상하고 아름다웠다.

봉준호 감독의 「기생충」(2019)을 보자마자 그 집의 거실이 떠올랐다. 널찍한 창을 통과한 빛이 가득 차 있던, 언덕 위 저택의 거실 말이다. 달랐다. 그건 어디서도 본 적 없는 주거 형태였다. 아니 삶의 형태였다. 나와는 완전히 다른 삶이구나, 느껴졌다. 아주 오래된 과실수가 보이는 넓은 창이 있던 방의 주인, 카뮈의 『이방인』(1942)에 대한 설명을 듣던 대학생은 어느새 그 기업의 임원이 되었다.

봉준호의 「기생충」은 매우 공격적인 영화다. 「기생충」에는 지금껏 봉준호가 그려 왔던 모든 세계가 메타포로 조금씩 녹아 있다. 봉준호 감독의 필모그래피를 모두 보고 「기생충」을 본다면 영화를 훨씬 더 그럴듯하게 즐길 수 있을 듯하다. 봉 감독이 이 세상에 대해 가졌던 의구심과 불만, 모순과 폭력이 바로 이 영화 「기생충」에서 폭발하고 있으니 말이다.

영화에는 두 가족이 등장한다. 한쪽은 기택이 가장인 반지하방 가족. 아내와 아들과 딸로 이뤄진 대한민국 표본 4인 가정인데 문제는 누구도 버는 사람이 없다는 것이다. 그래도 아버지는 나름 열심히 살아왔다. 치킨집 사장, 대만 카스텔라 가게 사장, 발레파킹, 대리운전. 이 직업 목록을 보면 알 수 있다시피, 기택의 직업 리스트는 대한민국에서 가장 많이 선택됐지만 가장 많이 실패한 자영업자 사업 항목과 일치하고 있다. 실패 이후도 마찬가지다. 생계형 비정규직의 대표직군을 전전하고 있는데 그걸로 도무지 생계가 해결되지 않는다.

다른 한쪽에는 IT업계의 젊은 CEO 박 사장 가족이 있다. 마찬가지로 아내와 아들과 딸로 이뤄져 있는데, 구성원은 같지만 사는 모습이 완전히 다르다. '누구누구 건축가'가 지은 이 저택에 비하자면 기택이 살아가는 반지하방은 박 사장네 주차장 크기와 다르지 않다. 집이 이렇다면 한 달 수입은 어떨까? 아마도 기택의 가정 한 달 수입이 박 사장네 하루 지출과 맞먹지는 않을까?

기택의 가족들은 권모술수의 달인처럼 보인다. 기우는 연세대생도 아닌데 연대생인 척 연기하고, 여동생 기정은 어마어마한 실력의 미술 치료사 노릇을 척척 해낸다. 부족함 없이 풍족하게 지내다 보니 세상을 쉽게 믿는 박 사장네 부부를 요리조리 골려 먹고 놀려 먹는다.

그런데 이야기가 흘러갈수록 뭔가 그들의 술책이라는 게 너무 나약해 보인다. 박 사장네 부부가 모기업 총수 아내나 자녀들처럼 막돼먹거나 천박한 것도 아니다. 아이들도 버릇없고 교만하지 않고 오히려 순진하고 사랑스럽다. 그런데도 어쩐지 갈수록 기우와 기정이 딱해 보인다. 그들이 '나'처럼 보인단 말이다.

「기생충」이 가진 공격성은 영화를 보고 있는 관객들이 묻어 둔 계급적 정체성과 죄책감을 건드린다는 점에서 비롯된다. 나를 비롯한 대개의 관객들은 반지하방과 언덕 위 저택 그 두 공간 '사이' 어디쯤에서 살아간다. 그래서 어떤 점에선 기택의 입장에 전적으로 공감하지만 때로 어떤 장면에선 우리가 '갑'이라 부르며 백안시했던 박 사장 부부와 닮아 버린 스스로를 발견하게 된다. 우리는 대개 스스로를 사회적 '을'이라 여기며 분통 터져 하지만 어떤 관계에서는 '갑'이 되어 '을'이었던 시절을 잊어버린 채 살아간다.

봉준호 감독은 촌철살인의 대사들로 우리 사회 양극화의 본질을 관통한다. '냄새'에 대한 표현이 특히 그렇다. 겉으로 보기엔 너무 예의 바르고 친절한 박 사장이지만 누구든 '선'을 넘으면 노골적으로 불쾌해한다. 상대가 손을 뻗거나, 발을 들이밀거나 할 때 선이 유효하다. 하지만 '냄새' 앞에서 선은 무의미하다. 부유하고 안정된 그들의 삶의 경계 너머로 스며드는 '을'의 냄새. 박 사장은 이를 가리켜 "지하철 탈 때 거기서 나는 냄새"라고 표현한다. 대중교통, 대중의 삶, 평범한 사람들의 삶에서 나는 냄새, 그것에 대한 경멸. 지금껏 어떤 영화에서 보아 왔던 갑질보다 더 잔인하고 표독스러운 표현이다.

모든 행복한 가정은 비슷한 이유로 행복하고, 불행한 가정은 갖가지 이유로 불행하다고 했다. 톨스토이의 말이다. 생각해 보면 세상의 모든 부유한 사람은 비슷한 집에서 살고 가난한 사람은 갖가지 형태의 집에서 살아가는 듯싶다.

부유한 사람들은 넓고 높은 곳에 자리를 차지하고 살아간다. 그런데 가난한 자들은 판자촌에서, 꼬방동네에서, 달동네에서, 철로 변에서, 보트 위에서, 쓰레기 더미에서 살아간다. 언젠가 저 높고 넓은 집을 갖고 내가 한번 살아 보리라, 꿈을 꾸는 것도 불가능한 '꿈'이 된 현실. 봉 감독 말마따나 '광대가 없는 희극, 악인이 없는 비극'인 「기생충」에는 그 지독한 현실의 냄새가 담겨 있다. (2019)

계단, 비극 그리고 유머

"반드시 우는 사람이 있어야 나머지 사람들은 더 실컷 웃을 수 있다."* 도미니카에서 태어난 크레올 작가 진 리스의 소설 『한밤이여, 안녕』(1939)의 한 구절이다. 크레올은 식민지에서 태어나거나 살았던 본토민을 이야기한다. 진 리스는 영국인이었지만 도미니카에서 태어났기에 영국인으로부터 멸시받았다. 소설 『제인 에어』의 미친 아내도 크레올이다. 크레올은 멸칭으로 사용되었다.

웃음을 무해한 해방이라 여기지만 어쩌면 웃음은 타인의 고통에서 비롯되는 즐거움일지도 모르겠다. 슬랩스틱 코미디언들이 넘어지고 얻어맞고 예측 불가능한 사고를 당할 때, 그 순간이 바로 웃음의 포인트가 된다. 자타공인 못생긴 코미디언들이 얼굴을 일그러뜨린 채 자학적 개그를 던지면 관객들은 웃는다. 여성 소설가 앤절라 카터의 말처럼 타인에게 일어나는 비극이야말로 나에겐 희극일 수 있는 셈이다.

그런 관점에서 여기 두 개의 비극이 있다. 하나는 "내 인생이 비극인 줄 알았는데 코미디였어."라고 말하는 「조커」(2019)이고, 다른 하나는 행운의 연속으로 술술 풀려 가던 코미디인 줄 알았는데 비극이 되고 마는 「기생충」이다.

---

* 진 리스, 윤정길 옮김, 『한밤이여, 안녕』(펭귄클래식코리아, 2015).

공교롭게도 이 두 작품은 모두 인간의 빛과 어둠에 대해 다루고 있으며, 양극화된 두 계층을 목도하고 그 안에서 결국 폭력으로 세상과 대결하는 인물을 그려 내고 있다. 바야흐로 21세기, 이 세계의 공적 갈등은 바로 양극화다.

그중에서도 특히 눈에 띄는 것은 바로 계단의 상징성이다. 「조커」와 「기생충」은 이야기의 주요한 시점에 계단이 등장한다. 계단을 기점으로 두 영화 모두 이야기의 톤과 장르, 결말이 바뀐다. 껍질을 벗고 새로운 세계를 만나는 중심에 바로 계단이 있다. 눈길을 끄는 것은 계단이 등장하기는 하지만 그 사용법이 데칼코마니처럼 완전히 반대라는 점이다.

「조커」의 아서 플렉은 집에 갈 때마다 힘겹게 긴 계단을 걸어 올라간다. 시몬 베유의 말처럼 세상에는 우리의 몸을 무겁게 끌어당기는 중력과 그것으로부터 벗어나 훨훨 가볍게 나는 은총의 힘이 있다. 아서 플렉이 계단을 올라갈 때, 올라가는 그에게 은총은 없고 중력만 보인다. 커다란 광대의 신발처럼 그는 삶이라는 무게를 온몸에 달고 무겁게, 무겁게 계단을 올라간다. 그러나 그가 계단을 내려오는 순간 음악은 무거운 현악기의 저음을 벗어나 경쾌한 로큰롤로 바뀐다. 관객의 귀를 통해 들어오는 이 음악은 아서 플렉에서 조커가 된 그의 귀에서만 들리는 내면의 소리이기도 하다. 억눌러야 했던 그의 본능을 드디어 드러내고 폭발하기로 마음먹은 것이다. 이제, 걸음은 하늘로 튀어 오를 듯 가벼워지고 그의 움직임은 춤이 된다. 아이러니하게도 정상인의 삶을 아예 포기하고, "그렇지 않은 척"하던 연기를 포기하자 그는 가벼워진다. 자기만의 리듬을 갖게 된다.

참을 수 없어 폭발했던 웃음은 그렇지 않은 척 살아가야만 했던 그의 내면과 해결할 수 없이 쌓여 갔던 분노와 외로움, 서러움의 누출이다. 프로이트의 말처럼 유머란 억압된 충동의 방출이며, 억압의 이완이다. 그러나 아서 플렉의 방출 기제는 고장 나 있기에 사회적으로 교환될 번역이나 코드화 작업이 이뤄지지 못했다. 그는 유머를 배우고 싶지만 불가능했다. 그는 다른 사람들과 다른 부분에서 웃고, 그가 웃으면 모든 사람이 웃음을 멈춘다. 셰익스피어의 희곡 『십이야』(1599)의 광대처럼, 허락된 광대는 위험하지 않지만 허락되지 않은 광대는 해가 된다. 아서 플렉은 허락되지 않은 광대가 되자마자 그로서 존재한다. 이 아이러니 위에서 조커의 삶은 희비극이 된다.

한편 「기생충」의 가족 사기단은 비탈길을 유유히 거슬러, 상류층 계단을 올라간 듯했지만 한차례의 폭우가 그 모든 것을 쓸어 내려간다. 빗물에 휩쓸려 도시의 부유물들이 낮은 곳으로 모이듯, 폭우가 쏟아지던 날 가족은 그렇게 본래 살던 곳, 서식지로 쏟아져 돌아온다.

돌아오는 과정에서 끝없이 이어지는 계단을 걸어 내려오는 그들의 옷과 몸은 물에 젖어 점점 더 무거워진다. 잠시나마 중력에서 벗어나 더 높은 곳에 갔다고 착각했던 그들은, 수석이 물에 가라앉듯이 현실에 가라앉는다. 계단을 내려오는 동안 그들의 삶은 희극이 아니라 비극이라는 사실이 점차 선명해진다. 아니 희극이라 믿고 싶었던 삶이 비극으로 드러난다.

어쩌면 우리는 희극이 불가능한 세상을 살고 있는지도 모르겠다. 일상의 억압을 풀어낼 유머가 세상에 통하지 않는다. '웃기는 일'이라는 표현은 유머러스한 일이 아니라 어이없고, 엉뚱한 일, 이해할 수 없는 일로 통한다. 타인의 고통을 통해서만 웃을 수 있다면, 이미 유머는 폭력의 유사어에 불과하다. 저마다의 고통에 허덕이는 이들에게 상대적 결핍과 만인과의 투쟁, 쫓고 쫓기는 질주만이 남아 있다.

유독 달리고 또 달리는 「조커」의 아서 플렉이나 빗물보다 더 빠르게 집으로 내려가야 했던 「기생충」의 가족들처럼, 유일하게 허락된 유머는 그렇게 멀리서 보면 우스꽝스러운 질주뿐이다.

T. S. 엘리엇의 장시 「황무지」(1922)에는 '한쪽 귀에서 다른 쪽 귀로 번지는 웃음'이라는 구절이 등장한다. 조커의 찢어진 입처럼 말이다. 그런데 우리는 이미 그런 웃음을 여러 번 목격했다. 그리고 한 번쯤은 그런 웃음을 필연적으로 짓게 된다. 그것은 바로 해골의 입모양이다. 한쪽 귀에서 다른 쪽 귀까지 찢어진 웃음은 해골의 웃음밖에 없다. 죽어서야 그렇게 웃을 수 있다면 그것이야말로 삶의 비극일 테다. (2019)

아카데미 열병

2019년 5월 「기생충」이 한국 영화사상 처음으로 칸영화제에서 황금종려상을 수상했다. 2020년 1월 골든글로브에서 외국어영화상을 수상하더니, 이번에는 아카데미 시상식 여섯 개 부문에 후보로 이름을 올렸다. 미국배우조합에서 주는 작품상 격인 앙상블상도 수상했다. 후보가 된 것도 처음인데 수상도 한다. 아카데미, 외국어영화상, 골든글로브 등 이름만 겨우 알았던 미국의 영화상이 연일 한국의 뉴스에 오른다. 칸, 골든글로브, 배우조합, 아카데미에서 거듭 한국어 수상 소감이 전달되는 것이다. 그런데 아카데미가 뭔데 이렇게 호들갑이냐는 목소리도 있었다. 「기생충」이 뭐 그렇게 대단한 작품이냐는 의구심이나 비아냥도 커졌다.

우선 한 가지 질문을 해 보자. 아카데미 작품상과 감독상이 영화사적으로 위대한 작품의 인증 마크일까? 이를테면, 2018년 아카데미 작품상을 「그린북」이 가져갔는데, 이 작품이 알폰소 쿠아론 감독의 「로마」보다 훌륭한 것일까? 영화적 완성도만 따지면 답이 쉽지만 넷플릭스라는 새로운 플랫폼 문제가 질문에 섞여 있으니 어렵다. 한편 2012년 65회 칸영화제 황금종려상을 수상한 미카엘 하네케 감독의 「아무르」는 2013년 아카데미에서 외국어영화상만 수상했다. 그해 아카데미 작품상은 배우로도 유명한 벤 애플렉 감독의 「아르고」가 가져갔다. 그렇다면 「아르고」가 「아무르」보다 더 훌륭한 작품일까? 적어도 내겐 「아무르」가 훨씬 더 훌륭하다. 아카데미 외국어영화상을 수상한 「화니와 알렉산더」(1982)나 「안토니아스 라인」(1997)과 같은 작품은 영화 교과서에도 실릴 정도지만 같은 해 아카데미 작품상을 수상한 「애정의 조건」(1983)이나 「브레이브 하트」(1995)는 화제작 정도로 기억된다. 아카데미가 작품성에 대한 절대 인증은 아니란 뜻이다.

그런데 왜 「기생충」의 아카데미 입성과 수상 가능성에 이토록 주목할까? 봉준호 감독의 인터뷰나 수상 소감 등을 통해 이 관심의 정체를 조금은 파악할 수 있다. 우선 아카데미는 영어 중심 작품들이 나눠 가져 왔다. 조건 자체가 미국에서의 7일 이상 연속 상영인데 그나마 국제장편부문, 즉 외국어영화상만 3회 이상 상영으로 사정을 좀 봐줬다. 미국 개봉 영화는 영어 영화를 의미한다고 봐도 무방하다. 자막 영화는 소위 젠체하는 엘리트들이나 선택하는 특별한 체험처럼 여겨진다.

이런 불모지에 봉준호의 「기생충」이 착륙했다. 우리보다 앞서 진출한 중국 영화의 경우, 1990년 제5세대 감독 장이머우의 「국두」(1990)가 처음 외국어영화상 후보가 된 이후 「패왕별희」(1993)나 「영웅: 천하의 시작」(2002) 같은 작품들을 후보에 올렸고, 2000년에야 이안 감독이 「와호장룡」으로 외국어영화상을 수상했다. 그러나 이안 감독은 「센스 앤 센서빌리티」(1996)나 「아이스 스톰」(1998) 등으로 이미 미국 제작 현장에 들어선 감독이었다. 미국 영화의 구조를 잘 알고 있던 이안 감독이 전통적 중국의 색으로 미국 시장과 평단을 공략한 작품이 바로 「와호장룡」인 셈이다.

뿐만 아니라 아카데미는 시상식 당일에 한정된 일회적 행사가 아니라 그 과정 자체가 뉴스 가치를 갖는, 준비된 문화 현상이자 상품이다. 그 과정 자체가 잘 짜인 각본을 기반으로 한 드라마이며 상업적 기획과 소비의 플롯을 갖추고 있다. 올해 골든글로브 시상식에는 비건 햄버거가 제공되었고, 배우조합상 시상식엔 특정 샴페인과 물이 제공됐다. 구체적 상호는 홈페이지에 게재되어 있다. 아카데미 홈페이지에서는 아카데미 굿즈도 판다. 아카데미상은 미국식 영화 시스템의 상징이자 압축적 장면인 셈이다. 이 복잡다단한 아카데미, 미국 영화의 장벽을 봉준호 감독이 「기생충」 한 작품으로, 단숨에 뚫어 버렸다. 그러나 우리가 수상의 쾌거보다 주목해야 하는 것은 바로 아카데미의 구조다. 아카데미는 철저히 영화인들이 주체가 되는 영화상이다. 제작자, 배우, 작가 등 영화 현장의 구성원들이 투표하고 결정한다. 방송국은 송출 권한만 있을 뿐 투표권을 행사할 수는 없다. 반면, 우리나라 주요 영화상은 거의 특정 언론사에 속해 있다. 스포츠조선이 청룡영화상을, JTBC가 백상예술대상을 주관한다. 한국 영화인들이 주인이 되어야 마땅한 대종상영화제는 그 시작부터 관제 영화제였지만 이제는 영화인들의 외면을 받는 이상한 영화인 영화상이 되어 버렸다.

아카데미의 권위와 높은 인기, 그 본질에는 영화인들의 손을 거친 영화인들의 자긍심이 있다. 그리고 그 회원제의 밑바탕에는 분업화되고 전문화된 조합, 길드가 자리 잡고 있다. 아카데미에서 정말 부러운 것은 든든한 조합과 표준 계약이 버티고 있는 미국 영화계의 구조다. 미국 영화인조합의 구조와 권위가 더 절실하다. (2020)

'봉준호 너머' 새로운 봉준호를 기다리며

봉준호는 이미 상징이다. 봉준호는 끊임없이 자신의 작업을 상징화해 왔다. 봉준호 영화 속 대사는 유독 상징이 많다. 화제가 된 봉준호 수상 소감도 그저 의사 전달에 그치지 않고 다른 메시지로 심화되고 확장된다. 그의 말은 무척이나 상징적이다.

봉준호 감독은 아카데미 레이스 기간 동안 "상징"이라는 말을 몇 번 사용했는데, 그 맥락이 무척 의미심장하다. 한번은 뉴욕 시사회장에서 본 쥐를 상징이라고 말한 장면이다. 봉준호는 관객과의 대화 시간에 눈앞을 지나쳐 간 쥐를 가리켜 초현실적 행운의 상징이라고 표현했다.

두 번째는 아카데미 국제장편영화상 수상 소감에서다. 그는 외국어영화상이 국제장편영화상으로 바뀐 것은 무척 상징적이라고 말했다. 외국(foreign)에서 국제(international)로의 변화가 단순한 개명이 아니라 개혁임을 봉준호가 상징화한 것이다.

영화 「기생충」에서 '상징'은 기우의 단어다. "넌 다 계획이 있구나." 라고 아버지의 탄복을 받던 기우는, 막상 계획의 실현 단계에 이르자 계획보다는 상징에 기댄다. 아버지를 박 사장의 운전 기사로 취업시키는 계획을 세우는 장면에서 기우는 그 이야기를 나누는 곳이 하필 "기사식당"이라며 그 우연에 상징성을 부여한다. 우연에 기대 상징을 찾는 것, 사실 그건 힘이 없는 자들, '을'의 습관이다. 계획대로 사는 것은 개인의 노력보다는 환경적 요소에 크게 좌우되는 시대가 되어 버렸으니 말이다.

　중요한 의사 결정을 할 때 스스로의 계획에 따를 수 있다면 그게 바로 '갑'이다. 갑의 결정에 따라 운명이 뒤바뀌는 을의 입장에서는 계획보다는 상징이나 징조가 더 간절할 수밖에 없다. 그런데 가만 보면, 아카데미 레이스 동안 봉준호는 갑이 아니라 '을'이었다.

　봉준호는 "로컬 영화", "자막영화", "장벽"이라는 완고한 선 니머, 할리우드의 관습 너머에 있었다. 관습이 관행이 되고 권위주의로 굳어지면 그게 바로 갑의 권력이다. 할리우드는 영화산업계의 절대 갑이기도 하다.

　봉준호는 난공불락처럼 보였던 영화적 갑의 세계를 자신의 언어로 상징화하며 하나둘씩 무너뜨렸다. 할리우드를 "로컬"로 새로 규정했고 자막을 "장벽"으로 상징화했다. 봉준호는 품격 있는 상징을 통해 각축과 경쟁의 할리우드를 우애와 존경, 배려와 지지로 가득 찬 공간으로 다시 호명했다. 봉준호의 말을 통해 마틴 스코세이지, 쿠엔틴 타란티노, 배우, 영감을 준 아내, 유려한 언어의 가교 역할을 했던 통역자까지 모두 전 세계의 공용어 "영화"로 묶였다.

　문제는 그다음이다. 봉준호 이후 말이다. 봉준호가 상징이 되자마자 여기저기서 그 상징을 팔아먹으려는 움직임이 보인다. 다수의 언론사가 뒷배경이 되어 준 캠페인 매니저 이미경 부회장의 공을 높이 사며, 영화 산업 수직 계열화가 지닌 기존의 의미와 상징성을 이동시키려 하고 있다. 일부 정치인들은 생가 터를 짓겠다, 조형물을 만들겠다며 상징을 천박한 우상화적 상징물로 바꾸는 데 골몰하고 있다. 정작 이제부터 해야 할 이야기, 새로운 '봉준호'가 등장하기 위해 우리가 어떤 것을 돌아봐야 할지는 생략된 채, 봉준호라는 상징을 선점해 활용하는 데에만 급급하다. 그것은 봉준호라는 상징성의 도구적 사용에 불과하다.

무엇보다 중요한 것은 '봉준호'가 될 만한 수많은 가능성들을 발견하고 지키는 일이다. 2000년 봉준호 감독의 장편 데뷔작 「플란다스의 개」는 흥행에 참패했다. 관객 수가 5만 7469명밖에 안 된다. 57만이나 570만이 아니다. 만약 지금 어떤 신인 감독이 첫 번째 장편 영화를 선보이면서 5만여 명 정도의 관객을 모은다면 과연 그 감독에겐 두 번째 영화 기회가 남아 있을까?

봉준호 감독이 두 번째 영화 「살인의 추억」을 찍을 수 있었던 것은 2000년대 한국 영화계가 있었기 때문이다. 각기 다른 개성과 에너지로 활력을 불어넣었던 박찬욱, 김지운 감독이 있었고, 새롭고 낯선 영화 언어에 매혹돼 열정적 언어를 쏟아붓던 평단이 있었다.

그리고 무엇보다 그렇게 난해하고 낯선 영화라도 기꺼이 시간과 돈을 투자했던 관객이 있었다. 극장에서 파는 음식이나 의자는 지금보다 훨씬 더 형편없었지만 그게 문제가 되지는 않았다. 낯설고 새로운 시도가 들어와 싹을 틔울 수 있는 공간, 그 공간을 남겨 두고 기다려 주었던 것이다.

이젠 정말 기쁜 마음으로 한국 영화 산업의 공과 과를 돌아볼 시점이 되었다.

영화와 영화상은 자본과 네트워크가 완성한다는, 영화와 돈은 떼려야 뗄 수 없는 관계라는 게 당연한 진리이자 절대 선인 것처럼 통용된다. 이미경 부회장은 말 그대로 이 질문을 무대에 올렸다. 봉준호 감독의 수상 직후 무대에 올라온 미키 리의 등장과 수상 소감은 봉준호 감독과는 다른 의미로 상징적이었다.

그렇다면 이젠 기왕 던질 질문이니 풀어 볼 차례이다. 그 자본과 네트워크가 어디서부터 어떻게 마련된 것인지부터 말이다. (2020)

영화의 대답은 계속된다

만 7년이다.

세상은 얼마나 달라졌을까?

일간지는 하루치의 효용이 있다. 신문이라는 게 대개 그렇다. 하지만 영화 그리고 영화에 대한 글은 다르다. 하루치 뉴스를 담는 신문에 생명력이 훨씬 긴 영화와 영화에 대한 글을 남겼다.

영화로 세상을 볼 수 있을까?

아니 아마 세상은 영화를 통해 제 본모습을 드러내는 걸지도 모르겠다.

흥행한 모든 영화에는 나름의 까닭이 있다는, 프랑수아 트뤼포의 말을 신뢰한다. 영화의 가치 평가 이전에 흥행은 어떤 사건이 된다. 인구가 오천만인데, 1년에 두 편씩 천만 관객을 동원하는 영화가 나오는 우리나라는 매우 특이한 영화 시장이다, 그래서.

영화에는 욕망이 담긴다. 세상을 바로잡고 싶은 염원도 담긴다. 이루지 못한 회한도 담기고 뒤늦은 후회도 담긴다. 영화가 세상을 보여 주는 맥락에는 두 가지가 있는 듯하다. 하나는 변하지 않는 세상의 진리를 보여 주는 것이라면, 다른 하나는 영화적 무의식에 더 가까울 듯싶다. 지금, 이 순간 뜨겁게 끓어오르는 사회적 문제의 증상으로 현실을 담아내니 말이다.

7년 동안 세상은, 생각보다 많이 변하고, 생각만큼 많이 변하지도 않았다. 어떤 영화와 그에 대한 글은 지금이라면 완전히 다른 시선과 관점에서 다시 보고 써야 할 것도 있다. 한재림 감독의 「연애의 목적」이 개봉했던 2005년과 2021년 지금 현재 사이, 우리가 가진 상식의 선이 많이 달라졌다. 영화에 재현된 상황을 보는 우리의 윤리적 기준과 잣대가 달라진 것이다. 7년 사이 가장 많이 바뀐 게 바로 성폭력에 대한 관점이다. 달라진 만큼 매우 뜨거운 갈등과 논쟁이 있기도 했다.

청춘에 대한 호명은 매년 조금씩 달라졌다. 각자도생과 같은 말이 일반적이었던 시절이 있었고, 희망 난민이나 N포 세대라는 말이 시사 상식이 되더니 공정성에 대한 다른 요구들도 등장했다. 학습된 연민의 대상으로 묘사되던 청춘의 전형성은 주요한 소비 주체이자 변화의 중심 세대로 바뀌었다. 그만큼 노년도 달라졌다. 소비력을 갖춘 노년은 엔터테인먼트를 비롯한 영화 산업에서도 주요한 탐구 대상으로 여겨진다.

가장 크게 달라진 것은 코로나19라는 유례없는 감염 재난이 100년 영화 산업의 구조와 그것을 즐기는 우리의 태도에 근본적 변화를 가져왔다는 것이다. 7년 전만 해도 완전히 낯설었던 OTT(over the top), 온라인 스트리밍 서비스라는 용어는 이제 상식 수준의 일상어가 되었다.

변하지 않은 것도 많다.

문제는 변하지 않은 것 대부분이 변했어야 마땅한 것들이라는 점이다. 세상이 바뀌기를 바랐지만 너무 더디다. 그사이 억울한 죽음과 돌보지 못한 고통, 학대 같은 범죄가 쌓여 갔다. 2021년 1월 세상을 흔들었던 입양아 학대 사건이 그렇다. 작업장 안전이 확보되지 않아 일하다 목숨을 잃은 20대 청년 이야기도 그대로다.

7년간의 글을 읽다 보니, 과거에도 그런 사건이 있었고, 그때도 안타까워했고, 분노하고 슬퍼했다. 세상에 처음 있는 일처럼 사람들이 놀라워했고 재발 방지를 약속했지만 같은 일들이 자꾸 반복된다. 영화 「인셉션」에 등장하는 림보에 빠진 것처럼 재난은 반복된다.

이젠 나도 지켜보겠다거나, 기대하겠다는 사람들의 말을 잘 믿지 않는다. 그건 회피의 상투어다. 사건은 발견이 어려운 게 아니라 그 처리와 예방이 더 어렵다는 것을 또 한번 스스로 인정하게 된다. 행정력을 가진 사람들은 잠시 연기를 하곤 다시 제자리로 돌아간다.

과거의 글을 읽다 보니 반복되는 단어들과 마주치게 된다. 아마 그것이 나의 세계관을 움직이는 중요한 단어들이리라. 비극, 가해와 피해, 아동, 노년, 인문학, 청춘, 판타지와 같은 단어들이 그때그때 상황에 따라 조금씩 결을 달리해 등장한다. 아마 그건 내가 세상을 보는 잣대일 테다.

영화는 판타지라고 믿는다. 세상이 허락하지 않는 혹은 세상에서 허용되지 않는 것들이 영화에서는 이루어진다. 사랑도, 정의도 세상보다는 영화가 빠르고 정확하다.

한나 아렌트는 노동하는 인간과 일하는 인간을 구분했다. 여기에서 일은 밥벌이에 묶이지 않은 순전한 정치적 행위 같은 것을 의미한다. 세상 사람들에게 있어 영화를 보는 일은 그런 의미에서 매우 정치적 행위라는 생각이 든다.

집권 세력이 달라지면 세상이 많이 달라질 거라 믿었지만 그것 역시 순진한 판타지였음을 느끼게 된다. 진짜 권력은 단기 집권하는 정치가가 아니라 오랜 세월이 만들어 낸 기득권에 있다. 아주 오랫동안 쌓아 올린 기득권의 탑은 우리의 시야에 잘 보이지 않는, 아주 멀고 높은 곳에 있다. 그림자 무사를 앞세워 싸우는 진짜 영주처럼, 그렇게 기득권 세력은 뒤에 숨어 세상을 움직인다. 진짜 권력은 그렇게 보이지 않는, 오래된 세력에게 있다.

세상이 간혹 강유정의 생각을, 분석을, 판단을 질문한다. 그때마다 난 영화로 무척 열심히 대답하고, 성실하게 응했다. 어떤 질문에 대해 내 생각을 선명하게 말하는 데엔 용기가 필요하다. 나이 한 살 한 살 먹어 갈수록 눈치 보지 않고 소신껏 말하고 살고자 한다. 대단히 바라는 게 없으니 조금씩 거칠 게 없어지기도 한다.

문학과 영화를 통해 세상을 충분히 전달할 수 있다. 그 믿음은 여전하다. 하지만 세상엔 직설법도 필요하다. 영화로 세상을 보고, 영화로 인문학을 하며, 세상을 읽어 왔고 계속 그러려고 한다.

유토피아, 하면 아름다운 낙원이 떠오르지만 사실 '어디에도 없는 땅'을 의미한다. 세상에 없는 낙원, 그게 바로 유토피아다. 어원을 살펴보면, 유토피아는 '없다'라는 의미의 접두사와 '땅'의 결합어다. 하지만, 그 없는 낙원이 지옥 같은 삶을 견디게 할 때가 있다. 영화의 땅, 시네마토피아가 그렇다. 영화는 세상에 없는 환상과 불가능한 화해와 복수, 정의를 그려 낸다. 그래서 영화는 허구라고 하지만 한편 또 그래서 영화는 힘이 된다.

세상이 쉽게 변하지는 않지만 그럼에도, 세상이 좀 더 나아지리라는 순진한 믿음을 버릴 수 없다. 회계장부를 만들듯 손익계산하지 않겠다. 미련하지만 더디게 세상은 변할 것이다. 세상이 나아진다는 사실을 믿는 그런 순진한 진보주의자들이 많아질수록 진짜 세상은 조금씩 나은 방향으로 움직이지 않을까?

『시네마토피아』는 그런 바람의 고백이다.

시네마토피아

사회가 묻고 영화가 답하다

1판 1쇄 펴냄 2021년 12월 3일
1판 2쇄 펴냄 2024년 2월 6일

지은이　　강유정
펴낸이　　박근섭, 박상준
펴낸곳　　(주)민음사

출판등록　1966. 5. 19. (제16-490호)
주소　　　서울특별시 강남구 도산대로1길 62 강남출판문화센터 5층 (06027)
대표전화　02-515-2000　팩시밀리 02-515-2007

www.minumsa.com

ISBN 978-89-374-1674-3 (03300)

* 잘못 만들어진 책은 구입처에서 교환해 드립니다.